普通高等院校汽车工程类规划教材

汽车营销 理论 实务

杨亚莉 主编

清华大学出版社

北京

内容简介

本书分为上、下篇。上篇为理论篇，是关于汽车营销的理论知识，包括汽车市场营销环境分析、汽车市场消费者购买行为分析、汽车市场分析、汽车市场营销策略、汽车市场竞争等。下篇涉及具体的营销实务内容，包括汽车4S店营销、二手车市场营销、汽车金融、汽车文化营销、汽车营销模式、新型汽车营销方式探索研究、国际汽车市场营销实务等。

本书结合中国汽车市场实际情况，对汽车营销实务当中的热点问题进行阐述，重点介绍了汽车营销实践问题。本书每章都列有章节关键词，并附有复习与思考题和案例分析。内容深入浅出，理论联系实际，思路清晰，案例贴切，针对性强，具有一定的指导性和操作性。

本书可作为本科院校、高职院校汽车营销专业（课程）的教学用书，也可作为汽车销售公司、现代汽车服务企业市场营销等部门从事汽车营销的员工培训用书。

图书在版编目(CIP)数据

汽车营销 理论 实务/杨亚莉主编．—北京：清华大学出版社，2015（2021.7重印）
（普通高等院校汽车工程类规划教材）
ISBN 978-7-302-40332-6

Ⅰ．①汽… Ⅱ．①杨… Ⅲ．①汽车—市场营销学—高等学校—教材 Ⅳ．①F766

中国版本图书馆CIP数据核字(2015)第112654号

责任编辑：杨 倩
封面设计：傅瑞学
责任校对：赵丽敏
责任印制：丛怀宇

出版发行：清华大学出版社
网 址：http://www.tup.com.cn，http://www.wqbook.com
地 址：北京清华大学学研大厦A座 **邮 编**：100084
社 总 机：010-62770175 **邮 购**：010-62786544
投稿与读者服务：010-62776969，c-service@tup.tsinghua.edu.cn
质量反馈：010-62772015，zhiliang@tup.tsinghua.edu.cn
印 装 者：北京九州迅驰传媒文化有限公司
经 销：全国新华书店
开 本：185mm×260mm **印 张**：17.5 **字 数**：425千字
版 次：2015年7月第1版 **印 次**：2021年7月第3次印刷
定 价：55.00元

产品编号：060908-03

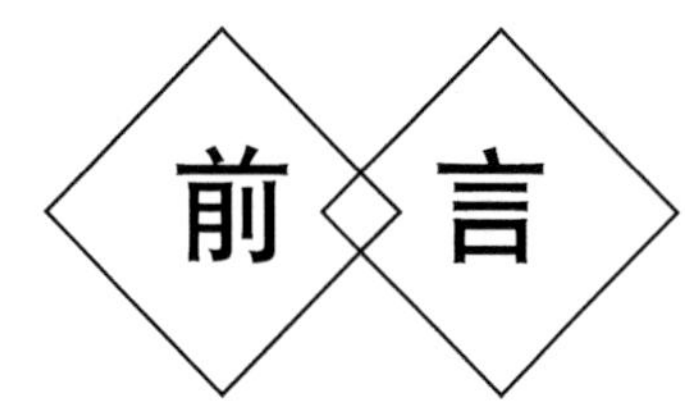

前言

我国的汽车产业从解放初引进苏联技术到改革开放后引进欧美生产线，从 20 世纪 80 年代初大量依赖进口到 90 年代末国产车成为市场主流，前后经历了五十多年的时间。汽车工业快速发展，但是与汽车产量快速提高形成鲜明对比的是我国汽车市场营销的相对滞后。

作为世界最大的汽车消费潜在市场，中国汽车市场蕴藏的市场机遇是前所未有的。汽车市场营销作为企业的发展战略和策略是众多的汽车厂家、众多的品牌和车型占领市场的最好选择，卖方市场已经完全进化为买方市场，汽车行业正在加快优胜劣汰的进程。中国的汽车市场营销尚处在一个发展阶段，作为一个潜力巨大、开发并不充分的市场领域，对于任何品牌和任何经营者都有胜出的机会。如何快速有效地提升企业经营业绩，取决于汽车营销方略的科学与合理性，取决于企业汽车营销人才与营销队伍的执行能力。但是由于高级汽车营销人才的匮乏，相当比例的汽车企业并未能取得如期的经营效果。市面上汽车营销相关书籍都主要是从营销理论的角度论述汽车营销学，并未从营销实务的角度重点讲解营销理论以外的营销实践内容。

本书借鉴了大量的国内外汽车营销资料和相关教材，结合我国汽车市场的特点，系统地阐述汽车营销的基本理论，并结合作者近年来在教学和科研工作中对该学科有关问题的深入思考和经验的总结，通过大量的案例，将专业系统的理论知识与实际的市场需求进行整合，为汽车行业培养实战型汽车营销管理人才服务。

本书由上海工程技术大学杨亚莉编写，陈力华审稿。

在编写过程中，参阅了大量的中外文献资料，在此，对原作者的贡献表示感谢。本书编写得到了上海工程技术大学汽车工程学院及管理学院多位老师和同学的大力支持与帮助，谨此表示深深的谢意。

由于汽车市场营销实务在国内还是一门新兴学科，也是一门实践性较强的学科，而且发展速度很快，加之编者水平所限，书中难免存在疏漏和不周之处，敬请读者提出宝贵意见。

作　者

2015 年 3 月

前言

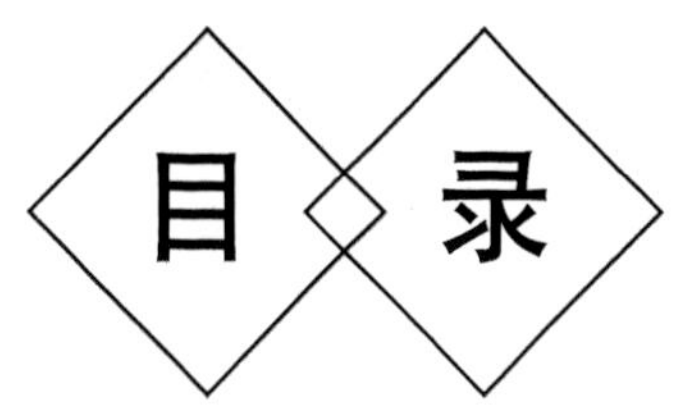

上篇 理 论 篇

下篇 实 务 篇

上篇　理　论　篇

1 汽车市场营销概述

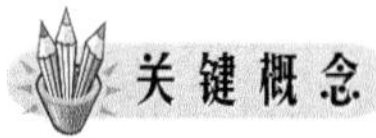

市场营销(marketing)	需要(demand)
交易(trade)	营销观念(marketing concept)
全面营销(holistic marketing)	关系营销(relationship marketing)
整合营销(integrated marketing)	内部营销(internal marketing)

1.1 汽车市场营销的含义

市场营销学是由英文 marketing 一词翻译过来的。由于对 marketing 一词的含义理解不同,因此中文译名也就有很多种,比如"市场学""销售学""市场营运学""行销学"和"市场营销学"等,其中以"市场学""市场营销学"最为常见。对于"市场学"这一翻译,有人提出原文 marketing 作为动名词强调的是动态意义,而"市场学"容易使人理解为静态地研究市场、流通、供给关系及价值规律的经济学科。若译作"销售学",容易使人感到更侧重于重视销售技巧与推销方法,也不能完整地体现 marketing 的内涵。因此,"市场营销"的翻译就显得较为贴切。

市场营销是在市场中进行交换活动的过程,是在一定的市场观念的指导下进行的。而市场营销学是研究市场营销活动及其规律的应用科学。

关于市场营销的定义,许多学者和组织从不同的角度进行了解释,但最具有代表性的是以下几种:

美国市场营销学会(American Marketing Association, AMA)定义委员会将市场营销定义为:"把生产和劳动从生产者引导到消费者或用户所进行的企业活动"。

美国市场营销学者里查德·黑斯(Rthise)等人的定义是:"市场营销是确定需求并使提供的产品和服务能满足这些需求"。

美国著名市场营销学者菲利普·科特勒(Philip Kotler)所作的定义是:"市场营销是个人和群体通过创造,并同他人交换产品和价值,以满足需求和欲望的一种社会和管理过程"。

从以上定义可以看出,市场营销的含义包括:

(1) 市场营销必须以"顾客和市场"为导向,是一种具有创新性、创造性的行为过程;

(2) 市场营销强调交换是核心,交换是构成市场营销活动的基础,只有通过交换才能实现买、卖双方的目的;

(3) 市场营销追求满足消费者的各种需求与欲望，终极目标是服务顾客、满足顾客、赢得顾客；

(4) 市场营销是联接企业与社会的“桥梁”，通过企业组织内外资源的协调、沟通来平衡三方利益，即企业利润、顾客需求、社会利益。

汽车市场营销就是汽车企业为了更好地满足市场需求，为实现企业经营目标，通过计划、组织、指挥与控制等管理职能而进行的一系列活动。其基本内涵包括：一是研究市场需求，即研究顾客的需求特点和需求量；二是开展一系列更好地满足市场需求的整体营销活动。

在竞争日益激烈的汽车市场中，汽车市场营销已成为汽车企业重要的战略要求。科学的汽车营销已成为先进汽车企业的必胜法宝。

然而仍有很多人对于汽车市场营销的认识有误区，认为汽车市场营销就是汽车销售或推销，是汽车企业销售人员的技术业务指导。其实不然，汽车市场营销早已不是汽车“推销”的同义语了，汽车市场营销最主要的不是售中服务(“推销”)，“推销”只是营销的一个职能。营销关注及研究得更多、更重要的是汽车销售前和销售后的相关内容及规律。汽车市场营销主要是汽车企业在动态上如何有效地管理其汽车商品的交换过程和交换关系，以提高经营效果，实现企业目标。汽车市场营销的目的就是了解消费者的需要及潜在需求。按照消费者的需要或者引导消费需求来设计和生产适销对路的产品，同时针对整体的营销理念，将销售渠道，定价、促销、宣传等工作进行营销组合，从而实现企业营销目标。

汽车市场营销学是一门将汽车与市场营销结合起来进行研究的、应用性很强的交叉边缘学科。其研究对象是汽车企业的市场营销活动。从某种意义上说，汽车市场营销学不仅是一门科学，更是一门艺术。

1.2 汽车市场营销的核心概念

汽车市场营销的核心概念包括：需要、欲望和需求，产品、效用和价值，交换、交易和关系，潜在顾客、市场营销者和互相市场营销等。

1. 需要、欲望和需求

1) 需要

需要是人类与生俱来的“基本要求”，是人行为的动力基础和源泉，是人脑对生理和社会需求的反映，并不是所有的需要都会上升到欲望，而只有部分需要才会上升到欲望。

需要总是在不断地更新、不断地增加，需要又总是推动人们去不断地努力，去不断地奋斗。需要是人类认识过程的内部动力。为了满足需要，个人必须通过认知过程解决一定的问题，完成一定的任务。需要在人的个性心理活动中往往又以情绪表现出来。凡是能满足人需要的事物，则产生肯定的情绪；凡是不能够满足人需要的事物，则产生否定的情绪。个人物质和精神方面的需要、社会的需要，会促使人们去为了满足这种需要和适应这种需要而坚持不懈地努力，并在这一过程中形成了自己的意志和决心。

2) 欲望和需求

欲望是指对具体满足物的愿望。只有部分欲望上升到需求。

需求是指有支付能力和愿意购买某种物品或产品的欲望。可见，汽车消费者的欲望在有购买力做基础时就成为需求。

人类的需求和欲望是汽车市场营销活动的出发点。需求是没有得到某些基本满足的感受状态。欲望是想得到能满足基本需要的具体满足物的愿望。需求是稳定的，也是有限的，而欲望却是丰富的，会经常有多种选择。对个人而言，需求和欲望是产生行为的原动力。因此，研究人们的需求和欲望，并设法通过恰当的汽车产品满足这种需求和欲望，对汽车市场营销非常重要。

2. 产品、效用和价值

1）产品

汽车产品包括有形的和无形的。有形产品是为顾客提供服务的载体。无形产品或服务是通过其他载体，诸如人、地、活动、组织和观念等来提供的。

2）效用和价值

效用是汽车消费者对满足其需要的汽车产品的全部效能的估价，是指汽车产品满足人们欲望的能力。

价值是顾客选择所需的汽车产品除效用因素外，产品价格高低也是因素之一。价值是消费者的付出与所获效用之间的比率。

3. 交换、交易和关系

1）交换

交换是指从他人那里取得所需之物，而将自己的某种东西作为回报的行为。交换是汽车市场营销的核心概念，当人们决定以交换的方式来满足需求或欲望时，就存在市场营销了。

2）交易

交易是交换的基本组成单位，是交换双方之间的价值交换。交易通常有两种方式：一是货币交易；二是非货币交易，包括以产品换产品、以服务换服务的交易等。一项交易通常要涉及几方面：至少两件有价值的东西；双方同意的交易条件、时间、地点；有法律、法规来维护和迫使交易双方执行的承诺。这是汽车市场营销的基本内容，也是汽车市场调研的信息资料之一。

3）关系

关系是指交换过程中形成的社会和经济的联系。关系营销是汽车市场营销者与顾客、分销商、零售商、供应商等建立、保持并加强合作关系，通过互利交换及共同承诺使各方实现各自目的的营销方式。

4. 潜在顾客、市场营销者和相互市场营销

在交换双方中如果一方比另一方更主动、更积极地寻找交换，则前者称之为汽车市场营销者，后者称之为潜在顾客。所谓汽车市场营销者，是指希望从他人那里取得资源并愿意以某种有价之物作为交换的人。市场营销者可以是卖方，也可以是买方。当买卖双方都表现积极时，就把双方都称为汽车市场营销者，并将此种情况视为相互市场营销。

1.3 汽车市场营销观念的演变

1.3.1 汽车生产观念

生产观念是工业革命以来最早的观念之一，而汽车生产观念产于 20 世纪 20 年代前。在资本主义工业化初期以及第一次世界大战末期和战后一段时期内，由于物资短缺，市场产品供不应求，生产观念成为企业指导生产和销售的核心理念。生产观念认为消费者喜欢那些可以随处购买到而且价格低廉的产品，企业应致力于提高生产效率和分销效率，扩大生产，降低成本以扩展市场。最为典型的例子即为美国汽车大王亨利·福特，他所宣传的"不管顾客需要什么颜色，我只有一种黑色的汽车"，充分体现了生产观念一切从企业生产出发的宗旨。亨利·福特在 20 世纪初期通过引进先进生产线，提高生产效率，降低成本，使大部分消费者购买得起他的汽车，以此提高福特汽车的市场占有率。因此，生产观念是一种重生产、轻市场的营销观念。

1.3.2 汽车产品观念

汽车产品观念认为，高质量、多功能和具有某些创新特色的产品总能引起消费者的兴趣。汽车企业应致力于生产优质产品，并不断地改进产品。然而，很多情况下持有汽车产品观念的生产者没有意识到它们并没有迎合市场。它们在市场营销管理中缺乏远见，只注重自己产品的质量，而不注重市场需求的变化，在市场没有做好准备的情况下推出产品，而导致失败。一个新的或改进过的产品，如果没有价格、分销、广告和其他功能的配合也是不会成功的。

1.3.3 汽车推销观念

汽车推销观念产生于 20 世纪 20 年代末期，资本主义国家由"卖方市场"向"买方市场"过渡。在这期间，由于科技进步，管理水平的提高，汽车产品产量迅速增加，逐渐出现了产品供大于求的现象。特别是在 1929—1933 年的资本主义经济危机期间，大量的汽车产品销售不出去，促使很多企业认为：如果不去推动市场，消费者就不会足量购买自己的产品和服务，就不能在日益激烈的市场竞争中得以生存。因此，企业必须积极促销。同时还认为，消费者通常表现出一种购买惰性或者抗衡心理，企业需要利用一系列有效的推销和促销工具去刺激他们大量购买。

推销观念被大量用于推销那些非渴求商品。所谓非渴求商品，就是指购买者一般不会想到要去购买的商品。当某一种产品在市场上供大于求时，大多数企业常常奉行推销观念，它们的近期目标是销售其能够生产的东西，而不是生产市场所需要的产品。然而，建立在强化推销基础上的营销有着高度的风险。这种观念虽然有所进步，开始重视广告及推销，但实质仍然是以生产为中心，以企业为中心，不考虑顾客的需求，不研究市场的变化。

1.3.4 汽车市场营销观念

汽车市场营销观念产生于20世纪50年代中期，它对以前的观念提出了挑战。因为随着社会生产力的迅速发展，绝大多数汽车商品供过于求，导致强力推销遇到了极大的困难。与以产品为中心以及"制造和销售"哲学不同，企业开始尝试着以顾客为中心以及"感觉和响应"哲学。企业开始认识到，必须转变经营观念，才能求得生存和发展。销售工作不再是为产品找到合适的顾客，而是为顾客设计适合的汽车产品。汽车市场营销观念认为，实现汽车企业诸目标的关键，在于正确确定目标市场的需求和欲望，并且比竞争对手更有效地向目标市场传送产品或服务，进而更有效的满足目标市场的需求和欲望。

哈佛大学教授西奥多·李维特对推销观念和营销观念作了深刻的比较：推销观念注重卖方需要；营销观念则注重买方的需要。推销以卖方需要为出发点，考虑如何把产品变成现金；而营销则考虑如何通过产品以及创造、传送和最终消费产品有关的所有价值，来满足顾客的需要。

长期的市场实践证明，以营销观念为导向的企业能取得更好的业绩。

1.3.5 汽车社会市场营销观念

20世纪70年代，当能源紧缺、环境污染、失业增加等情况日益严重时，在汽车市场营销观念的基础上，开始关注消费者需求、消费者利益和社会利益之间的冲突和矛盾。并逐步形成了汽车社会市场营销观念。

汽车社会营销观念认为，汽车企业的任务是确定目标市场的需求、欲望和利益，并以保护或者提高消费者和社会福利的方式，比竞争者更有效、更有利地向目标市场提供能满足其需求、欲望和利益的物品或服务。

汽车社会营销观念要求营销者在营销活动中考虑社会与道德问题。他们必须平衡企业利润、消费者需要的满足和社会利益三者的关系。

企业把社会营销观念看作改善它们社团的名声、提升品牌知晓度、增加顾客忠诚度、建立销售额以及增加新闻舆论的一个机会。它们认为顾客将越发倾向于选择那些除了能提供理性和情感利益之外，还具备良好企业公民形象的企业。

1.3.6 现代汽车全面营销观念

在激烈的市场竞争中，多数汽车企业积累起了应对市场和消费者的经验，已经具有了转变现有营销模式的能力。汽车企业需要重新思考如何在新的市场环境中经营和竞争。营销人员也清楚地认识到必须要超越传统经营理念，而以更具全面性、更具关联性的方式开展营销活动。

现代汽车全面营销观念认为营销应贯穿于所有方面，应包括构成其内、外部环境的所有因素，要有广阔的、前瞻性的视野。现代汽车全面营销涉及4个方面：内部营销、整合营销、关系营销和社会责任营销。现代汽车全面营销观念试图认识和协调市场活动的宽广度与复杂性，见图1.1。

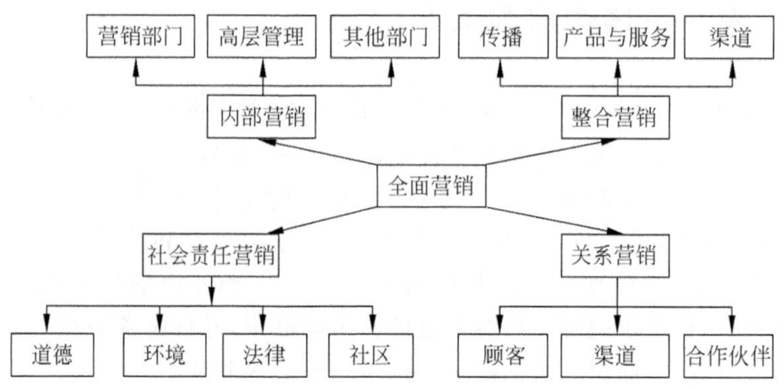

图1.1 全面营销维度

1. 内部营销

内部营销，即确保企业中每个部门、每位职员有适当的营销职责。内部营销的任务是雇用、培养、激励那些能服务好顾客的员工。内部营销是有时甚至比企业外部营销更重要。

内部营销发生在两个层次。一方面，各种不同的营销职能(销售人员、广告、客户服务、产品管理、市场调研)须协调工作，所有这些营销职能都应该从顾客角度来调整。另一方面，营销需要其他部门的支持，其他部门也必须"考虑顾客"，营销部门不是全企业唯一须时时念及顾客的部门。企业上下各部门必须在增进企业整体利益的前提下，采取多方面的协调行动，为争取顾客发挥应有的作用。

2. 整合营销

营销者的任务是设计营销活动和整合全部营销计划。营销行为是从进行产品设计构思开始的，这样才能真正做到为消费者创造、传播和传递价值。整合营销包含营销活动和营销实践方式的所有营销组合，它是企业用来实现其营销目标的一整套营销工具。麦卡锡把这些工具概括为4类，称之为4P：产品、价格、地点和促销。

每个P下面都有若干特定的变量，见图1.2。企业在短期内可以通过修订价格、增强推销力度和增加广告费用，来实现短期盈利。而开发新产品和改善渠道效率则需要较长时间。因此，在短期内，企业通常只能对营销组合4个变量中的少数几个进行变更。

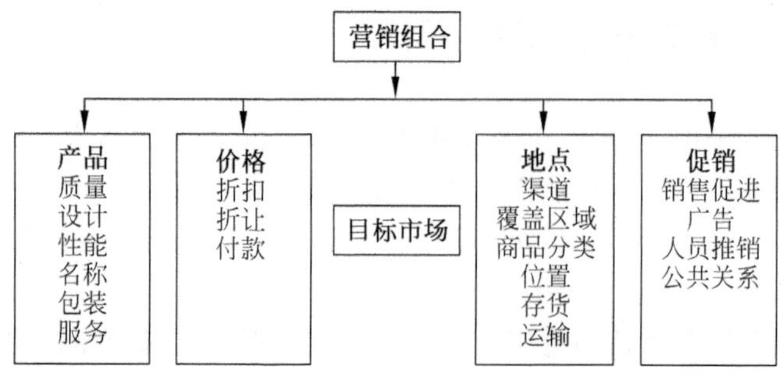

图1.2 营销组合的4P

4P代表了销售者的观点，即营销工具可用于影响买方。从买方的角度看，每一个营销工具都是用来为顾客提供利益。罗伯特·劳特伯恩提出了与4P相对应的顾客4C，见表1.1。

表1.1 4P与4C

4P	4C
产品(product)	顾客解决方案(customer solution)
价格(price)	顾客成本(customer cost)
地点(place)	便利(convenience)
促销(promotion)	沟通(communication)

以顾客为中心的企业必将方便地满足顾客需要，同时和顾客保持有效的信息交流。整合营销的两大主题是：

(1) 传播和传递价值是通过不同的营销活动来实现的；

(2) 以诸因素组合效益最大化来调整不同的营销活动。

换句话讲，设计与执行营销计划时是要全盘考虑企业经营的内外环境，该过程需整合需求管理、资源管理和网络管理。

3. 关系营销

营销的主要目标越来越趋于发展各组织的牢固关系，它将直接或间接决定企业营销活动的成败。关系营销旨在与关键主体(顾客、供应商、分销商和其他营销伙伴)建立令彼此都满意的长期合作关系以赢得和维持业务。关系营销需要在合作者中建立强有力的经济、技术和社会联系。

汽车市场营销里介绍的关系营销，是指组织与组织之间的关系，而不是个人与个人之间的关系。个人与个人的熟人关系，是中国传统商人所具有的特色商业规则。交易过程中首先要达到关系人的彼此信任，而不是契约信任。客户之所以会放心大胆地进行交易，是因为对方是信得过的熟人。在这样的“熟人网络”里，冷冰冰的、法律意义上的契约关系，并不会给中国传统商人带来利润，而只有投入极大的情感因素，真心实意地结交朋友，最终达到高度的“人格信任”，才会因此而声名鹊起，财源滚滚。因此，在中国传统社会中，“人”本身被当做了多种可能的商机或利润来源，所以，中国传统商人需要处理的是“人与人”的关系，而不是“商业与市场”的关系。

而关系营销所强调的与上述传统“人与人”关系不同，它指出营销不仅要建立客户关系管理，还要建立合伙人关系管理。营销的4个关系群体是：顾客、员工、营销合伙人(渠道、供应商、分销商、经销商、代理商)、金融领域成员(股东、投资者、分析者)。关系营销的最终结果是要为企业建立独特的关系网络。一个营销网络包括企业和与之有互惠利益关系的合作者(顾客、雇员、供应商、分销商、零售商、代理商和学者等)。这样，竞争已经不单单是在企业之间展开，而是在市场网络之间展开，从而促进企业不断建立更好的关系网络。它的运作原则十分简单：与利益相关者建立有效的关系网络，利润才能随之而来。

发展牢固的关系需要了解不同群体的能力和资源，包括他们的需要、目标和欲望。今天，越来越多的企业针对不同的顾客形成不同的价格、服务和信息，这些企业根据每个顾客过去的交易、人口统计学、心理学、媒体和分销活动的记录收集相关的信息，希望通过获取高的顾客忠诚度和关注顾客价值以赢得更大份额的顾客消费量，从而提高收益。

4. 社会责任营销

菲利普·科特勒在2005年出版的一本新书中将营销的疆界从商界扩大到了一个新的责任领域，此时的营销超越了非盈利市场和社会营销，他把这种营销称为社会性营销。社会责任营销是企业在承担一定的社会责任（如为慈善机构捐款、保护环境、建立希望小学、扶贫）的同时，借助新闻舆论影响和广告宣传，来改善企业的名声、提高企业形象的层次，提升其品牌知名度、增加客户忠诚度，最终增加销售额的营销形式。因此社会责任营销的核心就是信任营销；社会责任营销的目的，实质上就是与客户建立信任的纽带关系，取得客户的信赖，最终得到“基业长青”的回报，达到企业和社会的“双赢”目的。

本章小结

汽车市场营销就是汽车企业为了更好地满足市场需求，为实现企业经营目标，通过计划、组织、指挥与控制等管理职能而进行的一系列活动。

市场营销的核心概念包括：需要、欲望和需求，产品、效用、价值和满意度，交换、交易和关系，潜在顾客、市场营销者和互相市场营销等。

汽车市场营销观念的演变经历了汽车生产观念、汽车产品观念、汽车推销观念、汽车营销观念、汽车社会市场营销观念、现代汽车全面营销观念。

复习与思考题

1. 什么是市场营销？什么是汽车市场营销？
2. 汽车市场营销的核心概念是什么？
3. 请阐述汽车市场营销观念的转变。

案例分析

案例：奔驰的社会营销观

奔驰不仅其汽车产品优质，而且在造车时始终抱着对社会负责的态度，下面两点充分体现了“奔驰”的社会责任感。

1. 造全世界最“安全”的车

据统计，每年全球因交通事故死伤的人数高达25万，汽车的安全问题尤其突出。奔驰一向重视交通安全问题，它首创的吸收冲击式车身和安全气囊（SRS）等安全设计被汽车工业界引为标杆，并促使各汽车大厂竞相投入研究开发的行列。

翻开奔驰的企业历史，从20世纪50年代开始它就致力于安全问题的研究。1953年，奔驰发明的框形底盘上的承载式焊接结构使得衡量车身制造的标准朝着既美观又安全的方向迈出了第一步。在600型的基础上，奔驰又研制出了“安全客舱”，即载客的内舱在发生交通事故时不会被挤瘪，承受冲击力的是发动机和行李厢这两个“缓冲区”，为了不让转向盘挤伤驾驶员，转向柱是套管式的，可以堆拢到一起。在每一辆奔驰小轿车上，从车身到驾驶室部件，共有136个零部件是为安全服务的。

2. 造“环保至上”的车

尽管汽车给人们带来很多好处，但令人遗憾的是汽车加剧了环境的污染，表现为汽车的运行增加了城市的噪声，汽车排出的废气污染了空气等。于是环境污染问题也成为汽车的两大克星之一。由于石油、太阳能、煤、核能、水力、风力等都可以用来发电，这就使得汽车能源不局限于某一种能源，可消除部分噪声与废气的污染。

奔驰把对环保问题的关切作为其汽车设计的重点，长期以来重视环保技术的研究，致力于研制节能和保护环境方面的新型汽车。“使你加入节约能源及环境保护的工作”就是奔驰的口号。石油危机发生后，奔驰致力研究使汽车代用能源的装置，如乙烷、甲烷或混合燃料发动装置。奔驰每年定期推出强化企业形象的广告，表现其对环境问题的高度关心是广告的重要内容。一般汽车企业是以美国环保法规为最终标准，多数的商品开发也以满足美国的标准为前提，但奔驰企业除了这些之外，另外制定了一套比美国标准还严格的管理规定。

讨论：

从市场营销学的角度分析奔驰的市场营销理念，以及它是如何具体实施的。

2 汽车市场营销环境分析

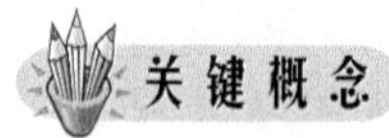

营销环境(marketing environment)　　微观环境(micro environment)
宏观环境(macro environment)　　营销中介(marketing intermediary)
竞争者(competitors)　　公众(public)

2.1 汽车营销环境概述

汽车的市场营销活动,是在不断发展、变化的环境下进行的。这个环境既对汽车市场产生影响,又对汽车营销造成制约。汽车市场营销环境,它包括宏观环境和微观环境。分析汽车市场营销环境的目的有以下 4 点:

(1) 要发现汽车市场环境中影响汽车营销的主要因素及其变化趋势;

(2) 要研究这些因素对汽车市场的影响和对汽车营销的制约;

(3) 要发现在这样的环境中的机会与威胁;

(4) 要善于把握有利机会,避免可能出现的威胁,发挥汽车市场营销者的优势,克服其劣势,制定有效的汽车市场营销战略和策略,实现汽车市场营销目标。

2.1.1 汽车市场营销环境的概念

汽车生产企业是社会经济活动的基本单位,具有相对独立性,但它同时也是整个社会经济生活的有机组成部分,在能源、原材料、劳动力、生产、销售、资金、信息、技术等诸多方面与社会存在着千丝万缕的联系。因此汽车企业的营销活动不可避免地受到企业内、外部因素的影响,这些因素共同构成市场营销活动的环境。

汽车市场营销环境是指那些对汽车企业的营销活动产生重要影响的全部因素。按照这些因素对企业营销活动的影响不同,汽车市场营销环境可以分为市场营销宏观环境和市场营销微观环境。汽车市场营销环境与企业营销活动之间的关系如图 2.1 所示。

宏观环境是指那些对企业营销活动产生重要影响而又不为企业的营销职能所控制的全部因素,一般包括政治与法律环境、经济和市场环境、自然和人口环境等。一般来说,企业对大部分宏观环境因素只能适应,而不能改变宏观环境。宏观环境对企业的营销活动具有强制性、不确定性和不可控性等特点。

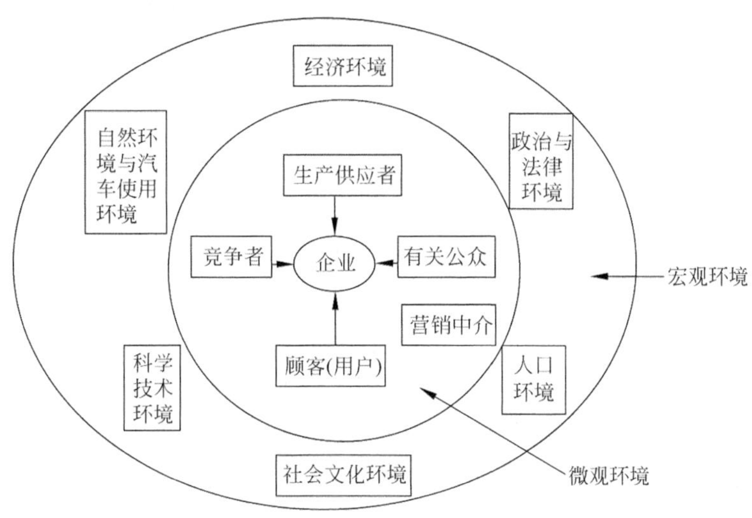

图 2.1 汽车市场营销环境与企业营销活动之间的关系

微观环境是指企业的内部因素和企业外部活动者等因素。内部因素是指那些对于企业来说是内在的,可以控制的环境因素,如企业的经济实力、经营能力、企业文化等。外部活动者主要包括供应者、营销中介、竞争者、用户及有关公众等。一般来说,企业对各种微观因素可以施加不同的影响。

美国著名市场学家菲利普·科特勒(Philip Kotler)将市场营销环境定义为"企业的营销环境是由企业营销管理职能外部的因素和力量组成的。这些因素和力量影响营销管理者成功地保持和发展同其目标市场顾客交换的能力。"也就是说,市场营销环境是指与企业有潜在关系的所有外部力量与机构的体系。

因此,对汽车营销来说,汽车市场营销环境的研究是汽车营销活动最基本的课题。汽车市场环境是汽车营销活动的约束条件。汽车营销管理者的任务不但在于适当安排营销组合,使之与外部不断变化着的营销环境相适应,而且要创造性地适应和积极地改变环境,创造或改变顾客的需要。这样才能实现潜在交换,扩大销售,更好的满足目标顾客日益增长的需要。

2.1.2 汽车市场营销环境的特点

1. 客观性

汽车市场营销环境是指与汽车企业市场营销活动有联系的企业内、外部因素的总和,因此是客观存在的,不以企业意志为转移的。一般来说,汽车企业营销管理的任务就是要以企业可控制的营销组合因素去适应不可控制的外部环境,满足目标顾客的需要,实现企业目标。

在 20 世纪 80 年代以前,人们认为宏观环境属于不可控因素,只有那些存在于企业内部的因素才是企业可以控制的因素。但是,在 20 世纪 80 年代后期,美国著名市场营销学家菲利普·科特勒提出了"大营销"的概念,认为在进军某一个特定市场时,当代营销者越来越需要借助政治力量和公共关系，冲破各种贸易壁垒和公众舆论方面的障碍，使企业在市场上有效地开展工作。从这个意义上说，企业的外部环境已经不是完全不可控了，它们多多少少可以通过“大营销”活动来加以影响和改变。

2. 动态多变性

从市场学的发展历史来看，最初企业只是将市场看成是自己的环境因素；随着商品交换范围的扩大，政府的法律制度、经济政策等也成为企业环境的重要因素；再后来，随着社会经济的进一步发展，科学技术资源、生态资源、环境保护、消费者权益保护等也构成了企业营销环境的组成部分。显然，构成企业市场营销环境的因素是多方面而且是不断变化的。此外，市场营销环境诸因素变化程度虽不同，但变化是绝对的，且其变化速度呈加快趋势。如在宏观环境中，科技、经济、政治与法律因素的变化较之人口、社会与自然因素的变化相对较大，速度也较快。因此企业必须用动态的观点去研究市场营销环境的影响，把握其变化趋势，从中发现和挖掘有利的市场机会。

汽车市场营销环境是在不断发生变化的。从总体上说，当今汽车市场营销环境的变化速度呈加快趋势。可以说，每一个汽车企业作为一个小系统都与市场营销环境这个大系统处在动态的平衡之中。一旦环境发生变化，平衡便被打破，汽车企业必须积极地反应和适应这种变化。

3. 相关性

企业市场营销环境各因素不是孤立的，而是相互联系、相互依赖、相互作用的。如国家宏观调控政策中的财政与税收政策、通货膨胀、需求过旺、原材料短缺等因素都能导致商品价格的上涨；科技、经济的发展会引起政治、经济体制的相应变革或变更，从而影响企业产品的质量及其更新换代的速度等。这种相关性给企业开展市场营销带来了更加复杂的客观环境。

4. 差异性

尽管各个企业所面临的宏观环境总体来说是一致的，但由于企业所处地理位置不同、企业性质不同、政府管理体制不同等方面的原因，各个企业直接面对的具体环境又具有明显的差异性，而且同样一种环境因素的变化对不同企业会造成不同程度的影响。因此，汽车企业为适应营销环境的变化所采取的营销策略也各不相同。这就要求企业认真分析自身所处的环境特点，结合自身企业特点，制定切合实际的营销策略。

5. 可利用性

营销环境的发展变化对企业营销活动的影响无非是两个方面：一是提供新的营销机会；二是产生新的环境威胁。机会和威胁并存，且在一定条件下可以相互转化。市场营销环境的变化虽然不以企业的意志为转移，但企业却可以利用它，可以根据环境因素的变化积极主动地调整市场营销战略，甚至可以通过众多的联合力量去冲破环境制约。企业需要主动地把握营销环境的发展变化趋势，抓住有利的市场机会，从而得以发展。

2.2 汽车市场营销宏观环境

汽车市场营销宏观环境是汽车企业生存的总体综合环境，对汽车企业发展有极大的影响。宏观环境包括政治、经济、科技、社会、自然条件和消费者状况等诸多方面，涉及面广，诸因素间又相互制约、相互影响。

2.2.1 人口环境

人口环境体现在人口数量、人口分布、人口结构、人口素质等方面。汽车营销市场就是由那些有购车欲望并有购车经济能力的人所构成的。人口环境对汽车企业的经营活动具有总体性和长期性的影响。

1. 人口数量

人口构成劳动力市场和需求消费市场。人口的增长带来了各项消费需求的扩大，诸如住房、教育、文化、交通、穿着、饮食、娱乐、通信等方面。我国汽车市场的消费者及潜在消费者在逐年的增加，并参与到汽车消费中。

2. 人口分布

人口的地理分布对消费者有很大的影响。一方面，生活方式和风俗习惯的差异，会形成地域间在消费需求和消费方式上的不同；另一方面，人口密度的大小、人口流动量的多寡、人们的富裕程度都会影响不同地区市场需求的大小。

家庭是社会的基本单位，也是汽车商品购买和消费的基本单位。随着家庭经济状况的改善，轿车已经开始大量的进入家庭，各档次的轿车成为各消费层家庭的必备用品，而大城市是各种车辆消费的大户，其中特大城市中的居民占据私家轿车消费市场份额的一半以上。从发展的眼光来看，全国每个家庭均属于潜在的汽车市场消费单位，是一个极大的市场。汽车企业应深入研究各类家庭的收入和消费状况，对车辆的偏爱和要求，从而最大限度地从消费者角度来开发、生产、销售各型车辆。

3. 人口结构

人口结构包括自然结构和社会结构。

(1) 人口的自然结构是指年龄结构和性别结构。不同年龄、性别的消费者对包括汽车在内的各种商品的需求各不相同。

从年龄结构上看，我国汽车消费市场目前以中年及青年消费群为主，但是随着私家车的普及，汽车细分市场的纵深，其他年龄层市场的开发将成为必然。

从性别结构上看，不同性别的消费者对汽车和各类商品的需求也是不同的。例如男性消费者喜欢动力性强的汽车，要求车型大一些，粗犷一些；女性则偏爱小巧或华丽一些的汽车。

(2) 人口的社会结构包括民族结构、宗教结构、职业结构和教育结构等。我国有 56 个民族,由于各民族的文化、习惯和生活方式不同,其消费需求和特点也有很大的差异。不同的宗教信仰者对汽车品牌名称、色彩、款式等都有不同的偏好和忌讳。人口职业结构在 3 大产业的不同体系下又可细分为若干行业,从而构成不同的消费阶层和群体。这些不同的结构层次都有着不同的需求特点,购买行为也有很大差异。

(3) 人口素质

随着社会的发展,我国现已进入大众化高等教育时代。教育结构的重大变化大大促进了生产力的发展,加速了经济的提高,同时也促进了消费的提升,这也是汽车市场不断发展扩大的重要保证。

2.2.2 经济环境

经济环境是指企业营销活动所在的国家或地区的宏观经济状况。宏观经济中的各项因素都在不同程度上影响汽车企业的营销活动,为此,各企业应加强对宏观经济形势的研究分析,并制定相应的营销策略来与之相适应。

汽车市场营销宏观经济环境主要包括宏观经济发展状况、消费环境等方面。

1. 宏观经济发展状况

我国正处于全面建设小康社会的大环境下,经济和消费都有很大的发展。预计到 2020 年我国的高速公路里程将增加到 10 万千米以上,城市、乡镇、农村间将形成世界上最大的公共交通网络;全国汽车保有量将超过 1 亿辆,货运车辆将以数千万辆计,私人汽车消费将占总量的六成以上,从而形成了一个巨大的汽车消费市场。我国加入 WTO 后,汽车行业参与了全球竞争与合作,国外汽车企业纷纷进入我国汽车制造业和营销市场。汽车工业处于高速发展时期。在如此有利的宏观环境下,各大汽车企业都制定了长期的发展战略和营销策略。

2. 消费环境

消费环境主要包括消费者收入和消费者支出两方面的情况。

(1) 消费者收入是指消费者个人所得的总收入。消费者收入形成了社会购买力,但并非全部收入都可用于购买商品和劳务。消费者收入分为个人可支配收入和个人可任意支配收入。个人可支配收入是指消费者收入中扣除税款和非税性负担后的余额,个人可任意支配收入是指个人可支配收入去除维持个人及家庭生活必须费用后的余额。

我国各地区、各城市的人均可支配收入差距是比较大的。沿海经济发达城市和大城市,比如北京、上海、深圳、广州等人均可支配收入为全国平均值的 2~3 倍以上。

消费者收入研究的重点是分析个人可任意支配收入,这是消费需求中活跃、机动、可吸引性强的部分,所形成的需求弹性较大。特别是汽车消费,企业应加强在持币待购的消费群体中的宣传、广告和推销工作。企业应进一步研究特定消费群体的具体收入水平。例如我国 10%的国民拥有 40%的财富,这些先富起来的群体是当前汽车消费的主力军;70%的国民拥有 53%的财富,如何满足他们的需求,开发什么样的车型可以进一步激发该群体的汽车消费欲望，都应该进行深入分析和研究，并制定相应营销策略。

国内各地区、各阶层消费群体收入差异很大，在国际市场上消费者的收入更为多样，企业在研究市场营销环境时必须予以充分调查。

(2) 消费者支出的模式决定消费结构。消费结构是指人们在消费过程中各类消费的构成。我国现阶段居民消费结构有鲜明的特点。食品开支占收入的百分率不断下降，储蓄占收入的百分率明显上升，住房、教育方面支出所占收入的百分率迅速上升。因此汽车企业不仅要研究居民消费的结构状况，还必须注意到居民消费的倾向性。

消费者支出模式主要取决于消费收入的变化。德国统计学家恩格尔(Engel)于 1857 年提出了恩格尔定律：随着家庭收入的增加，用于购买食品的支出占家庭收入的比重(恩格尔系数)下降，用于住房和家庭经营的开支占家庭收入的比重大体不变，用于服装、交通、教育、卫生、娱乐等方面的支出和储蓄占家庭收入的比重上升。

消费者收入中用于储蓄的部分会削弱购买力，储蓄逐步地释放可以增加未来的购买力。国家统计局统计显示，我国消费仅在 1978—1981 年有一定幅度上升，即从 62.1%上升到 67.5%，居民消费率从 48.8%升至 53.1%；此后长期趋于下降，1997 年最终消费率降至 58.2%，居民消费率降至 46.5%；2003 、2004 年最终消费率又进一步降至 55.4%和 53.6%，居民消费率则降至 43.3%和 41.9%。与此同时，世界平均消费率却从 2000 年的 77.2%上升到 2003 年的 79%。与钱纳里的标准结构中工业化中期阶段的消费率 65%相比，我国目前消费率也要低 12 个百分点。汽车业界各项营销活动正围绕持币待购的消费者展开。

消费信贷是指消费者凭信用先取得商品的使用权，再按期归还贷款。此种购买商品的方式为消费者提供了提前消费的机会，在美国十分普及，它促进了经济增长，创造了更多的就业机会。我国消费信贷在安居工程中迅速展开，并日趋规范化。在汽车信贷方面，主要各大汽车企业也已经与金融界联手展开工作，这种消费形式的规范化将大大加快汽车消费的进程。

2.2.3 政治与法律环境

政治与法律环境的改变会显著地影响企业的营销活动。企业的一切营销活动都必须受到政府的方针、政策和法律环境的强制制约和约束。在遵纪守法的基础上，企业可以充分利用法律、法令、规则中有利于企业发展的因素，规避或控制其不利因素，从而能在其保障下取得发展。

1. 政治环境

国家的汽车政策主要包括汽车产业政策、汽车企业政策、汽车产品政策和汽车消费政策等 4 个方面。

1) 汽车产业政策

一般来说，国家的汽车产业政策可分为促进汽车产业发展的政策和抑制汽车产业发展的政策。我们国家的汽车产业政策带有从计划经济过渡到市场经济的显著特点。1984 年 4

月之后，国家才允许汽车生产企业有一定比例的产品自销权。但是到1989年1月，国家计委却又发出了《关于加强小轿车销售管理实施办法的通知》，制定了轿车专营的产业政策。直至1994年1月，财政部才通知取消购买小轿车及旅行车、越野车和工具车的控购审批政策。1994年7月，国务院出台了《汽车工业产业政策》，转而采取鼓励个人购买汽车的策略，并鼓励汽车企业按照国际惯例自行建立销售和售后服务体系。从此中国的汽车工业才开始走上健康发展的道路。

2）汽车企业政策

不管是发达国家，还是发展中国家，对重点汽车企业都实行优待和保护政策。1997年，我国出台了优待重点汽车企业的政策。政策规定，凡国家规定的重点汽车企业，享受以下6条优惠政策：固定资产投资方向调节税为零税；优先安排其股票和债券的发行与上市；银行在贷款方面给予积极支持；在利用外资计划中优先安排；对经济型车、轿车关键零部件的模具、锻造工具，适当安排政策性贷款；企业集团的财务企业，经国家有关部门批准，可以扩大业务范围。

3）汽车产品政策

国家的汽车产品政策主要集中在以下两个方面：一是对汽车的宏观产品结构进行调整的政策。1999年10月31日，两次被全国人民大会及其常委会否决的《中华人民共和国公路法》(修正案)(以下简称《公路法》)终于获得通过。有关专家在研讨“费改税”实施之后汽车工业将面临的形势和问题时指出，《公路法》的实施将促使汽车的产品结构得到进一步的完善。二是对汽车的微观结构进行调整的政策。

4）汽车消费政策

一般来说，汽车消费政策可以分为鼓励汽车消费的政策和鼓励汽车更新的政策两种类型。我国政府制定了许多鼓励汽车发展的政策，但是又执行着抑制汽车消费的策略，这种看似相互矛盾的政策，其实又是高度统一的。鼓励汽车更新的政策主要有以下两种：新车更换政策和二手车报废政策。对愿意更换新车的消费者给予一定的经济补助，执行严格的汽车报废标准以促进汽车的更新。

2. 法律环境

法律时一种强制性的影响力，它与法令、规则、规章、条例一起构成法规，并以国家机器作为保证。

改革开放以来，我国多次进行了宪法修改，并颁布了《民法通则》这样的重大法律，制定了各种有关企业发展的经济法规。我国加入WTO后废除了各类不合时宜的行政规定、法令2000多份，以与国际接轨的新规则、条例来指导、支持企业的经营发展。

我国各级执法机构加强了对消费者权益的保护，国家监督部门、环保部门、工商部门、物价管理部门、审计部门及各类新闻媒体也都加强了对企业的监督，相关机构在接到投诉和发现问题后均会进行及时有效的处理。汽车召回制度就是对汽车企业生产的缺陷汽车进行严格管理的一种制度。这些充分体现了市场经济的公正、公平性，能够为消费者提供满意的商品和服务的企业才有充分的发展机会。

2.2.4 自然环境与汽车使用环境

1. 自然环境

1）自然资源

自然资源的减少将对汽车企业的市场营销活动构成一个长期的约束条件。由于汽车生产和使用需要消耗大量的自然资源，汽车工业越发达，汽车普及程度越高，汽车生产及使用消耗的自然资源也就越多，而自然资源总的变化趋势是日益短缺。所以各个汽车企业对新能源汽车、电动车的开发给予了足够的关注。

2）生态环境

生态与人类生存环境日趋恶化，环境保护措施将日趋严格。而汽车的大量使用又会污染环境，这就对汽车的性能提出了更高的要求，对企业的产品开发等市场营销活动将产生重要影响。

环境的污染与保护，在一定程度上限制了企业的发展，但也为汽车企业提供了营销机遇，企业应充分掌握污染治理、再生材料生产、废旧产品回收的新技术，这样才能在营销活动中获得主动，取得竞争优势。

汽车企业应采取的对策有以下几点：一是发展新型材料，提高原材料的综合利用。例如，第二次世界大战以后，由于大量采用轻质材料和新型材料，每辆汽车消耗的钢材平均下降10％以上，自重减轻达40％；二是回收利用工业品类可再生资源，例如若干经济发达国家要求汽车企业实施全部报废汽车的回收和处理，日本规划今后汽车上的所有零部件予以回收，并均可再生后重新用做新产品零部件的原材料或其他用途；三是开发汽车新产品，加强对汽车节能、改进排放新技术的研究，如汽车燃油电子喷射技术、主动和被动排气净化技术等都是汽车工业进行环境保护的产物；四是积极开发新型动力和新能源汽车，如国内外各大汽车企业目前正在广泛研究的电动汽车、燃料电池汽车等。

2. 汽车使用环境

1）地理环境

地理因素主要包括一个地区的地形地貌、山川河流等自然地理因素和交通运输结构等经济地理因素。汽车是所有商品中对地理环境最为依赖的机器，只有适应当地地理环境的汽车才会受到消费者的欢迎。华东是我国经济发达地区，轿车的需求量很大。同时，由于地域的关系，上海轿车的产品销售在这里占据了明显的优势。一汽投放华东地区的奥迪轿车，上海地区的购买量就占了近一半，江、浙两省的销售量也明显上升。但是，对于华北、西北和青藏高原来说，二汽生产的东风卡车却具有不可动摇的地位。显然，东风的成功，也是与其目标市场的高性能定位分不开的。

2）公路与城市道路交通

公路交通是指一个国家或地区公路运输的作用，各等级公路的里程及比例，公路质量、公路交通量及紧张程度，公路网布局，主要附属设施如停车场、维修网点、加油站及公路沿线附属设施等因素的现状及其变化情况。

公路交通对汽车营销的影响有：一是良好的公路交通条件有利于提高汽车运输在交通运输体系中的地位。公路交通条件好，有利于提高汽车运输的工作效率，从而有利于汽车的普及；反之，公路交通条件差，则会减少汽车的使用。二是汽车数量的增加也有利于改善公路交通条件，从而为企业的市场营销创造更为宽松的公路交通使用环境。

城市道路交通是汽车尤其轿车使用环境的又一重要环境。它包括城市的道路面积占城市面积的比例、城市交通体系及结构、道路质量，立体交通、车均道路密度及车辆使用附属设施等因素的现状及其变化。城市道路交通环境对汽车市场营销的影响，与公路交通基本一致。但由于我国城市的布局刚性较大，所以城市布局形态一经形成，改造和调整的困难很大；加之人们对交通工具选择的变化，引发了对汽车需求的增加，中国城市道路交通的发展面临着巨大的压力。因而，汽车使用环境对汽车市场营销的约束作用就更为明显。

2.2.5 科学技术环境

科学技术环境是指一个国家和地区整体科技水平的现状及其变化情况。科学技术环境是与其他环境相互依存的，它直接影响经济环境和社会环境，对企业的营销环境也有着重要的制约和促进作用。

科学技术在汽车生产中的应用，改善了产品的性能，降低了产品的成本，提高了汽车产品的市场竞争能力。汽车产业在科技进步的推动下，汽车产品在性能、质量、外观设计等方面获得了长足的进步。同时随着现代组装自动化、柔性加工、计算机网络技术的发展和应用，汽车企业的定制营销也在不断地发展，从而进一步满足了汽车市场消费者日益增长的差异需求。另外，科技进步也大大促进了汽车企业市场营销手段的现代化，引发了市场营销手段和营销方式的变革，极大地提高了汽车企业的市场营销能力。

企业市场营销信息系统、营销环境监测系统及预警系统等手段的应用，提高了汽车企业把握市场变化的能力；现代设计技术、测试技术及试验技术加快了汽车新产品开发的步伐；现代通信技术、办公自动化技术提高了企业市场营销的工作效率和效果等。

相对世界汽车工业而言，我国汽车工业科技水平还相对落后。我国汽车企业应不断地加强科技研究和加大科技投入，缩小同世界汽车工业先进水平的差距，以谋求更多的市场机会。

2.2.6 社会文化环境

世界各地的文化是多样的，各个国家都有不同的生活方式、价值观念、风俗习惯和审美观念，每个国家或地区的全体社会成员都共有其核心文化和亚文化。

1. 价值观念

价值观念是指人们对社会生活中各种事物的态度和看法。消费者价值观念的巨大差别，对商品的需求和购买行为亦不相同。美国人喜欢提前消费、不尚储蓄，通行分期付款，偏爱产品的新颖性和时尚性，是具有较激进的前沿消费群体。中国人喜欢存钱，喜欢留有余地，消费观念偏于传统，偏爱耐久实用的商品；但现在，也出现了大量新潮青、中年消费群体，他们崇尚个性，形成了新消费风尚。

2. 风俗习惯

不同文化环境中的人们生活方式迥异，人们的行为和思维习惯也有其各自的特点。主要表现在心理特征、道德规范、行为方式和生活习惯等方面，如饮食、服饰、居住、婚丧、信仰等。企业应充分了解目标市场上消费者的禁忌、习俗等。

例如在西方发达国家，作为代步工具的汽车被称之为"乘用车"，作为运载工具的汽车被称之为"商用车"。中国人则把作为代步工具的汽车通常称为"轿车"。显然，轿车是由轿子派生而来的，是与身份和权势密切相关的。这种观念影响着中国汽车产品结构特点和营销方式，人们普遍喜欢有"尾"的三厢车，认为这种车型更气派，更威风凛凛。

2.3 汽车市场营销微观环境

汽车市场营销微观环境是指与汽车企业紧密相连，直接影响其营销能力的各种参与者。

2.3.1 汽车企业自身

汽车企业自身环境是指企业的类型、组织模式、组织机构及企业文化等因素。其中企业的组织机构，即企业职能分配、部门设置及各部门之间的关系，是企业内部环境中最重要的因素。企业内部基本的组织机构包括高层管理部门、财务部门、研究与发展部门、采购部门、生产部门、营销部门。营销部门必须与其他部门密切合作；营销计划必须经高层管理层同意方可实施；财务部门负责寻找和使用实施营销计划所需的资金；研究与开发部门研制适销对路的产品。用营销概念来说，就是所有这些部门都必须"想顾客所想"，并协调一致地提供上乘的顾客服务。企业自身环境是企业提高市场营销工作效率和效果的基础。因此，企业管理者应强化企业管理，为市场营销创造良好的内部环境。

2.3.2 生产供应者

生产供应者是指向企业提供生产经营所需资源（如设备、能源、原材料、配套件等）的组织或个人。供应商的供应能力包括供应成本的高低、供应的及时性、服务能力等。短期内这些因素将影响销售的数额，长期将影响顾客的满意度。

汽车企业的零部件供应者尤为重要。汽车企业不仅要选择好自己的零部件供应者，而且还应从维护本企业市场营销的长远利益出发，配合国家有关部门对汽车零部件工业和相关工业的发展施加积极影响，促其发展，以改变目前我国的汽车零部件工业和相关产业发展相对滞后的状况，满足本企业生产经营及未来发展的配套要求。特别是现代企业管理理论非常强调供应链管理，汽车整车生产企业应认真规划自己的供应链体系，将供应商视为战略伙伴，不要过分牺牲供应商的利益，而应按照"双赢"的原则实现共同发展。

2.3.3 营销中介

营销中介是指协助汽车企业从事市场营销的组织或个人。它包括中间商、实体分配企业、营销服务企业和财务中间机构等。

营销中介对企业市场营销的影响很大，关系到企业的市场范围、营销效率、经营风险、资金融通等。因而企业应重视营销中介的作用，以通过它们的帮助，弥补企业市场营销能力的不足并不断地改善企业整体状况。

(1) 中间商是销售渠道环节中的相关企业，帮助企业向顾客销售产品。制造商必须选择具备一定规模并不断发展的销售机构。而这些机构往往有足够的力量操纵交易条件。

(2) 实体分配企业帮助企业完成从原产地至目的地之间存储和移送商品。在仓储、运输过程中，企业必须综合考虑成本、运输方式、速度及安全性等因素，从而决定运输和存储商品的最佳方式。

(3) 营销服务企业包括市场调查企业、广告企业、传媒机构、营销咨询机构，它们帮助企业正确地定位和促销产品。

(4) 财务中间机构包括银行、信贷企业、保险企业及其他金融机构，能够为交易提供金融支持或对货物买卖中的风险进行保险。而大多数企业和客户都需要借助金融机构为交易提供资金。

2.3.4 顾客(用户)

顾客是汽车企业产品销售的市场，是汽车企业赖以生存和发展的根本。

汽车企业市场营销的起点和终点都是满足顾客的需要，汽车企业必须充分研究各种汽车用户的需要及其变化。

一般来说，顾客市场可分为5类：消费者市场、企业市场、经销商市场、政府市场和国际市场。消费者市场由个人和家庭组成，他们仅为自身消费而购买商品和服务。企业市场购买商品和服务是为了深加工或再生产过程中使用。经销商市场购买产品和服务是为了转卖，以获取利润。政府市场由政府机构组成，购买产品和服务用以服务公众，或作为救济物资发放。最后是国际市场，由其他国家的购买者组成。销售人员需要认真分析各个市场，结合其特点制定相应营销方案。

2.3.5 竞争者

任何企业的市场营销活动都要受到其竞争者的挑战，这是市场营销的又一重要微观环境。市场竞争者有各种不同的类型，企业应针对不同类型的竞争者分别采取不同的竞争策略。

2.3.6 有关公众

公众是指对企业的营销活动有实际的潜在利害关系和影响力的一切团体和个人，一般包括融资机构、新闻媒介、政府机关、协会、社团组织及一般群众等。

公众对企业市场营销的活动规范、对企业及其产品的信念等有实质性影响：金融机构影响一个企业获得资金的能力；新闻媒体对消费者具有导向作用；政府机关决定有关政策的动态；一般公众的态度影响消费者对企业产品的信念等。现代市场营销理论要求企业采取有效措施与重要公众保持良好关系、树立良好企业形象。为此，企业应适时开展正确的公共关系活动。

2.4 汽车市场营销环境分析

环境对汽车企业的影响一方面是积极的，成为汽车企业市场营销的有利因素，称之为机遇；另一方面是消极的，成为汽车企业市场营销的不利因素，称为风险。无论是机遇或者风险，都是不以企业意志为转移的客观存在。因此汽车市场营销环境分析就是要求企业在应对每种营销环境的变化给企业带来的营销机遇或营销风险时，在数量上或在程度上予以分析，从而对各种营销环境变化作出科学鉴别，并找出和抓住最有吸引力的营销机遇，避开最严重的营销风险。

2.4.1 汽车市场营销环境分析的意义

1. 汽车市场营销环境分析是汽车企业市场营销活动的立足点

汽车企业的市场营销活动，是在复杂的市场环境中进行的。社会生产力水平，技术进步变化趋势、社会经济管理体制、国家一定时期的政治经济任务，都直接或间接地影响着汽车企业的生产经营活动和汽车企业的发展。

1983 年，美国经济从石油危机的影响中摆脱出来，汽车市场需求大增。而对美国汽车出口最多的日本却因“自愿出口限制”配额影响，每年只能向美国出口车 10 万辆，造成美国国内进口车供应市场出现巨大缺口。加上此时日元升值，日本汽车制造商采取了向高档车转移方针。而美国三大汽车厂商对低价车毫不重视，并趁日本车涨价之机调高同类车售价。看到美国市场机会的韩国现代汽车企业，在对美国汽车市场营销环境的详细调查、预测和分析之后，确定了质优价廉的产品战略，提出“日本车质量、韩国车价格”的营销推广口号，进军美国汽车市场。韩国现代汽车企业 1986 年进入美国市场当年，汽车销量就达到 168 882 辆，是同期日本铃木汽车企业 60 983 辆销量的 2.5 倍。韩国汽车通过汽车市场营销环境分析取得了辉煌的战果。

2. 汽车市场营销环境分析使汽车企业发现经营机会，避免环境威胁

汽车企业通过对汽车市场营销环境的分析，在经营过程中就能发现经营机会，取得竞争优势；同时，还能够通过避免汽车营销环境中对企业营销不利的因素而避免环境威胁。

在汽车工业刚刚发展的起步阶段，福特车顺应了这一潮流，敞开式的“T 型”汽车自然是完美无缺的。但是到了 20 世纪 20 年代中期，转变为卖方市场后，消费者对汽车的要求已不仅仅局限于经济实惠，而是有了更高的个性化需求。这时福特企业只是对“T 型”汽车进行局部的改进；而通用汽车在对汽车市场营销环境研究分析的基础上，提供各种新型汽车。通用的汽车既有方便的取暖器，又用自动离合器代替手柄。由于福特汽车忽视了对变化的汽车市场营销环境的分析，没能及时把握经营机会，又没有对来自通用企业的竞争威胁作出有效的反应，当通用汽车企业推出新型车雪佛兰时，福特汽车企业的“T 型车”只能退出历史舞台。

3. 汽车市场营销环境分析使汽车企业经营决策具有科学依据

汽车市场营销受诸多环境因素的制约，是一个复杂的系统，是企业的外部环境、内部条件与经营目标的动态平衡，是科学决策的必要条件。企业要通过分析找出自己的优势和缺陷，发现有利条件和不利因素，使企业在汽车营销过程中取得较好的经济效益。

2.4.2 汽车市场营销环境分析程序

一般情况下，汽车市场营销环境分析可按照下列程序进行。

(1) 利用市场情报和市场调研等方法科学搜集汽车市场营销环境的相关信息。

(2) 采用定性分析与定量分析相结合的方法对环境因素的变化趋势及不连续变化的转折点作出科学预测。

(3) 进一步分析环境因素的变化对汽车企业可能造成的影响，从而预测汽车企业在未来一个时期可能受到的威胁以及可以利用的机会。

(4) 结合汽车企业现状，提出营销环境分析的结论及企业适应未来环境变化的建议，为汽车企业制定营销战略提供有价值的参考性意见。

2.4.3 汽车市场营销环境分析方法

汽车企业只有不断地适应营销环境的变化，才可以顺利地展开营销活动。为此，汽车企业除了应建立预警系统，监控环境变化以加强营销环境变化的预测外，还必须掌握分析环境变化的具体方法，从而主动调整营销策略，使企业的营销活动不断地适应营销环境的变化。

对汽车企业而言，并非所有的营销机会都具有相同的吸引力，也不是所有的环境威胁都产生相同的压力。因而企业对于每种营销环境的变化给企业带来的机会和威胁，应从数量上或程度上予以分析，运用比较的方法，找出和抓住最有吸引力的营销机会，避开最严重的环境威胁。

可以通过某环境变化的“影响因素”和“影响程度”两个指标的表征来实现环境分析，根据这两个指标的具体特点去评价环境变化的具体特点，如图 2.2 所示。如果某种环境变化对汽车企业营销活动来说其“影响因素”较好，并且“影响程度”较大，即处于图 2.2 中的阴影部分，表明该环境变化将对汽车企业的营销活动非常有利，汽车企业应当抓住这样的机会。反之，如果某种营销环境变化对汽车企业营销活动不利，其影响程度较大，表明该环境变化将对汽车企业的营销活动产生非常不利的影响，汽车企业应及时调整营销策略，甚至改变营销战略，以避开或减轻营销环境变化对汽车企业营销活动的威胁。

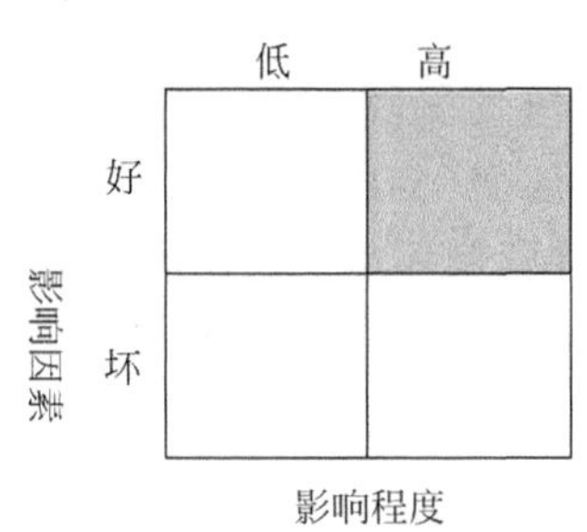

图 2.2 市场营销环境分析方法

2.4.4 汽车企业应对环境变化的策略

对汽车企业市场营销来说，最大的挑战莫过于环境变化对汽车企业造成的威胁。而这些威胁的来临，又不为汽车企业所控制，因此汽车企业应做到冷静分析、沉着应付。面对环境威胁，汽车企业可以采取以下 3 种策略。

1）对抗策略

这种策略要求尽量限制或扭转不利因素的发展。比如汽车企业通过各种方式促使或阻止政府或立法机关通过或不通过某项政策或法律，从而赢得较好的政策法律环境。显然汽车企业采用此策略时必须要以汽车企业具备足够的影响力为基础，一般只有大型企业才具有采用此策略的条件。

2）减轻策略

此种策略适宜于汽车企业在不利因素发展时采用。环境威胁只是对汽车企业市场营销的现状或现行做法构成威胁，并不意味着汽车企业就别无他途。汽车企业只要认真分析环境变化的特点，找到新的营销机会，及时调整策略，不仅可能减轻营销损失，而且也可能有机会谋求更大的发展。

3）转移策略

这种策略要求汽车企业将面临环境威胁的产品转移到其他市场上去，或者将投资转移到其他更为有利的产业上去，实行多元经营(跨行业经营)。但转移市场要以地区技术差异为基础，即在甲地受到威胁的产品，在乙地市场仍有发展前景。汽车企业在决定多元经营时，必须要对企业是否在新的产业上具有经营能力作审慎分析，不可贸然闯入。

本章小结

汽车的市场营销活动，是在不断发展、变化的环境下进行的。这个环境既对汽车市场产生影响，又对汽车营销造成制约。

汽车市场营销环境具有客观性、动态多变性、相关性、差异性、可利用性等特点。

汽车市场营销环境包括汽车市场营销宏观环境和汽车市场营销微观环境。

汽车市场营销宏观环境包括政治、经济、科技、社会、自然条件和消费者状况等诸多方面，是汽车企业生存的总体综合环境，对汽车企业发展有极大的影响。

汽车市场营销微观环境是指与汽车企业紧密相连，直接影响其营销能力的各种参与者。

汽车企业应对每种营销环境的变化给汽车企业带来的营销机遇或营销风险，在数量上或在程度上予以分析，从而对各种营销环境变化作出科学鉴别，并找出和抓住最有吸引力的营销机遇，避开最严重的营销风险，这种分析就是营销环境分析。

复习与思考题

1. 为什么要研究汽车市场营销环境？
2. 影响汽车市场营销宏观环境的因素有哪些？
3. 影响汽车市场营销微观环境的因素有哪些？
4. 汽车市场营销环境分析的方法与步骤是什么？

案例分析

案例：WTO背景下国际汽车市场竞争新特点

随着世界经济一体化的加速发展，各国经济利益的相互依存度进一步加深。生产的国际合作、资金的跨国流动、商品的全球交换，推动着各国经济利益的相互渗透和融合，也改变着各个产业间的国际分工与竞争格局。纵观世界汽车市场企业竞争近年来的发展与变化，可以归纳出以下几个主要的新特点。

(1) 竞争受到政治、经济政策更加严格的制约，国际汽车市场竞争的可控性有所增加。

当代国际汽车市场竞争的可控性，主要来源于企业国际竞争能力的有限性和政府产业政策的竞争性。在WTO背景下，国际政治、经济、外交的联系更加紧密，国际多边协商合作机制更加完善，在保护国际汽车市场竞争秩序的同时，也对企业竞争行为形成了多元化约束，即使是最强大的汽车企业集团也不能随心所欲、无节制地运用竞争手段，市场出现全面自由竞争和完全垄断的可能性进一步减小。要维护市场秩序，奠定竞争基础，抵御强大竞争对手入侵，任何一个企业都必须借助于本国政治经济政策的支持。因此，国家汽车相关管理政策(产业政策、相关法规和技术标准等)，与企业行为一样都具有国际市场竞争的本质，都是以维护和提高本国汽车工业整体竞争力为最终目的的。国际汽车市场竞争的可控性增强成为必然趋势。

(2) 全球化的加速发展，正在进一步引起竞争方式方法上一系列的深刻变化。

近几十年来，时空概念的变化、文化互动的增长、相互联系和依存的升级、跨国组织网络的扩张等，都推动了全球化的加速发展，并引起企业竞争方式方法上一系列的深刻变化。国际汽车企业的竞争，出现了从依次完成汽车设计、生产、销售和服务4个环节战略目标的竞争程序，向4个环节日趋重合、同步进行的模式转变；

从集中资本、谋求产品质量优势，向积聚资本、谋求技术优势转变；从主要开发处女市场、追逐局部效益，向注重培养“增长极”、追逐综合效益转变；从主要依靠汽车整车商品的流通和当地销售，向主要依赖资金流动、当地化设计、当地化生产和就近销售转变；从主要集中市场销售竞争力量的“短兵相接”、线式平推，到集中企业的整体优势打“组合拳”的转变。

(3) 竞争要素信息化程度越来越高，信息化竞争成为当代世界汽车市场竞争的基本形态。

随着信息技术的飞速发展及其在汽车领域的广泛应用，市场竞争要素的信息化程度越来越高。首先，体现在汽车产品的信息化上。现代汽车都要依靠信息技术来提高汽车的舒适性、安全性、动力性、经济性及机动性、环保性。可以说，没有哪一辆汽车不是以信息技术为支撑和依托的。其次，体现在市场的信息化上。当代信息技术把市场上的各种信息数字化，通过无线电台、光纤通信、卫星通信等手段，使整个市场空间的通信系统、指挥控制系统、情报传输系统、计算机工作站、各级数据库和各个终端用户实现一体化。最后，体现在跨国企业决策的信息化上。以计算机为核心的市场信息系统将人的部分智能固化在计算机芯片上，它们不但能够快速搜集和处理各种情报信息，自动传递命令和上报情况，进行高速计算，而且能够帮助企业管理人员拟订竞争计划、模拟竞争过程、选择最佳方案。因此，以WTO为背景、以信息技术为竞争的表现形态，是未来汽车市场竞争的主要特征。

(4) 竞争者之间在力量、技术和市场定位上的不平衡，使“非对称”竞争日益成为当代世界汽车市场竞争的基本模式。

这主要表现在两个方面：一是强势企业与弱势企业之间的不对称。随着二者在科技、财力、人力等方面差距的扩大，汽车企业之间实力不对等的现象将长期存在。世界汽车巨头与发展中国家的汽车企业之间，实力相差可能越来越悬殊，甚至出现时代性的“代差”。处于强势的一方，将更加重视发挥自身的优势，全力调动和使用WTO的各种有利条件，充分运用其各种压倒性优势，淋漓尽致地施展其技术手段和竞争样式，全力扫除目标市场的进入障碍，尽量减少投资失误和政策风险。而弱势一方则可能承受WTO规则和竞争能力不足的制约，长期处于不利局面。二是企业之间的市场定位不对称。世界汽车巨头们相互之间在人才储备、技术水平、市场控制能力、战略指导艺术、资金使用效率等方面都相差不大，它们宁愿以市场定位的不同去谋求相互之间的非对称竞争，而不愿意在完全相同的市场上直接搏杀。

(5) 竞争直接“交火”的品牌越来越集中，而相关竞争主体却不断增加。

资本扩张的内在动力，不断推动和促使跨国企业膨胀，由此导致的市场变化是，无论我们走到世界的哪一个角落，我们所看到的都是那些著名的品牌汽车。在WTO背景下，世界汽车市场的品牌越来越集中，而品牌市场的“代言人”或品牌车制造者却不断增长，遍布全球。21世纪，有实力的跨国企业确实已没有多少可供瓜分的汽车市场了，为了尽量扩大各自的竞争优势，国际汽车跨国企业都以其著名品牌为渗入目标市场的资本，在世界各地广泛建立生产基地。因此，无论是在成熟市场还是在新兴市场，直接相互碰撞和较量的品牌有越来越集中的趋势，而参与市场竞争的相关主体范围却不断扩大。国际汽车市场竞争已经不仅仅是品牌所有者之间的竞争了，而是由品牌所串联起来的各种力量组成的联盟之间的较量。这种跨国度、多文化、利益交错、分布广泛的“品牌联盟”，成为新时代国际汽车市场竞争的利益主体，品牌具有更重要的竞争意义。

(6) 竞争实施的节奏加快，进程缩短，而竞争准备的时间相对延长。

时间是一切竞争活动的重要客观因素。在以往的竞争中，受到政治、经济形势和科技条件的限制，无论是资源的集中、新产品的开发、商品的运输配送，还是竞争目标的选择与转换，跨国企业往往是欲争而无备、欲速而不达、欲停而不止。改变市场态势是一个渐进的过程，竞争的胜利需要企业不断积“小胜”为“大胜”，所以竞争节奏慢，进程较长。在新的技术条件和WTO背景下，企业市场竞争能量的集聚与释放都可以相对快速地进行，因此竞争高效性、坚决性更加突出。在新兴目标市场上拥有技术优势的一方，往往在竞争伊始，就大量、集中地使用优势资源，在车型更新速度、车辆技术装备水平等方面，一开始就与高度成熟的市场同步，不给对手以喘息的机会，竞争的节奏明显加快。弱势一方过去那种以空间换时间、以市场换技术的竞争思路，受到了严峻的挑战。另外，大型跨国企业在企业战略与变革、技术研究与开发、人才培养与储备、品牌塑造与强化、市场开拓与巩固等方面，准备时间相对较长，具有基础性和稳定性特征。

(7) 竞争力量一体化、市场对抗系统化，使联合竞争成为重要的竞争指导思想和原则。

在WTO背景和信息化技术条件下，市场竞争胜负取决于企业整体的系统对抗能力。竞争力量构成趋向“体系化”，强调各种力量要素的有机结合，在资源力量的“一体化组合”和“一体化运用”上寻求新的竞争力增长途径。单一的“价格战”、“广告战”等对抗正在消失，汽车设计、生产、销售和服务等这些传统的资源力量之间的相互关联更加紧密，竞争表现出高度的集成性。即使是一次很小规模的行动，也具有联合的性质，企业竞争具有系统对抗性。顾客眼里的汽车，不是设计师笔下的汽车，不是制造者手中的汽车，也不是推销者嘴上的汽车，而是企业联合竞争力量共同作用的结果。企业内部各种竞争力量只有在充分联合中才能显示出巨大的系统效能，一体化联合竞争演变为高新技术和WTO背景下国际汽车市场竞争的基本样式，“系统对抗”“整体竞争”发展为更加重要的企业竞争思想和原则。企业内部各种力量将在信息技术的支持下联成一个整体，系统对抗能力成为汽车企业竞争能力的基本标志。

(8) 竞争消耗越来越大，竞争胜负越来越依赖雄厚的财力和政府支持。

当代汽车高新技术的发展及世界汽车市场的“同质化”趋势，促使企业用于技术研发和市场销售的竞争性投入越来越高。世界主要汽车生产企业每年都要将其年销售收入的3%～5%投入到技术的研究与开发之中，同时还要承受巨额的新产品开发(少则几亿美元，多则达十几亿美元)风险及市场销售过程中价格战、服务战等成本的增长，竞争消耗空前增加。要进一步提高竞争能力，许多基础领域都要求有相当大的投入，这不是单个企业所能承受的。因此，美国、日本及欧洲的一些主要国家都由政府出面组织协调汽车技术的发展，政企联合成为新竞争的主体。从美国的“新时代汽车计划”，到日本、德国和其他发达国家在电动汽车等领域的发展方面广泛的政企合作等，都说明企业的利益已经与政府的命运紧紧地联系在一起了。

讨论：

中国汽车企业当今处于怎么样的国际汽车市场环境。

3 汽车市场消费者购买行为分析

购买行为(buying behavior)

个人消费者(consumer)

消费市场(consumer market)

集团消费市场(group to organize marketing)

直接重购(straight rebuy)

修正重购(modified rebuy)

新购(new ask)

3.1 汽车消费者及汽车消费市场的分类

分析不同汽车消费者的购买行为和购买模式,可以为企业更好地进行汽车营销提供帮助。所以为了便于对汽车市场进行市场细分、开发和管理,需要对汽车用户进行分类,不同的用户组成了不同的汽车消费市场。

按照不同的分类标准,汽车消费者可以分为不同的类型。按照车辆的性质分类,可分为乘用车用户消费市场、商用车用户消费市场;按照车辆购买者规模进行分类,可分为个人消费者市场、集团消费市场。

3.1.1 按车辆的性质分类

1) 乘用车用户消费市场

乘用车是在其设计和技术特性上主要用于载运乘客及其随身行李或临时物品的汽车,包括驾驶员座位在内最多不超过9个座位。乘用车用户消费市场是指由购买乘用车的单位和个人组成的汽车用户市场,其主要目的是满足单位、个人或家庭生活的需要,为企事业单位、政府机关以及各种社团组织等维持集团的正常运转以及个人交通提供便利。

2) 商用车用户消费市场

商用车是在设计和技术特征上是用于运送人员和货物的汽车。商用车包含了所有的载货汽车和9座以上的客车。商用车用户消费市场是指由以营利为目的而购买汽车的单位和个人组成的汽车用户市场。商用车用户购买汽车主要用于各种生产资料、半成品、成品的运输。包括从事公共基础设施建设的企事业单位,从事公路运输、出租汽车、城市公共交通、旅游服务业,以及汽车改装厂。

3.1.2 按车辆购买者规模进行分类

1）个人消费市场

汽车个人购买者是指将汽车作为个人或家庭生活消费或经营使用，主要是为了满足个人在工作、生活上的需要，为个人交通提供便利或者作为营运工具。从世界范围来看，此类消费者人数众多，对汽车的需求量大，占据了很大的市场份额。目前，汽车个人消费市场是我国汽车消费市场增长最快的一个细分市场，因此，个人消费者对汽车的需求、购买行为、购买模式等已成为汽车生产厂商和经销商们的研究重点。

2）集团消费市场

集团用户是指为了维持集团的正常运转或经营而购买汽车作为集团消费物品使用或生产加工的用户，如各类企事业单位、政府机关以及各种社团组织等。这一市场在我国现阶段仍属于比较重要的市场，但是，由于近年来各级地方政府以及各类企事业单位实行公车改革制度，集团消费的数量有所降低，还有部分消费者由集团消费转向了个人消费。

3.2 汽车个人消费者购买行为分析

3.2.1 影响汽车个人消费者购买行为的因素

汽车个人消费者作为社会主体成员，个人行为必然受到诸多因素的影响。汽车企业必须对汽车个人用户和潜在用户进行深入细致的研究，分析影响消费者购买动机和行为的因素。

影响消费者购车的因素主要有内在因素和外在因素。其中，内在因素包括个人特征因素、心理因素；外在因素包括社会因素、文化因素和政策因素等（见图 3.1）。

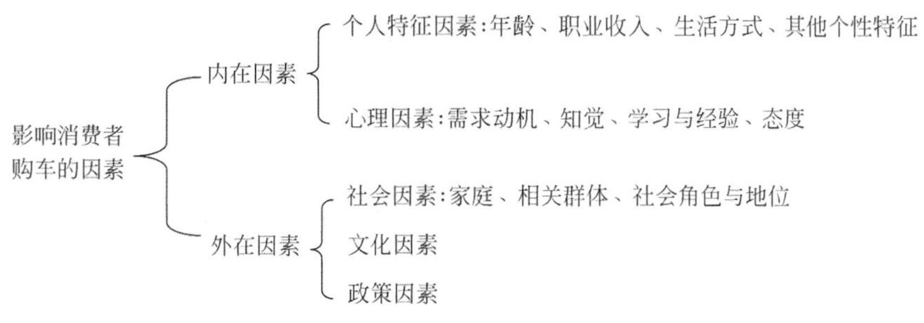

图 3.1 影响消费者购车的因素

1. 心理因素

汽车个人消费者的购买行为会受到以下心理因素的影响：需求动机、知觉、学习与经验、态度。

1）需求动机

客户购买商品最根本的原因来自需求，它就是个体对内外环境的客观需求在脑中的反映。需求常以一种“缺乏感”体验着，以意向、愿望的形式表现出来，最终形成推动人们进行活动的动机，并随着满足需要的具体内容和方式的改变而不断变化和发展。如果这种需求未被满足，人们内心就会产生紧张或不舒适，当这种紧张或不舒适达到一定程度，就会推动人们为满足需求而采取行动，这就产生了动机。因此动机是促成人们购买行为的前提。

美国心理学家马斯洛将人类需求按照重要性和满足的先后顺序，提出了需求五层次理论：生存需求、安全需求、社交需求、自尊需求、自我实现需求。马斯洛认为这 5 种需求是按从低级到高级的层次组织起来的，只有当较低层次的需求得到了满足，较高层次的需要才会出现并要求得到满足。该理论同样适用于汽车市场，有乘用车购买动机的，一定是在生存需求得到满足以后，才可能去购买汽车以满足更高层次的需要；而对汽车有购买欲望的人，会根据自己的经济实力选择不同品牌、不同价位的车型。普通消费者购买汽车是为了满足代步的需要，因此一般会选择经济紧凑型汽车；而社会地位和经济收入较高的消费者，一般会选择豪华型的轿车；个体商户购买汽车可能要兼顾家用和商务用车，既要经济实惠又要体面、大气；而购买商用车的消费者，则要根据用途而定。

2）知觉

知觉是人对事物的各种属性、各个部分以及它们之间关系的综合的、整体的、直接的反映，是个体选择、组织并解释感觉的过程。人的知觉活动是一个比较复杂的过程，一般有以下几个方面①从感觉资料（即背景和线索）中选择直觉对象；②对局部资料或不完整的线索、信息进行回忆补充；③对信息与线索进行加工并组织构成完整的对象；④对直觉对象作出适当解释并用名称标志它。

知觉受到多种因素的影响，首先受到学习与经验的影响。复杂的知觉是要靠学习与经验获得的。其次，受知觉的观点差异影响。人们在对外界事物进行感觉时，一般会根据自己对物的某一着眼点而获得感觉，并以此作为解释知觉的依据，因此人们的观点就会不一致。最后，受知觉中的动机因素影响。动机不同，知觉的经验就会有差异。

对于同一个刺激物，人们会产生不同的知觉，如看到甲壳虫车，有人会认为其小巧玲珑，感觉内部空间小；有人会认为其外形乖巧别致，能给人一种驾驶灵活的感觉；有人则觉得其外形独特，有个性等。

对于知觉的利用，最典型的例子就是车展。汽车企业参加车展进行展车选择、陈列及展台布置时，必须要研究参加展会的人们的心理，找出人们的关注点，将人们的注意力吸引到自己的展台上，使自己的展区成为人们的知觉对象。因此，每次举办国际车展时，参加厂商的展台都会布置得美轮美奂，播放与展车交相辉映的动听音乐，聘请车模，目的就是期望能够在众多的同行之中脱颖而出，引起参观者的注意，给参观者留下深刻印象，使参观者通过自己的想象而完善厂商的形象。

3）学习与经验

消费者购买行为大多是后天通过学习、经验积累获得的。学习对行为的影响往往是潜移默化却又十分深远的。通过学习，消费者可以获得丰富的知识和经验，不断地调整和改变自己的行为。

根据学习产生的效果，可把学习分为加强型学习、削弱型学习和重复型学习。是指通过对某种商品的观察和体验后，原有的知识和体验在强度上加强或减弱。例如消费者驾驶过某种品牌或某种型号的汽车后，如果觉得满意，他可能会对与该品牌或该型号汽车相关的知识与信息表现出更加浓厚的兴趣，会特别留意，对该车型的好感就会由此而强化，这种类型的学习称为加强型学习。消费者使用某品牌汽车后感觉不满意，或者通过了解发现别人使用后不满意，消费者对该品牌汽车的购买欲望就会削弱，这种类型的学习称为削弱型学习。重复型学习则是指消费者虽然参与了学习，但学习效果既没有加强也没有减弱，只是在原有水平上重复而已，实际上属于无用功。

汽车企业应积极地通过对消费者传送相关知识，引起消费者注意，激起消费者消费欲望，从而主动的引导消费者消费行为。购买汽车的过程就是一个学习汽车知识的过程。消费者对汽车产生需求之后，就会主动地收集有关汽车的资料，对各品牌汽车进行分析、对比、判断、咨询直至购买。在整个过程中，消费者必然要与营销人员接触，营销人员可以运用各种暗示及强化手段来引导消费者对汽车品牌的强烈反应，促进消费者对产品的购买欲望。例如，汽车展销会、新产品推介会、用户联谊会等都是厂家为用户或潜在用户提供的学习机会，企业应充分利用这些机会加强本企业的产品宣传，对消费者的购买行为起到积极的强化与推动作用。

4）态度

态度是人们对某个事物所持的持久性和一致性的评价和反应。态度影响个人对其他人、事物和事件的判断方式和反应方式。消费者通过学习，对产品、服务或企业形象形成某种态度，能够影响消费者的购买行为，从而使消费者做出相应的购买决策。态度一旦产生，很难改变，所以，汽车生产企业和经销商不要试图改变消费者的态度，而应当考虑如何改变自己的产品或形象，去迎合消费者的态度。

2. 个人特征因素

1）年龄

消费者的需求和购买能力，会因年龄不同而发生变化。不同年龄的消费者或同一消费者在不同的年龄阶段有不同的消费心理和购买行为，这是年龄对于汽车消费者的直接影响。同时，不同的年龄阶段对应着不同的家庭生命周期。家庭生命周期是指一个以家长为代表的家庭生命的全过程，从青年独立生活开始，到年老后并入子女的家庭或死亡时为止。家庭生命周期的不同也会对汽车消费产生一定影响。

2）职业收入

职业状况对于人们的需求和兴趣有着重大影响。在市场细分的过程中，汽车和职业的关系越来越紧密。作为汽车企业，应当密切关注购买本企业产品的消费者职业分布。"物以类聚，人以群分"在汽车的选购上表现得十分突出，汽车产品所表现出来的产品特性很容易吸引与其相契合的具有某一职业特征的群体。

消费市场是由消费者、消费者的购买欲望以及消费者的购买力构成的。而经济条件决定购买能力，直接影响购买决定。其中收入是最主要的因素，特别是可支配收入，研究消费者购车行为时应重点研究汽车消费者可支配收入的变化。

3）生活方式

生活方式是一个人在生活中所表现出来的活动、兴趣和看法的整个模式。是人的社会活动的一项重要内容，包括衣、食、住、行、劳动工作、休息娱乐、社会交往、待人接物等物质生活和精神生活的价值观、道德观、审美观。生活方式直接或间接影响着一个人的思想意识和价值观念，对人们的消费观念有着巨大的影响。

不同生活方式的群体对汽车品牌有不同的消费需求，并会选择适合自己的汽车，例如年轻人会选择时尚、有活力的、有个性的车款，中老年人会选择稳重、大方、气派的车款。企业可以依据生活方式因素细分市场，为其产品更好地赋予品牌个性，以期与相对应的消费者特征相适应。

4）其他个性特征

另外，一个人的受教育程度、个性、生活地域等与个人特征有关的因素也会影响其选购汽车的行为。例如消费者所受教育的程度与其收入、社会交往范围、居住环境等均与消费习惯有密切关系。一般来说，受教育程度越高的消费者对消费需求的理性色彩越浓。如教师、医生等受教育高的群体，购买汽车时相对理性，讲求实用性，综合考虑汽车的安全性、价格，而对追求驾驶刺激的乐趣要求相对较低。所以，汽车企业要关注消费者文化水平与购车偏好之间的关系，以提供满足不同层次的消费者所需要的汽车产品。

3. 社会因素

消费者处在一个复杂的社会生活之中，其购买行为经常会受到一些社会因素的影响。这些因素包括家庭、相关群体、社会角色与地位等。

1）家庭

家庭是社会上最重要的消费者购买单位，一个家庭的结构、家庭地位、家庭状态等都会影响家庭的购买行为，购买者家庭成员是对消费行为影响最大的主要参考群体。在我国，由于传统文化的影响，各家庭成员在购买过程中承担着不同的角色。不同支配类型的家庭在购买大宗家庭消费品时决定权是不一样的。一般来说，购买类似汽车、家具、住房等高档消费品以及价格昂贵的耐用品通常由丈夫决策，而购买生活用品等多数由妻子决定。

2）相关群体

相关群体是指能直接或间接影响消费者态度、意见、价值观念和行为的一群人。相关群体对消费者购买行为的影响表现在以下几个方面：提供消费模式，坚定消费者购买信心，引起效仿的欲望，产生“一致化”压力。汽车企业要善于运用相关群体对消费者购买行为的影响来制订产品开发和营销策略。

按照对消费者的影响强度，相关群体可分为主要群体、次要群体和模仿群体。

(1) 主要群体，指由那些与消费者经常接触且关系密切的人组成的群体，如家庭成员、亲戚朋友、邻居、同学和同事等。这类群体对消费者影响最大。如消费者购车前常常会观察单位的领导、同事、朋友购买什么车，与之交流心得，然后决定自己欲购车型。

(2) 次要群体，指消费者能够与之接触但接触相对较少的群体，其影响程度比主要群体要小些。

(3) 模仿群体，指消费者所尊崇的人组成的群体，如崇拜的偶像、明星、各界名人等。他们对消费者的影响有时会较大。

3）社会角色与地位

根据职业、收入、财产、教育程度、居住区域、住房等因素，可以把社会划分出一个个层次，称为社会阶层。处在不同阶层的人们所扮演的角色不同、社会地位也不同，在经济收入、价值观和兴趣等方面也有所不同，对汽车的品牌、车型等也有各自的偏好。例如劳斯莱斯，被视为身份和地位的象征，英国王室在很长一段时间内使用劳斯莱斯品牌，因而劳斯莱斯的购买者几乎都集中在社会的顶尖阶层。

4. 文化因素

文化是在人们的社会实践中逐渐形成价值观念、伦理道德、风俗习惯、宗教信仰、语言文字等。对个人需求和购买行为的影响极其深远。每一种文化内部，也会因为各种因素的影响，使人们的价值观念、伦理道德、风俗习惯等表现出不同的特征，即亚文化。例如，由于地理位置、气候、经济发展水平、风俗习惯的差异，我国有南方、北方，或东部沿海、中部、西部内陆地区等亚文化群。不同地区人们的生活习惯有差异，消费自然有别。

另外，有些消费习俗如节假日消费、信仰性消费等，也应注意或利用。如汽车生产企业或销售企业可充分利用节假日进行宣传，提高产品影响力和销量，例如，国内的国庆和春节长假前夕是汽车销售的黄金期，人们希望能够在节日长假期间走亲串友时开新车；而对于有些民族或者宗教来说，某些颜色或特定的日子可能是其禁忌，在这些地方进行汽车销售时必须注意。

5. 政策因素

国家的宏观政策对汽车的消费也有很大影响。如汽车购置税、燃油附加税等政策也体现了国家对汽车消费的引导和影响。

3.2.2 汽车个人消费市场的主要特点

1. 汽车消费市场容量极大

无论是从发达国家的发展历史来看，还是从我国近几年的国家政策及汽车销售数量的增长来看，我国私人汽车消费市场在不断地壮大，而且已成为我国汽车消费的主体市场。

2. 汽车消费品属高档耐用选购品

消费者在挑选和购买此类商品的过程中要特别比较其可靠性、安全性、价格、式样等特性。因此，消费者在购买汽车产品时，往往会跑多家汽车市场去比较其品质、价格和式样。同时，汽车消费者购买汽车，绝大多数属小型即单件购买。

3. 汽车消费需求具有多样性

因为汽车消费者市场范围广、人数多，各人的购买因年龄、收入、地理环境、气候条件、文化教育、心理状况等的不同而呈现很大的差异性。他们自然会有千差万别的爱好和兴趣，对于汽车的需求也是不同的。这就是汽车消费品需求的多样性特征。因此，汽车企业在组织生产和货源时，必须把整个市场进行合理细分，不能把汽车消费者市场只看作一个包罗万象的统一大市场。

4. 汽车消费需求随着时代发展而发展

人们对汽车商品的需求会随着生产力的发展和人民生活水平的改善而不断提高。20世纪80年代,中国居民还未曾想到过可以拥有私家车,而今天,大力发展家用轿车,已经成为我国汽车工业的一个目标。同时,汽车消费需求常常受到时代精神、风尚、环境等的影响。对于美国来说,每当经济周期处于发展期的时候,豪华型轿车就会成为汽车市场的主流产品;而当经济衰退或者石油价格上升时,低耗油的经济型轿车就会成为市场的宠儿。在我国,低耗油的经济型轿车已逐渐会成为市场的主流产品。

5. 汽车消费需求具有连带效应

许多消费品之间具有互补的作用,也有一些则可以互相替代。互补型的商品具有"一荣俱荣,一损俱损"的特点;而对于互相替代的商品,一旦某种商品销量上升,其他的就会下降,也就是处于竞争状态。譬如说,汽车销量上升时,汽车装潢业、维修保养业的业绩也会上升。

6. 汽车消费者市场属非专业购买

大多数消费者购买汽车商品都缺乏汽车方面专门知识,一般消费者很难判断各种汽车产品的质量优劣或质价是否相当,很容易受广告宣传或其他促销方法的影响。因此,企业必须十分注意广告及其他促销工作,努力创名牌,建立良好的商誉,这样有助于扩大产品销路,有助于市场竞争地位的公估。

7. 促销可诱导汽车消费需求

汽车企业可以通过营销活动的努力,来转移或改变人们的汽车消费需求。首先,现在的汽车消费需求可以通过促销诱导,使之成为现实的消费。甚至,汽车企业可以通过营销活动创造出消费需求。

3.2.3 汽车个人消费者的购买行为模式

1. 参与购买的角色

对于许多产品来说,识别购买者是相当容易的,如购买日用品的通常都是妇女。但是,对于其他的商品,如汽车,即使是现场销售人员,可能也需要经过一段时间的观察才能确定,谁在这笔交易中占主导地位。在很长一段时间内,人们主观认为,在汽车购买中占据决定地位的是男性,因此,大多数汽车广告的表现主题是"成功男士"。然而,1999美国汽车行业市场调查显示:近年来,女性在购车过程中占决策地位的比例越来越高。意识到这一点后,美国著名的整车生产企业都推出了一些以"独立、能干的女性"为诉求对象的广告。我们可以在一个购买决策中,尤其是在复杂购买行为的决策中,区分出这样五种角色:

(1) 发起者 发起者是指首先提出或者有意向购买产品或服务的人。

(2) 影响者 影响者是指其看法或建议对最终决策具有一定影响的人。假设一个家庭决定购买一辆轿车，这个家庭的亲朋好友、家庭中的妻子以及这个家庭中已经成年的孩子，都可能扮演着“影响者”的角色。

(3) 决策者　决策者是在整个购买行动中起决定性作用的人。上面提到的那个购车家庭中的丈夫往往是决策者。

(4) 购买者　购买者是指最终实际采购的人，通常也是家庭中的丈夫。

(5) 使用者　使用者是指实际消费或使用产品或服务的人。实际购车的人以及扮演决策者的人都未必是最终的产品使用者，可能是丈夫要送车给妻子，也可能是父母为孩子购车。

2. 汽车个人消费者购车行为模式

消费者行为是指消费者在寻求、购买、使用、评估和处理预期能满足其需要的产品和服务所表现出来的行为。通过对消费者购买行为的研究，可以了解到人们如何做出花费自己可支配的资源于有关消费品上的决策。

在对消费者的消费心理研究的基础上，结合汽车市场的营销现状，得到一般的消费者购车行为模式(见图 3.2)。消费者在受到某些外部刺激(包括市场营销因素和其他因素)之后，从而产生对汽车的需要，由此产生购买动机，引发其购买欲望。当消费者产生购买欲望后，就会主动地通过各个途径去搜集购买汽车的相关资料，通过研究分析，并加以评价比较，从中确认适合自己需要的汽车，综合考虑各种影响购买的因素，该对比评价、购买决策的过程可能会多次重复。最终作出购买决定，发生购买行为。

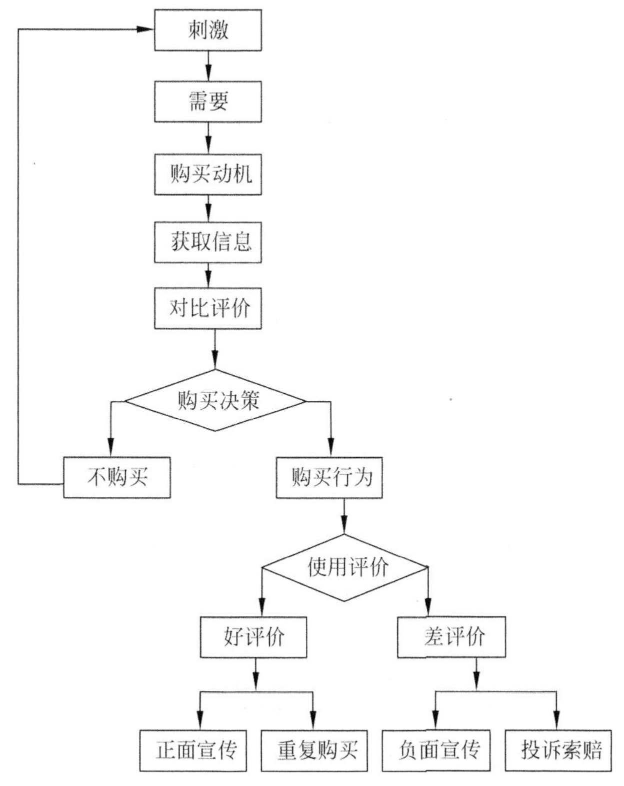

图 3.2　消费者购车行为模式

当消费者购买某品牌的汽车后，这只是第一阶段的购买行为，属于初次购买。完整的购买行为并没完全结束。由于汽车属于高档耐用消费品，消费者在购买汽车之后的相当长的时间内关于汽车的使用、维护、保养等问题都会使消费者重新认识、评价该汽车产品，若汽车产品获得了消费者好的评价，其结果是：一方面该消费者会重复购买，另一方面消费者会正面宣传该产品，对其周围的潜在客户产生深远影响。反之，如果使用之后发现所购汽车产品与期望值之间存在差距，消费者就会对该汽车产品做出差评，甚至会进行投诉和索赔，这就会严重影响其周围消费群体购买倾向和行为，使本产品的部分潜在客户流失。

3. 汽车个人消费者购买行为分析

通过对个人消费者购车行为模式的分析，可以在各个环节加强对消费者行为的影响和引导。掌握能够刺激消费者需求产生的影响因素，促进企业品牌和汽车产品的宣传、促销效果；了解并帮助消费者解决阻碍其购买行为的问题，促进消费者最终购买行为的产生；在消费者使用汽车期间，保证汽车维修、保养等服务质量、提高用户满意度，从而提高用户的忠诚度。

消费者购车的过程基本上可分为3个阶段：购买前、购买中和购买后。以下“五大问题”可以直接反映出消费者的购买行为，通过“五大问题”分析可以了解消费者购买行为的规律及变化趋势，以便制定和实施相应的市场营销策略。

问题一：谁是消费者

汽车企业要充分了解市场，就必须清楚区域消费市场由谁构成，要知道谁是企业产品的潜在客户，谁是购买的发起者，谁有购买决策权，谁参与购买，谁使用所购产品，谁影响购买等问题。掌握“谁是消费者”问题是进行市场营销的前提。

问题二：消费者需要什么

汽车企业必须了解消费者的真正需求，知道消费者的内心，掌握消费者的需求和欲望以及对客户最有吸引力的产品；需要弄清客户准备购买的汽车产品型号、品牌等问题。掌握“消费者需要什么”问题是进行市场营销的基础。

问题三：消费者购买原因

汽车企业要了解消费者购买或不购买汽车的真正原因，喜欢或不喜欢某一品牌、型号的原因。

问题四：消费者购买环节的时间

汽车企业要掌握消费者产生需要的时间、准备购买的时间、使用产品的时间、曾经购买的时间、重复购买的时间以及消费者需求发生变化的时间。

问题五：消费者如何购买

汽车企业还需要了解消费者如何决定购买行为，以何种方式付款，消费者对产品和广告反应的反应情况以及企业如何服务客户，如何与客户进行交流沟通，如何提高用户满意度。

3.3 汽车集团消费市场购买行为分析

由于汽车产品本身的使用特点，决定了汽车产品的购买者不仅仅是个人消费购买者，还有各种形式的组织或集团，这些组织或集团构成汽车集团消费市场，汽车集团消费市场是一个涵盖面很大的市场。这个市场的购买者是汽车企业的重要营销对象,企业应当充分了解他们的特点和购买行为。

3.3.1 汽车集团消费市场的购买者类型及需求特点

汽车集团消费市场是相对个人消费市场而言的。根据购买者的性质和购买目的不同可以将汽车集团消费市场进行分类。并且由于汽车集团消费市场在目的、方式、性质、规模等方面的不同,汽车集团消费市场具有其独特的需求特点。

1. 汽车集团消费市场的购买者类型

1) 企事业组织购买者

企事业组织购买者包括企业组织和事业单位两大类型。其中,企业组织是社会的经济细胞,是从事产品或服务生产与经营的各种经济组织,其特点是自负盈亏、按章纳税、自我积累和自我发展。事业单位是从事社会事业发展的机构,是为某些或全部公众提供特定服务的非营利性组织,其特点是接受财政资助或得到政策性补贴,也可以在规定范围内向其服务对象收取一定费用。事业单位主要包括学校、医院、红十字会、卫生保健组织、新闻出版机构、图书馆、博物馆、文艺体育团体、基金会、福利和慈善机构等。企事业组织购车目的是为了满足企业组织的商务经营活动和事业单位开展事业活动的需要,如满足企事业组织机构的各级领导干部、职工的工作出行需要等。

2) 政权部门公共需求购买者

政权部门公共需求购买者包括各种履行国家职能的非营利性组织,指服务于国家和社会,以实现社会整体利益为目标的有关组织,具体包括各级政府及其下属部门、保卫国家安全的军队、保障社会公共安全的各类警察组织、管制和改造罪犯的监狱、负责立法的各级人大(含政协)机关,在我国还包括各级设有独立机构的党委组织等。这些部门的特点是其运行经费全部来自各级财政的行政经费支出或军费支出。

3) 运输营运购买者

运输营运购买者是指专业从事汽车运输服务的各类组织或个人,具体包括各种公路运输企业、旅游运输企业、城市公共汽车运输企业、城市出租汽车运输企业、具有自备运输的大型企业或某些行业系统的专业运输部门、各种私人运输经营户等。

4) 再生产购买者

再生产购买者包括采购汽车零部件的企业或对汽车中间性产品进行进一步加工、生产制造出整车的汽车生产企业,如各种主机生产企业、总成装配厂家、专用车生产厂家等。

2. 汽车集团消费市场的特点

1) 购买规模大,类型相对集中

虽然汽车集团消费市场购买者数目相对汽车个人消费市场要少得多,但是他们每次购买数量、金额却很大。对某些汽车厂商来说,往往是几家大买主就分担了厂家的绝大部分的销售量,有时一张订单的金额就可能高达数千万元甚至数亿元。另外虽然汽车集团消费购买者在地理上也较为分散,但购买者的类型却比较集中。

2）供求双方联系密切

在现代汽车市场营销中，汽车集团消费购买者希望有稳定的货源渠道，而汽车厂商更需要稳定的销路，因此供求双方常常需要保持较为密切的联系，并且这种相互间的供需合作不会轻易中断。有时购买者希望供应商能够按自己的要求提供产品，在技术规格、产品功能、结构性能、交货日期或服务项目等方面提出特殊要求，供应商应经常与购买者沟通，详细了解他们的需要并尽力满足之。

3）购买专业性强

汽车集团消费购买者大多对产品有特殊要求，且采购过程复杂，采购是由受过专业训练的人来执行的，有的汽车集团消费购买者甚至会选择采购代理商。因此，汽车集团消费购买者通常十分了解所购产品的特征，甚至了解生产工艺，并且有较强的选购、比较和议价能力。

4）多人影响购买决策

与个人购买者相比，影响集团消费购买决策的人员更为众多。汽车集团消费购买过程通常由若干技术专家和高管理者共同参与。

5）短期的需求弹性较小

相对汽车个人消费者而言，汽车集团消费购买者的需求弹性小得多，特别是短期内需求受价格变动的影响不大。例如，汽车再生产者只要所生产的车辆的需求没有发生变化，就不会因为汽车零部件或中间性产品的价格上涨而减少购买，也不会因为价格下跌而增加购买。有的组织购买者面临的选择机会不多，例如，地方政府或行业公会规定本地的组织用户只能选购本地产汽车，排挤外地产品，或者由于产品的特殊性，供应商数目有限等，这些原因都使得需求弹性较小。

3.3.2 影响汽车集团消费购买行为的主要因素

汽车集团消费购买行为是一种理性行为。但汽车集团消费购买行为仍然会受到一些因素的影响，具体可分为以下几种类型。

1. 环境因素

环境因素是汽车集团消费购买者所处企业的内外部环境，如经济状况、政治法律环境、社会舆论、科技水平等。这些因素都会或多或少影响集团消费者购买行为。例如，如果经济环境好，就可以促进市场增加需求，反之则会减少需求；如果政府出台环境保护政策，需要买车的企业就应当考虑到，出于保护环境，政府可能在不久之后以法律、法规的形式限制汽车的排量、噪声等指标，所以，在采购决策时就可以考虑购买环保型汽车。

2. 组织因素

组织因素是指购买者内部采购部门自身的目标、政策、程序、结构、制度等方面的设置状况。在现代市场经济中，组织因素的变化大体呈现出以下趋势。

(1) 采购部门地位上升。随着市场经济发展，无论何种机构对运行成本的控制越来越重视，这促使采购部门在组织中的地位不断提升，具体表现在采购部门级别提高，采购部门专业人员比例增加等。

(2) 采购权力集中。目前的趋势是向着集中采购的方向发展，即设立独立的采购部门，专门负责汽车集团消费所需的各种物资、物品或货物的采购，实现专业化采购。这种机制有利于提高采购的专业化水平，有利于对采购环节进行集中监督，有利于形成规模采购，增加对供应商的判断力，节约采购成本。

(3) 合同长期化。购买者越来越注重同那些信誉较好的供应商保持长期的合作关系，同他们签订长期的购销合同。这种方式的优点是可以将组织的运行成本保持在一个较稳定的水平上，从而有助于其产品或服务的价格具有稳定性。

(4) 加强采购绩效评估。强化考核主要是指企业建立对采购绩效的评价机制。通过制定奖励制度激励那些成绩突出的采购人员，以促使他们关心组织的总体利益。

3. 人际因素

汽车集团消费购买行为的人际因素，是指集团内部各机构不同的人员之间的关系，其主体是不同地位、不同职权、不同说服力的各类参与者之间的关系。对于营销者而言，应当充分了解客户组织的人际关系状况，确定每个人在购买决策中扮演的角色及其影响力的大小，利用这些因素促成交易。

4. 个人因素

购买决策过程中每一个参与者都具有自身的特点，个人消费者市场上影响购买行为的个人因素在集团消费市场上依然发挥作用。这里的个人因素，主要是指购买者中每一个参与购买活动的人员，各自在购买动机、个人经历、喜爱偏好等方面的因素。这些个人因素往往受到个人年龄、收入、受教育水平、职业、性格以及对风险态度等要素的影响。

3.3.3 汽车集团消费购买行为类型

汽车集团消费购买行为模式不同于个人购买行为模式，其复杂程度高得多。从购买活动的类型看，主要包括三种基本类型。

1. 直接重购

直接重购是指采购部门根据过去的一贯性需要，按原有订货目录和供应关系所进行的重复购买。在这种类型的购买行为中，集团消费的采购人员作出购买决策的依据是过去的经验，是对供应商以往的满意程度。由于这种购买行为所涉及的供应商、购买对象、购买方式等均为往常惯例，因而无须作出太多新的采购决策，它属于一种简单的购买活动。

直接重购的优点是便于供应商保持产品和服务的质量，并在这一过程中努力简化购销手续、节省购买者时间、稳定供应关系。但对于新的供应商来说，这无疑加大了其进入组织市场的难度。

2. 修正重购

修正重购是指用户为取得更好的采购工作效果而进行修正采购方案、改变产品规格、型号、价格等条件或改变新的供应商的情况。这种购买类型下的采购行为比直接重购复杂，它要涉及更多新的购买决策。

修正重购有助于刺激原供应商改进产品和服务质量，还给新供应商提供了竞争机会，从而有助于降低采购成本。

3. 新购

新购是指购买者对其所需的产品和服务进行新的购买活动。这是所有购买情形中最为复杂的一种，因为它通常要涉及多方面的采购决策。

新购时的采购金额和风险越大，采购决策的参与者就会越多，制定采购决策所需要的信息就越多，决策所花费的时间也就越长。任何新购都要经历认识、兴趣、评估、采购、使用等几个阶段。在不同阶段上，信息源对于购买者的决策影响各不相同。

3.3.4 汽车集团消费的购买决策过程

1. 购买决策内容

汽车集团消费在采购过程中需要决策的内容，首先与采购的业务类型有着密切的关系。通常情况下，采购者需要做出的决策内容，在直接重购业务中最少，在新购业务中最多。以新购业务需要的决策为例，其决策内容主要包括：产品选择、价格决策、交货条件与交货时间的制订、服务水平的确定、支付方式选择、订购数量确立、供应商选择的评估与选择等。

2. 购买决策过程的参与者及其作用

汽车集团消费采购部门的设置，与组织自身的规模紧密相关，大型组织有职能较为完整的专门采购部门，小型组织的采购任务往往只有少数几个人负责。在采购决策权限的授予上，不同类型的采购部门也不尽相同。有些采购部门把选择供应商和选择产品的权限全部授予采购人员，有些则只允许采购人员选择供应商，还有的采购人员仅仅是供应商与采购部门之间的媒介，只拥有发放订单的权力。总体上讲，不同的决策参与者，对决策的作用各不相同。

在任何汽车集团消费中，除了专业的采购人员之外，还要有其他相关的人员参与购买决策过程，他们共同构成采购的“决策中心”。在采购中心内，对购买决策发挥作用的成员主要有：

(1) 使用者，指具体使用所采购产品或服务的人员。使用者在购买决策中的作用，一般是在采购的最初阶段从使用角度提出建议，他们的意见对选择产品的功能、品种、规格等方面起着重要作用。

(2) 采购者，指选择供应商、协商采购条款内容的直接实施购买行为的所有人员。采购者的作用是协助决定产品规格，其主要职能是选择供应商并与之进行具体条款的谈判。在重大复杂采购行动中，高级职员往往也要充当采购者。

(3) 影响者，指内部或外部的所有对购买决策具有直接和间接影响作用的人员。他们通常可以协助解决部分决策问题，可能提出不同方案的评估信息，最为重要的影响者多是汽车集团消费内部的技术人员。

（4）决策者，指集团内部有权决定采购数量和供应商的人员。在标准品的例行采购中，决策者往往就是采购者本人，而在复杂的采购业务中，决策者可能是组织的领导者。

（5）审批者，指那些有权批准决策者或采购者购买方案的所有人员，一般是重大购买行动的领导小组或最高机构。

（6）控制者，指那些有权控制汽车集团消费内外相关采购行动信息的流动人员。他们均有权阻止供应商的推销人员同本组织内部的具体使用者、决策者发生直接的联系。

通常，采购中心的规模与采购产品本身的性质有关。因此，市场营销人员必须经常关注下列问题：最主要的决策参与者是谁；他们所能影响的决策有哪些；其各自对采购决策的影响程度如何；各决策参与者的评估标准是什么；只有在弄清采购者上述决策状况，营销者才有可能采取具有针对性的促销和公关措施。所以营销者应该同采购中心的各类参与者进行多层次的接触。此外，营销人员还必须经常了解购买决策参与者的变化，不断调整销售策略。

3. 购买决策程序

汽车集团消费购买活动是一个比较复杂的过程，可以将其划分为 8 个阶段。在修复重购和直接重购时，可能跳过某些阶段；但对于新购业务类型来说，一般都要经过这 8 个采购阶段，形成完整的采购过程。

（1）提出需要：通常是企业为解决某一问题而提出新的采购需求。产生这一过程的原因可能是因为企业自身的需要，如企业规模扩大；也可能是由于市场上技术的进步和新产品的出现；也可能是企业决定推出某种新产品，扩大市场规模；也可能是原来供求关系发生变化等。

（2）确定需要：企业在认识到需要以后，要确定所需购买的品种特征和数量。

（3）说明需要：企业的采购中心在确定需要后，会指派专家小组，对所需品种进行价值分析，进行详细的技术说明。同时，拟定所需购买物品的具体技术和规格指标。例如，所需购买车辆的种类、价格范围、性能等。

（4）物色供应商：企业必须寻找所需品种的供应商。如果是初次采购，或所需品种复杂、价值高，该过程就会相对复杂些。

（5）征求供应建议书：企业会邀请其认为合格的供应商提交供应建议书。对于复杂的采购项目，采购人员应要求基本符合企业要求的供应商提供详细的书面建议，以供选择。

（6）选择供应商：在有了上述工作之后，采购者就能掌握比较丰富的信息，并且从中选定合适的供应商。通常，决策中心的成员将对供应建议书进行讨论，在产量、质量、价格、信誉、技术服务、及时交货能力等方面做出评价，并依据分析结果认定各个供应商的吸引力，最终决定供应商。

（7）签订合同：决定供应商以后，企业会根据所需产品的技术说明书、需要量、预期交货时间、退货条件、担保书等，与供应商签订最后的订单。另外，如果采购方有意与供应方建立长期供货关系，在这个过程中，还要添加签订长期供货合同的步骤。

（8）绩效评价：同消费品购买过程中有购后行为一样，汽车集团消费用户完成采购后，采购部门也会根据最终的使用情况对此次采购做出评价。为此，采购部门要听取各方使用者的意见。这些使用者一般分散在企业的各个部门。这种对供应商的绩效评价，可能促使集团消费用户继续与该供应商保持联系，也可能导致他们修正或停止采购。

总之，汽车产品的集团消费购买行为与个人购买行为很不相同，市场营销人员必须了解客户的需求、采购决策的特点等，然后在此基础上按客户的具体类型设计出合适的营销计划。

本章小结

影响消费者购车的因素主要有内在因素和外在因素，其中内在因素包括个人因素、心理因素，外在因素包括社会因素、文化因素和政策因素等。

汽车个人消费者购车的过程基本上可分为3个阶段：购买前、购买中和购买后。“五大问题”可以直接反映出汽车个人消费者的购买行为，通过“五大问题”分析可以了解汽车个人消费者购买行为的规律及变化趋势，以便制定和实施相应的市场营销策略。

汽车集团消费市场的特点是购买规模大，类型相对集中；供求双方联系密切；购买专业性强；多人影响购买决策；短期的需求弹性较小等特点。

复习与思考题

1. 影响汽车购买行为的基本因素有哪些？
2. 阐述汽车个人消费者市场的主要特点。
3. 分析个人消费者购车行为模式。

案例分析

如何把消费者的潜在需求转化为现实需求

王先生夫妇都是40岁左右的大学教师，现在家庭月收入15 000元左右，一家三口，儿子刚满10周岁。他们刚买了新房，新房有三室一厅，100多平方米。买新房花去了夫妻俩多年的积蓄，但没有债务。新房在市郊，离单位较远，小孩上学也不是很方便。夫妻俩生活稳定，无后顾之忧。

夫妻俩很想购买一辆私家车，以解决上班路远和小孩上学不便的问题，但又觉得目前车价太高，自己又不懂汽车方面的专业知识，怕上当受骗，故一直犹豫不决。

讨论：

1. 试从潜在需求和现实需求的关系来分析王先生一家的汽车需求。
2. 如果你是一位汽车营销人员，你打算如何说服这个家庭购买你的汽车？

4 汽车市场分析

营销信息系统(marketing information system)　调研(research)
抽样技术(sampling technique)　调查问卷(questionnaire)
市场预测(market forecast)　市场细分(market segmentation)
市场定位(market positioning)　目标市场选择(target market selection)

4.1 汽车市场营销信息系统

汽车市场营销信息系统是由人员、机器和程序(软件)所组成的相互作用、相互关联的结构,由内部信息系统、营销情报系统、营销调研系统和营销分析系统4个子系统组成。它为汽车企业营销决策者搜集、整理、分析、评估和分配所需要的、及时的和准确的汽车市场信息。

4.1.1 建立汽车市场营销信息系统的必要性

现代汽车企业开展市场营销活动,不仅需要人、财、物等方面的资源要素,尤其需要信息资源。信息之所以重要是由以下几个方面所决定:

(1) 由于汽车企业面对的市场范围越来越大,汽车企业的市场营销活动不仅限于本地区、本国,而且跨越了国家之间的界限,使得营销人员在不同地区市场或国际市场中面临着较为生疏的环境,需要收集、加工许多新的信息。

(2) 随着消费者收入水平的明显提高,他们在购买中的选择性越来越大,这就使得购买行为复杂化,也需要大量有关消费需求变化趋势的信息为企业的经营决策提供依据。

(3) 市场竞争已由单一的价格竞争发展到非价格竞争的更高级形式。消费者对产品价格不再像过去那样敏感,消费者购买商品时更加注意品牌及产品特色,因此品牌、产品差异、广告和销售推广等竞争手段的作用日益突出,而这些非价格手段能否有效运用,前提条件也在于是否能获得正确的信息。

显然,汽车企业在对顾客、竞争者、市场商品供求动态及企业自身状况缺乏了解时,就不可能成功地进行市场营销的分析、决策、实施和控制。然而,正是由于企业面临的营销环境的复杂性也使得信息来源多样化、复杂化,汽车企业必须从庞杂的信息来源中提炼出适合自身发展的营销信息,才能作出正确的经营决策。为此,需要建立一个有效的营销信息系统以便及时准确地收集、加工与运用有关信息,使营销信息准确可靠,并且具有系统性。

4.1.2 汽车营销信息系统的基本组成

1. 内部信息系统

内部信息系统主要用于向管理人员提供汽车企业内部运行结果资料，它是以内部会计系统为主，同时辅之以销售报告系统，集中反映如销售成本、利润、库存、资金赢利率等财务信息，以及人员状况、企业物资使用情况等管理信息的收集、整理、归类等工作，一般较为完善。

内部信息是汽车企业内部的实际材料，是营销人员运用的基本信息。他们通过分析这些信息，可以发现重要的机会和问题，及时比较实绩与预测目标的差异，进而采取切实可行的改进措施。

2. 营销情报系统

营销情报系统指汽车企业市场营销管理人员用以了解有关外部环境发展趋势信息的各种来源与程序。它的任务是利用各种方法收集、侦查和提供汽车企业外部环境变化信息，主要包括政府相关经济政策、法律、法规、汽车行业的各方面动态、企业的社会影响、竞争对手情况以及汽车用户的情况等，进而进行研究，得出一些如汽车工业发展的规律性认识和整个汽车市场环境变动的预测等结论。该系统情报的质量和数量对汽车企业营销决策的灵活性和科学性起着决定性作用。该系统最重要的是建立情报网，以随时向企业经营管理部门提供重要情报。

3. 营销调研系统

营销调研系统就是系统、客观地识别、收集、分析和传递与汽车市场营销状况有关的资料，提出与汽车企业所面临的特定的营销问题有关的研究报告，以帮助汽车企业的营销决策者制定有效的营销决策。例如，某汽车企业准备投产一种新型汽车，在作出决策以前，有必要对该产品的市场潜量进行较准确的预测。对此，无论内部信息系统还是营销情报系统都难以提供足够的信息并完成这一预测，这就需要通过营销调研系统来完成。

4. 营销分析系统

营销分析系统指汽车企业采用一些先进技术分析汽车市场营销数据和问题的营销信息系统。它通常由资料库、统计库和模型库3部分组成，其主要功能是运用各种统计分析技术从大量数据中发现有意义的重要信息，帮助制定最佳的营销决策。

4.2 汽车市场调研

4.2.1 汽车市场调研概述

1. 汽车市场调研的概念

汽车市场调研是指运用科学的手段与方法，有计划、有目的、有系统地对企业市场营销活动相关的市场情报进行收集、整理和研究分析，并提供各种市场调查数据资料和各种市场分析研究结果报告，为汽车企业市场预测和经营决策提供依据的活动。

2. 汽车市场营销调研的作用

1）了解市场状况

市场调研有助于管理者了解市场状况以及利用市场机会。汽车企业一方面要把生产出来的汽车通过流通领域送到消费者手中，另一方面还要了解消费者需要什么样车型的汽车，对质量有何要求，需求量有多大，现有的竞争对手是谁，是否还会有新进入的竞争对手等。

2）提高企业的竞争力

产品能否进入市场和进入市场的深度如何，除了取决于其本身的生产经营条件外，还包括汽车的品牌、品种、数量、质量与在市场上所占据的地位，以及汽车企业对市场变化的适应能力。另外，还取决于市场本身对某种车型汽车的需求情况（如需求量、需求时间、地点、方向等）和市场竞争的激烈程度。

同时汽车企业还应通过合理组织和使用企业内部和外部的资源，提高劳动生产率，降低产品成本，取得竞争优势，在扩大市场份额的基础上通过优质产品和良好的服务取得经济效益。

3）提高经营管理水平

企业应充分了解和掌握现代科学技术和经营管理的发展水平和趋势，借助世界上已经成熟的科学技术和经营管理成果从事生产经营活动，为企业的发展和进步创造良好的条件。

4.2.2 汽车市场调研的步骤

市场调研一般由5个主要步骤组成，即确定市场调研目标、制订调研计划、搜集调研信息、分析调研信息、得出调研结论。

1. 确定市场调研目标

市场调研的第一步就是应根据基本情况的分析，确定市场调研目标。企业在不同时期所面临和解决的问题差别很大，只有确定了调研的目标和基本指导思想，实际的调研活动才会更有针对性，调研效果才会达到最佳效果。确定市场调研目标应由营销管理人员特别是第一线的汽车销售顾问和调研人员共同配合来完成。因为前者最了解营销中存在的问题和应做出的决策，当然也最了解哪些信息对营销决策最重要，而后者则最了解应如何取得这些信息。

虽然不同企业不同时期面临不同问题，但从大体上看可将调研目标进行分类。主要有3种：一是探索性调研；二是描述性调研；三是因果分析调研。

（1）探索性调研是指对需要调研的问题还不清楚，无法确定调研的内容和范围，因而只有搜集一些相关的资料，进行分析后找出问题，再进一步深化调查。

（2）描述性调研是指通过调研如实地记录并描述诸如某种型号汽车产品的市场潜量、用户态度和偏好等方面的数据资料。

（3）因果分析调研是为了搞清原因与结果之间的关系。

2. 制订调研计划

在确定了调研工作目标之后，市场调研的第二步就是成立调研小组，对市场调研所达到的目标进行全方位、全过程的计划，形成市场调研计划书，其内容应该包括市场调研主题介绍、市场调研提纲拟定、调研小组介绍、市场调研对象选择、调研方法和形式的选择、调研时间进度表和调研经费预算等。

3. 搜集调研信息

在充分的准备工作之后，市场调研活动进入了实施阶段，即进行资料的搜集。这是整个调研工作中最复杂、工作量最大、耗费人力物力最多的环节，它能否按计划顺利进行是决定最终调研质量和调研结果好坏的关键。

4. 分析调研信息

分析是指从数据中提炼出当前的调查结果，对主要数据变量要进行数理统计方面的工作，从而得出趋势性的结论。这个环节主要是通过对原始调查资料进行筛选、整理和提炼，使其条理化、系统化。

5. 得出调研结论

在数据分析的基础上，用形象的图表或语言进行总结说明，这是调研活动的最后环节，是整个市场调研工作最终结果的集中体现。

4.2.3 汽车市场调研的方法

市场调研方法有很多，在此介绍几种常用的方法。

1. 文案调研法

文案调研是指通过搜集各种历史和现实的动态统计资料（第二手资料），从中摘取与市场调研课题有关的情报，从而进行统计分析的调研方法。这种方法主要是通过调研人员向有关方面索取资料。文案调研法的特点是花费时间少、费用低。文案调研法的资料来源主要有：

（1）企业内部积累的各种资料，如业务记录、统计报表、工作总结等。

（2）国家机关公布的国民经济发展计划、统计资料、政策、法令、法规等，以及一些内部文件。

（3）各行业协会、联合会提供的资料。

（4）国内外公开出版物，如报纸、杂志、书籍及刊物登的新闻、报道、消息、评论、调研报告等。

（5）各研究单位、学会、专业情报机构和咨询机构提供的市场情报和研究结果。

（6）企业之间交流的有关资料。

2. 观察法

观察法是由调研人员到各种现场进行观察和记录的一种市场调研方法，在观察时，调研人员既可以耳闻目睹现场情况，也可以利用照相机、录音机、摄像机等设备对现场情况做间接的观察，以获取真实的信息。观察法具有直接性、客观性、方法简单等优点，但这种方法只能了解市场现象，而对于现象背后的态度、原因、动机等掌握却十分有限，不利于发现市场现象形成的真正原因。

3. 问卷调查法

问卷调研法是利用从总体中抽取的一个样本，以及设计好的一份结构式的问卷，从被调研者中抽取所需的具体信息的方法。搜集数据的方式是结构式的，即标准化的。这种结构式的、直接的调研，是最为常用的数据搜集方法。所设计的大多数的问答题都是固定选择题，或叫封闭式的问答题，被调研者只需从事先给定的几个可能答案中选定一个（或多个）就可以。调研的样本是从总体中按一定的抽样方法抽取的，为了用样本的信息对总体做出推断，一般采用随机抽样的方法。

1）问卷调研法的优点

（1）问卷易于操作。

（2）所搜集的数据比较可靠，因为问题都是封闭式的（有固定的选择答案），大大减少可能由调研员的差异引起的变化。

（3）数据的编码、分析和解释都比较简单，因为样本是有代表性的，可以对总体的情况作出较为合理的判断。

2）问卷调研法的缺点

（1）被调研者可能不愿意或不能够提供所需的信息。例如，关于态度或动机的问题，有时候被调研者可能不是十分明确地意识到决定其动机（如选择某种商品、做出某种决定）的原因是哪些，因此，所提供的信息可能就不准确。如果问题涉及个人隐私或敏感点，被调研者可能也不愿意回答。

（2）封闭性问题限制被调研者选择答案的范围，可能使某些类型的数据的有效性受损失。

4. 实验法

实验法是指先在一定的小范围内进行实验，然后再研究是否大规模推广的市场调研方法。它起源于自然科学的实验求证法，具体做法是：从影响调研对象的若干因素中选出一个或几个因素作为实验因素，在其他因素处于不变的条件下，了解实验因素变化对调研对象的影响。实验完成后，还须用市场调研方法分析这种实验性的推销方法或产品是否值得大规模的推行。在展销会、试销会、订货会等场合，均可采用这种方法进行市场调研。

对于汽车商品，在改变品质、设计、价格、广告、陈列方法等因素时，可应用本调研法，先做一小规模的实验性改变，研究顾客的反应。这种调研方法的优点是使用的方法科学，具有客观性价值；缺点是实验的时间过长，成本高。

4.2.4 汽车市场调查的抽样技术

汽车市场调查还涉及调查对象的选择问题，调查对象的选择方法又可分为全面普查、重点调查、典型调查和抽样调查四种，其中抽样调查是市场调查中被广泛使用的一种方法。

1. 抽样调查的基本概念

1）信息源及其特征

所谓信息源，就是有关事件的记录或信息内容发生和存在的地方，也就是人们所要收集资料的地方或对象。进行市场调查首先要确定从何处收集资料，因此只有找对信息源才有可能搜集充分的、有用的资料或信息。

正确识别信息源，是进行市场调查的关键步骤。一般来说，信息源应具有这样几个特征：

(1) 与有关事件或信息内容的联系最密切。

(2) 对有关事件发生过程或信息内容有完整的记录或记忆。

(3) 具有对有关事件发生过程或信息内容的记忆功能或记录保持功能。

(4) 在一定的条件下能够讲述或再现有关事件的全貌。

2）总体、样本和抽样调查

信息源全体成员称为总体(也称母体)，而被抽取出来作为调查对象的成员称为样本。为了节约费用，快速完成调研任务，必须在全部对象(即总体)中选择具有代表性的一部分(样本)加以调查，然后以样本的统计特征值推断总体特征值，这种调查称为抽样调查。

总体和样本的某个属性称为特征，如性别、年龄、职业等。总体中某一变量的综合描述称为总体特征值(总体值)，它反映总体中所有元素的某种特征的综合数量表现。调查样本中某一变量的综合描述称为统计特征值(统计值)，它反映样本中所有元素的某种特征的综合数量表现。抽样调查的原理是指用平均值与标准差来反映某一特征值，并用统计值作为总体值的估计值。

3）抽样和抽样框

所谓抽样，即从总体中抽出一部分样本。样本应当具有代表性，本身具有且能反映总体的特征。例如，在对消费者进行抽样调查时，所选择被调查的消费者应当与其他消费者具有相似的收入水平、消费习惯、文化背景、消费层次和市场环境。如果出现不同，所调查的消费者信息就不能反映其他消费者的信息，在从样本特征值推断总体特征值时，就会发生偏差。在消费者之间存在差异的情况下，必须选择特征不同的消费者，避免以偏概全。

抽样框又称作抽样范围。它指的是一次直接抽样时，总体中所有抽样单位的名单。样本或某些阶段的样本从抽样框中选取。

2. 抽样调查的基本程序

抽样调查的基本程序如图 4.1 所示，下面主要介绍样本数量的确定和抽样方法。

1）样本数量的确定

样本数量可以影响调查数据的质量，它在很大程度上取决于各个个体之间的相似程度

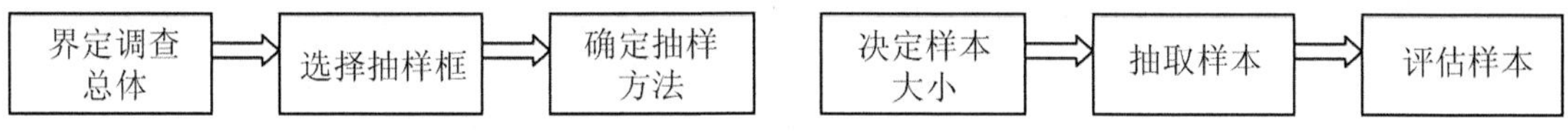

图 4.1 抽样调查的基本程序

和相关信息的种类。如果总体中各个个体之间高度相似,任意选取一个样本就可以比较清楚地说明总体的特征。但是,如果各个个体之间存在较大差异,而又要求样本统计特征值能够反映和说明总体的情况,就需要选取较多的个体作为样本。

样本数量的确定方法有好多种,这里主要介绍一种常用的较为准确的方法——置信区间法。

可信度是表明特定样本的估计值,可视为对总体参数的真实估计的准确与可靠程度。与可信度的对应的是误差的显著性水平。95%的置信水平(表示样本估计值落入可信区间的概率为 0.95)对应有 5%的误差显著性水平;而 99%的置信水平对应有 1%的误差显著性水平。这两种显著性水平是经常采用的。有关可信区间等统计学概念,请参阅统计学专门教材。

对每个样本进行调查取得的某种数据称为样本值。抽样调查取得的该类数据的全部样本值可被用于计算样本平均值以及标准方差。样本平均值反映全部样本的某种数据的平均水平,通常记为 $\overline{X}$;标准方差则反映各个样本值在平均值周围分散的程度或离散度,记为 S^2。有些情况下也用到样本平均值的标准误差 SE_x。如果样本值统计数据大,那么该样本估计值与总体参数的真实值偏差也大;如果这个数据较小就可以相信样本估计值是一个较好的、可靠的总体参数的代表。

无论样本数据多大,在将样本平均值视为总体均值时,总是存在一定的误差。统计学理论证明,样本平均值的标准误差大小与样本数量的二次方根成反比。这一定理用数学公式来表达就是

$$SE_x = \frac{\sigma}{\sqrt{n}} \tag{4-1}$$

式中,σ 为总体的标准方差;n 为样本数量。

根据上述定理,推导得

$$n = \frac{\sigma^2}{SE_x^2} \tag{4-2}$$

这就是用来计算样本数量的数学公式。运用该公式求解时需要已知总体的标准方差,同时还必须知道可接受的标准误差值。一般情况下,总体的标准方差是不知道的。因而要以 K 个个体构成的样本组的标准方差来代替。K 个个体构成的样本组的标准方差可作为总体方差的一个合理估计,用下式计算:

$$\hat{\sigma} = \frac{\sqrt{\sum (X_i - \bar{x})^2}}{K - 1} \tag{4-3}$$

另一个可用于计算简单随机抽样的样本数量的数学公式是

$$n = \left(\frac{Z\hat{\sigma}}{E}\right)^2 \tag{4-4}$$

式中,Z 为置信度系数,对应于希望达到的置信水平。在正态分布下,95%的置信水平所对

应的 Z 为 1.96;99%的置信水平所对应的 Z 为 2.58;E 为可接受的最大误差(即精确地为 $\pm E\%$)。

例:以 95%的可信度对一支销售队伍的平均销售能力进行随机抽样调查,如果要求样本平均值与总体真实平均值之间可接受的最大误差量为 2.0,在假定 $\hat{\sigma}=12$ 时,样本数量为多大?

解:因为对应于 95%的置信水平,$Z=1.96$;所以销售人员 $n=\left(\frac{1.96\times 12}{2.0}\right)^2=138$(个)。

由公式 $SE_x=\frac{\sigma}{\sqrt{n}}$ 也可以发现,要提高样本估计值的准确度,虽然可以通过增加样本数量来实现,但是需增加的样本数量将呈二次指数速度增长。具体而言,一个样本数量是 1000 的抽样调查结果所存在的样本误差只是一个样本数量为 4000 的样本误差的两倍。或者说,一个样本数量是 4000 的样本误差只是样本数量为 1000 的样本误差的 1/2,因为样本误差之比 $\sqrt{4000\div 1000}=2$

调查费用也是影响样本数量的决定性因素之一。调查活动的费用总是随着样本增多而增加的,选择的样本数量越大,所需投入的资金和人力、物力就越多。从节约费用的角度考虑,样本数量应当小一些。

2) 抽样方法

调查样本的选取对抽样调查结果有极为重要的影响。按抽样原则不同可以把抽样方法按如下标准进行分类,如图 4.2 所示。

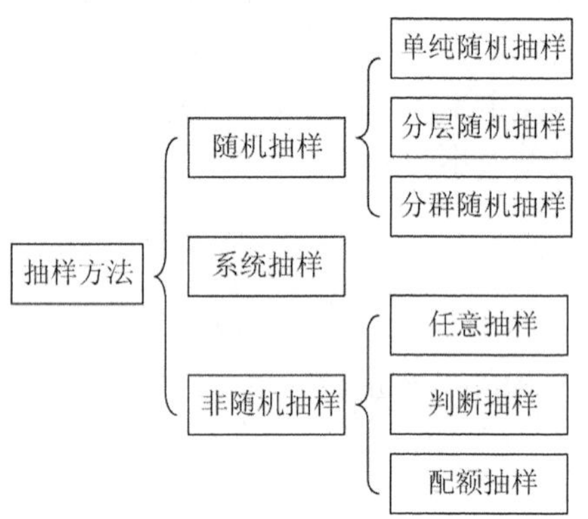

图 4.2 抽样方法分类

(1) 随机抽样

随机抽样是按照随机原则从总体单位中抽取样本的抽样方法。这种抽样方法具有统计推算的功能,能如实地算出样本的代表性程度,还可以判断抽样误差,但这种抽样方法费钱、费时、不方便。

① 单纯随机抽样法。即总体中的每个成员被选中的机会相等的一种随机抽样方法。采用单纯随机抽样,可用统计学的方法来排除选择过程中的人为偏差。

② 分层随机抽样法。是指先将总体单位按其属性特征分成若干层次。层与层之间差别较大,层内各单位情况类似,然后再从各层内随机抽取样本的抽样方法。分层抽样的关键在于层的划分。在分层时要注意:层与层之间的界限,每一个单位都归属于一定的层,不允

许交叉或者有所遗漏；要知道各层中的单位数目及占总体的比重；分层不宜过多，否则不便于从每层中抽样。

常见分层方法有：按性别或职业分层；按零售店规模大小分层；按消费者所得分层；按年龄分层等。

③ 分群随机抽样法。它是将总体各单位按一定标准分成若干群体，然后按照随机原则从这些群体中抽选部分群体作为样本，对作为样本的群体中的每个单位逐个进行调查。

这种抽样方法适用于个体界限不清的总体。因为总体的差异性很小，而且很杂乱，便不能订立标准分层，只能依其他外观或地域的标准来划分成几个群。

分群抽样与分层抽样在形式上有相似之处，但实际上差别很大。分层抽样要求各层之间的差异很大，层内个体或单元差异小，而分群抽样要求群与群之间的差异比较小，群内个体或单元差异大；分层抽样的样本是从每个层内抽取若干单元或个体构成，而分群抽样则是要么整群抽取，要么整群不被抽取。

(2) 系统抽样法

系统抽样又称等距抽样法，它是将总体中各个体按某一特征(或编号)排列，然后依固定的顺序和间隔抽取样本。系统抽样法介于随机抽样法和非随机抽样法之间。

抽样前，须将总体的每一个单位编号，先计算样本区间(即 N/n，N 表示总体的数目，n 表示样本的大小)，如果样本区间为分数，可四舍五入化为整数。然后从 1 到 N/n 号中随机抽出一个号码作为第一个样本单位，将第一个样本单位的号码加上样本区间即得第二个样本单位，以此类推，直到样本数足够为止。

其第一个样本单位可以依判断抽样法抽取，也可用随机方式抽取。

例如，总体样本有 10 000 个，样本的大小决定为 200 个，则样本区间为 10 000/200＝50，假如从 1～50 中我们随机抽出了 7，则样本单位的号码，依次为 7，57，107，157，207，…直到样本达到 200 个为止。

系统抽样适用于对零售店数据的常规调查。

(3) 非随机抽样法

非随机抽样不是遵循随机原则，而是调查人员根据自己的主观选择抽取样本的方法。这种抽样方法主要应用于抽样总体太庞大、太复杂而无法估计抽样误差时。与随机抽样相比，这种抽样方法省钱、省时、方便。

① 任意抽样，又称随意抽样，是随调查者的方便所选取的样本。常见的做法是街头作访问调查。任意抽样的优点是使用方便，最省钱；其缺点是抽样偏差极大，结果极不可靠。因此通常不应利用一个任意抽样样本估计总体变量的数值，因为一个总体中，“任意”单位极可能和其他“不任意”的单位有显著的不同。

② 判断抽样，又称立意抽样，是由专家的判断而决定所选的样本。使用这种方法时必须对总体的有关特征具有相当的了解。应极力避免挑选极端的类型，而选取“多数型”或“平均型”的样本为调查研究的对象，以期透过对典型样本的研究来了解总体的状态。

在编制物价指数时，有关产品项目的选择及样本地区的决定等常采用此法。

判断抽样的优点是由于该法依照调查人的需要选定样本，故较能适合特殊的需要，收回率也较高；其缺点是如果主观判断偏差，则判断抽样极易发生抽样误差。故它适用于总体的构成单位极不相同而样本数很小的情况。

③ 配额抽样法，是按照一定的标准(即分层标准)和比例分配样本数额，然后由调查人员在分配的额度内任意抽取样本的一种方法。它适用于一般小的市场调查。

执行步骤如下：选择“控制特征”作为细分总体的标准；将总体按“控制特征”细分，使其分成数个子总体；决定各子总体样本的大小，通常是将总样本数按各子总体在总体中所占的比例分配。

采用此法时，为了明了样本在各层中的分配状况，必须先拟出一个样本交叉控制表。

例如，为了调查某品牌汽车不同用户的满意度，需抽取样本总数 20 人。其中，男女各为 9 人和 11 人，工作性质分为事业、企业、自由等 3 种，各为 2 个、4 个、14 个；年龄 20～29 岁、30～44 岁、45～64 岁、65 岁以上 4 段，分别为 4 人、6 人、7 人、3 人，则该样本的交叉控制见表 4.1。

表 4.1 样本的交叉控制

工作性质		事业		企业		自由		合计
性别		男	女	男	女	男	女	
年龄	20～29 岁	1			1	1	1	4
	30～34 岁		1		1	3	1	6
	45～64 岁			1	1	2	3	7
	65 以上					1	2	3
小计		1	1	1	3	7	7	20
合计		2		4		14		

表 4.1 中的工作性质、性别、年龄就是控制特征，这些控制特征的交叉部分就形成了一个子总体。

各子总体样本数决定后，即可采用任意抽样法为每一个调查员指派“配额”，要他在某个子总体中访问一定数额的样本。

4.2.5 汽车市场调查问卷设计方法

调查问卷的设计，是市场调查的一项关键工作。一份调查问卷如果设计的内容恰当，能较为迅速、顺利地达到预定的调查目的。调查问卷往往需要认真仔细地拟定、测试和调整，然后才可大规模使用。一份好的调查问卷，需要凝结设计者市场营销的基本原理和技巧、社会学、心理学等知识。

1. 调查问卷的结构

调查问卷一般包括以下内容：

(1) 问卷说明，意在向被调查者说明调查的意图，说明填表须知、交表时间、地点及酬谢方式等。问卷说明应言简意赅，强调调查工作的重要性，消除被调查者的疑虑，并使之引起共鸣，产生兴趣。

(2) 调查的问题，是调查问卷中最主要的部分。它主要是以提问的形式呈现给被调查者，提问的具体内容视调查目的和任务而定。

(3) 被调查者的情况,具体如年龄、性别、职业、住址、受教育程度、婚姻状况、家庭人口等,以备各类研究之用。

(4) 编号,主要是为了便于统计之用。

(5) 调查者情况。在问卷的最后,附上调查人员的姓名、访问日期等,以核实调查人员的情况。

2. 调查问卷中问题的提问方式和方法

1) 两项选择法

两项选择法又称是否法或真伪法,即回答项目分为两个,回答者选择其一。

例如,你看过某品牌汽车广告没有?

A. 看过　　　　　　B. 没有

两项选择法的优点为:态度与意见不明确时,可以求得明确的判断,并在短暂的时间内,求得回答;使中立意见者,偏向一方;其缺点为:不能表示意见程度上的差别。

2) 多项选择法

多项选择法就是给出多项选择,让被调查者从中选出一个或多个他所认为符合情况的答案。

使用时有以下几个注意事项:

(1) 须将选择答案事先编号;

(2) 答案须包括所有可能情况,但避免重复;

(3) 被选择的答案不宜过多,以不超过10个最理想。

3) 顺位法

顺位法是在多项选择的基础上,要求被调查者对询问的问题答案按自己认为的重要程度和喜欢程度顺位排列。

4) 自由回答法

自由回答法不限定答案,回答者可自由陈述意见,不受任何拘束。

自由回答法的优点为:拟定问题不受拘束,较其他访问方式容易,对回答者不限制回答范围,可探悉其建议性意见;其缺点为:对不能明确回答者,大都回答"不知道"等含糊之词;受调查员访问方式以及表达能力的影响,统计需很长时间,几乎难以做到各种精细的分析,记分困难,可信度偏低。

5) 偏向偏差询问法

偏向偏差询问法调查到底偏差到何种程度,以测定支持品牌的程度。

如以下询问方法:

Q1:现在你拥有什么品牌的汽车?被调查者若选择A品牌则继续回答Q2。

Q2:目前最受欢迎的是B品牌,今后你是否仍打算买A品牌?被调查者若回答是则继续回答Q3。

Q3:据说B品牌的价格要降低一成,你还继续选择使用A品牌吗?

……

6) 回想法

回想法用于测验品牌名、企业名、广告的印象强度。

7）图案标示法

图案标示法就是将答案用图示符号对称排列，两边意义相反。

3. 问卷设计的注意事项

（1）问卷中问句的表达要简明易懂、意思明确，不是模棱两可，避免用“一般”、“通常”等词语。

（2）调查问句要有亲切感，并要考虑到答卷人的自尊。

（3）调查问句要保持客观性，避免有引导的含义，应让被调查者自己去选择答案。

（4）调查问卷要简短，以免引起填表人的厌烦。全部时间最好能在15分钟之内答完，否则会使被调查人因时间过长而敷衍答卷，影响问卷调查的效果。

（5）问卷中各问题之间的间隔要适当，以便答卷人看卷时有舒适感。印刷要精细、清晰，问卷的页数超过一页时要装订好，避免缺页。

（6）问卷中问题的安排应先易后难，核心问题应放在问卷的前半部分。

4.3 汽车市场预测

4.3.1 汽车市场预测的含义

汽车市场预测就是指在对汽车市场调查取得各种原始资料和二手资料与信息的基础上，运用科学的方法，通过对影响汽车市场供求变化的各因素进行研究，分析和预见其发展趋势，掌握汽车市场供求变化的规律，为经营决策提供可靠的依据。

预测为决策服务，是为了提高管理的科学水平，减少决策的盲目性，企业需要通过预测来把握经济发展或者未来市场变化的有关动态，减少未来的不确定性，降低决策可能遇到的风险，使决策目标得以顺利实现。汽车市场预测可以预判市场未来发展趋势，为汽车相关企业确定生产、经营方向提供有参考意义的依据。

汽车市场预测的内容十分广泛，可以预测汽车市场需求量和销量及变化，也可以预测汽车市场价格的变化。预测方法也多种多样，但总的来说，预测方法可分为两大类：一类是定性预测方法；另一类是定量预测方法。在汽车市场预测中，两种方法往往结合运用，用定性分析指导来定量预测，用定量预测来对问题进一步分析，这也可以帮助我们更好地把握汽车市场的变化趋势。

4.3.2 汽车市场预测的步骤

汽车市场运用科学的方法，对汽车市场供求关系及其发展趋势和相联系的各种因素加以分析和判断，从而为国家宏观调控和企业制定发展战略服务，以有效地提高资源配置的效率。其具体步骤如下所述。

1. 目标测定

首先根据决策任务提出所预测的目标、时间范围，对预测的技术要求(结果的准确程度、时限、计量单位、对预测报告的要求等)应以书面形式明确规定。对于预测对象的性质和状态、发展趋势和规律，都要详细分析；同时还要研究和分析对象所处的环境条件(经济、社会、人口、资源等)的现状和动态变化，进行比较和协调。预测是否科学取决于这一阶段工作的完整性和精密性。

2. 资料收集、分析和整理

数据的收集和分析往往贯穿于整个预测过程，其质量取决于预测人员的知识面和业务素质。这个步骤包括二手数据和原始数据的收集、分析、整理。

3. 因素分析

影响汽车市场运行的有主观、客观多方面的因素：主观因素有服务态度、广告宣传、销售方式等；客观因素有国际国内局势、社会商品购买力、物价水平、汽车商品周期、消费偏好等。对因素分析通常应根据具体情况而作定性、定量分析。

4. 选择预测方法和建立数学模型

方法的选择和数学模型的建立不仅与预测对象和目标的性质有关，与可能收集到的数据状况有关，也与预测的要求和条件有关。

5. 分析和撰写预测报告

对预测结构必须从技术、经济两方面论证其合理性。结合没有考虑或业已变化的因素，并借助经验、推理和知识去判断和修正预测结果。通过理论检验、资料检验、专家检验之后，得出新的预测结果及主要结论，撰写预测报告。预测报告分为两种：第一种是一般性报告，其目的是简洁、明确地向各级管理、决策人员提供预测结果和市场活动建议，并对预测过程和结果加以扼要说明和简单论证；第二种是专门性报告，其读者是市场研究和咨询人员，要求详尽地说明预测目标、预测方法、资料来源、预测过程。要从社会、政治和技术经济各准则对多方案的预测结果进行优选，选取若干个最有前途的方案提供决策部门参考。

4.3.3 汽车市场预测的方法

1. 定性预测方法

定性预测方法是通过预测人员的主观经验和分析问题的能力，对事物未来的发展趋势做出预测。这种方法主要用来预测和判断未来的发展趋势，适用于缺乏数据的场合。预测结果的准确度依赖于预测人员的经验、知识和素质。定性预测方法简单易用，应用范围很广。最常用的方法包括头脑风暴法和德尔菲法。

1）头脑风暴法

头脑风暴法是指邀请有关方面的专家，通过面对面的形式，对有关预测问题的现状及发展前景给出意见，对该问题的发展趋势做出量的预测。

（1）专家的选取

头脑风暴法的预测效果好坏，在很大程度上取决于专家选取是否适当。在专家的选取过程中，要注意以下几个问题：

① 专家要具有代表性。专家应选取与预测项目有关的各个方面的专家，具有较好代表性且最好相互不认识。

② 专家要有丰富经验，有较长的相关工作经历，良好的个人表达能力。

③ 专家要具备一定的市场调研与预测方面的知识和经验。

④ 专家的数量要合适。专家多一些，可以使问题讨论充分和深入一些。但人数太多，组织工作就较困难，而且归纳意见也较费事。

（2）预测的流程

① 召开征询意见会议。邀请出席会议的专家一般以 5～11 人为宜。

② 会议主持人提出题目，要求大家充分发言，提出各种各样的方案。方案多多益善，对专家提出的方案和意见，不持否定态度。

③ 会议结束后，主持人再对各种方案进行比较、评价和归纳，最后确定预测方案。

（3）头脑风暴法的优缺点

头脑风暴法属于集体经验判断法，它的优点是由专家作出的判断和估计具有更高的准确性，该方法也可以使专家自由辩论、充分讨论，广开思路，从而提高预测的准确性。但是，该方法存在受专家个性和心理因素或其他专家意见的左右，也受到参加人数和讨论时间的制约，这些将影响预测的科学性和准确性。

2）德尔菲法

德尔菲法是 20 世纪 40 年代末期由美国兰德企业首创的，是专家会议法的一种改进，由预测主持者反复向专家寄发调查表，经过综合整理，形成最终的预测结论。

（1）德尔菲法的特点

德尔菲法弥补了头脑风暴法的不足，能够使被调查专家的知识和经验得到充分发挥。它具有以下特点。

① 匿名性：专家由主持人选定，互不见面，不沟通信息，保证专家之间不相互影响，这样有利于创造性地发表意见。

② 反馈性：对各位专家的意见要进行几次综合整理，每轮预测结果经过整理后再反馈给各位专家，下一轮预测时作为参考。

③ 收敛性：预测的结果是专家意见统一评定得到的，专家意见经几轮反馈，趋于一致。

（2）德尔菲法的预测程序

德尔菲法的预测过程和营销调研的过程基本相似，主要分为以下步骤。

① 准备阶段：确定预测的目标和内容，准备资料，选取专家，拟定调查问题，设计调查表。

② 征询阶段：发出调查表向专家征询，把结果整理后再反馈给专家，进行下一轮征询，反复进行，直到结论趋于稳定。

③ 分析处理阶段：对各专家的预测结果进行综合，得出最终预测结果。

④ 预测结果的处理和表达，其方式取决于预测的种类和要求。常用中位数和四分点处理和表达预测结果。中位数代表专家预测结果，上下四分点表示预测结果的分散程度。为方便确定中位数和四分点，专家人数最好为奇数。

定性预测方法还有综合业务人员意见法(综合销售或其他业务人员意见)、领先指标法(通过将经济指标分为领先指标、同步指标和滞后指标，并根据这 3 类指标之间的关系进行分析预测)、主观概率法(预测人员凭经验或预感而对未来事件的发生进行概率估算)、相互影响法(从分析各个事件之间由于相互影响而引起的变化，以及变化发生的概率，来研究各个事件在未来发生的可能性的一种预测方法)、情景预测法(一种新兴的预测法，由于它不受任何条件限制，应用起来灵活，能充分调动预测人员的想象力，考虑较全面，有利于决策者更客观地进行决策，在制定经济政策、企业战略等方面有很好的应用)等。

2. 定量预测方法

定量预测方法是使用历史数据或因素变量来预测需求的数学模型，是根据已掌握的比较完备的历史统计数据，运用一定的数学方法进行科学的加工整理，来揭示有关变量之间的规律性联系。定量预测方法是用于预测和推测未来发展变化情况的一类预测方法。汽车市场定量预测常用的方法主要有以下几种。

1) 时间序列预测法

时间序列预测法是以时间序列所能反映的社会经济现象的发展过程和规律性，进行引申外推，预测其发展趋势的方法。根据时间长短，它可以分为短期、中期和长期预测。根据对资料分析的方法不同，又可分为移动平均法、指示平滑法、简单序时平均数法、加权序时平均数法、趋势预测法、季节性趋势预测法、市场寿命周期预测法等。以下简单介绍移动平均法和指示平滑法。

(1) 移动平均法

移动平均法是对时间序列观察值由远及近按一定时段长计算平均值的一种方法，它保持平均的时段长不变。

移动平均法适用于既有趋势变动又有波动的时间序列，主要有一次移动平均法、二次移动平均法和加权移动平均法。

一次移动平均法是指将观察期的数据由远及近按一定跨越期进行一次移动平均，以最后一个移动平均值为确定预测值依据的一种预测方法。其过程和表述为：

① 计算观察期的移动平均值；

② 分别以上一个时间段的移动平均值为基准，计算各时间段移动平均值的趋势变化值；

③ 将最后一个时间段的移动平均值加上趋势增长值求出预测期的预测值。

一次移动平均法的应用模型为

$$\hat{X}_{t+1}=\frac{1}{n}(X_t+X_{t-1}+\cdots+X_{t-n+1})=\frac{1}{n}\sum_{k=1}^{n}X_{t-k+1} \tag{4-5}$$

式中，n 为跨越期；$\hat{X}_{t+1}$ 为第 $t+1$ 期的移动平均预测值；X_t 为第 t 期的实际值。

二次移动平均法，是对一次移动平均数再进行第二次移动平均，再以一次移动平均值和二次移动平均值为基础建立预测模型，从而计算预测值的方法。

运用一次移动平均法求得的移动平均值，存在滞后偏差。特别是在时间序列数据呈线性趋势时，移动平均值总是落后于观察值数据的变化。二次移动平均法，正是要纠正这一滞后偏差，建立预测目标的线性时间关系数学模型，求得预测值。二次移动平均预测法解决了预测值滞后于实际观察值的矛盾，适用于有明显趋势变动的市场现象时间序列的预测，同时还保留了一次移动平均法的优点。

除此之外，在实际工作中还会用到加权移动平均法，它就是在计算移动平均值时，对各序列值 X_t 不同等对待，而给每个序列值一个权重因子。

加权移动平均法计算公式为

$$\hat{X}_{t+1}=\frac{a_1X_t+a_2X_{t-1}+\cdots+a_nX_{t-n+1}}{n} \tag{4-6}$$

式中，$a_1,a_2,\cdots,a_n$ 为权重因子，并满足条件 $\sum_{i=1}^{n}a_i=1$ 。

(2) 指数平滑法

在移动平均法中，预测值仅包含了 n 个数据的信息，不能反映更多的历史数据的信息。指数平滑法能较好地克服以上的不足，其得到的预测值既能较好地反映最新观察值信息，又能反映很多的历史数据信息。指数平滑法是布朗(Robert GBrown)所提出，布朗认为时间序列的态势具有稳定性或规则性，所以时间序列可被合理地顺势推延：他认为最近的过去态势，在某种程度上会持续向未来发展，所以将较大的权数放在最近的资料上。

假设历史数据为 $X_i,i=1,2,\cdots,n$。F_i 为预测值，则一次指数平滑法计算公式为

$$F_i=aX_{i-1}+(1-a)F_{i-1} \tag{4-7}$$
$$X_1=F_1$$

式中，a 为平滑系数，$0<a<1$。

指数平滑法的预测结果依赖于平滑系数 a 的选择。a 选得小一些，预测值趋向于平稳；反之，则变化较大。如果实际图形波动较大，就要求模型的灵敏度高一些，这时 a 应取值大一些。一般来说，对于水平型历史数据一般可取较小的平滑系数 $0<a<0.3$；对于水平型和斜坡趋势型混合的历史数据，一般可取适中的平滑系数 $0.3\leqslant a\leqslant 0.6$；对于斜坡趋势型的历史数据，一般可取较大的平滑系数 $0.6<a<1$。

二次指数平滑法与二次移动平均法类似，就是对一次指数平滑法的结果再做一次指数平滑计算。

2）回归预测法

回归预测基于相关原理的统计学模型，是最常用的预测模型之一。回归预测有一个自变量的一元回归预测和多个自变量的多元回归预测，下面仅讲述一元线性回归模型。

$$\hat{Y}_i=A+BX_i \tag{4-8}$$

式中，$\hat{Y}_i$ 为预测值；X_i 为自变量；A,B 为回归系数。

经过计算后，回归系数为

$$B=\frac{\frac{1}{n}\sum_{i=1}^{n}(X_iY_i)-\overline{XY}}{\frac{1}{n}\sum_{i=1}^{n}X_i^2-(\overline{X})^2}=\frac{n\sum_{i=1}^{n}X_iY_i-\sum_{i=1}^{n}X_i\sum_{i=1}^{n}Y_i}{n\sum_{i=1}^{n}X_i{}^2-\left(\sum_{i=1}^{n}X_i\right)^2} \tag{4-9}$$

$$A = \bar{Y} - B\bar{X} = \frac{1}{n}\sum_{i=1}^{n} Y_i - \frac{B}{n}\sum_{i=1}^{n} X_i \tag{4-10}$$

其中，$\bar{X} = \frac{1}{n}\sum_{i=1}^{n} X_i$，$\bar{Y} = \frac{1}{n}\sum_{i=1}^{n} Y_i$，$X_i$，$Y_i$ 分别为自变量和因变量的原始观察值；n 为观察值的组数。

3）市场细分集成法

这种方法的基本原理是对某商品的使用对象按其特征进行细分，确定出若干细分市场——子目标，然后对各子目标分别采用适当的方法进行测算，最后汇总集成。其模型为

$$Y_t = \sum_{i=1}^{n} Y_{ti} \tag{4-11}$$

式中，Y_t 为第 t 年的预测值；Y_{ti} 为第 t 年的第 i 个分量的预测值，$i=1,2,\cdots$；n 为子目标个数。

4）需求弹性法

此方法的数学模型为

$$y_t = y_0\,(1+i)^t \tag{4-12}$$

$$i = E_s q = qi'/q' \tag{4-13}$$

式中，y_t 为第 t 年预测对象预测值；y_0 为预测对象目前的观察值；i'、i 分别为预测对象在过去和未来的平均增长率；t 为预测年份与目前的时期；E_s 为弹性系数，如过去年份汽车保有量的增长率与工农业增长速度之比，q'、q 为分别表示对比指标过去和未来的数值，如工农业增长速度。

除以上定量分析方法外，还有一些其他方法。在实际工作中，汽车企业可以根据自己的经验来选择合适的方法，保证预测结果尽量准确。

4.4 汽车市场细分、汽车目标市场选择和汽车市场定位

在生产经营过程中，汽车企业面对的是一个变幻莫测的复杂市场，在这个市场中的消费者由于年龄、职业、收入、社会地位、生活习惯的不同，对汽车产品及服务有着不同的需求。由于资源、生产条件、生产技术及产品种类等多方面的原因，一个企业不可能凭借自己的力量为整个市场服务。因此，对汽车生产企业而言，应该在市场细分的基础上有效地选择适合本企业的那部分市场作为目标，确定目标市场，制订相应的生产、销售和服务计划，从而达到资源的合理利用，并实现利润的最大化。现代汽车市场营销的一个核心内容是 STP 营销，即汽车市场细分（segmentation）、汽车目标市场选择（targeting）、汽车市场定位（positioning）。

STP 营销的步骤及内容是：按照购买者所需要的产品和营销组合，将一个整体市场分为若干个消费群，并逐一描述它们的特征（即市场细分）；企业选择一个或者几个准备进入的细分市场（目标市场）；建立与市场上推广该产品的关键特征与利益相适应的市场定位，如图 4.3 所示。

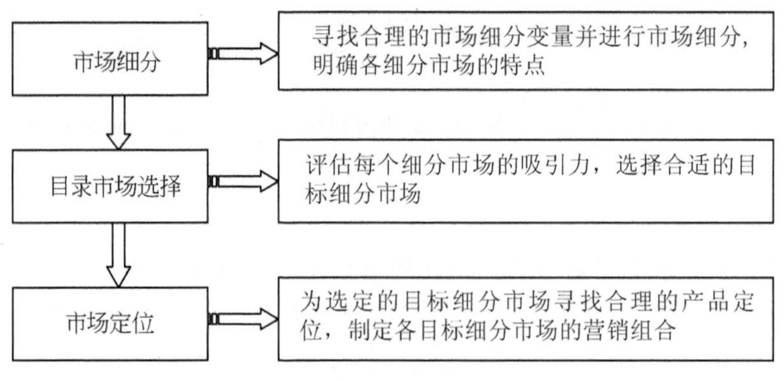

图 4.3 STP 营销步骤及内容

4.4.1 汽车市场细分

1. 汽车市场细分的定义和作用

1）汽车市场细分的定义

市场细分和目标市场的观念是现代市场营销理论不断发展的结果。所谓汽车市场细分，就是汽车企业通过市场调研，根据市场需求的多样性和购买者行为的差异性，把汽车产品的整体市场（即全部用户）划分为若干具有某种相似特征的用户群（细分市场），以此来确定目标市场的过程。换言之，汽车市场细分就是分辨具有不同特征的汽车用户群，把它们分别归类的过程。每一个用户群就是一个细分市场，也称“子市场”，每一个细分市场都是由具有相似需求倾向的消费者所构成。它的目的不在于对产品进行分类，而是对需求各异的汽车消费者进行分类，以找出具有不同需求的汽车购买者或用户群的购买规律，为汽车企业进行市场营销活动提供依据。

2）汽车市场细分的作用

（1）有利于发现有价值的营销机会。一方面，通过有效的市场细分，汽车企业能够了解广大汽车消费者对购买汽车需求的满足程度。对于企业自身而言，可以在汽车研发、推广过程中了解汽车类型、定位方面的缺点和薄弱环节，从而找到可开发的新领域。另一方面，通过市场细分，企业能够更直观地了解到汽车市场现状和市场竞争的激烈程度，从细微处找到竞争较小的那部分市场，发现并抓住有价值的营销机会。

（2）有利于企业合理利用资源，发挥自身优势。这主要表现在 3 个方面：一是企业可以按照目标市场的需求和变化，及时、准确地调整产品结构和营销策略；二是企业能够有效地建立起营销和运输渠道，有针对性地进行广告宣传；三是可以集中人、财、物于一点或数点，使有限的资源发挥出最大的功用，从而最大限度地避免浪费。换句话说，每个企业的经营能力都有优势和劣势，将企业有限的资源分摊在广袤无垠的市场上，将会使企业的优势无从发挥，劣势难以弥补，若企业能够将整体市场细分，将企业的优势和市场需求相结合，确定自己最核心的目标市场，将有助于企业集中优势力量，开拓更大的市场。

（3）有利于营销组合决策。科学有效的市场细分，对企业在产品定位、价格制定、广告策划和促销手段等营销要素组合的决策方面有着重要的指导意义。例如,奇瑞汽车企业通过明确的市场细分,以"QQ"车型紧紧抓住微型轿车这个细分市场的目标用户,即收入不高,但有知识、有品位、有个性的青年人,并兼顾有一定事业基础,心态年轻、追求时尚的中年人,开发他们所喜爱的汽车,这一举措取得了巨大的成功。另外,为了吸引年轻人的眼球,奇瑞QQ除了配备轿车应有的配置以外,还装载了特有的"I-say"数码系统,集多种时尚功能于一身,让QQ与计算机和互联网密切相连,更加迎合年轻人及时尚一族的需求,人们称之为"会说话的QQ"。QQ微型轿车从2003年5月推出至今,已经获得了无数奖项,赢得了良好的市场反响,拥有一大批用户。

2. 汽车市场细分的原则

1）可进入原则

可进入原则是指汽车企业的资源条件与市场营销能力必须达到足以进入所选定的细分市场的水平,并且能够具备施展自身实力的空间。假如一家生产低端微型轿车的厂商将豪华车列入自己的细分市场,那这种市场细分是将无效、无意义的。

2）可测量原则

可测量原则主要包括两方面的内容：一是细分市场的客户特征信息不仅要通过市场调研获得,而且具有可衡量性,否则,该特征信息不能成为细分市场的标准。例如,性别比例、各年龄层次人数、各阶层家庭户数都是可测量的。但有些因素也是不易测得的,如消费者的购买动机,消费者不愿意透露个人的想法及动机,并且消费者的各种购买动机是错综复杂、交织在一起的,很难用具体量化的方法进行衡量与测定。二是细分出来的各个子市场不仅范围要界定明确,而且各子市场的规模大小和购买能力都是能够被测量的。否则,各子市场将会无法界定和衡量,汽车企业进行市场营销活动时难以对其进行确切的描述与说明,市场细分也将变得毫无意义。

在整车(轿车)销售过程中,业内通用的市场细分方法有两种：第一种是按照汽车排量进行细分；第二种是按照汽车价格进行细分。两者都有定量的指标作为衡量标准,而且不同排量和不同价格的细分市场都有各自显著的特征。例如,大排量和高价格汽车的消费群体往往更注重车辆的动力性、安全性、舒适性和外观,对价格的关注程度比较低,而小排量,低价位汽车的消费群体一般更加注重汽车的油耗高低和使用成本,对价格比较敏感。

3）可赢利原则

可赢利原则是指汽车企业在细分市场上要能够获取期望的赢利。如果市场容量太小,销售规模和销售数量有限,这样的细分市场对汽车企业缺乏吸引力。可赢利原则要求必须细分出具有一定销售潜力的子市场,即各个子市场应拥有足够数量的潜在购买者和足够多的市场需求,否则企业将无法得到必要的利润。同时还应注意,由于汽车行业具有关联度高、规模效益显著、资金密集和技术密集等特点,因此对汽车市场绝不能细分到失去足够规模经济效益的程度。

4）稳定性原则

稳定性原则是指细分市场必须具有一定的稳定性。如果细分市场变化太快,则极易使已经制订好的营销策略组合失效,致使营销资源必须重新分配调整,造成损失,使汽车企业市场营销活动前后脱节处于被动局面。

5）差异性

汽车企业进行市场细分应尽可能地区别于已有的或竞争对手的市场细分，以突出自己的特色和个性，便于发现更多有价值的市场机会。如果细分出来的各个子市场对企业营销变量组合中的任何要素的变动都能作出差异性反应，则说明市场细分有效；若反应相同，则说明细分无效。通常可供选择的变量很多，但其中有一些变是汽车企业习惯使用的，汽车企业进行市场细分时，思维上往往容易受到它们的约束，以至于市场细分分不出特色，无疑会影响汽车企业对市场机会的发现、把握和利用。有效的市场细分，必须突出本企业与其他企业的差异性，只有这样才可以在营销活动中巧妙出击，出奇制胜。

3. 汽车市场细分的依据

汽车产品市场细分的依据多种多样，通常情况下可以按照以下方面对汽车市场进行细分。

1）按地理位置细分

按地理位置细分就是把汽车市场分为不同的地理区域，如按国家、地区、纬度、地形等来细分市场。各地区由于自然气候、经济、文化水平等因素各异，形成了不同特点的消费习惯和偏好，影响消费者的需求和反应。汽车企业在进行销售时，应根据不同的地理因素，采取不同的营销方案。市场上出现家用经济型轿车时，由于经济发展速度和人民生活水平的不同，华东和沿海地区与西部和边远地区的消费者相比，需求相对较高，因此，汽车企业纷纷将华东和沿海地区与西部地区作为主要细分营销市场分别实施不同的营销方案。

2）按人口特点细分

按人口特点细分就是按年龄、性别、家庭人数、收入、职业、教育程度、民族等性质因素来对市场进行细分。这是按照与人口相关的一系列性质因素来辨别消费者需求上的差异。

在众多人口因素中，消费者的收入水平始终是汽车营销进行市场细分必须考虑的因素。尤其对于目前的中国汽车市场，汽车对大多数普通居民来说还是一种奢侈品，影响购买的最重要因素是收入。

3）按购买者心理细分

按购买者心理细分就是按照消费者的生活方式、性格等心理因素上的差异对汽车市场加以细分。生活方式是指一个人或者一个群体对于生活消费、工作和娱乐等的看法和态度。不同的生活方式导致不同的消费需求。同样，每个消费者由于性格各不相同，也会产生消费需求的差异。例如世界所有著名的汽车品牌往往都被赋予了个性色彩，这些都是按照购买者的心理特征设计的。

4）按最终用户的类型细分

不同的最终用户对同一产品追求的利益不同。企业通过分析最终用户，可以针对不同用户的不同需要制定不同的对策。如我国的汽车市场按用户类型可以分为军用、民用两个市场。军用汽车要求质量绝对可靠、越野性能好、按期交货，但对价格并不太在意，民用汽车则要求质量好、服务优、价格适中。

5）按用户规模细分

根据用户规模，可将汽车市场划分为大、中、小三类客户。一般来说，大客户数目少但购买额（量）大，对企业的销售额（量）起着举足轻重的作用，因此企业应特别重视，注意保持与大客户密切的业务关系；而对于小客户，企业一般不直接供应，可通过中间商或各地的经销商进行销售。

6）按用户的购买特点细分

购买特点主要指购买者的购买能力、购买目的、购买方式、购买数量、付款方式、采购制度和手续等。大多数情况下，市场细分通常不是依据单一标准进行，而是把一系列划分标准结合起来进行细分，目标市场取各种细分市场的公共部分。

7）按购买者的行为细分。

所谓按购买者的行为细分，指的是根据用户对产品的认知、态度、使用情况与反应等行为将市场细分为不同的购买者群体。属于行为细分的因素主要有：

(1) 购买理由。购买理由细分指的是将购买者按照购买产品的理由分成不同的群体。例如，有的消费者购买汽车是作为上下班的代步工具，有的是为了节假日自驾车外出游玩。汽车生产企业可根据用户不同的需求提供不同的产品，以满足用户的需要。

(2) 品牌忠诚度。消费者的忠诚度包括对生产经营企业的忠诚度和产品品牌的忠诚度，也可用来作为市场细分的依据。按照消费者的忠诚程度，可以将他们分为4类，绝对忠诚型、适度忠诚型、转移型、多变型。企业应考察和研究各类消费者的特征，以不断地增加自己产品的购买群体及数量，同时了解本企业产品和营销方面的薄弱环节以及竞争对手的产品特点和优势所在。

(3) 使用者情况和使用频率。很多市场研究人员都按照消费者对于消费品的使用情况，将消费者细分为某一产品的未使用者、曾使用者、初次使用者、将使用者和经常使用者等类型。在某种程度上，汽车企业的经济状况决定了汽车企业将会把营销重点放在哪一类使用者身上。一般而言，大企业对潜在使用者较为关注，而小企业则以经常使用者为主要服务对象。但是，无论是大企业还是小企业，对不同使用类型的消费者，在营销方式、广告宣传、品牌推广等方面都会有所不同。

(4) 利益寻求。消费者在购买商品时各自所追求的利益有所不同。这一特点也可以作为市场细分的依据。在不同的利益追求当中，有追求汽车产品物美价廉的，有追求名牌赶潮流的，有追求汽车动力性的，也有追求汽车操控性的，还有将汽车作为身份地位象征的。世界著名整车生产企业都有适合不同利益追求者的汽车产品。例如，丰田企业的汽车产品中，既有中庸实用的“花冠”，也有作为身份象征的“皇冠”，既有适合追求动感、活力的白领的“锐志”，也有充满时尚色彩，适合刚刚工作的年轻人的“新威驰”。

(5) 待购阶段。对各种汽车产品，消费者总会处于不同的待购阶段，据此可将消费者细分为6大类：根本不了解该车型的、已经了解该车型的、相当熟悉该车型的、对该车型已经产生兴趣的、希望拥有该车型的、打算购买该车型的。按照待购阶段的不同，对汽车市场进行细分，有利于汽车企业针对处于不同阶段的待购群体，通过适当的营销组合策略的实施，来促进销售。

(6) 消费者态度。消费者对于汽车产品的态度可以分为5种类型：热爱型、肯定型、冷漠型、排斥型和敌意型。汽车企业应当针对持有不同态度的消费者所占的比例，采取不同的营销策略。

8）按汽车的级别细分

例如按照国家规定，轿车排量小于或等于1L，属于微型车；排量大于1L且小于或等于

1.6L,属于普通级轿车；排量大于1.6L且小于或等于2.5L,属于中级轿车；排量大于2.5L且小于或等于4L,属于中高级轿车；排量大于4L，属于高级轿车。因此,按照轿车的级别可将轿车市场分为微型车市场、普通型级轿车市场、中级轿车市场、中高级轿车市场、高级轿车市场。

在绝大多数情况下,对汽车市场的细分通常不是依据单一标准进行的,而是把一系列划分标准组合起来进行细分,目标市场则是各种细分市场的交集。

4. 汽车市场细分的阶段和具体步骤

1）汽车市场细分的阶段

完成一个汽车市场细分,通常要经过3个阶段,即调查阶段、分析阶段和细分阶段。调查是指了解汽车市场的现有情况、消费者的需求和不同消费者的特征、企业和产品的知名度以及竞争对手的情况,这是进行市场细分的前提所在；分析是指根据已经得到的资料,提出相关性很大的变量,将这些变量作为市场细分的依据；细分是指根据选定的变量划分出不同的群体,这些不同群体构成了不同的细分市场。

(1) 调查阶段。汽车市场细分是对整个汽车市场进行的。汽车市场上存在着需求各异的大量群体,群体间的购买欲望、购买能力、地理位置和购买实力大不相同。汽车企业通过市场调查可以了解这些差异所在,并找到市场细分的变量。此外,在进行市场调查的同时,汽车企业还要研究竞争对手的情况以及优势所在,以便确定该细分市场是否值得进入,同时衡量本企业在这一细分市场是否具有优势。

(2) 分析阶段。在调查工作完成以后,必须对所搜集到的各种数据、资料进行筛选和分类,将零散的资料进行汇总,从中找出一些有规律性的发现,使之成为对企业进行市场营销有帮助的信息。

(3) 细分阶段。根据不同消费者的态度、行为、消费心理和消费习惯等变量来划分消费群体,然后再根据最显著、最具代表性的特征给每个细分市场命名。

2）汽车市场细分的步骤

为了有效地细分汽车市场,有的放矢地实施营销策略,企业在进行市场细分时,应该按照以下步骤进行：

(1) 根据需要选择汽车产品市场范围。汽车企业应该明确,不是企业生产什么产品销往什么地方,而是要考虑什么地方什么人需要什么产品,企业就生产什么产品,并投放该市场。

(2) 分析潜在客户的需求。汽车企业通过市场调研选定产品后,市场分析研究人员通过科学的方法,从地理因素、行为因素和心理因素等方面,分析潜在客户有哪些需求,为后面的深入分析提供资料。

(3) 为细分市场命名。汽车企业从整体市场中划分出不同的细分市场,结合各细分市场客户的特点进一步分析,并为细分市场名称。

(4) 测量各细分市场大小。对细分市场大小进行测量的目的是确定该市场有多少消费者,估计市场的容量,以此来决定企业是否选择该细分市场或者将要投放的产品的数量。

4.4.2 汽车目标市场选择

汽车市场细分是汽车企业选择和确定目标市场的前提和基础。汽车企业在完成了市场细分后,必须对各种细分市场进行科学评价,决定要为多少个细分市场做重点服务,并根据客观条件选择适合本企业的目标市场,以不断拓展市场。

1. 汽车目标市场的定义

所谓汽车目标市场,是指汽车企业的目标客户,也就是汽车企业营销活动所需要满足的市场需求,是汽车企业期望且能够开拓和占领的,并最终决定要进入的市场。

汽车企业的一切营销活动都是围绕目标市场进行的,选择和确定目标市场,明确汽车企业的具体服务对象,是汽车企业制定营销策略的基本出发点。在市场经济条件下,任何产品市场都有许多客户群,他们有着各自的需求,且分散在不同的地区和领域。因此汽车企业应当根据自己的资源情况、长远发展目标和优势来选择适合本企业的目标市场。

2. 汽车目标市场的分析

汽车企业究竟选择哪些细分市场作为目标市场,关键在于细分市场是否具备足以吸引汽车企业的目标市场价值,即能否为汽车企业提供足够的市场机会以及能否使汽车企业获益。

在竞争日益激烈的汽车市场中,汽车企业要从种类繁多的细分市场中挑选一个或者几个最适合企业发展的目标市场,必须从以下几个方面认真做好目标市场的比较分析。

1) 市场规模和发展潜力分析

市场规模主要由消费者的数量和人们的购买力所决定,同时也受到不同地区的消费情况、消费者对汽车企业市场营销策略的响应程度的影响。分析汽车市场规模既要考虑当前市场上消费者的消费水平,又要考虑该市场潜在的发展趋势。对于没有发展前景的市场,即使当前规模很大,企业也不能轻易涉足,以免影响企业的长期收益;对于当前市场规模虽然不大,但有发展潜力的市场,则应该尽早进入。

2) 企业特征分析

企业特征分析指的是分析汽车企业现有的和将来的资源条件以及经营目标是否能与细分市场的要求相符合。这就要求汽车企业应当根据自身的经营目标和汽车企业的经营规模、资源条件、管理水平、技术等级、资金基础、人员素质等状况来衡量并确定企业是否能保证对目标市场的控制,实现在该市场的经营目标,尽量避免因资源不足而造成市场机会流失或因资源过剩而造成无端浪费。

3) 获利情况分析

五力模型是由麦克尔·波特于20世纪80年代初提出的用于竞争战略的分析模型,可以有效地分析客户的竞争环境。即一个行业的竞争程度和行业利润潜力可以由五个方面的竞争力量反映并决定,包括新进入者的威胁、供应商讨价还价能力、买方讨价还价能力、替代品的威胁以及竞争对手之间的竞争。

汽车企业经营的最终目的是要落实在能否长期获利上,要对现实的和潜在的竞争者、替代产品、消费者和供应者进行充分细致的分析，正确判断这五种力量对汽车企业的长期获利带来的是机会还是威胁。利润是汽车企业生存和发展的源泉，因此，只有能为汽车企业带来足够利润的细分市场，才能被汽车企业确定为目标市场。

3. 汽车目标市场的评估

在汽车目标市场选择后，应对其进行评估。评估汽车目标市场主要应从以下 3 个方面进行。

(1) 汽车市场规模和增长潜力的评估。它主要是对汽车目标市场的规模与汽车企业的规模和实力相比较进行评估，以及对汽车市场增长潜力的大小进行评估。

(2) 汽车市场吸引力评估。汽车市场吸引力主要是指汽车企业在目标市场上长期获利能力的大小。它主要取决于若干因素，如现行竞争者、潜在竞争者、替代产品、购买者和企业生产供应者对企业所形成的机会与威胁等。

(3) 汽车企业本身的目标和资源。如果某个市场具有一定规模、增长潜力和吸引力，汽车企业还必须对该市场是否符合本企业的长远目标，是否具备获胜能力以及是否具有充足的资源等情况进行评估。

汽车企业对目标市场进行科学评估后，当决定进入时，还必须选择目标市场的营销策略。

4.4.3 汽车市场定位

当汽车企业选定一个目标市场后，同行业的竞争对手也可能在争夺这一目标市场。如果大家都向这个市场推出同类产品，消费者就会向价格更低的企业购买，最终大家都降价，即使抢占了市场，也不能获得汽车企业赖以生存的利润，甚至还会造成业内的恶性竞争。解决这个问题的唯一办法就是使自己的产品与竞争者的产品有差别，有计划地树立自身产品与众不同的产品形象，形成产品差异化，从而获得差别利益。这就是汽车市场定位的功能。

1. 汽车市场定位的概念

1) 汽车市场定位的定义

市场定位是现代市场营销学中的一个重要概念，是市场细分的直接结果。

所谓汽车市场定位，就是汽车企业根据竞争者现有产品在市场上所处的地位，考虑自己以何种产品形象和企业形象出现，并把这种形象生动地传递给目标用户，给目标用户留下深刻的印象，为汽车产品确立恰当的市场位置。

产品形象和企业形象指的是用户对产品和企业的印象。汽车市场定位的最终目的就是要在目标市场上建立本企业的竞争优势，并使客户形成倾向于本企业的偏爱。这就要求汽车企业在市场定位过程中，努力了解消费者和竞争者的情况，并在此基础上为企业设计出具有鲜明个性的产品形象。这种个性和形象既可以是有形的，也可以是无形的，或者二者兼备。例如，豪华、名牌、质优、价廉、技术领先、性能卓越、服务一流等都可以作为定位观念。

2) 汽车市场定位的意义

(1) 汽车市场定位是汽车企业制订市场营销组合的基础。

(2) 汽车市场定位有利于树立产品及企业在客户心目中的形象，形成与众不同的个性。

(3) 汽车市场定位有利于汽车企业制订竞争策略，争取更大的主动权。

2. 汽车市场定位的原则

汽车企业要做好市场定位，使自己的产品在社会公众心目中树立起良好的形象，并不是一件容易的事情。汽车企业必须在策略上考虑将产品和形象定位在什么档次、位置或者水平上，是与竞争对手针锋相对，把自己的产品定在与竞争对手相似的位置上；还是虽然与竞争对手争夺同一细分市场，但是选择另辟蹊径、独树一帜，将产品定在与竞争对手完全不同的位置上，以避免与竞争对手的正面碰撞，抢占潜在的市场空间，突出宣传自己的特色，坚守自己的传统领地。上述考虑就属于汽车企业在进行市场定位前，应该把握的一个原则。汽车企业应该结合自己的实力、产品优势及其他主客观条件，综合分析对比，确定定位策略。一般而言，汽车企业在实力强、产品水平先进时期，可以采取与竞争对手相似的定位策略，对竞争对手形成足够的威胁。但是，如果汽车企业实力和产品水平还未达到先进程度，则应该以形成自己的市场特色为定位目标，选择稳妥的定位战略，确保企业能够稳步发展。

3. 汽车市场定位策略

汽车企业为其产品进行市场定位，是为了向市场提供具有差异性的产品，这样就可以使产品具有竞争优势，也就是使产品具有竞争差异化特性。对于汽车企业而言，一般应在产品、服务和企业形象这 3 方面实现差异化。

1) 产品差异化

虽然并不是每一种汽车产品都有明显的差别，但是，几乎所有都可以找到与其他产品相区别的特点。汽车就是一种可以实现高度差异化的产品，其差异化可以表现在品牌、性能、造型设计、风格、特色、一致性、耐久性、可维修性等方面。

2) 服务差异化

除了实现汽车产品的差异化以外，汽车企业也可以对其所提供的服务进行差异化定位。在汽车整车销售过程中，消费者对服务的要求日益提高，这使得汽车企业也日渐加强对这方面工作的关注度，并将其作为决定企业销售业绩的一项重要评价指标。特别是企业的汽车产品较难实现差异化经营时，要想在竞争中拔得头筹，汽车企业常常要依靠全方位的服务来取胜。在汽车销售过程中，服务的差异化主要体现在订货方便、客户咨询、技术支持、维修保养和其他各种附加服务上。

3) 企业形象差异化

在汽车销售中，很少能遇到通过产品和服务两项指标都还无法区别的产品。即使与竞争产品和服务看上去都一样，消费者也能从汽车企业形象或者品牌形象等方面感受到企业之间的区别，留下不同的印象。值得一提的是，在前两者都能够做到差异化的情况下，形象差异更是一个不可忽视的方面，甚至在有些时候还能起到突出汽车企业形象的作用。

4. 汽车市场定位的步骤

汽车企业在选择市场定位策略时，往往希望建立起一整套独一无二的竞争策略组合，以其独有的竞争优势使自己不同于其他企业，从而充分吸引细分市场中的消费者。在选定定位策略后，汽车企业可以通过发掘本企业的潜在竞争优势，准确地选择竞争优势和明确地展示竞争优势3个步骤来实现本企业在市场上的精确定位，如图4.4所示。

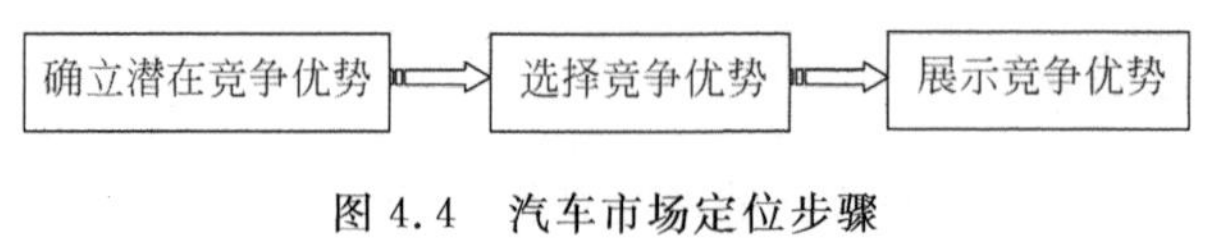

图4.4 汽车市场定位步骤

1）确立潜在竞争优势

要明确本企业的竞争优势，汽车企业应该先明确以下3个方面的问题：第一，竞争对手是如何定位自己的产品。第二，目标市场上绝大多数客户的需求被满足的程度如何，他们还有什么需求未被满足。第三，针对竞争对手的市场定位和客户的潜在需求，本企业应如何应对，采取何种措施。带着这3个问题，汽车企业要在营销过程中利用一切可以利用的条件，系统地展开调研活动，通过市场调查，充分搜集竞争者的产品规格、质量、性能、技术水平、价格等数据，并将这些数据加以分析整理，形成报告，以确认竞争者在市场上的定位，正确判断竞争者的潜力和自身的实力，从中把握和确定本企业在市场中的潜在竞争优势。

2）选择竞争优势

选择竞争优势是指汽车企业要从潜在的众多优势中选择具有开发价值的竞争优势。汽车企业的竞争优势既可以是现实的，也可以是潜在的。准确地选择竞争优势，能够体现出汽车企业对自身生产经营状况的把握程度，并理性地与竞争者比较各自实力，采取有针对性的措施应对激烈的竞争。

3）展示竞争优势

汽车企业要想展示其独特的竞争优势，必须借助广告、促销等各种宣传手段，把汽车企业的定位观念准确地传播给潜在的和现实的消费者，以引起消费者对本企业产品的注意和兴趣，影响消费者的购买行为。为此，首先，汽车企业应当使目标客户了解、认知、熟悉、喜欢甚至偏爱本企业的市场定位，在客户心目中树立起与该定位相符合的形象；其次，企业要通过后续努力来强化在目标客户心目中的形象，帮助目标客户坚定对本企业的信念，通过与目标客户建立深厚的感情来巩固企业的形象；最后，企业应当注意目标客户对本企业市场定位产生的异议，避免因宣传上的失误或客户理解上的偏差造成目标客户对企业形象或产品形象模糊、混乱，及时纠正与市场定位不相符的形象。

一般来说，汽车企业的市场定位容易引起公众误解的情况有以下几种：

(1) 定位过高，容易造成消费者可望而不可即的心理，从而失去一部分有望成为汽车企业产品拥护者的客户。例如，面向出租行业销售的轿车，就不应该给人以档次过高的印象。

(2) 定位过低，不能显示汽车企业或产品的特色。例如，面向社会高端阶层、大集团销售的轿车就不应该给人以档次过低的印象。

(3) 定位怀疑，容易使客户觉得汽车企业的产品在特色、价格或者制造商方面的一些宣传与实际不符，从而产生不信任感。

(4) 定位混乱，会让汽车企业产品在公众中没有明确统一的认知。这种混乱可能是由于定位主题或多层次宣传主题所致，也可能是由于产品定位变换太频繁所致。

以上误解都会给汽车企业形象和经营效果造成不良影响，企业应特别注意，避免这些情况的发生。

本章小结

汽车市场营销信息系统是由人员、机器和程序（软件）所组成的相互作用、相互关联的结构，它为汽车企业营销决策者搜集、整理、分析、评估和分配所需要的、及时的和准确的汽车市场信息。其构成包括内部信息系统、营销情报系统、营销调研系统和营销分析系统四个子系统。

汽车市场营销调研，是指汽车企业对用户及其购买力、购买对象、购买习惯、未来购买动向和同行业的情况等方面进行全部或局部的了解。

汽车市场调研一般由 6 个主要步骤组成，即确定问题和调研目标、制订调研计划、实施调研计划、收集和分析信息、陈述研究发现、得出调研结论。

汽车市场调研的方法包括文案调研法、访问法、观察法、实验法、抽样问卷调研法、网上调研法。

汽车市场调研的内容大致可分为市场需求调研、市场经营条件调研和市场产品调研三类。

汽车市场预测，就是运用科学的方法，对影响市场供求变化的诸因素进行调查研究，分析和预见其发展趋势，掌握市场供求变化的规律，为经营决策提供可靠的依据。预测方法可分为两大类：一类是定性预测方法；另一类是定量预测方法。

现代汽车市场营销的一个核心内容是 STP 营销，即汽车市场细分化（segmentation）、汽车目标市场选择（targeting）、汽车市场定位（positioning）。

复习与思考题

1. 什么是汽车市场营销信息系统？
2. 如何开展汽车市场的调研？
3. 简述汽车市场需求预测的步骤和方法。
4. 如何进行汽车产品市场定位？

案例分析

案例 1：宝马与奔驰的明显定位区别

宝马和奔驰都是德国的名车，但却有明显的定位区别。奔驰显得稳重，样子大方含蓄、制作精细，是老板的选择，也是各个国家首脑的最佳选择。购买奔驰的人，在很多年后也不会感到落伍，因为外型的变化总不是很大，这是奔驰设计师所考虑的。而宝马以外观设计为突破点，它有最动感的造型、最前卫的设计，是年轻活力的代表，购买宝马不长时间之后你就会感觉到外型还有更好的，你的车是否落伍了。早期,人们问奔驰:“为什么奔驰发展得那么快?”奔驰回答:“宝马追得紧。”问宝马:“为什么追(奔驰)那么紧?”宝马回答:“奔驰跑得太快。”宝马作为后起之秀因为定位准确而最终成功。这两种不同的设计思路造成不同的结果,宝马很快成长,并超过了奔驰。如果不算大卡车,奔驰的销售数量已在宝马之后。

案例 2:沃尔沃的安全性定位

沃尔沃是欧洲名车,以高安全性而名扬全世界,安全带和气囊等牵扯到安全的产品很多都是沃尔沃发明的。这都是细分市场的结果,客户想要获得一流的安全性,沃尔沃是最佳的选择。由此可见,作为一个世界级的品牌,必须有鲜明的个性和特点,这样产品才能行销全世界。

讨论:

结合宝马、沃尔沃定位案例,分析如果制定汽车市场定位策略?

5 汽车市场营销策略

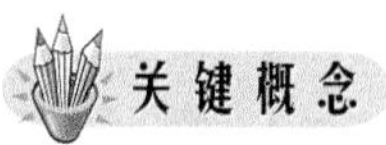

关键概念

产品(product)　　价格(price)

渠道(place)　　促销(promotion)

5.1 汽车产品策略

汽车企业营销活动是以满足消费者需求为中心，而市场需求的满足只能通过提供产品和服务来实现，汽车企业的成功与发展，关键在于汽车产品能在多大程度上满足消费者的各种层次的需要，以及汽车产品策略的正确与否。

汽车目标市场确定以后，企业就要根据目标市场的需要来开发和生产满足市场需求的汽车产品。企业还要制定相应的品牌包装策略，利用合理的汽车产品组合，根据汽车产品在市场上的寿命状况运用各种营销策略，以使企业的产品能受到消费者的欢迎，同时不断推出新的产品，力争长盛不衰，取得良好的经济效益。

5.1.1 汽车产品组合策略

1. 汽车产品的概念

菲利普·科特勒认为“产品是指为注意、获取、使用或消费以满足某种欲望和需要而提供给市场的任何事物。”因而从营销学的意义上讲，产品的本质是满足消费者需求的一种载体，或是一种能使消费者需求得以满足的手段。服务是产品的一种形式，是由于消费者需求满足方式的多样性多重性所决定，所以产品由实体和服务构成，即产品＝实体＋服务。

人们对汽车产品的理解，有狭义和广义之分，通常所说的汽车产品是狭义的理解，即仅指汽车产品实物本身，过于狭隘。汽车营销产品的概念广义上来讲，包括汽车实体产品、汽车保险、汽车品牌、汽车服务等。简言之，汽车产品＝需要的汽车实体＋需要的汽车服务。

广义的汽车产品概念引申出汽车产品的整体概念。消费需求不断的扩展和变化使汽车产品的内涵和外延的不断扩大。从内涵上看，产品从有形实物产品扩大到服务、人员、地点、组织和观念；从外延上看，产品从实质产品向形式产品、附加产品拓展。为此，应以发展的眼光，联系消费者需求和企业间的产品竞争，从整体上对产品进行研究，这就是汽车营销学提出的汽车产品的整体概念,如图 5.1 所示。

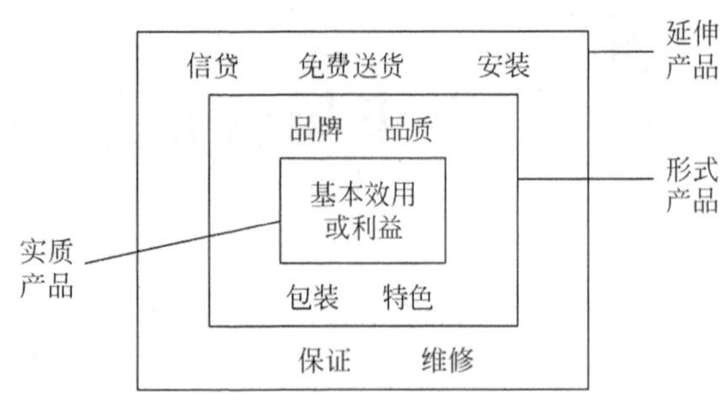

图 5.1 汽车产品的整体概念

1) 汽车实质产品

汽车实质产品即向消费者提供产品的基本效用和功能,是指消费者需求的核心部分,是产品整体概念中最主要的内容。消费者购买产品,并不是为了获得产品本身,而是为了获得满足自身某种需要的效用和利益。企业的产品生产或营销经营活动,首先考虑能为消费者提供哪些效用和功能,并且着眼于产品的这些基本效用和功能上。汽车营销活动所推销的是汽车产品的基本效用或利益,而不是基于该汽车产品具有的表面特征。

2) 汽车形式产品

汽车形式产品是指汽车产品的本体,是核心产品借以实现的各种具体产品形式,即向市场提供的汽车产品实体的外观。而外观是指汽车产品出现于市场时,可以为消费者识别的面貌,它一般由产品的质量、特色、品牌、商标、包装等有形因素构成。汽车企业在产品设计时,应着眼于消费者所追求的基本利益,同时市场营销人员也要重视如何以独特的形式将这种利益呈现给消费者。因为形式产品的各种有形因素虽然不全部都直接进入汽车产品的使用过程,但也间接影响消费者对产品的满足程度和评价。

3) 汽车延伸产品

汽车延伸产品是指消费者购买产品时随同产品所获得的全部附加服务与利益,它包括提供信贷、免费送货、安装调试、保养、售后服务等。附加产品是产品整体概念中的一部分,因为消费者购买产品就是为了需要得到满足,即希望得到满足其需求的一切东西。在现代市场经济中,特别是在同类或同质产品中,附加产品有利于引导、启发、刺激消费者购买、重复购买和增加购买量。新的竞争不是发生在各个企业的工厂生产什么产品,而是发生在其产品能提供何种附加利益上,如包装、服务、广告、顾客咨询、融资、送货、仓储以及具有其他价值的形式。企业要增强竞争优势,应着眼于比对手提供更多的附加产品。

实质产品、形式产品和延伸产品作为产品的 3 个层次,构成了产品的整体概念,是不可分割的。其中,核心产品是实质、根本,它必须转化为形式产品才能得以实现。汽车企业在提供产品的同时,还要提供广泛的服务和附加利益,形成延伸产品,提高竞争力。

汽车产品的整体概念这一原理说明,没有消费者需求就没有汽车产品,通过对汽车产品整体概念的 3 个层次的内容进行不同的组合,可以满足不同消费者对同一产品的差异性的需求。消费者对产品质量的评价是从汽车产品整体概念的角度进行的,因而不同企业汽车产品质量的竞争实质上是汽车产品整体概念的竞争。

2. 汽车产品组合

1）相关基本概念

（1）汽车产品组合：是指汽车企业生产或销售的全部汽车产品线和汽车产品品种的组合方式。汽车产品组合不恰当可能造成产品的滞销积压，甚至引起企业亏损。

（2）汽车产品组合的广度：汽车企业生产经营的汽车产品系列的个数。

（3）汽车产品组合的深度：每一汽车产品系列所包含的汽车产品项目。

（4）汽车产品组合的长度：产品组合中所包含的汽车产品品种总数。

（5）汽车产品组合的相容度：一个企业的各个产品线在最终使用、生产条件、分销渠道和其他方面相互关联的程度。

例如，一汽集团生产的重型载货汽车、中型载货汽车、轻型载货汽车、高级轿车、中级轿车、普及型轿车、微型轿车等，这就是产品组合；而其中重型载货汽车或中型载货汽车就是产品线；每一大类里包括的具体品牌、品种则为产品项目。

一般情况下，企业增加汽车产品组合广度，有利于扩大经营范围，发挥企业特长，提高经济效益，分散经营风险；增加汽车产品组合的深度，可占领更多细分市场，满足消费者广泛的需求和爱好，吸引更多的消费者；增加汽车产品组合的长度，可以满足消费者不同的需求，增加企业经济效益；而增加汽车产品组合关联性，则可以使企业在某一特定领域内加强竞争力和获得良好声誉。

2）汽车产品组合的类型

汽车企业根据市场需要及其内部条件，选择适当的产品组合广度、深度、相容度来确定经营规模和范围。

（1）全线全面型　这是指汽车企业着眼于向任何顾客提供各种所需产品的产品组合类型。该种组合要求企业同时拓展产品组合的广度和深度，增加产品线和产品项目，力求覆盖每一细分市场。但对产品线之间的相容度则没有限制，可以是狭义的全面全线型，即扩展产品线后相容度仍然紧密；也可以是广义的全线全面型，即扩展产品线后相容度松散，甚至是多元化经营。

（2）市场专业型　这是指汽车企业向某一市场或某一类型顾客提供所需的各种产品的产品组合类型。它是以满足同一类型顾客为出发点，着重考虑拓展产品组合的广度，即依据同类顾客需求设置产品线。

（3）产品线专业型　这是指汽车企业只生产某一种类型的不同产品项目来满足市场需求的产品组合类型。采用这一组合的企业只拥有一条产品线，可根据市场需求增加这一产品线的深度，扩展产品项目。

（4）有限产品线专业型　这是指汽车企业只生产某一产品线中一个或少数几个产品项目来满足市场需求的产品组合类型。通常小型企业采用这一组合类型，因为所需资金相对较少，可发挥企业专长，但它的风险比较大。

（5）特殊产品专业型　这是指根据消费者的特殊需要而专门生产特殊产品的产品组合类型。这种组合的市场竞争威胁小，适合于小型企业，但难于扩大经营。

（6）特别专业型　这是指汽车企业凭借其特殊的生产条件生产能满足顾客特殊需求的产品的组合类型。采用这一组合可排斥竞争者涉足。

3）汽车产品组合的分析

产品组合不是静态的而是动态的组合，企业的内外部条件在不断变化，产品组合也应随之进行调整，增加或删除一部分产品线及产品项目，使产品组合经常达到合理化、最佳化的状态。为此，必须借助一定的分析方法，研究企业所有产品的市场价值。以下介绍波士顿矩阵分析法（四象限分析法）。

波士顿矩阵分析法，即“年销售增长率——相对市场占有率”矩阵法，这是美国一流的管理咨询服务企业波士顿咨询公司提供的一种分析模式，如图 5.2 所示。该矩阵法也称四象限分析法，以产品的年销售增长率为纵坐标、以产品的相对市场占有率为横坐标作出一个矩形，并分别以 10%和 1.0 为界纵横切割，可以把产品分为明星产品、奶牛产品、野猫产品和瘦狗产品四种类型。在这里，相对市场占有率是指某种产品与同行业中最大竞争者的市场占有率之比。矩阵中的圆圈，代表企业所有的产品。圆圈的位置表示各产品在市场增长率及相对占有率方面的现状。有时，用圆圈的面积表示各产品销售额的大小。

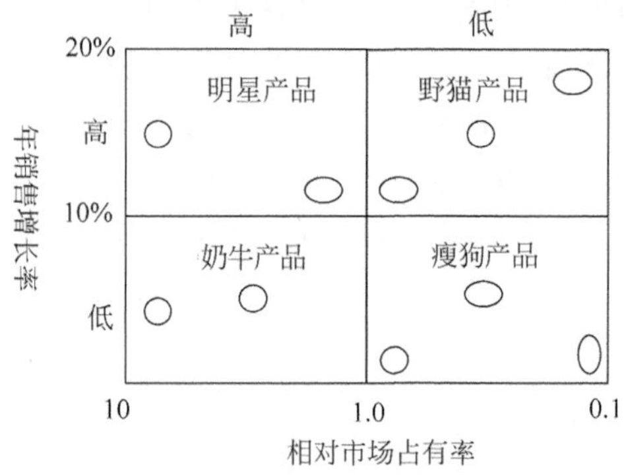

图 5.2 波士顿矩阵分析法

(1) 汽车产品市场价值的表现

① 明星产品 明星产品的销售增长率在 10%～20%之间，相对市场占有率为 1.0～10 之间。它们是销售增长率及相对市场占有率都高的产品，说明该类汽车产品市场潜力大，而企业在市场中又占有优势。这类产品需要大量投入资源，以保证跟上市场的扩大，并击退竞争者。因此短时期内未必给企业带来可观的收益，但它们是企业未来的“财源”。当它们的销售增长率降到一定程度时，便可变为奶牛产品，为企业积累资金。

② 奶牛产品 奶牛产品又称金牛产品，其销售增长率在 0～10%之间，相对市场占有率为 1.0～10 之间，市场占有率高，销售增长率低。这类产品活力大，而所需要的资金投入少，这是每个企业都重视的产品。这类产品的高额资金收入，可加速资金周转，产生较高的收益，用以扶持野猫类、明星类及瘦狗类产品。

③ 野猫产品 野猫产品又称问题产品，产品销售增长率在 10%～20%之间，相对市场占有率为 0.1～1.0 之间，销售增长率较高而相对市场占有率较低的产品。这类产品需投入大量资金来维持和提高市场占有率，因此有较大风险，企业应把钱花在可变为明星产品的问题产品上，否则应掌握时机退出市场。

④ 瘦狗产品 瘦狗产品又称不景气产品或狗类产品，销售增长率在 0～10%之间，相对市场占有率为 0.1～1.0 之间，销售增长率及相对市场占有率均较低的产品。这类产品的市

场潜力很小，有时可能产生一些收入，但通常都是微利或者仅是保本甚至亏损的产品，耗费管理人员的时间，得不偿失。

（2）产品的四种战略行动

一般来说，相对市场占有率越高，这种产品的盈利能力越强，利润水平似乎与市场占有率同向增长；另一方面，销售增长率越高，经营产品的资源需要量也越大，因此要继续发展和巩固市场地位。同时，各产品所处的情况也会变化。企业要看到现状，又要分析前景，将目前的矩阵与未来的矩阵两者相比较，考虑主要的战略行动，并依据资源有效分配的原则，决定各产品将来应该扮演的角色，从总体角度规划投入的适当比例和数量。所以，明星产品与奶牛产品多且销量大的产品组合比较合理。具体来讲，企业对各类产品可采取以下不同的战略行动：

① 积极发展　发展的目的是提高产品的市场占有率，有时甚至不惜放弃短期收入来达到这一目的，因为增加市场占有率需要相当的投资和时间才能奏效，所以此方法特别适用于新产品的"野猫"类产品。如果它的市场占有率有较大的增长，就会成为"明星"类产品。对明星产品要投入大量现金扶持，促使其成为财源产品。

② 继续维持　其目的在于保持汽车产品在市场上的占有率和地位。在产品生命周期中处于成熟期的汽车产品，大多采取这一方法。该方法特别适用于能为企业提供大量资金支持的"奶牛"类产品。对奶牛产品要保持其市场占有率，以便赚取更多的现金。

③ 尽量收割　其目的在于追求产品的短期收入，竭泽而渔。对衰退中的奶牛产品可以获得短期利益为目的；要勇于放弃近期利润，用于提高有前途的野猫产品的市场占有率，使其成为明星产品。

④ 坚决放弃　放弃的目的是出卖产品，不再生产，把资源用于其他产品。这种方法是用于没有发展前途的"狗类"和"猫类"产品。对无前途的野猫产品及亏损的瘦狗产品应及时放弃，以便使有限的资金集中于有潜力的产品。

4）汽车产品组合策略

（1）拓展汽车产品组合。企业可以充分利用资源，发展优势，分散企业的市场风险，增强竞争力。其渠道主要是扩大产品组合的宽度和加深产品组合的深度，即增加一条和多条生产线，拓宽汽车产品经营领域和在原生产线的基础上增加新的产品项目。若企业现有的产品线销售和利润下降时，应及时扩大产品组合宽度，增加生产线；若企业需要进军更多的细分市场，满足更多不同需求的消费者，可以选择加深产品组合的深度，增加新的产品项目。这一策略其主要特点是降低企业的市场风险或平衡风险，但企业的投入将增加，成本提高，利润可能减少。

（2）缩减汽车产品组合：与拓展产品组合策略相反，企业为了减少不必要的投资，降低成本，增加利润，必须对一些发展获利较多的产品线和产品项目重点支持。该策略的主要特点是集中企业优势发展利好汽车产品，降低成本，但增加了企业的市场风险。

（3）汽车产品延伸：汽车企业根据市场的需求，重新对全部或部分产品进行市场定位。对汽车产品线内的产品项目进行延伸。如企业原来定位于低档汽车产品市场，在原产品线内增加高档产品项目进入高档产品市场，原因在于高档产品有较高的利润率；反之，企业原定位于高档汽车产品市场，现增加低档产品项目，进入低档产品市场，来弥补高档产品增长缓慢，市场需求有限，竞争激烈的风险，通过高档产品市场建立的形象和声誉，满足更多消费者的需求,吸引更多的消费者。

5.1.2 汽车产品生命周期及策略

1. 汽车产品生命周期的概念

汽车产品生命周期,是指汽车产品从投放市场到被淘汰出市场的全过程,是指汽车产品在市场上的存在时间,其长短受消费者需求变化、汽车产品更新换代的速度等多种因素的影响。汽车产品生命周期与产品的使用寿命概念不同,汽车市场营销学所研究的是汽车产品生命周期。

2. 汽车产品生命周期各阶段的特点

汽车产品生命周期由于受到市场诸多因素的影响,生命周期内,其销售量和利润额并非是一条直线,不同的时期或阶段有着不同的销量和利润。因此,汽车产品生命周期各个时期或阶段一般是以销售量和利润额的变化来衡量和区分的,如图 5.3 所示。

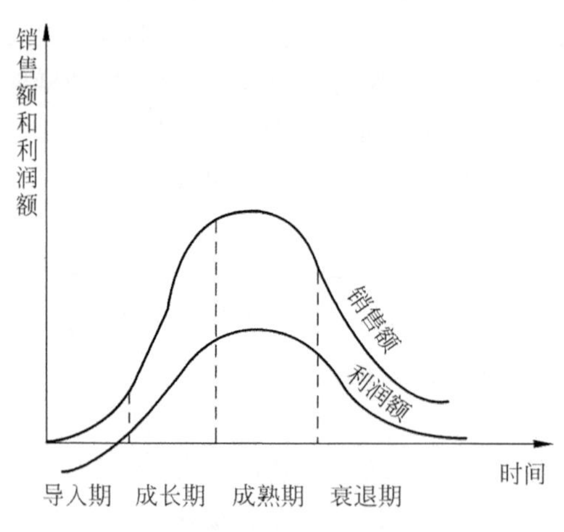

图 5.3 汽车产品市场生命周期图

由图 5.3 可见,典型的汽车产品生命周期包括 4 个阶段,即导入期、成长期、成熟期和衰退期。其生命周期表现为一条 S 形的曲线,各阶段体现出不同的特点。

(1) 导入期,一般指汽车产品从设计投产到投入市场试销的初期阶段。在此阶段,新产品首次进入市场并实现销售。人们对产品不够了解,所以销售量低,费用及成本高,利润低,有时甚至亏损。其主要特点为: ①生产批量小,试制费用大,制造成本高; ②由于消费者对产品不熟悉,广告促销费较高; ③产品售价常常偏高。这是由于生产量小、成本高、广告促销费较高所致; ④销售量增长缓慢,利润少,甚至发生亏损。

(2) 成长期,指汽车产品通过试销阶段以后,转入成批生产和扩大市场销售的阶段,在此阶段产品的销售量迅速爬升。其主要特点为: ①销售额迅速增长; ②生产成本大幅度下降,产品设计和工艺定型,可以大批量生产; ③利润迅速增长; ④由于同类产品、仿制品和代用品开始出现,市场竞争日趋激烈。

(3) 成熟期,指汽车产品在市场上销售已经达到饱和状态的阶段。在此阶段,产品的销售增长会慢下来或保持不变。其主要特点为：①销售额虽然仍在增长，但速度趋于缓慢；②市场需求趋向饱和，销售量和利润达到最高点，后期两者增长缓慢，甚至趋于零或负增长；③竞争最为激烈。

(4) 衰退期，指汽车产品不能适应市场需求，逐步被市场淘汰或更新换代的阶段。在此阶段，产品的销售量会下降。其主要特点为：①产品需求量、销售量和利润迅速下降；②新产品进入市场，竞争突出表现为价格竞争，且价格压到极低的水平。

3. 汽车产品生命周期各阶段的汽车营销策略

1) 导入期的汽车营销策略

对进入导入期的汽车产品，企业总的策略思想应该是迅速扩大销售量，提高赢利，缩短导入期，尽量更快地进入成长期。

(1) 促销活动的重点是向消费者宣传介绍新产品的性能、用途、质量，使消费者尝试使用新产品；

(2) 价格上可采取低价渗透策略，迅速扩大销售量占有一定的市场，或采取高价取脂策略提高赢利；

(3) 根据市场具体情况，把促销与价格组合运用并选择以下相应的策略。

① 迅速掠取策略，指以高价格和高促销水平推出新产品的策略。先声夺人，把本钱收回来，采取这种策略，条件是这种产品十分新颖，消费者愿意支付高价，尽快收回新产品开发的投资。国外汽车企业在推出富有特色的中高级轿车时常采用这一策略。

② 缓慢掠取策略，指高价格和低促销水平推出新产品的策略。这种产品必须有独特的特点，能填补市场上的某一项空白，竞争威胁不大，使企业获得更多利润。东风汽车企业在推出其主要车型时采用的营销策略大致就属此类。

③ 迅速渗透策略，指用低价格和高促销水平推出新产品的策略。这种策略是人们对新产品不是很了解，但市场容量大，对价格相对来讲比较敏感，同业竞争激烈，要求企业降低成本打入市场。该策略可以给企业带来最快的市场渗透率和最高的市场占有率。日本、韩国的汽车企业在刚进入北美市场时，便大量采用此种营销策略。

④ 缓慢渗透策略，指用低价格和低促销水平推出新产品的策略。这种策略目的是迅速地占领市场，阻止其他竞争者对市场的渗入，适合的市场条件是：市场容量大，汽车消费者对价格十分敏感，汽车产品弹性大，有潜在竞争者。

2) 成长期的汽车营销策略

汽车产品进入该时期，其销售额和利润都呈现出迅速增长的势头，故企业的策略思想是尽可能延长成长期时间，并保持旺销的活力，其主要策略有以下几方面。

(1) 为适应市场需求，集中企业必要的人、财、物资源，改进和完善生产工艺，改进汽车产品质量，增加花色品种，扩大产品批量；汽车企业努力增强企业的产品质量，努力树立名牌产品，提高产品竞争力，满足人们的需求。

(2) 进一步细分汽车市场，扩大目标市场。

(3) 改变广告宣传目标，由导入期提高知名度为中心转为树立企业和汽车产品形象，为产品争创名牌。

(4) 建立高绩效的分销渠道体系。

3）成熟期的汽车营销策略

汽车产品进入该时期，销售额和利润出现最高点。由于生产能力过剩、市场竞争加剧、销售增长速度缓慢甚至出现下降趋势，此时汽车企业营销思想应尽量延长生命周期，使已处于停滞状态的销售增长率和利润率重新得以回升，其主要策略有以下几种。

（1）汽车市场改革策略，即开发新的目标市场，寻求新顾客。其方式有：发展产品的新用途，即不改变产品质量、功能而发掘产品新用途，用于其他领域，从而延长产品的生命周期；寻求新市场，相对产品新市场而言，原市场在本地区、本省或本国，而其他地区、外省或外国就是新市场。

（2）汽车产品改革策略，即通过对产品自身做某种改进，来满足消费者不同需要，从而为消费者寻求新用途，使销量获得回升。可以从产品的特性、质量、式样和附加产品等方面进行改革。

（3）汽车市场营销组合改革策略，即对产品、定价、分销渠道和促销4个因素加以改革，以刺激销售额的回升，通常做法如降价、增加广告、改善销售渠道，以及提供更多的售后服务等。

4）衰退期的汽车营销策略

该时期汽车产品的销售和利润直线下降。其主要策略有以下几种。

（1）立刻改革策略。对于汽车企业已准备好替代的新产品，或者该产品的资金可能迅速转移，或者该产品的存在危害其他有发展前途的产品，应当机立断、放弃经营。

（2）逐步放弃策略。如果企业立刻放弃该产品将会造成更大损失，则应采取逐步放弃的策略。

（3）自然淘汰策略。企业不主动放弃该产品，继续沿用以往营销策略，保持原有的目标市场销售渠道，直到产品完全退出市场为止。其中可以采用把企业人、财、物集中到最有利的细分市场获取利润的集中策略，以及把目标市场做出调整的转移策略。

（4）集中策略。汽车企业把人力、物力集中到最有利的细分市场，从而获得利润。

总之，如何放弃衰退期产品是汽车企业最难做出的决策问题。首先，必须能正确判断产品是否已进入衰退期；其次，选择淘汰产品的最佳方式。而解决好这些问题的基础就是有健全的商情分析制度和确切的市场信息资料。

事实上，各种汽车产品生命周期的曲线形状是有差异的。有的产品一进入市场就快速成长，迅速跳过导入期；有的产品则可能越过成长期而直接进入成熟期；还有的产品可能经历了成熟期以后，进入第二个快速成长期。

汽车产品生命周期与产品定义的范围有直接关系。产品定义范围不同，所表现出来的生命周期曲线形状就不同。根据定义范围的大小，可分为种类、形式和品牌3种。产品种类是指具有相同功能及用途的所有产品；产品形式是指同一类产品中，辅助功能、用途或实体销售有差别的不同产品；而产品品牌则是指企业生产与销售的特定产品。产品种类的生命周期要比产品形式、产品品牌长。有些产品种类生命周期中的成熟期可能无限延续；产品形式一般表现出上述比较典型的生命周期过程，即从导入期开始，经过成长期、成熟期，最后走向衰退期。

5.1.3 汽车市场品牌与商标策略

1. 汽车品牌与品牌策略

1) 汽车品牌的概念

品牌与包装都是汽车产品整体概念的重要组成部分。品牌又称为产品的牌子,它是制造商或经销商加在产品上的标志,是指用来识别卖者的产品或劳动的名称、符号、象征、设计或它们的组合,用来区别本企业与同行业其他企业同类产品的商业名称。

汽车品牌是一个集合概念,它包含品牌名称、品牌标志等概念。

(1) 汽车品牌名称是指品牌中可以用语言来称呼和表达的部分,如“福特”、“奔驰”等。

(2) 汽车品牌标志是指品牌中可被识别而不能用语言表达的特定标志,包括专门设计的符号、图案、色彩、文字等。

2) 汽车品牌策略

汽车品牌策略是指汽车企业如何合理地使用品牌,发挥品牌的积极作用,具体有以下几种策略。

(1) 制造品牌与销售品牌策略

由于消费者对所要购买的产品并不具备充分的选购知识,所以消费者在购买产品时除了以产品的制造者的品牌作为选择依据外,还根据经销者的品牌,即在什么商店购买。消费者当然希望购买具有良好信誉的商家所出售的产品,因此产品制造者就需衡量品牌在市场上的声誉,选择合适的经销商。一般如果企业在一个新的市场上销售产品,或者市场上本企业的信誉不及其经销者的信誉,则适宜采用经销者的品牌,等到这种产品已为市场接受后,取得消费者信任,再转而使用制造者的品牌,或者同时使用经销者品牌和制造者品牌。

(2) 统一品牌和个别品牌策略

统一品牌,即企业对其全部产品使用同一个品牌。这种策略的好处是节省品牌的设计费用,有利于消除消费者的不信任感,壮大企业的声誉。但采用这种策略应注意以下几点:

① 这种品牌在市场上已有较好的声誉;

② 各种产品应具有相同的质量水平;

③ 产品属于同一细分市场,否则会造成损害企业的信誉和品牌的错位。

而采用个别品牌,即对各种产品分别采用不同的品牌。如果企业的产品类型较多,产品线之间的关联程度较小,企业生产产品有较大差别,采用个别品牌的策略较为有利。

拥有多条生产线或者具有多种类型产品的企业可以考虑统一品牌和个别品牌相结合的策略。

(3) 多重品牌策略

多重品牌策略是指企业在同类产品中同时使用两种或两种以上品牌。这种策略可以给企业带来几方面的利益:

① 可以增加品牌的陈列面积,增加零售商对产品的依赖性;

② 可以吸引喜好新牌子的消费者;

③ 使组织内部直接产生竞争,有利于提高企业的工作效率和管理准备效率;

④ 可以满足不同的细分市场的需要，为提高总销售量创造条件。

其存在的风险为：使用的品牌量过多，导致每种产品的市场份额很小，使企业资源分散，而不能集中到少数几个获利水平较高的品牌上。

3）汽车品牌的作用

（1）有利于广告宣传和树立企业以及产品形象。

（2）有利于产品组合的扩充。可以在品牌的产品线中增加新的产品项目，使新产品容易为消费者所接受。

（3）有利于扩大市场占有率。品牌的建立可以吸引消费者重复购买，也可以防止假冒伪劣产品的侵害，扩大市场份额。

（4）有利于监督、提高企业产品的质量。无论是创立名牌还是保住名牌，品牌都是公众监督产品质量的重要手段。

2. 汽车商标策略

1）汽车商标的概念

商标是一个专门的法律术语，品牌或品牌的一部分在政府有关部门依法注册登记后，获得专用权，受到法律保护的，称为商标。经注册登记的商标有"R"标记，或"注册商标"的字样。汽车商标就是利用文字和画图等符号，表达所象征的意义，促使人们在见到汽车商标后引起一定的联想，从而产生"诉求"，区别不同的产品。

2）汽车商标的特征

（1）汽车商标是商品或服务的标志。非商品上的图案、符号、标记都不是商标。

（2）汽车商标是受到法律保护的产权标志，是经商标局核准注册而取得的特殊权利，具有独占性，不容他人或其他企业侵犯。

（3）汽车商标是生产者或经营者的标志，区别于其他商品，它是企业声誉和评价的象征。

3）汽车商标的种类

现代商标根据标准可划分为不同的种类。

（1）按商标的构成划分为：文字商标、符号商标、图形商标、组合商标、立体商标与非形象商标。

（2）按商标的用途划分为：营业商标、等级商标和证明商标。

（3）按商标的使用者不同划分为：制造商标、销售商标、集体商标和服务商标。

4）汽车商标与品牌的区别与联系

（1）两者的联系：商标的实质是品牌，两者都是产品的标记。

（2）两者的区别：并非所有的品牌都是商标，品牌与商标可以相同也可以不同；商标必须办理注册登记，品牌则无须办理；商标是受法律保护的品牌，具有专门的使用权。

5.2 汽车定价策略

菲利普·科特勒在《营销学管理》一书中所说"在营销组合中，价格是唯一能产生收入的因素，其他因素则表现为成本。价格因素也是营销组合中最灵活的因素，它的变化是异常迅速的。”产品的价格是整个营销组合的基本组成部分，因为它是产品之间可以进行快速比较的一个因素。消费者通常广泛地把它用来判断产品和服务。在现代市场营销中，价格带有很强的竞争意识，许多企业都视合理运用价格杠杆为取得市场的重要策略。价格直接关系着市场对产品的接受程度，影响企业利润的多少，是营销组合策略中的一个重要组成部分，但价格在市场上却最容易受到外界干扰，又最难控制。因此要把价格定到消费者、企业能接受的位置，企业定价就需要讲究科学性和艺术性。

5.2.1 汽车定价概述与影响汽车定价的因素

1. 汽车定价概述

“价值”(value)的本义是指某种东西对人的意义和用处。一种商品，人们可以自己使用它，这叫商品具有“使用价值”；还可以用来与别人交换，这叫商品具有“交换价值”。一件商品的交换价值是体现在它所交换得来的商品上，因此通常把通过交换得来的商品叫作一件商品的“交换价值”(exchange value)，简称“价值”。一件商品可以和其他许多商品进行交换，也就是商品价值具有许多表现形式，其中用货币来表现的商品价值，就是“价格”(price)。价格与价值之间是形式与内容的关系，两者不能进行“量”的比较。

在现代市场营销学中，价格是企业营销4P组合中最灵活的组成部分，汽车产品的价格不仅是汽车商品价值的货币表现形式，而且可以随着市场需求的变动而变动，也正因为如此，定价在具有很强的科学性的基础上，同时也具有很强的艺术性。

在中国车市竞争日益激烈的今天，价格策略成为国内汽车企业重要的营销手段。产品价格是企业向外界发出的最真实的营销信息，传递了企业营销的战略、战术意图。同时价格策略也可以考核企业管理水平。特别是国外汽车企业加入中国市场的竞争后，更使价格在市场扩张、吸引顾客、参与竞争、维护企业地位等方面起到其他营销策略所不能取代的作用。

价格作为参与竞争的主要手段之一，具有双重性：一方面企业稳健的价格策略有利于企业的产品快速地进入市场、占领市场，有利于企业防止新的竞争者的产生，有利于维护企业的市场地位等；另一方面盲目的价格策略也直接或间接地损害着企业的利润来源，甚至是企业的整体形象。也就是说，企业定价的原则必须是在遵循客观经济规律的基础上的，合理的、自由的、富有想象力地以及富有创造力地设定产品价格。

2. 影响汽车定价的主要因素

中国汽车市场经历过“井喷”行情的风光，也遭遇市场“寒流”的痛苦。2004年随着国产中高档汽车车型的不断丰富，车价却在不断地下降，究其原因，是国产车相对于进口车的竞争优势逐渐增大，另外一些畅销进口车的国产化也使得进口车市场受到很大影响。这吸引了相当部分原计划购买进口车消费者，进口汽车在这种情况下只能通过降低价格来和国产车抗衡。而真正导致车市量增价跌的主要因素包括汽车产品出厂的成本高低、汽车供求关系的换位、市场竞争者和消费者的心理状况以及政府的政策法规等。

1) 生产成本

所谓汽车产品生产成本，是指汽车企业为生产一定数量和一定种类的汽车产品所发生的各种生产费用的总和，主要包括厂房、机器等固定资产，也包括生产汽车所需要购买的原材料、钢板、轮胎，还包括隐性成本如知识产权等。它们不仅是企业定价的依据，同时也是制定产品价格的最低界限。

汽车工业的固定投资是十分巨大的，一个汽车工厂的资本投入动辄便是数十亿。而这都会分摊在每台车的造车成本之中。作为一个汽车工业起步很晚的国家，我国的多数汽车厂商都还处于投资期，车商每年都将数十、上百亿的资金投在工厂和生产线上，而这些投入哪怕是部分分摊在每年的造车成本上，都将是十分庞大的。而反观日本、美国和德国等一些老牌汽车制造国，其工厂和生产线大多都有数十年的历史，当初的投资基本已经回收，追加的投入也只是改进生产线而已，因此，这部分的成本分摊到每一台车上便微乎其微。简而言之，上马一个新车型，在海外也许只需投入数几千万改造一下旧生产线而已，而在中国却需要花上百亿新建一个工厂，成本自然是有天壤之别。

另外，现阶段我国市场，汽车知识产权成本也是汽车生产成本的主要组成部分。海外各大厂商的车型都拥有自主知识产权，核心部件也是自行生产的，因此能够将成本降至最低。而国内几大汽车制造厂家的主力车型都是合资生产，且不说海外合资方的技术和设备转让费用，单是一些零部件的进口费用便让车价难以降下来。

2）制造商规模

一般来说，制造商的生产规模越大，分摊到每辆轿车的生产成本就越低，制造商的利润空间和降价空间就越大，只有盈利能力强的制造商才能将自身的事业做大做好，才能向消费者提供良好的产品和服务。制造商的生产规模大，轿车的产量高，意味着社会上拥有该种品牌轿车的用户比较多，备品备件购置、车辆修理和维护保养就会比较方便。因此，制造商的生产规模是影响其所产轿车生产成本的重要因素。

3）汽车产品供求关系的换位

2011 年汽车的需求并没有和汽车厂商预想的一样快速增长。由于 2000 年以前积累的私人消费能力在 2002 年和 2003 年得到了集中的释放，2004 年私人消费没能继续 2003 年的势头，而宏观调控使得消费信贷缩减，公务车的消费也有所减少，需求泡沫破灭，实际需求也被部分抑制。在这种情况下，汽车供需开始失衡，库存压力频显，各汽车厂商都有了通过降价来带动销售、扩大市场份额的迫切需求。在通用和南北大众降价之后，各汽车厂商纷纷跟进，汽车价格开始了大范围、大幅度下降，然而消费者却有了“持币待购”心态，使得汽车的需求进一步减少。其他如油价上涨、道路拥堵、停车困难、保险免赔条款、新交通法规的全责条款等因素都对消费者购车产生了不利的影响。受这些因素的综合影响，在汽车产能大面积提高的同时，汽车的需求较以前却有了很大的回落。虽然有这么多需求下降的不利因素面，但是汽车厂商没有采取果断措施控制汽车供给，仍试图按照年初预定计划进行生产，使得汽车市场严重的供过于求，国产汽车市场的供求关系也因此产生了换位，这将直接影响着汽车产品定价策略。

4）汽车产品的生命周期

企业的市场营销是一个整体过程，一种产品的市场营销也是一个不断变化的过程，由于在市场营销过程中和产品生命周期的不同阶段上，企业产销、市场需求、竞争状况、外部环境、企业能力、企业目标等方面都存在着重大的差异，因此企业定价时要从市场营销过程、产品生命周期阶段的角度来加以分析和考虑。

虽然汽车产品的生命周期对于定价有显著影响，但生命周期的各个阶段对定价的影响又有很大不同。例如，在产品生命周期中投入期时的汽车产品常采用高价策略，而对于产品生命周期中衰退期的汽车产品常采用低价策略。另外，在产品生命周期的各个阶段之间又都会出现一个拐点，当拐点开始突变时，产品销售量、大众普及率，消费者购买愿望等都将不同，价格也就成了制约购买的瓶颈。因此，拐点前后的企业定价策略会出现巨大差别，企业能否正确认识到这个拐点，以及能否及时调整定价战略，会导致完全不同的竞争结果。

5）市场竞争者

所谓市场竞争者，是指在市场上对自己产品构成威胁或潜在威胁的产品生产企业。市场竞争是产品进入市场主要形式，产品定价体现企业产品的定位。当前，由于中国市场的消费者整体收入并不是很高，所以价格是影响消费者购买汽车产品的主要因素之一。汽车产品的定价往往在很大程度上都要考虑市场竞争状况，特别是竞争对手和自己产品相似时，这时竞争对手的价格从另一方面也反映了市场对产品的认可程度。

一般来讲，当竞争对于产品无论是品牌价值还是在产品设计理念都和自己的产品相仿时，加强竞争对手价格研究，对企业产品能否顺利占据市场地位有至关重要作用。但也有些企业的竞争对手的价格策略是背道而驰的。日本凌志车以“一样的性能，一半的价格”作为广告诉求，对奔驰车发动了市场进攻，奔驰的营销主管反其道而行之，并没有采用降价策略跟进，而是采用了调高奔驰车的价格，不仅提升了奔驰的品牌形象，也稳定了其最重要的高端顾客，保证了企业利润。同样是奔驰车，2004 年奔驰在美国市场创下了其 40 年销售收入的新低，这主要是由于其基本型 C 级车（价格低于 26 000 美元）的快速增长引起的，由于其投资集中于低价的高档车，其竞争对手乘虚而入，使奔驰车的 5 种高档豪华车销售下降了 25%，在高档车的排名也跌至第三位。更为严重的是，面对低价车畅销所带来的诱惑，奔驰的主管陷入了维持品牌价值与快速增加短期业务量的困局之中，这给竞争对手创造了更多的机会。

6）消费者心理状况

消费者的心理状况直接关系着市场需求今后的走向，消费者会从适合自己利益的角度来考虑今后是否要购车。一方面在现行的中国汽车市场，消费者继续保持着“持币待购”的心态。为此，汽车需求进一步减少，在这种供求关系不平衡的情况下，厂商直接通过降低价格来应对，却反而使这种“持币待购”的现象得到了进一步的加剧，出现了汽车厂商和消费者之间“越不买越降价，越降价越不买”的尴尬局面，轿车价格下降幅度越来越大。另一方面消费者还关心未来汽车的使用环境，如燃油税和消费税等。燃油价格前所未有地牵动人心。近几年几次燃油涨价使得油价成为关注热点，消费者对油价的担忧已取代了汽车降价时期浓郁的“持币待购”心理。显然，节能、环保的汽车势必成为消费者购车的导向。

新的消费税征税办法体现了国家对小排量汽车的鼓励政策，将在一定程度上促进小排量轿车的消费，限制大排量轿车、SUV 的消费，从而也会导致中国汽车产品结构实现一次大规模的调整。

7）营销策略的选择

汽车产品在进入市场前，企业会选择营销策略，良好的营销策略将直接影响到汽车产品的价格体系。首先，产品的特点将直接影响到企业价格策略的选择。企业产品的特点包括产品的性质、需求价格弹性，产品的生命周期状况、市场上的相关产品以及品牌的知名度等。

其次,分销渠道对价格策略也会产生影响,分销策略的长短、宽窄以及分销的方式和中间商的构成,都是定价时应该考虑的重要因素。最后,促销也是影响价格的一个重要因素。如果企业的促销费用高,汽车产品成本也就会相应的上升,价格自然也就较高,相反企业的产品价格就可以有很大的回旋余地。

8) 国家相关的政策法规

目前,我国的汽车市场价格更多的是在政府物价部门审批下制定的。在社会主义市场经济下,有效地加强对价格管理,对于整个汽车产业、消费者以及国家都具有很重要的意义。另外,国家的政策也会影响汽车定价。如沈阳奥克斯汽车股份有限企业是近年来刚刚“借壳”进入汽车领域的,新政策要求厂家实现欧Ⅱ转欧Ⅲ排放标准,对于资金和技术都还不够完善的企业来说,由此产生的运营成本就会相应地增加,而这部分费用最终还是会反映到汽车价格上来。

综上所述,汽车的定价除了受到以上几种因素的影响之外,还受到国家的金融政策、汽车的使用环境、地区以及国际大背景等因素的制约。因此,汽车企业必须综合考虑各方面影响价格的因素,进一步改善我国家用轿车市场的供求关系,提高供给能力,保障供给质量,创造和刺激消费者对家用轿车的需求,从而促进我国轿车工业的健康稳步发展。

5.2.2 汽车定价的目标与基本方法

1. 汽车企业定价的目标

所谓定价目标,就是每一件商品的价格实现以后应达到的目的,它和企业战略目标是一致的,并为经营战略目标服务。其总的要求是追求利润的最大化。新产品定价是否适当往往决定着产品能否为市场接受,为消费者接受。因此,汽车企业要遵循市场规律,制定定价策略,而定价策略又是以定价目标为转移的,不同的定价目标决定了不同的价格策略。企业定价目标大致有以下 4 个方面。

1) 以追求利润为定价目标

盈利是企业的基本目标,价格的高低变化又直接影响着企业的盈利水平,因此,不少企业都把实现目标利润作为重要的定价目标。由于汽车企业在不同产品上所确定的目标利润不同,因此,以追求利润为目的的定价目标也有不同的表现。

(1) 最大利润目标:实现最大利润是企业的最高愿望。最大利润是指企业在一定时期内可能并准备实现的最大利润额,这就是要求企业全部产品线的各种产品的价格总体最优,而不是单位商品的价格最高。因此,企业经常有意把少数几种商品的价格定得很低,以招揽顾客,借以带动其他商品的销售,从而在整体上获取最大的利润。

(2) 预期收益目标:任何企业对其投入的资金,都希望获得预期水平的回报,而预期的回报水平通常是通过投资收益率(资金利润率)来表示的。所以,企业经常规定自己的资金利润率目标,为此,企业定价要求在产品成本基础上加上适当的预期收益。竞争实力强大的企业常用这种定价方法。

(3) 适当利润目标:在激烈的市场竞争中,企业为保全自己,减少经营风险,或因为经营力量不足等多种原因,把取得适当利润作为定价目标,这样既能够保证一定的销路,又能使企业得到适当的投资回报。

2）以增加销量为定价目标

市场销售总量的多少，直接反映出企业的经营状况和企业产品在市场上的竞争力，直接关系到企业的生存和发展。企业要提高市场销售，首先要打入和占领市场，然后是极力扩大市场阵地，最后是巩固已有的市场份额。这就需要适当的价格策略加以配合。因此，增加销售量，扩大市场占有率就成为企业普遍采用的定价目标。

大量销售一方面可以形成强大声势，提高市场知名度，并方便顾客购买，另一方面可有效地降低生产和经营成本。因此，争取大量的销售量，也就争取到了最大的销售收入。一般来说销售收入增大，在成本与费用得到控制并有所降低的情况下，就有可能实现高额利润。增加销售量就意味着市场占有率的提高，收益的逐渐增加。

以此为定价目标的企业在进入市场时一般都采用低价策略，而在调整价格时，一般都采用降价策略。如北京现代御翔正式上市时，最先推出包括 2.4L 自动舒适型、自动豪华型以及顶级版，定价分别为 19.98 万元、21.88 万元、23.98 万元。显然，这一价格已经创下了 2.3～2.5L 主流车型价格新低的目标。北京现代采用低价渗透方式进入目标市场，目的是努力扩大销售量。

3）以扩大或保持市场占有率为目标

市场占有率，又称市场份额，是指企业的销售额占整个行业销售额的百分比，或者是指某企业的某产品在某市场上的销量占同类产品在该市场销售总量的比例。市场占有率是企业经营状况和企业产品竞争力的直接反映。作为定价目标，市场占有率与利润的相关性很强，从长期来看，较高的市场占有率必然带来高利润。

在运用市场占有率目标时，存在着保持和扩大两个互相递进的层次。保持市场占有率的定价目标的特征是根据竞争对手的价格水平不断调整价格，以保证足够的竞争优势，防止竞争对手占有自己的市场份额。扩大市场占有率的定价目标是从竞争对手那里夺取市场份额，以达到扩大企业销售市场乃至控制整个市场的目的。

在实践中，市场占有率目标被国内外许多企业所采用，其方法是以较长时间的低价策略来保持和扩大市场占有率，增强企业竞争力，最终获得最优利润。但是，这一目标的顺利实现至少应具备 3 个条件：

首先，企业有雄厚的经济实力，可以承受一段时间的亏损，或者企业本身的生产成本本来就低于竞争对手。

其次，企业对其竞争对手的情况有充分了解，有从其手中夺取市场份额的绝对把握。否则，企业不仅不能达到目的，反而很有可能会受到损失。

最后，在企业的宏观营销环境中，政府未对市场占有率做出政策和法律的限制。比如美国制定有“反垄断法”，对单个企业的市场占有率进行限制，以防止少数企业垄断市场。在这种情况下，盲目追求高市场占有率，往往会受到政府的干预。

4）以应对竞争为定价目标

相当多的企业对于竞争者的价格十分敏感，有意识地通过商品的恰当定价去应付竞争或避免竞争的冲击，是企业定价的重要目标之一。例如，企业竞相降价以争夺市场，或将价格定得适当高于对方，以求树立声望等。所谓用价格去防止竞争，就是以对市场价格有决定影响的竞争者的价格为基础，去制定本企业的商品价格，或与其保持一致，或稍有变化，并不企图与之竞争，而是希望在竞争不太激烈的条件下，求得企业的生存和发展。采用这种定价目标的企业，必须经常广泛地收集资料，及时、准确地把握竞争对手的定价情况，并在将企业经营商品与竞争者类似的商品作审慎地比较以后，定出本企业经营商品的价格。不过，具体到某一个企业，价格如何制定，要根据实际情况区别对待。一般来说，在成本、费用或市场需求发生变化时，只要竞争者维持原价，采用这种定价策略的企业也应维持原价；当竞争者改变价格时，也应随之调整，避免竞争带来的冲击。对于谋求扩大市场占有率的企业，其定价应采取低于竞争者的薄利多销的策略；对于具有特殊条件，财力雄厚，或商品质量优良的企业，可采取高于竞争者的定价策略。

精明谨慎的丰田也常使出了低价入市的策略，其推出新款锐志价格定在21.38～30.83万元区间，吸引了不少人的关注。丰田方面表示，锐志的定位是稍高于佳美的，由此来看，它的配置要比目前的雅阁、天籁、君威等这些比较畅销的国产中高级轿车高一些，加之如此低的定价，必然会对上述车型的销售构成冲击。甚至锐志创造的价格冲击波未来可能会影响到高、中、低端各个市场。

2. 汽车定价的方法

一般来说，产品应该根据成本加上合理利润来定价格。但在很长一段时间里，中国轿车企业一贯推行新车上市高售价的策略，因此“暴利”成为中国汽车工业的代名词。目前，汽车定价不是遵循成本加合理利润原则来制定，而是根据市场上同类产品的价格、竞争对手的价格策略、企业对市场占有率目标诉求等因素，采用“类比”方法确定的。在中国现行的汽车市场存在的基本定价方法就有以成本为导向、以需求为导向和以竞争为导向3种定价方法。

1）成本导向定价法

成本导向定价法是指以企业产品的成本为基础来制定价格，这种定价完全是企业以自身经营成本为首先考虑前提，也就是说企业先要快速回收投资成本。这种定价的方法有以下4种。

(1）完全成本加成法

完全成本加成法是指在汽车产品的单位成本上，加上企业一定加成率作为产品的销售价格，加成率是企业预期的利润与成本之间比例。这样在售价与成本之间形成的差额就是企业实际所获得利润。其计算公式如下：

$$\text{汽车单位成本} = \text{单位产品的总成本} \times (1 + \text{加成率})$$

例如，某企业生产某一款家用轿车所需的总成本为10万元，加成率为20%，则该汽车的总销售价为

$$10\text{ 万元} \times (1 + 20\%) = 12\text{ 万元}$$

成本加成法主要的优点是：一方面成本的计算企业可以完全控制，因为成本是企业的内部信息，只需估计平均可变成本和加成率，就可以确定产品的价格；另一方面是因为这种定价方法的价格泡沫成分较少，对于企业和消费者来说都较为合理，但成本加成定价不利于企业参与市场竞争，原因是成本加成定价是根据卖方的主观意愿来决定汽车产品的价格，而没有考虑到竞争对手定价策略，因此当产品的价格一旦定下后，如果出现由于市场竞争而调整价格，则企业的经营计划将会受到影响。例如，调整价格时，企业需要重新印制价目表，还可能因此而损失客户。另外这种定价法也没有考虑到企业今后的销售量的计划没有实现时

的应变策略。

(2) 目标利润定价法

目标利润定价法是企业首先确定自身总成本和计划总的销售量这两个指标，然后再加上一定的投资收益率作为利润来确定产品的价格。值得注意的是目标利润率一定要大于同期的银行利率。其计算公式如下：

$$汽车单位产品价格 = 总成本 \times (1 + 目标利润率) / 预计的销售总量$$

目标利润定价法其优点很显然：这种定价为企业确保投资收益的回收而设定了一个目标，也就是说只要能完成这个销售目标，企业就一定能盈利；另外企业设定的销售目标也是企业对市场的一个整体反映，具有一定的科学性。但这种定价法，也和成本加成定价法一样，对市场的风险性估计不足，如果由于某种外界因素，企业的目标不能完成，则企业产品的价格就不能保证企业的投资收益率，反而会相应地增加企业的投资回收期。

(3) 盈亏平衡定价法

盈亏平衡分析，是通过把成本划分为固定成本和可变成本，假定产销量一致，根据成本、产量、售价和利润之间的函数关系，找出产量、产品价格、单位产品的可变成本、年固定成本、生产能力利用率等因素的盈亏平衡点，再结合预测的各个因素可能的变动情况，对项目的风险情况及项目对各因素不确定性的承受能力进行大致判断的一种分析方法。盈亏平衡点就是项目处于盈亏平衡状态时该因素的数值，其中盈亏平衡状态就是销售收入等于总成本、项目盈利为零的状态，即

$$T_r = PQ = F_c + C_v Q = T_c$$

其中，T_r 为销售收入；P 为产品价格；Q 为产品产量即销售量；T_c 为总成本；F_c 为固定成本；C_v 为单位产品的变动成本。由该公式可以容易地计算出各个因素的盈亏平衡点，如图 5.4 所示。应该指出的是盈亏平衡定价法适用于汽车工业以及汽车经销商的经营定价。

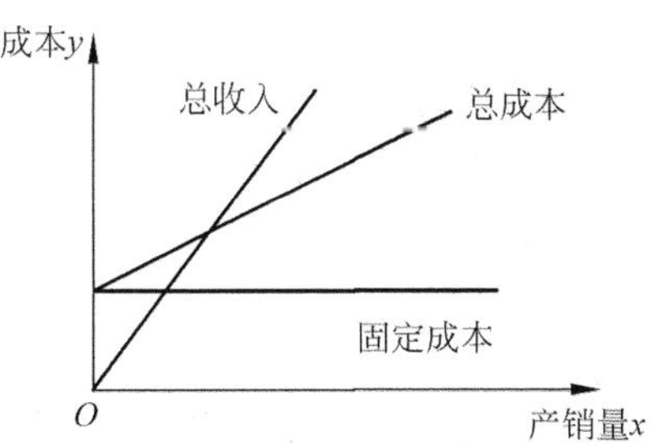

图 5.4 汽车产品盈亏平衡图

盈亏平衡分析法被广泛应用的原因是：首先，研究产量变化、成本变化和利润变化之间的关系，这是盈亏平衡分析法的最基本功能。由于企业的任何决策都有可能引起产销量、成本、价格等因素的变化，所以分析这些因素的变化对利润的影响，就能为汽车企业决策提供依据。其次，能确定盈亏平衡点产量，即指企业不盈不亏时的产量，这时企业的总收入等于总成本。最后，能确定企业的安全边际。在确定盈亏平衡点产量的基础上，就可以进一步确定企业的安全边际。安全边际是指超出盈亏平衡点的销售量或期望销售量、销售收入或期望销售收入，也就是盈亏平衡点以上销售量，即现有销售量超过盈亏平衡点销售量的差额。安全边际的计算说明了从现有销售量或预计可达到的销售量到盈亏平衡点是否还有差距，

还有多大的差距，只要有差距企业就亏损，差距越大，亏损也就越大；反之，销售量只要超过盈亏平衡点，企业就盈利，超过越多，盈利就越多，企业经营就越安全。

(4) 边际成本定价法

所谓边际成本是指企业每增加一单位产量所增加的总成本。边际成本定价是一种以变动成本为基础的定价方法。也就说企业不用计算固定成本，而只要以预计总收入减去总的变动成本后，得到边际贡献，再用边际贡献去补偿固定成本。因此，如果企业这个边际贡献不能完全弥补固定成本，就说明企业亏损，反之企业则盈利。其计算公式如下：

边际贡献 = 销售总收入 − 总的变动成本

单位产品的价格 =（边际贡献 + 总的变动成本）/ 预计的销售量

采用边际成本定价的汽车产品价格在实际的销售过程中可能要低于单位产品成本。但如果市场是处于买方市场，汽车产品市场竞争环境不容乐观时，这种定价法反而可以帮企业减少固定资产的损失。

2) 需求导向定价法

需求导向定价法，是以消费者的需求情况和价格承受能力作为定价依据，而不是通过企业产品的成本来制定价格。其主要有认知价值定价法、需求差异定价法和反向定价法 3 种。

(1) 认知价值定价法

认知价值定价法，也称"感受价值定价法"、"理解价值定价法"。这种定价方法认为，某一汽车产品的性能、质量、服务、品牌、外观设计和价格等，在消费者心目中都有一定的认知和评定。消费者往往根据他们的对产品的认识、感受或理解的价值水平，综合商品的直接与间接的购物经验、对市场行情和同类产品的了解程度对价格做出的评判。当汽车产品的价格水平与消费者对该产品价值的理解水平大体一致时，消费者就会接受这种价格，反之，消费者就不会接受这个价格。

对于买方的认知价值的估算方法有 3 种：其一是主观评估法，即根据本企业内部的各个部门对产品的认识情况综合评估产品的价格；其二是客观评估法，即由企业外部业内的有关专家、营销人员，通过比质，考虑供求、成本等因素，在个人评估基础上评估可销产品的预测值，最后通过实地试销、调整，确定正式销售价格；其三是实销评价法，即用一定量的商品试销，然后通过市场调查来确定消费者对产品价格的接受程度，最后对产品的价格进行评估。

现在的中国汽车消费者已经越来越成熟，越来越理智，他们不再像前几年买车是面子等之类的，现在消费者买车买的是综合的性价比，买的是实惠，什么样的车有着什么样的性能就能派什么用场，什么样的配件用在什么部位值多少钱，什么样的配置有着什么样的作用花了多少钱，消费者心里越来越像明镜一样。随着市场的逐步规范，服务、零配件、随车配置等的价格变得越来越透明，消费者对任何一款车自然有他们可以承受的心理价位。这个价位是他们基于汽车内在价值的判断。如一汽奥迪新 A6L 打出"个性化定制"，价格多少的决定权通过用户的定制交到了用户的手中。

(2) 需求差异定价法

严格地讲，需求差异定价法采用的是价格歧视方式，即指企业按照两种或两种以上与成本无关的差异价格来销售同一种产品，以适应顾客的不同需要，从而扩大销售，增加收益。在同一品牌汽车交易过程中根据不同顾客不同价格、不同的款式不同价格、不同地点不同价格、不同时间不同价格、不同用途不同价格以及不同付款条件不同的价格等方式来定价。

上述各种差别定价方式就是指同一产品对不同的细分市场采取不同的价格，而给予买方不同的价格优惠。其优惠形式主要有折扣、津贴或免费等，是差异化营销策略在价格制定中的体现，是一种较为灵活的定价方法。实行差异定价法必须具备以下 3 个条件：首先是企业对价格有一定的控制能力；其次是产品有两个或两个以上被分割的市场；最后是不同市场的价格弹性不同，需要先进行市场细分化，再根据各细分市场的成本、需求和利润目标定价。

上海通用在推出别克荣御时，并没期待一个非常大的市场，而是走差异化竞争道路，瞄准特定的用户群体需求，有针对性地推出产品和制定价格，赢得了市场。

(3) 反向定价法

反向定价法，也称逆向定价法，是指企业依据消费者能够接受的最终销售价格，计算自己从事经营的产品成本和利润后，逆向推算出产品的市场价。

2005 年的中国汽车市场，对于消费者来说是最实惠的是汽车一轮接一轮地降价，几乎很多档次的家用轿车都有着 10%左右的降价。而对于消费者来说，他们更能清楚地认识到这里面的问题。一种看法认为，原材料不断上涨，可汽车价格还在下降，这说明汽车厂商承受力很强。汽车制造企业比钢铁、零部件企业的回旋余地大，汽车是由几万个零部件构成，每个零部件的价格都不一样，配置可装可不装，钢板有薄有厚，质地各不相同。汽车厂商可以采取其他的办法来调整，所以价格依然维持下降的局面。另一种看法则认为汽车行业目前仍是一个垄断的行业、一个不开放的行业、一个厚利的行业、一个不完全竞争的行业。在这样一个行业里，它的价格是扭曲的，成本是不真实的，所以这样的定价肯定是有钱赚的，不必担心会亏本，因为利润空间太大了，以至于可以先不考虑成本因素，先定下来，再核算。这样消费者在信息基本透明的前提下，会更加理智地进行选择，因此逆向定价对汽车行业的发展有着重要意义。

3) 竞争导向定价法

竞争导向定价法是一种以竞争对手的价格为基础，根据竞争双方的力量等情况对比后，企业制定比竞争者的价格或高或低的价格或相同的价格，以达到增加利润，扩大销售量或者提高市场占有率目标的定价方法。这种定价方法主要是为了竞争，其特点是以竞争者的价格作为定价基础，以成本和需求为辅助因素，只要竞争者价格不变，即使成本或需求发生变动，价格也不动；反之亦然。常用的方法有以下几种。

(1) 随行就市定价法

随行就市定价法，即企业在竞争中力求把自己的产品价格保持在同行业平均价格水平上，依据竞争对手的价格来定价。在竞争激烈供需基本平衡的市场上，这是一种比较稳妥的定价方法。这样做既减少了风险又大体反映了该商品的社会必要劳动时间，还有利于与同行和平共处，从而获得平均利润，或者经过降低成本的努力，获得超额利润。但注意不能变相搞成价格共谋，否则将被视为不正当的价格行为而遭制裁。

(2) 追随领导企业定价法

追随领导企业定价法，即有些拥有较丰富的后备资源的企业，为了应付或者避免竞争，或者为了稳定市场以利于长期经营，采用以同行业中影响最大的企业的价格为标准，来制定本企业的商品价格。

(3) 竞争投标定价法

通过投标争取业务的企业,大多采取竞争投标定价法。在竞争投标中,报价越低,得标的概率越大。因此,参加投标的企业在确定投标报价时,必须预测竞争者的价格意向,制定最佳报价。最佳报价必须兼顾两个方面,既能使企业得标,又可给企业带来最大利润。美国GE若需要订购一批汽车零件,他们会在网上发布这个消息,然后在许多供应商的投标中选择价格低的供应商订货。

以上所讲的各种定价方法,只是汽车行业通常定价法中的分类,而实际上,企业的定价中,这些方法是相互影响、相互渗透的。产品定价是一个动态过程,因此企业就应根据自身情况以及市场综合分析,根据不同情况采取不同的定价方式。

5.2.3 汽车产品定价策略

价格竞争是一种十分重要的营销手段,在市场营销活动中,制造商为了实现自己的经营战略和目标,经常根据不同的产品、市场需求和竞争情况,采取各种灵活多变的定价策略,使价格与市场营销组合中的其他因素更好地结合,促进和扩大销售,提高企业的整体效益。它主要有新产品价格策略、产品组合定价策略、地区性定价策略、心理定价策略以及折扣与折让定价策略。

1. 汽车新产品定价策略

从经济学的角度来说,产品价格是由供需关系的双向作用力达到的均衡时形成的,但对于企业来说,却总是希望通过合适的价格策略来进行市场开拓,打击竞争对手,同时尽可能地使企业利润最大化。因此,汽车企业在考虑影响汽车产品定价的各种因素的基础上,通常会根据以下策略对新产品定价。

1) 高价策略

高价策略,也称撇脂定价策略,是指企业以较高的成本利润率为汽车定价。当新产品刚刚上市,类似产品还没有出现之前,以求通过"厚利稳销"来实现利润最大化。很多汽车新产品的上市通常采取这一定价策略。

这种策略也是一种较特殊的促销手段,利用人的求名、求美、求新心理。一般运用于价格弹性小的产品,或消费者对价格反应迟钝的产品。比如具有新款式和新功能的中档汽车,以及高档豪华汽车。例如,奥迪 A8 加长型 3.0 在中国上市时卖 118 万元人民币,同级别的奔驰 S350 售价 120 万元,宝马 730L1 售价 110 万元,但这些车在国外的定价也就 10 万美元左右。

高价策略的优点是:一方面新车上市之初,顾客对其尚无理性的认识,此时的购买动机多属于求新求奇,利用这一心理,企业通过制定较高价格,以提高产品身份,创造高价、优质的品牌形象;另一方面上市初的高价,使企业在汽车产品进入成熟期时可以拥有较大的调价余地,以保持企业的竞争力。

这种策略的缺点是:一方面过高的价格不利于市场开拓,会在一定程度上抑制销量,导致大量竞争者涌入,仿制品、替代品大量出现,迫使企业降价;另一方面价格过分高于价值,易造成消费者的反对和抵制,引发大量批评和一系列的公关问题。

2）低价策略

低价策略，也称渗透策略，是指汽车产品一投入市场就以低于预期的价格销售，以求通过"薄利多销"，来争取获得最高的销售量和最大的市场占有率。采取渗透定价法的好处是不但迅速占领了市场的份额，而且低价薄利能有效地阻止竞争者进入市场。

这种策略的应用主要体现在企业会以低端市场作为目标市场，因为低端市场对价格最敏感、品牌忠诚度比较低、消费者最关心产品的核心功能而对附加功能不太重视，也就是说，企业要充分利用消费者求"物美价廉"的心理。采用这个策略的企业的利润率会低于行业的平均水平。因此，这种策略的成功取决于两点：第一，企业能否在销量上打破保本点；第二，企业的技术实力能否很快推出利润较高的产品。从产品的生命周期来看，属于产品投入期和衰退期的汽车，常常会用低价策略。前者的目的是迅速占领市场，后者是为了加快更新换代。在国内经济型轿车市场上，广州本田飞度上市时，1.3L 五速手动挡的全国统一销售价格为 9.98 万元，1.3L 无级变速自动挡销售价格为 10.98 万元。飞度的这种低价入市，对于其他竞争对手来讲是极其致命的。飞度之所以能采用一步到位的低价策略，原因是飞度起步时国产化就已经超过 80%。而国产化比例是决定国内轿车成本的两大因素之一。

低价策略的优点是可以迅速占领市场，排斥竞争者，阻止潜在竞争者介入；通过规模效应可以获得较多的利润。但低价格策略往往由于低价而损害汽车企业形象，不利于企业长期经营发展。

3）中价策略

中价策略，也称稳定价格策略、满意价格策略，或者叫"君子"定价策略。汽车价格应接近于产品对大部分潜在顾客带来的价值。这些价值可能是汽车对顾客带来的工作的便利性、时间的节省、地位的体现、虚荣心的满足以及节约成本等。可以通过消费者调查得出这些价值代表的平均价格。

2003 年上半年，北京现代进行了一场伊兰特上市前的大规模调查。由于汽车市场的变化，到了 2003 年下半底，北京现代又进行了一次最新的市场调查，最终把伊兰特上市价格锁定在了 12 万～16 万元的区间。北京现代伊兰特采用"中价入市"策略，既为企业获得一定的利润空间提供了保证，又可以使产品和品牌在短期内获得市场认可，赢取比较高的销售数量。

中价策略的优点在于既能避免高价策略带来的风险，又能防止采取低价策略给制造商带来的麻烦，但实行起来困难较多，缺乏可操作性。这主要是因为：随着生产技术的不断成熟，生产规模的不断扩大，在生产规模达到经济规模效益之前，单位产品成本随着时间推移不断降低，价格也在不断变化，因此中价水平不易保持长期稳定。同时对于新产品，特别是全新产品，市场上首次出现，价格无相关参照物可比较。

2. 汽车产品组合定价策略

当汽车产品只是某一产品组合中的一部分时，企业必须对定价策略进行调整。这时企业要研究出一系列价格，使整个产品组合和利润实现最大化。因为各种产品之间存在需求和成本的相互联系，会带来不同程度的竞争，所以定价有时很困难。常用的产品组合定价方法有以下几种。

1）产品线定价策略

对于制造商来说，企业通常开发的汽车产品不是单一产品，而是以产品线的形式存在。

当企业生产的系列产品存在需求和成本的关联性时，为了充分发挥这种内在关联性的积极效应，企业可采用产品线定价策略。在定价时，首先，确定某种产品线中的其他产品；其次，确定产品线中的某种汽车产品的最高价，它在产品线中充当品牌质量和收回投资的角色；最后，产品线中的其他产品也分别依据其在产品线中的角色不同而制定不同的价格。这样做的目的主要是确定好各相关产品间的“价格样级”。产品线定价策略是针对消费者比较价格的心理，将同类商品的价格有意识地分档拉开，形成价格系列，以便于消费者迅速找到自己的所要求的商品档次。例如，汽车制造商通常在生产其产品时，会事先按照高、中、低 3 种质量层次对其经营的汽车产品定位，这样也就会出现几种不同价格的水平，这样做的目的就是确立认知质量的差别，使价格差别合理化。

2）汽车附带产品定价策略

汽车附带产品通常可分为两大类：一是非必须附带产品，即和主要产品密切相关的产品，这种产品可以使用在主要产品上，也可以不使用，如汽车产品上安装的电子开窗控制器、扫雾器、防爆隔离膜和感光器等。对于这些产品的定价，汽车制造商就必须考虑把哪些附带产品计入汽车价格中，哪些另行计价。例如，有些汽车制造商只对其简便型汽车做广告，以吸引人们来汽车展示厅参观，而将展示厅的大部分空间用于昂贵的特征齐全的汽车。另外一类是必须附带产品，是指必须与主要产品一同使用的产品，这种产品是汽车产品必须使用的，如汽车上的各种零配件等。对于这部分产品的定价，通常采用的是高价策略。

3）统一品牌定价策略

所谓统一品牌定价，是指企业对于各类汽车产品使用同一品牌，但其销售过程，却采用不同的价格。统一品牌策略对于汽车企业来说，有利于企业利用品牌取得社会声誉，扩大企业的影响，同时还可以节约品牌及商标设计和广告促销的费用，甚至也有利于企业进入国际市场。由于汽车企业在同一品牌中会有更多的汽车类型，如丰田的皇冠、威驰、陆地巡洋舰、普锐斯等，虽然这些车型拥有同一品牌，但由于这些类型汽车的设计、用途等各有不同，其价格不同也就在情理之中。

3. 地区性定价策略

企业生产的汽车产品不仅要卖给本地的顾客，而且还要卖给国内其他地区的顾客，甚至是出口到国外，这样把产品从产地运送到顾客所在地，就会相应地增加企业的生产成本。因此，所谓地区性定价策略，就是企业依据地区的差异性，对同一款汽车产品的购买者分别制定不同的地区价格。这种策略的存在形式主要包括以下几种。

1）原产地定价策略

所谓原产地定价，是指顾客按照厂价购买某种产品，生产企业只负责将这种产品运到某种运输工具上交货，然后由顾客承担从产地到目的地的一切风险和费用。采用这种定价方法存在两方面的问题：一方面对于离原产地近的消费者来说具有合理性，这主要是因为消费者可以根据自身实际情况来购买离他们近、运费低的企业的汽车产品，这样企业可以赢得这部分市场份额；另一方面，对于企业来说，由于部分离原产地较远的消费者，可能会因为不愿意承担这部分运费，而导致企业失去地理位置较远的市场份额。

2）统一交货定价策略

统一交货定价策略，和原产地定价正好相反，是指企业采用全国统一价格对产品定价，这样无论顾客离产地远还是近，企业都会按平均价格对产品加价，如运费，从而保证全国市场上的顾客都能以相同价格买到同一产品。采用这种定价策略有利于企业的价格管理，有利于企业全国范围内的广告促销，有利于企业拓展外地目标市场的份额。但这种策略容易失去距离较近的部分市场。

3）分区定价策略

所谓分区定价策略，是指企业根据全国的地理情况，习惯地把企业的销售市场划分为若干区域，同时对于不同区域的顾客，分别制定不同的地区价格。一般来说，价格区与企业的距离越远，价格就越高；反之，价格就越低。

企业采用分区定价应注意两个问题：第一，在同一价格区内，有些顾客距离企业较近，有些顾客距离企业较远，前者就不合算；第二，处在两个相邻价格区交界处的顾客，他们相距不远，却要按高低不同的价格购买同一种产品。相邻区域的价格差异有可能导致经销商发生窜销行为，不利于企业对区域价格的控制。

4）基点定价策略

所谓基点定价，是指企业选定某些地区的经销点作为基点，顾客购买汽车产品时，则需要另外加上从基点到顾客所在地运费的价格。基点定价的产品价格结构缺乏弹性，竞争者不易进入，有利于避免价格竞争。顾客可在任何基点购买，企业也可将产品推向较远的市场，有利于市场扩展。

5）运费免收定价策略

所谓运费免收定价策略，是指企业免收或承担部分产品到消费者所在地路程中的运费。这种策略的运用，主要是为了快速拓展某个市场，增加产品的销量。实行免收运费定价策略，对于企业来说，从局部利益考虑，可能是一个损失，但从理论上讲，如果产品销量增加，其平均成本就会降低，就能够以在一定程度上弥补运费开支。采取运费免收定价，同时也有利于企业在新的目标市场中实现快速渗透。

4. 心理定价策略

心理定价策略是汽车经销商常用的一种定价方法，是指汽车制造商针对顾客心理活动而采用的定价策略。主要包括以下几种。

1）声望定价策略

所谓声望定价策略，是指企业利用消费者仰慕名牌商品或名店的声望所产生的某种心理来制定商品的价格，故意把价格定成整数或高价。采用这种方法定价，主要是因为每一个消费者都会有崇尚名牌的心理，认为高价格通常能代表高质量。例如，劳斯莱斯汽车因为拥有英国皇室专用车辆这个卖点，因此该车的价格高达四五百万元人民币，并且消费者以拥有该品牌的车为高贵身份的象征。

2）尾数定价策略

尾数定价策略又称非整数定价策略，指企业针对的是消费者的求廉心理，在商品定价时有意定一个与整数有一定差额的价格。这是一种具有强烈刺激作用的心理定价策略。心理学家的研究表明，价格尾数的微小差别，能够明显影响消费者的购买行为，尾数定价法在欧美及我国常以奇数为尾数，如 3.99 万元等，这主要是因为消费者对奇数有好感，容易产生一种价格低廉，价格向下的错觉。由于中文“8”与“发”谐音，在中国汽车市场汽车产品定价中

“8”的采用率也较高。

3）整数定价策略

整数定价法也叫恰好价格法，与尾数定价策略相反，利用顾客“一分钱一分货”的心理，采用整数定价，该策略适用与高档、名牌产品或者是消费者不太了解的商品。经销商把价格提高一个阶梯，给消费者以高等级、高品位的感觉。如美国的一位汽车制造商曾公开宣称，要为世界上最富有的人制造一种大型高级豪华轿车。这种车有6个轮子，长度相当于两辆卡迪拉克高级轿车，车内有酒吧间和洗澡间，价格定为100万美元。为什么一定要定100万美元的整数价呢？这是因为，高档豪华的超级商品的购买者，一般都有显示其身份、地位、富有、大度的心理欲求，100万美元的豪华轿车，正迎合了购买者的这种心理，使消费者感到提升了一个商品档次，另外整数比较整齐，也给人干脆的感觉。

整数定价策略的好处：第一，可以满足购买者炫耀富有、显示地位、崇尚名牌、购买精品的虚荣心；第二，省却了找零钱的麻烦，方便企业和顾客的价格结算；第三，花色品种繁多、价格总体水平较高的商品，利用产品的高价效应，在消费者心目中树立高档、高价、优质的产品形象。

4）招徕定价策略

招徕定价策略，是指经销商利用部分顾客求廉的心理，特意将部分汽车产品或服务的价格定得较低，造成经销店的汽车产品都在降价的虚假氛围以吸引顾客，从而实现心理定价策略的目的。

例如，在二手车交易市场中，一些经销商为了吸引客户，甚至打出了“100元即能过户”的广告来招徕客户，而实际上目前我国汽车市场是微型轿车的过户费用200元起，1.0L排量的轿车300元起，两者的过户费用最高均为600元。然后随着排量的增大，过户费用也随着增加，3.0L排量的轿车最高的过户费用为4000元，最低为500元。相应的相同排量的客车与货车的过户费用低于轿车，最低的微型货车和农用车的过户费用也需100元。

5）习惯型定价策略

有些经济型轿车在顾客心目中已经形成了一个习惯价格，这些产品的价格稍有变动，就会引起顾客不满，提价时顾客容易产生抵触心理，降价会被认为降低了质量。因此对于这类汽车产品，企业宁可在产品的内容、外观、容量等方面进行调整，也不要轻易采取调价的策略。

5. 折扣与折让策略

价格折扣和折让是指企业在一定的市场范围内，以价格目标为标准，根据买者的具体情况和购买条件，以某种优惠的手段，刺激销售者更多地销售本企业产品的一种价格策略。通常有以下5种形式。

1）现金折扣

现金折扣是指企业对于付款及时、迅速或提前付款的消费者，给予一定的价格折扣，以鼓励消费者按期或提前付款，加快企业资金周转，减少呆、坏账的发生。例如，有的经销商对于一次性能付清全部购车款的消费者，会给予3%左右的折扣。

2）数量折扣

为了鼓励消费者多购买本企业商品，企业在确定商品价格时，可根据消费者购买商品所达到的数量标准，给予不同的折扣。购买量越多，折扣可越多。在实际应用中，其折扣可采取累积和非累积数量折扣策略。目前市场上出现的汽车团购现象就是一种典型的数量折扣方式。

3) 功能折扣

功能折扣，也叫贸易折扣，是指汽车制造商为促进经销商或企业内部员工执行企业内部的某种市场营销功能（如服务、信息反馈等）而给予的一种额外折扣。美国通用汽车企业，为促进美国汽车销售，该企业向其 15.9 万名美国员工，以 1000 美元的折扣抛售轿车或载货车。功能折扣的比例，主要考虑中间商在分销渠道中的地位、对生产企业产品销售的重要性、购买批量、完成的促销功能、承担的风险、服务水平、履行的商业责任，以及产品在分销中所经历的层次和在市场上的最终售价等，功能折扣的结果是形成购销差价。

4) 季节折扣

季节折扣，也叫季节差价。汽车产品的生产是连续的，而其消费却具有明显的季节性。为了调节供需矛盾，制造商便采用季节折扣的方式，对在淡季购买汽车产品的顾客给予一定的优惠，使企业的生产和销售在一年四季能保持相对稳定，以确保企业生产均衡，加速企业的资金周转和节约费用。

5) 折让

折让是汽车制造商根据企业价目表给予减价的一种让利形式，通常没有固定的减价比例，有时也没有具体明确的减价金额，而根据实际情况来确定。如以旧换新就是一种折让。汽车的以旧换新，折让金额就要根据二手车的情况来具体确定。

6) 回扣和津贴

回扣是间接折扣的一种形式，它是指购买者在按价格目录将货款全部付给销售者以后，销售者再按一定比例将货款的一部分返还给购买者。津贴是企业为特殊目的，对特殊顾客以特定形式所给予的价格补贴或其他补贴。比如，当经销商为企业产品提供了包括刊登地方性广告等在内的各种促销活动时，汽车制造商给予经销商一定数额的资助或补贴。

5.2.4 汽车产品价格调整策略

汽车市场上经常会出现一些背景相对比较复杂的价格战，有些企业单纯地为了扩大销售额而引起价格战；有些企业出于战略目的，不计成本地抢占市场；有些企业是为了清理滞销的库存，被迫价格战。无论价格战是出自什么目的，但企业是不是要发动价格战、如何应对其他企业发起的价格战，则要综合地考虑 3 方面的因素：即企业在市场上的地位、行业特点以及企业自身的能力，在此基础上做出价格战的决策。而积极的价格战策略主要有以下几种。

1. 主动提价策略

价格作为经营行为中最为敏感的环节，牵一发而动全身，一次提价行为必然牵涉到方方面面，通常消费者会对企业的降价保持正常心理态度，但不降反升的反常规做法无疑给市场一些议论。因此，汽车企业要提价成功应注意以下 4 个方面。

1) 完善的企业提价基础

成功提价不仅可以提高企业的利润，增强企业的综合实力，同时也在很大程度上可以提升企业产品品牌的美誉度。企业提价基础主要包括,第一,企业的产品具有相当的市场基础,企业产品的提价必然在很大程度上导致产品销售量的下降,因此这时的企业提价策略不应是追求一个短期的增量,而应该是一个稳健的发展过程,如果没有深厚的基础,反而会使企业自身一蹶不振;第二,企业的品牌具有相当的认可度,消费者对企业品牌的认可度往往反映了一个企业的综合实力,这就好比是不同人做同一样事,顾客总是情愿相信自己熟悉的、印象好的、有能力的一方;第三,拥有高忠诚度的消费者。高忠诚度体现在消费者实实在在地从产品中得到利益,并且发展为一种信任和依赖,这样的消费者只要他们仍然觉得物有所值,他们就容易理解并接受企业提价。

2)寻找合适的提价理由

也就是说企业凭什么提价才能让消费者信服。企业涨价的理由有很多,例如,生产成本加重。从我国目前汽车市场影响产品的因素分析,主要由内部环境与外部环境因素导致汽车产品价格的浮动。内部因素中的生产成本、经营成本等成本费用方面的摊高导致了产品的涨价,而外部则是由于原材料、运输、税额及竞争对手的变动导致企业产品价格下调或上浮。从这些角度来说,这些都是涨价的有效理由。

3)寻找合适的提价时间

企业提价往往很容易减少企业产品的销售量,也就是说在提价成功之前,企业在销售过程中,销售量会有一个下降的时间,找到合适的提价时间就是为了尽可能地减少由于提价而引起销售量下降的负面影响。例如,汽车在销售旺季过程中,由于销售量大,就不应该采用提价策略。反之,在汽车销售的淡季,由于销售量小,企业对汽车产品提价,不会对企业的销售产生很大的冲击。

4)强而有力的后勤保障

企业的后勤保障通常包括企业自身的人力、物力,企业的员工工作效力,企业和经销商的凝聚力等等,这些后勤保障因素制约着企业的提价目标的顺利完成。例如,作为一个营销工程,提价工作的实施应该动员所有的营销人员,在横向及纵向及时详尽地做好工作布置。应由高层领导负责设立专门的领导小组,一段时间内专门应对和处理与提价有关的工作项目。所以工作人员从方案正式实施开始都应进入紧急备战状态,市场一线随时都有可能爆发意料之外的紧急事件,任何没有及时处理或处理不圆满的工作细节都有可能落下市场病根。

2. 主动降价策略

所谓主动性降价策略,是指汽车厂商基于对市场良好的判断,为了争夺产品的市场份额,以在原来价格的基础上下调的形式来达到其营销目的的一种价格策略。汽车降价其实是企业二次和再次定价的过程,但是降价的影响比较大,它可能打破目前的价格格局,打破与竞争对手的价格和谐,最重要的是可能会打乱消费者的期望。

目前我国的汽车市场,基本上形成了商用车、乘用车和载货车三分天下的局面。但是随着人们经济生活水平的提高,乘用车的比重将越来越大,由于汽车市场产能过大,一些产量增幅较大的企业将有库存压力,要想保持好的销售业绩,只能在销售渠道上下功夫,而价格战是唯一有利的武器,且汽车市场的价格竞争主要体现在轿车竞争上。如果出现这种局面,价格战将越来越白热化,像一些有降价空间的车型,可能会一改过去隐性降价的策略开始明码降价。像天津夏利、吉利汽车就是一个先例。

在这样的环境中,各个品牌车型能不能很好地赢得市场,汽车企业能不能很好地利用这一价格策略,取决于汽车企业在降价之前能否注意以下几个方面。

1) 确立降价的原因

在国外,降价曾经是汽车普及的推动力。美国汽车的普及要归功于福特的 T 型车,日本汽车的普及要归功于丰田在战后的不断降价。而在中国汽车市场发展过程中,伴随着众多降价行为,频繁的降价已使企业、消费者见怪不怪。降价是种常态,也是一种市场竞争行为,看似简单的降价行为,却隐含着企业复杂的降价原因。因为在它身上,不仅受着国家政策的限制,受着社会责任、行业责任的限制,受着历史包袱的限制,受着合资合作中外双方的关系磨合限制,也受着一些根深蒂固的思想限制。在这些组合因素的限制下,简单的降价行为变得不再单纯。

一般来说,企业降价的原因有很多,不外乎企业自身内部情况的需要以及企业外部环境发生变化。当然,企业的最终目的还是想通过制定降价策略,来适应经济形势,照顾客户关系。企业降价的原因主要包括以下几种。

(1) 企业自身需要

汽车企业降价策略的实施是和企业自身资源、市场状况紧紧结合在一起的、因此,策略中带有很强的主观目标性,这样,企业自身的需要在整个降价策略中极为关键,它直接影响着降价策略和降价效果。由于汽车行业是一个较为复杂的行业,汽车投资回收周期较长,汽车企业降价的目的往往和企业战略相结合。2003 年新雅阁下线之际,一次降了 4 万元,新雅阁的降价是和其生产规模的提高、配套体系的建立、新产品推出、战略目的相结合的。广本降价让很多厂家始料未及,不但跟进的速度慢,而且降幅远远不如新雅阁,广本也因此赢得了市场份额,从而确定了稳固的市场领先地位,同时为持续发展奠定了基础。

从汽车企业的降价行为出发,一般企业自身需要因素主要包括以下几点。

第一,企业产能的提高。企业产能的提高造成以下影响:①能进一步降低生产成本。汽车行业规模效益特别明显,汽车生产规模的提高,能够有效地分担高额的产品研发成本。②能改变供求关系,打破了短期的供求平衡。汽车企业降价、提高销量的同时,也能够保证市场上产品有序地供应。③产能提高,降低采购成本,实现边际效益。

第二,生产效率、管理效率、营销效率的提高。新技术、完善的管理、科学的决策无疑会有效地降低企业成本,是企业持续发展的基础。

第三,产品清仓引起的降价。汽车产品在其生命周期发展过程中,会由于市场其他各方面因素的存在,如新产品的加入、消费者习惯的改变等,导致汽车企业的产能过剩,造成市场上的供过于求,这时企业对汽车产品降价,其战略目标就不言而喻。

(2) 迫于竞争对手的压力

我国汽车产业刚刚开始打破行政性垄断,完全的市场竞争还需要较长时间才能形成,价格竞争是各大厂商扩大市场占有率特别是提高品牌影响力的关键一张牌。因此,从竞争角度考虑,企业降价的原因有:

第一,如果竞争对手对同一级别或者较为类似的产品施行降价策略,企业迫于竞争压力进行跟进。

第二,如果竞争对手在老产品的基础上对产品进行了改进或推出了新的汽车产品,则企业为了保持现有的市场占有率,也会对现有产品实施降价策略。

第三,如果竞争对手因企业自身经营问题对产品进行降价处理,则这时企业也同样有可能为了保持一种平等的竞争势态而应战。通过降价,保持企业产品价格竞争力,同时也保证企业的综合竞争力。

(3) 市场需求不足导致降价

降价在一定程度上是为了满足消费者低价格的需求,以及促进更多的需求。汽车消费需求的变化及影响消费需求因素的变化,都会对汽车厂家的价格策略产生一定的影响。从需求方面考虑,导致汽车厂家采取降价的原因有如下几点。

第一,从宏观角度来说,汽车市场供求关系失衡。特别是由于种种原因,相当一部分的消费者受一定因素的影响短期内持币待购,从而造成了一定时间内的供求失去平衡,导致一部分汽车厂家进行降价刺激消费。

第二,从企业供求关系来讲,企业多个产品或某个产品和供应大于消费者的需求,造成库存。汽车厂家会通过多个产品或某一个产品降价来刺激消费增长。

第三,从产品生命周期来看,进入衰退期的产品。由于消费者失去了消费兴趣,需求弹性变大、产品逐渐被市场淘汰,为了吸引对价格比较敏感的购买者和低收入需求者。维持一定的销量,降价可能是唯一的选择。

第四,从汽车消费环境来看,油价上升、汽车消费信贷受到抑制等因素,导致消费者在一段时间内的观望,在此种情况下,部分厂家极可能采取降价来促使消费者加速购买。

2) 把握降价的主动权

古语云"先发制人,后发制于人。"降价的主动性是指降价行为是由谁起主导作用,率先发动价格战与被动地应付价格战之间存在很大的差异性。当行业处于一个价格敏感的时期,先发动价格战的企业会获得巨大收益,而应战者的收益会少得多。

先动者可以在其他竞争对手没有进行有效反应或者跟进之前获得高于行业平均水平的收益率。这取决于先动者所采用的是什么样具体行动,同样,竞争对手也会由于迫于竞争需要而进行反击,但竞争对手在采用策略之前,需要一定的时间去研究市场上是什么样的竞争态势、是否需要进行反击、采用什么方式反击,以及如何组织资源去实施反击等,于是,先动者就有机会获得顾客的忠诚,从而为后来的跟进者制造感情障碍。通常这种先动的优势在开发新产品或者新的服务方面表现得更为明显。

另外,率先降价可以节约大量的广告费用,每当一个企业率先降价的时候,媒体都会有大量的报道,这种报道的影响力是巨大的。但跟进者的速度越快,就越能削弱先动者的优势,跟进者模仿、学习和创新能力越强,先动者能够保持的优势时间就越短。

3) 控制降价的幅度

所谓降价幅度是指降价前的产品价格与降价后的产品价格的差的大小。差越大,表示幅度越高,差越小,则表示幅度越低。价格战中的降价与例行的价格调整不一样,例行的价格调整幅度有高有低。但价格战中的调价幅度越高,对市场产生的作用越大;反之,调价幅度越小,对市场产生的影响也就越小。因此,价格战中的降价幅度很少会低于10%。如果低于这个幅度,则价格战的影响力就会大打折扣。

在企业的经营中,由于多种原因,企业经常会面临价格战,价格的变动非常剧烈,因为剧烈,所以才具有杀伤力,才会引起社会和消费者的关心,才能在短期内形成销售热潮。企业之所以要控制降价幅度，是因为降价幅度直接关系到降价策略能否成功。通常消费者会相信，在一个较大幅度的降价之后，不会再次大幅降价，所以，企业的大幅降价，会引发消费者的购买热情。而多次的小幅降价却无法达成这个效果，因为，会有很多的消费者猜想，后面是不是还有更大的降价行动，唯恐买早了吃亏，所以小幅降价反而会造成汽车购买者观望。

例如，2003 年以及 2004 年，汽车价格战频频降低，但是几乎都没有出现大幅降价而只是小幅下降，降价的幅度一般保持在 5%～10%之内。虽然汽车销售非常良好，但是持币观望的消费者也越来越多。

4）寻找合适的降价时机

降价时机的选择，可能决定着汽车产品的市场表现。企业在降价策略实施过程中，首先要知道什么是企业的降价时机，因为这个时机选择和竞争厂家是否有可能跟进、是否有实力跟进，以及竞争车型跟进的时间长短和车型多少有关，它直接影响着企业自己的降价效果。因此，汽车企业在选择降价时机时应注意以下几点。

（1）在产品销售量增长时降价

这种策略主要目的是主动出击，以价格换市场，在产品刚进入市场或市场销量低迷时，由于在产品品质一定或者相当的情况下，汽车价格低，降价幅度大，则销量高或者上升，反之汽车销量低或者下降。同样道理，厂家在一种产品销量增长时主动降价，在同样的市场环境下产品的销量一定增长；而当产品销量下滑时，厂家被动降价，产品的销量则不一定增长。

北京现代认为，这些理由是当时他们决定主动“割肉”的原因，这种做法除了能抢到实惠之外，还能获得消费者良好的口碑，出乎竞争对手的意料，从而在争夺市场时比较容易占据主动。在同样的市场环境下，2004 年 9 月的降价行动为北京现代进入汽车厂商中的第一阵营立下了汗马功劳。北京现代旗下全线产品平均降价 10%，其中伊兰特降为 11.28 万元至 11.58 万元。这样，最低售价在 12 万元以下，由此冲破消费者的心理底线，以更低的售价、更高的性价比来占据更多的市场份额。

（2）竞争对手与其经销商签订大批销量合同时降价

当经销商与厂家签订完合同后，会形成大幅压货的情况，这时的汽车厂家一般是很难降价跟进的。因为按照厂家和经销商的汽车销售政策和合同，如果厂家在把汽车卖给经销商之后再调低汽车的市场指导价，厂家要赔偿旧价格与新价格的差额；如果合同另有约定，汽车厂家还需要另外向经销商支付违约金。如果厂家在此时降价就意味着，汽车厂家在约定的付款时段内不仅利润将大幅减少，同时还要向下游的经销商付款，这么多汽车的付款额度，将让自己企业的财务不堪重负，难以承受。

（3）在竞争产品成长时降价

考虑在这个时机降价，一般来说，是因为可以通过降价遏制新的竞争车型成长。由于在成长期的车型，消费者对该车还处于一个认知过程，并没有完全接受并形成品牌忠诚度，这时的降价策略的实施就可以在一定的程度上改变行为结构。如果等到新车型成长起来、消费者认可之后再去降价拼抢，就很难遏制新车型的增长势头了。例如，如果爱丽舍是在 2003 年第四季度降价，而不是在 2004 年降价，则该车型将非常具有竞争力，上海通用的凯越和北京现代的伊兰特可能就不会成长这么快。

另外，在企业选择降价时机时，还有一个重要问题是降价周期如何把握。如果降价周期太短，容易打击消费者的信心，反而造成新一轮的持币待购；降价周期太长，产品销量有可能受到更大的抑制，等于是把市场拱手让给了竞争对手，而且容易错失降价的最好时机。也就是说，企业在降价过程中要正确把握降价的周期。

总之，汽车产品会由于多种原因而引起价格调整，但无论是提价还是降价，对于企业本身来说，其实就是一个再次定价的过程。但是它的影响力比较深远，不但可能影响到企业自身整个产品的战略部署，也极可能影响到整个汽车市场的价格格局，打破与竞争对手形成的价格和谐与默契，更重要的是极可能会打乱消费者的期望。所以，在企业采取价格调整策略之前，明确价格调整的真实原因，制定科学的目的，制定切实可行的调价策略，是目前我国汽车市场一项重要的任务。

5.3 汽车分销策略

5.3.1 汽车分销渠道的概念

分销渠道又称为销售渠道，是指某种商品和服务从生产者向消费者转移的过程中，取得这种商品和服务的所有权或帮助所有权转移的所有企业和个人，即产品从生产者到用户的流通过程中所经过的各个环节连接起来形成的通道。

汽车销售渠道是指汽车产品或者服务从汽车生产者向汽车用户转移的过程中，直接或者间接转移汽车所有权所经历的途径。分销渠道的起点是生产者，分销渠道的终点是消费者或用户，中间环节为中间商，包括批发商、零售商、代理商和经纪人。汽车销售渠道的中间环节为汽车中间商和汽车代理中间商。现有的汽车交易市场、品牌专卖店、连锁店、汽车超市等均是直接面向消费者的分销渠道的具体表现形式。

5.3.2 汽车分销渠道的功能

汽车销售渠道是将汽车产品从制造商转移到消费者手中所必须经过的工作环节。它的工作目的在于消除汽车产品与消费者之间的差距，弥补产品、服务和其使用者之间的缺口。销售渠道的主要功能有如下方面。

(1) 搜集、提供信息。分销渠道构成成员中的汽车销售中间商直接接触市场和消费者，最能了解市场的动向和消费者实际状况。这些信息都是企业产品开发、市场促销所必需的。汽车销售渠道能紧密观测市场动态，搜集相关信息，及时反馈给汽车企业。

(2) 刺激需求，促进销售。分销渠道系统通过其分销行为和各种促销活动来创造需求、扩展市场。人员促销、营业推广等促销方式都离不开汽车销售渠道的参与。

(3) 服务。汽车销售活动必须以客户为中心，各个环节的服务质量直接关系到汽车企业在市场中的竞争实力，因此汽车销售渠道必须为汽车用户提供周到、高质量的服务，提高客户的满意度。

(4) 调整、配合。分销渠道所进行的调整活动主要包括集中、选择、标准、规格化、编配分装、备齐产品等。这些职能可以调整生产者和消费者之间的各种利害关系，使产品得以顺利流通。

(5) 物流。又称实体分配,要使产品从生产者转移到消费者或用户,就需要储存和运输。汽车销售渠道必须解决将何种汽车、以多少数量在指定的时间送达到正确的汽车市场上,实现汽车销售渠道整体的效益最佳。

(6) 生意谈判。转移汽车产品的所有权,并就其价格及有关条件达成协议。一是寻找可能的购买者并与其进行沟通;二是渠道成员向生产者进行反向沟通并订购产品。

(7) 承担风险。在产品分销过程中承担与渠道工作有关的风险。汽车市场的销售情况变化多样,有高峰也有低谷,渠道中的各个成员必须共同面对,共担收益与风险。

(8) 融资。为补偿渠道工作的成本费用而对资金的获取与支用。加速资金周转、减少资金占用,汽车销售渠道的各成员间必须及时进行资金清算,并且相互间提供必要的资金融通和信用。

5.3.3 汽车分销渠道的类型

任何一个汽车生产企业要把自己的产品顺利地销售出去,就需要正确选择产品的销售渠道。选择销售渠道的内容有两个方面:一是选择销售渠道的类型,二是选择具体的中间商。

1. 汽车销售渠道的类型

1) 按渠道的长度分类

渠道长度,是指产品分销所经中间环节的多少及渠道层级的多少。所经中间环节越多,渠道越长;反之,渠道越短。最短的渠道是不经过中间环节的渠道。分销渠道可以按其长度的不同分为 4 种基本类型,如图 5.5 所示。

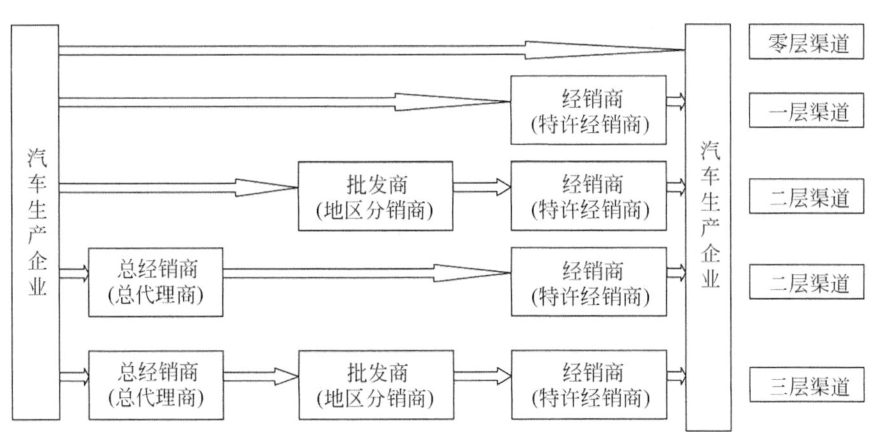

图 5.5 汽车销售渠道的模式

(1) 直接渠道,又称零层渠道,指没有中间商参与,产品从制造商转移到消费者或用户的过程中不经过任何中间商转手的分销渠道。直接渠道是商用车分销渠道的主要类型,其主要优点是:能缩短产品的流通时间,使其迅速转移到消费者手中;减少中间环节,降低产品损耗;制造商拥有控制产品价格的主动权,有利于稳定价格;产需直接见面,便于了解市场,掌握市场信息。

(2) 一级渠道是指生产者和消费者(或用户)之间介入一层中间环节的分销渠道。在消费者市场,其中间环节通常是零售商;在生产者市场,大多是代理商或经纪人。汽车销售渠道中包括一级中间商,如汽车经销商(零售商)。

(3) 二级渠道是指生产者和消费者之间介入二层中间环节的分销渠道。在消费者市场,通常是批发商和零售商。在生产者市场则通常是代理商和批发商。汽车销售渠道中包括两级中间商,如总经销商(批发商)和经销商(零售商)。

(4) 三级渠道是指在生产者和消费者(或用户)之间介入三层中间环节的分销渠道。一般来说,三层渠道多见于消费者市场。汽车销售渠道中包含三级中间商,如汽车产品经过总代理商卖给批发商再卖给零售商。

2) 按渠道的宽度分类。

分销渠道的宽度,是指渠道的每个层次使用同种类型中间商数目的多少。多者为宽渠道,意味着销售网点多,市场覆盖面大;少者则为窄渠道,市场覆盖面也就相应较小。受市场特征和制造商分销战略等因素的影响,分销渠道的宽度结构大致有3种类型:

(1) 独家分销渠道,是制造商在某一地区市场仅有一家代理商或经销商经销其产品所形成的渠道。通常双方协商签订独家经销合同,一方面规定制造商不再在该地区发展另外的经销商;另一方面也规定经销商不得经营竞争者的产品。独家分销渠道是窄渠道。独家代理(或经销)有利于控制市场。

(2) 密集型分销渠道,又叫广泛分销或开放性分销,是指制造商尽可能多地发展批发商和零售商,并由他们销售其产品。

(3) 选择性分销渠道,是指制造商根据自己所设定的交易基准和条件精心挑选最合适的中间商销售其产品。选择性分销渠道通常由实力较强的中间商组成,能有效地维护制造商的信誉,建立稳定的市场和竞争优势。

2. 汽车中间商的类型

汽车中间商是指居于汽车企业与汽车用户之间,参与汽车交易业务,促使交易实现的具有法人资格的经济组织和个人。汽车中间商是销售渠道的主体,汽车企业产品绝大部分是通过汽车中间商转卖给汽车用户的。在实际汽车销售活动中,汽车中间商的类型是多种多样的。按照是否拥有商品的所有权可以分为经销商和代理商;按其在流通过程中所起的不同作用又可以分为批发商和零售商。

汽车批发商是从事以进一步转卖汽车为目的、整批买卖汽车的经济活动者,主要包括汽车经销商、特约经销商、销售代理商和总代理。汽车零售商是从事将汽车或汽车劳务售给最终汽车用户的经济活动者。

1) 汽车经销商

汽车经销商是指从事汽车交易,取得汽车商品所有权的中间商。代理商是受生产者委托,从事商品交易业务,但不具有商品所有权的中间商。经销属于“买断经营”性质,具体形式可能是汽车批发商,也可能是汽车零售商。汽车经销商最明显的特征是将汽车产品买进以后再卖出,由于拥有汽车产品所有权,汽车经销商往往制订自己的汽车营销策略,以期获得更大的效益。

汽车经销商作为渠道的中间机构,是连接制造商和消费者的桥梁,是汽车制造商的重要资源。它往往代替制造商完成对消费者的售前、售中和售后服务，是制造商了解市场需求信息的重要渠道。

2）汽车特约经销商

汽车特约经销商，属于特许经营的一种形式，是通过契约建立的一种组织，一般只从事汽车零售业务。特约经销商具有汽车企业的某种(类)产品的特许专卖权，在一定时期和在指定汽车市场区域内销售汽车企业的产品，并且只能销售签约汽车企业的产品，不能销售其他汽车企业的相同或相近产品。

汽车产品特约经销商除应具备一般经销商的条件外，还应建立品牌专营机构，有符合要求的专用展厅和服务、管理设施，及专职的销售和服务人员，有较强的资金实力和融资能力，有良好的信用等级。

汽车特约经销商并不自动获得汽车企业的有关知识产权，如以汽车企业的商号或汽车产品品牌为自己的企业命名，或者用汽车企业的商标宣传自己，汽车特约经销商要获得这些知识产权的使用权，必须征得汽车企业的同意，并签订使用许可合同。

当汽车企业在一定的汽车市场区域内只选择一个特约经销商时，构成“独家销售”。

3）汽车销售代理商

在 1888 年，法国人埃米尔·罗杰在巴黎达姆大街 52 号开设了一家汽车销售代理商店，成为德国奔驰汽车企业在国外的第一家代理商，使奔驰牌汽车驶进了法国市场。以后，罗杰获得奔驰汽车企业的许可，在法国组装奔驰牌汽车，并成为世界上最早为汽车企业代理销售汽车的商人。汽车销售代理商属于佣金代理形式，是指受汽车企业委托，在一定时期和在指定汽车市场区域及授权业务范围内，以委托人的名义从事经营活动，但未取得汽车产品所有权的中间商。代理商最明显的特征是寻找汽车用户，按照汽车企业规定的价格向汽车用户推销汽车产品。促成交易，以及代办交易前后的有关手续。若交易成功，便可以从委托人那里获得事先约定的佣金或手续费；若汽车产品没有销售出去，也不承担风险。

汽车企业对销售代理商的条件要求一般高于特约经销商。虽然销售代理商不用买断汽车产品，对资金的要求低，但实际上它需要投入较大的资金，按汽车企业的规范标准去建设汽车专卖店和展厅。代理商还应具有很强的销售能力，有更高的信用和较强的融资能力，这些都需要经济实力做后盾。汽车销售代理商一般为区域独家销售代理商。

4）汽车总代理

汽车总代理是指负责汽车企业的全部汽车产品所有销售业务的代理商，多见于实行产销分离体制的企业集团。汽车总代理商一般与汽车企业同属一个企业集团，各自分别履行汽车销售和生产两大职能。除了为汽车企业代理销售业务外，还为汽车生产企业开展其他商务活动。

5.3.4 影响渠道选择的主要因素

销售渠道的整个环节，是产品、市场、中间商、消费者及用户等多种要素的组合。企业在对自己生产的产品进行销售渠道决策时，必须对各种相关的影响因素进行认真的分析和研究，然后才能作出正确的决策。企业进行销售渠道决策的依据，主要包括产品因素、市场因素和企业自身因素等 3 个方面。

1. 产品因素

产品因素是指影响销售渠道选择的产品的单价、体积、重量、技术性、易毁与易腐、通用与专用等因素。

1）产品单位价格

单位价格不同的产品，其选择销售渠道的长短也有所不同。如飞机、内燃机车等产品，单位价格十分昂贵，应尽量减少中间环节，采取"生产企业—用户"这种直接式销售渠道。单价低的产品，一般销售渠道宜选择长一些。如针、线、电池等日用品，通常可采用"生产企业—批发商—零售商—消费者"这种间接式销售渠道。

2）产品体积与重量

产品的体积大小与轻重，其销售渠道的长短也应有所区别。体积大而重的产品，如成套设备、大型机床等，其运输和储备成本较高，一般应选择直接式销售渠道，以避免多次装运的不便性，减少流通费用；体积小而轻的产品，如果其他因素许可，其销售渠道长一些也是可取的。

3）产品技术性

技术性强的产品，一般需要生产企业提供多方面的售前和售后服务，如精密机床、发电设备等。应用户的特殊需要而生产的，其市场面和使用范围均较通用性产品要小，可采取直接式销售渠道，如专用设备、矿石等，一般可由产需双方直接签署供销合同。

4）产品的易毁与易腐

容易毁坏和变质腐烂的产品，如果生产地点与消费者或用户的距离较近，一般应采用直接式销售渠道，以便减少中间流通环节所耗费的时间，迅速把产品出售给消费者及用户。如果生产地点与消费者或用户的距离较远，就应该采用间接式销售渠道，委托中间商来完成出售给消费者或用户的任务。

5）产品的通用性与专用性

具有标准化的通用性产品，由于市场面较宽，使用范围广，可按样品或产品目录出售，并通过中间商完成销售任务。非标准化的专用性产品，是为适应用户的特殊需要而生产的，市场面和使用范围相对较小，可采用直接式销售渠道。

6）新产品

为使开发生产的新产品迅速投入市场，及时打开销路，通常需要企业采取强有力的促销措施。由于中间商和经销商对新产品不甚了解，缺少把握，同时促销费用也较高，经营利润很难预测，往往不敢轻易接受新产品。因此，新产品的销售一般需要先采用直接式销售渠道，待打开销路后，再根据需要以及中间商的意愿，选择更有效的其他销售渠道。

7）产品的时效性

在一般情况下，新颖时髦的产品流行迅猛，过时也很快，如时装、服饰等。对这类产品，要采用最短的销售渠道进行销售，以便在流行期内快销、多销；否则时过境迁，产品便无人问津，就得降价处理，便宜销售，直接影响企业的经济效益。

2. 市场因素

选择商品销售渠道，就必须充分考虑到市场的诸多因素。市场因素是指市场面大小、消费者数量、购买习惯、市场竞争和市场需求特点等情况。

1）市场面大小

企业生产的产品，面向的市场范围广阔，意味着现实的和潜在的消费者数不胜数。在这种情况下，如果仅凭企业直接向消费者推销产品，不但会耗费巨大的人力、物力，而且经营费用会很高，销售效率也很低，这就需要选择多层次中间商的销售渠道。如果产品面向的市场范围较小，则说明现实的和潜在的消费者较少，分布范围不大，这样可由生产企业直销或通过零售商店销售。

2）购买数量

企业生产的产品在销售过程中，若消费者通常是零星购买，购买次数很多，而每次数量很少，那么，生产企业就采用线路较长的销售渠道。若消费者通常是批量购买，购买次数不多，如工业原材料，那么生产企业一般可不依赖零售商、批发商等中间环节，而直接把产品销售给用户。

3）购买习惯

消费者购买习惯，也是企业进行销售渠道选择所必须考虑的因素。购买习惯包括消费者的购买时间、地点、方法和对销售服务的要求等不同情况。例如，对于日用生活消费品，消费者习惯就近购买，如果生产企业让批发商、零售商把产品转卖给消费者，消费者就能就近购买。

4）市场竞争

企业在进行产品销售渠道决策时，还应考虑竞争对手所采用同类产品的销售渠道，以便在市场竞争中占据主动地位。一般情况下，生产企业应与竞争对手采取基本相同的销售渠道，进行市场竞争。但如果本企业的产品在质量、价格和性能等方面优于竞争对手时，应选择与竞争相一致的销售渠道，这样更利于赢得竞争的胜利。假若本企业产品在质量、价格、性能等方面不如竞争产品优越时，则可选择不同的销售渠道及不同的中间商，以避免与其直接对抗。

5）市场需求弹性

市场需求弹性大小，对生产企业销售渠道的选择也有着相应的影响。市场需求弹性小的产品，生产企业一般多采用直接销售。在市场密度高和消费者集中的地区，即使需求弹性大，生产企业也可采用中间环节少的销售渠道。如果市场需求弹性大，市场密度不高和消费者不集中，生产企业则应选择由代理商、批发商或零售商进行产品销售。

3. 企业自身因素

产品销售渠道的选择决策，仅仅考虑产品和市场因素是不够的，还必须考虑到企业内部环境因素。企业的经营规模、市场信誉、资金能力、营销能力和销售服务能力等因素，对产品销售渠道也有一定的制约作用。

1）企业的经营规模

企业的生产经营规模很大，生产经营的产品种类繁多，面向的市场范围广泛，如果采用单一的销售渠道就会显得力不从心，满足不了产品销售的需要，一般应采用间接销售渠道和多种销售渠道，以求取得更大的销售效率。当企业生产经营的产品种类不多、市场面有限时，选择的销售渠道种类就不宜太多。否则，不利于加强销售渠道的管理，不利于节省流通费用开支。

2）企业的信誉及资金

资金雄厚、信誉很高的生产企业，可以灵活选择销售渠道，甚至可以建立自己的销售网点，而不需要任何中间商。反之，资金不足、信誉不高的生产企业，则应更多地借助中间商的帮助，来促进产品的销售。

3）企业产品组合

企业产品组合的横面越广，即产品的不同种类越多，则直接销售给消费者的能力越强；而产品组合的深度越大，即同类产品的品种规格越齐全，则该市场范围的中间商越愿意接受其产品；但若产品组合的广度和深度小，则选择的销售渠道应有所接近。

4）企业营销能力

企业产品的市场经营能力和水平，对销售渠道的选择也有相应的影响作用。如果企业经营销售管理水平很高，销售力量强大，市场推销能力能够满足本企业产品的销售需要，那么就可以采取直接向消费者出售产品的销售渠道，没有必要再借助中间商的力量。反之，企业的经营水平不高，自我销售能力有限，就必须借助中间商的力量，选择有中间商参与的间接销售渠道。

5）企业销售服务能力

企业能提供良好的、较全面的销售服务，就能增强中间商和消费者对生产企业的信任，产品的市场销售就会通畅。如果经营能力较强，又能为消费者提供最佳的销售服务，一般可以采取直接式销售渠道；反之，则应采用中间商来推销产品。

6）企业销售策略

企业的销售策略常常可影响产品销售渠道的选择。如果企业要加强对销售渠道的控制，以便控制产品的最终销售价格，就应选择中间环节较少的销售渠道，如果企业注重加强产品的广告促销，则中间商往往愿意为其分销产品；如果企业乐于为中间商提供完善的销售服务和融通资金便利，以及提供产品促销帮助，这样就能争取到大量中间商，从而影响到销售渠道的选择。

5.3.5 分销渠道的设计

渠道设计问题可从决策理论的角度加以探讨。通常，要想设计一个有效的渠道系统，需经历 3 个阶段，主要有消费者需求分析、制定渠道方案和评估分销方案。

1. 消费者需求分析

分销渠道指的是产品或服务从生产者流向消费者用户所经过的整个渠道，因此，设计分销渠道首先应该了解目标市场上消费者的购买需求。分析消费者想要购买什么，比如汽车配件市场，汽车企业购买较多，对于购买配件的方便程度要求越高，渠道的分销面就越广。

2. 制定渠道方案

在研究了渠道的目标之后，渠道设计的下一步工作就是明确各主要渠道的执行方案。渠道方案主要涉及以下几个基本的因素。

(1) 选择中间商的类型。企业首先要明确可以完成其渠道任务的中间商类型。根据目标市场及现有中间商的状况,可以参考同类产品经营者的现有经验,设计自己的分销渠道方案。中间商的不同对生产企业的分销渠道会产生影响。例如,汽车收音机厂家在考虑其分销渠道时,可以选择与汽车厂家签订独家合同,要求汽车厂家只安装该品牌的收音机;可以借助通常使用的渠道,要求批发商将收音机转卖给零售商;也可以在加油站设立汽车收音机装配站,直接销售给汽车使用者,并与当地电台协商,为其推销产品并付给相应的佣金。

(2) 确定中间商的数量。中间商类型的确定,实际上也决定了分销渠道的长度。企业必须确定在每一渠道层次利用中间商的数量,由此来选择分销渠道的类型,即独家分销、选择分销或广泛分销。分销渠道的选择主要取决于产品类型:便利品需要广泛分销,选购品一般适合选择分销,特殊品可选择独家分销。汽车配件、大型电子产品等多选择独家分销。

(3) 确定渠道成员的权利和责任。为保证分销渠道的畅通,企业必须就价格政策、销售条件、市场区域划分、相互服务等方面明确中间商的权利和责任。

① 价格政策。要求企业必须制定出具体的价格,并有具体的价格折扣条件,如数量折扣、促销折扣、季节折扣等政策。这样可以刺激中间商努力为企业推销产品,扩大产品储备,更好地满足顾客的需求。

② 销售条件。要求企业制定出相应的付款条件,如现金折扣;对中间商的保证范围,如不合格产品的退换、价格变动风险的分担等方面的保证。这样有利于中间商及早付款,加速企业的资金周转,同时可以引导中间商大量购买。

③ 区域销售权利。这是中间商比较关心的一个问题,尤其是独家分销的中间商。因此,企业必须把各个中间商所授权的销售区域划分清楚,以便于中间商拓展自己的业务,也有利于企业对中间商的业绩进行考核。

④ 相互服务。企业必须制定相应的职责与服务范围,明确企业要为中间商提供哪些方面的服务,承担哪些方面的职责;中间商要为企业提供哪些方面的服务,承担哪些方面的职责。在一般情况下,相互的职责和服务内容包括供货方式、促销的相互配合、产品的运输和储存、信息的相互沟通等。

3. 评估分销方案

分销渠道方案确定后,生产者就要根据各种备选方案进行综合评价,以便找出最优的分销渠道方案。对每个分销渠道进行评估一般都需要遵循以下 3 个标准。

(1) 经济性标准评估。该评估主要是比较每个方案可能达到的销售额及费用水平。一是比较由本企业推销人员直接推销与使用销售代理商哪种方式销售额水平更高;二是比较由本企业设立销售网点直接销售所花的费用与使用销售代理商所花的费用,看哪种方式支出的费用大,企业对上述情况进行权衡,从中选择最佳分销方式。

(2) 可控性标准评估。一般来说,采用中间商可控程度较低,企业直接销售可控程度较高。分销渠道长,可控性难度大,渠道短,可控性难度会降低些,企业必须进行全面比较、权衡,选择最优方案。

(3) 适应性标准评估。在评估各渠道方案时,还有一项需要考虑的标准,那就是分销渠道是否具有地区、中间商等适应性。首先是地区适应性,在某一地区建立产品的分销渠道,应充分考虑该地区的消费水平、购买习惯和市场环境,并据此建立与此相适应的分销渠道;

其次是中间商适应性。企业应根据各个市场上中间商的不同状态采取不同的分销渠道。如在某一市场若有一两个销售能力特别强的中间商,渠道可以窄一点;若不存在突出的中间商,则可采取较宽的渠道。

5.3.6 分销渠道的策略

汽车企业选定分销渠道方案后,还要决策如何来管理渠道。一般来说,制造企业不可能像控制产品、定价和促销那样直接控制分销渠道,因为中间商是独立的经营者,他们有自身的利益要追求,有权在无利可图或不满意时撤出。客观上,制造企业和中间商之间也存在诸多矛盾,如零售商希望存货尽可能少些为好,以节约空间和减少资金占用,一旦发生断档,又要求制造商提供紧急订货服务,以抓住市场机会;而频繁供货使制造企业增加了送货成本,特别是小批量的紧急送货。但另一方面,从根本上来说,制造商和经销商的利益又是一致的,两者都只有通过将商品顺畅地卖给使用者才能获得效益,因此又要加强渠道内部各成员之间的协调与合作。企业必须安排专人负责分销渠道的管理,具体的管理程序包括以下主要内容。

1. 选择渠道成员

渠道方案确定以后,如何进行间接销售渠道管理,必须明确中间商应具备的标准。从生产企业来看,选择合适的中间商应具备的条件和特点有以下几点:

(1) 中间商的服务对象应与生产厂商的目标顾客基本一致,这是确定中间商最基本的条件;

(2) 零售商应该位于顾客流量大的地段,具有较好的交通运输及仓储、分销条件;

(3) 拥有经销该产品须必备的知识、经验和技术,具有较强的售前、售中、售后服务能力;

(4) 制造企业可以综合考评中间商的开业年限和行业经验,以及经营汽车产品的范围、企业盈利及发展状况、财务支付能力、协作愿望与信誉等级等。

2. 激励渠道成员

销售渠道由各渠道成员的结合构成。一般来说,各渠道成员都会为了共同利益而努力工作。但是,由于中间商是独立的经济实体,拥有自己的经营理论,在处理供应商、顾客的关系时,往往偏向顾客一边,或者过分强调自己的利益,并影响到其为企业分销产品的积极性。因此,企业必须在了解中间商的需求和欲望的基础上,用行之有效的手段对其进行激励。

(1) 采取有效措施提高中间商的积极性,密切双方的合作关系。例如较高的职能折扣、合作广告、举办展销、组织销售竞赛等,对中间商的工作及时考核,经营效果好的给予奖励或优惠待遇,建立长期合作关系。

(2) 企业应着眼于与有关中间商建立稳定、长期的伙伴关系。通过研究,明确各方在销售领域、产品供应、市场开发、技术指导、销售服务和财务等方面的相互要求,共同对这些方面的有关政策进行协商,并按照其信守承诺的程度确定合理的奖酬方案,给予必要的奖励。

(3) 把汽车制造商与中间商双方的需要结合起来,建立一个专业化的垂直营销管理系统。汽车制造商在企业内部设立相应的经销商关系管理部门，任务是了解中间商的需要，制定市场营销计划，帮助每一个中间商以最佳方式经营。通过该部门与中间商的共同工作，引导中间商深刻认识双方之间彼此依存、共同得利的关系。

3. 定期评估渠道成员的工作

对中间商的工作绩效要进行定期评估，目的是及时了解和发现问题，以便对不同类型的中间商有针对性地实施激励和推动工作，对表现较好的给予奖励，对于长期表现不佳者，果断终止合作关系。评估的具体内容包括以下几方面：

(1) 检查每位渠道成员完成的销售量和利润额，统计每位经销商的平均存货水平；

(2) 调查经销商是否积极努力推销本企业的产品；

(3) 检查每位渠道成员同时经销多少种与本企业相竞争的产品；

(4) 检查每位经销商为商品定价的合理程度，为用户服务的态度和能力；

(5) 计算每位渠道成员的销量在企业整个销量中所占的比重，并与前期相比较。

通过上述诸方面的评估，汽车企业可鉴别出那些贡献较大、工作努力的渠道成员，对这些中间商，企业应给予特别的关注，建立更密切的伙伴关系；对于鉴别出的那些不胜任的渠道成员，必要时应做出相应调整。

4. 协调渠道成员间的矛盾

渠道存在的基础是专业化分工所带来的相互依赖，制造商、批发商(代理商)、零售商只有依靠各自的专业化分工一起协作才能共同完成整条价值链的价值实现。渠道成员一般各有其特定的专业职能：制造商可能专门负责生产和全国范围内的促销，而零售商也许专门从事分销和当地促销，这种专业化带来了相互依赖。然而，各渠道成员都力图获得最大限度的自主权，于是相互依赖关系的建立就带来了利益上的冲突。渠道冲突，是指某渠道成员从事的活动阻碍或者不利于本组织实现自身的目标，进而发生的种种矛盾和纠纷。分销渠道的设计是渠道成员在不同角度、不同利益和不同方法等多因素的影响下完成的，因此，渠道冲突是不可避免的。渠道冲突包括 3 种类型。

1) 水平渠道冲突

这种冲突指的是在同一渠道模式中，同一层次中间商之间的冲突。产生水平冲突的原因大多是生产企业没有对目标市场的中间商数量分管区域做出合理的规划，使中间商为各自的利益互相倾轧。这是因为在生产企业开拓了一定的目标市场后，中间商为了获取更多的利益，必然要争取更多的市场份额，在目标市场上展开“圈地运动”。例如，某一地区经营 A 家汽车配件产品的中间商，可能认为同一地区经营 A 家企业配件产品的另一家中间商在定价、促销和售后服务等方面过于进取，抢了他们的生意。如果发生了这类矛盾，生产企业应及时采取有效措施，缓和并协调这些矛盾，否则，就会影响渠道成员的合作及产品的销售。另外，生产企业应未雨绸缪，采取相应措施防止这些情况的出现。

2) 垂直渠道冲突

这种冲突是指在同一渠道中不同层次企业之间的冲突，这种冲突较之水平渠道冲突要更常见。例如，某些批发商可能会抱怨生产企业在价格方面控制太紧，留给自己的利润空间太小，而提供的服务(如广告、推销等)太少；零售商对批发商或生产企业可能也存在类似的不满。

垂直渠道冲突也称为渠道上下游冲突。在某些情况下,生产企业为了推广自己的产品,越过一级经销商直接向二级经销商供货,使上下游渠道间产生矛盾。因此,生产企业必须从全局着手,妥善解决垂直渠道冲突,促进渠道成员间更好地合作。

3) 多渠道间的冲突

随着顾客细分市场和可利用的渠道不断增加,越来越多的企业采用多渠道营销系统。不同渠道间的冲突指的是生产企业建立多渠道营销系统后,不同渠道服务于同一目标市场时所产生的冲突。例如,汽车配件企业在同一地区通过几家经销商销售,当地又有品牌专营店,汽车制造商自己又开店直销,三者之间会引起诸多冲突与不满等。多渠道间的冲突在某一渠道降低价格或降低毛利时,表现得尤为强烈。因此,生产企业要重视引导渠道成员之间进行有效的竞争,防止过度竞争,并加以协调。

导致以上渠道冲突的原因,一是各自目标不同,二是没有明确的授权,三是对未来的预期不同,四是中间商对制造商过分依赖。协调渠道成员间的矛盾冲突必须从以下几方面着手控制。

(1) 构建渠道伙伴关系,确立共同的目标和价值观。要解决渠道冲突,特别是要解决企业和渠道组织的冲突,首先要认识到渠道组织作为外部组织,和企业一起构成了价值链,是产品价值实现的必要环节。因此,企业首先要从理念上认识到企业和渠道组织的关系不应该是对立的关系,而应该是价值实现的伙伴关系。只有在这个正确理念的指引下,企业才能正确地采取一系列措施和渠道组织共同进行价值实现。通过确立共同的目标和价值观,有助于渠道成员增强对渠道环境的认识,从而更有助于互相为对方考虑,从整体考虑,最终有利于避免冲突的出现。

(2) 对渠道成员间的权利、责任、义务尽可能明确界定。渠道成员之间冲突发生的差异性原因多种多样,目标不相容、渠道分工的差异、技术的差异等都可能产生渠道冲突。实际上大部分差异是可以通过明确界定渠道成员间的权利、责任、义务等来避免的。因此,这就要求企业在进行渠道规划时尽可能多地考虑到实际情况,详细界定渠道成员间的权利、责任、义务,这样才能尽可能减少以上差异所带来的渠道冲突。

(3) 渠道成员间要成立渠道管理组织。企业和渠道组织之所以能在一起,是因为要通过各自的专业化分工协作起来共同完成分销任务。因此,为了更好地分工协作,同时更好地处理渠道冲突,企业和其他渠道成员有必要共同成立渠道管理组织,如渠道委员会。它可以及时处理随时出现的渠道冲突,并且最重要的是通过建立定期或不定期的沟通机制,使企业和渠道组织、渠道成员间能加深对共同目标的认识,加深相互理解,最终避免冲突的实现。

5. 调整分销渠道

由于汽车消费者购买方式的变化、市场扩大或缩小、新的分销渠道的出现,现有渠道结构不能带来最高效的服务产出,在这种情况下,为了适应市场环境的变化,现有分销渠道经过一段时间的运作后,就需要加以修改和调整。调整分销渠道主要有如下几种方式。

(1) 增减渠道成员。这是一种结构性调整,即对现有销售渠道里的中间商进行增减变动。企业要分析当增加或减少某些中间商时,会对产品分销、企业收益等带来什么影响,影响程度如何等。比如,企业决定在某一目标市场增加一家批发商,不仅要考虑所带来的直接利益，还应考虑对其他经销商的需求、成本和情绪会有何影响。

(2) 增减销售渠道。这属于功能性调整，如果增减渠道成员不能解决问题，企业可以考虑增减销售渠道的做法。增加或减少一条销售渠道都需要对可能带来的直接、间接反应及效应做系统的分析。例如，某汽车配件企业发现其经销商注重家用轿车市场而忽视商用车市场，导致其商用车销售不畅，为了促进商用车市场的开发，需要增加一条销售渠道，必须做出系统的分析。

(3) 调整改进整个渠道。也属于功能性调整，即企业对原有的分销体系、制度进行通盘调整，这类调整难度最大。因为它不是在原有渠道基础上的修补或完善，而是全面改变企业的渠道决策，它会带来市场营销组合有关因素的一系列变动，通常由企业最高管理层做出。

当营销环境发生较大变化，造成现有分销渠道系统在满足目标顾客需求和欲望方面与理想系统之间出现越来越大的差距时，厂商就要考虑对原有分销渠道进行调整。厂商可借助投资收益率分析，确定增加或减少某些分销渠道或对整个分销渠道做出调整。当目前已有的渠道成员不能很好地经营目标市场时，可以考虑重新选定某个目标市场的渠道成员来占领市场；当现有渠道成员不能将厂商产品有效送至目标市场时，优先考虑的不应该是将这个渠道成员剔除，而是考虑能否将其用于其他目标市场。

5.4 汽车促销策略

现代汽车市场营销不仅要求汽车生产企业生产适销对路的汽车产品，制定吸引人的汽车价格，使目标顾客易于获得他们所需要的汽车产品，而且还要求企业采用各种促销方式，开展一系列的促销活动，激发消费者的购买欲望，实现汽车产品的销售，满足顾客的需求；汽车促销策略是汽车企业整个营销策略中最重要的一个环节。

5.4.1 汽车促销概述

1. 汽车促销的概念和作用

1) 汽车促销的概念

汽车促销是指汽车企业营销部门通过一定的方式，将企业的汽车产品信息及购买途径传递给目标用户，从而激发用户的购买兴趣、强化购买欲望，甚至创造需求，从而促进企业产品销售的一系列活动。促销的实质是传播与沟通信息，其目的是要促进销售、提高企业的市场占有率及增加企业的收益。

2) 汽车促销的作用

现代汽车促销活动不仅帮助或说服潜在顾客购买，而且要刺激消费需求的产生。在现代汽车市场营销活动中，促销具有以下作用。

(1) 传递信息。在产品未进入市场之前，汽车企业通过促销手段及时向中间商和消费者提供情报，吸引公众广泛的注意，通过传递产品信息，把分散、众多的消费者与企业联系起来，给消费者提供便利，促使其成为现实买主。

(2) 增加需求。在促销活动中向顾客介绍产品,不仅可以诱导需求,而且可以增加需求甚至创造新的需求,得到扩大销售的效果。通过介绍新的产品,展示合乎潮流的消费模式和标准,提供满足消费者生存和发展需要的承诺,从而唤起顾客的购买欲望,创造出新的消费需求。

(3) 突出特点。通过汽车企业的促销活动,可以显示企业自身的特点,以及产品的特色、风格、性能,宣传自己的产品与竞争者产品的区别,尤其是不易为顾客所觉察的细微差别,这样可使潜在顾客和社会公众较好地了解本企业产品给他们带来的特殊的附加利益,促进销售实现。

(4) 稳定销售。由于市场竞争的存在使汽车企业的产品销售量起伏不定,通过促销活动不仅能改变潜在顾客的某些顾虑或观望的态度,而且还能使顾客形成对企业产品的"偏爱",从而稳定产品销售,达到巩固企业市场地位的目的。

2. 汽车产品的促销方式及特点

不同的促销方式有不同的效果,它是企业进行促销组合决策所必须考虑的因素。汽车产品常见的促销方式有以下几种。

(1) 人员推销。即企业通过派出推销人员与一个或几个以上的可能购买者交谈、对他们介绍和宣传产品,以扩大产品销售的一系列活动。

(2) 广告促销。广告是通过报纸、杂志、广播、电视、网络等广告传播媒体形式向目标顾客传递信息。采用广告宣传可以使广大客户对企业的产品、商标、服务等加强认识,并产生好感。其特点是可以更为广泛地宣传企业及其商品,传递信息。

(3) 销售促进。销售促进是由一系列短期诱导性、强刺激性的战术促销方式组成。它作为人员推销和广告的补充方式,其刺激性强、吸引力大,包括赠券、奖券、展览、陈列、折扣、津贴等。它可以争取潜在顾客,鼓励中间商大量销售。与人员推广和广告相比,销售促进不是连续进行,只是一些短期性、临时性的能使顾客迅速产生购买行为的措施。

(4) 公共关系促销。为了使公众理解企业的经营活动符合公众利益,而有计划地加强与公众的联系,建立良好的关系,树立企业信誉的系列活动即属于公共关系。其特点是不以短期促销效果为目标,通过公共关系使公众对企业及其产品产生好感,并树立良好的企业形象。它与广告的传播媒体有些类似,但又是以不同于广告的形式出现的,因而能取得比广告更长远的效果。如报告文学、电视剧、支持社会公益活动等公共关系的效果就很好。企业运用公共关系的目的不仅在于促销,还具有为企业的生产经营创造更为和谐的营销环境等目的。

3. 汽车促销组合策略

所谓汽车促销组合就是把人员推销、广告、销售促进、公共关系等各种不同的汽车促销方式有目的、有计划地结合起来,并加以综合运用,已达到特定的促销目标。这种组合既可包括上述四种方式,也可包括其中的两种或三种。由于各种汽车促销方式分别具有不同的特点,使用范围和促销效果,所以要结合起来综合运用,以便更好地突出汽车产品的特点,加强汽车企业在市场中的竞争力。

企业在制定汽车促销组合策略时应考虑以下因素。

(1) 汽车促销目标 确定最佳汽车促销组合,需要考虑汽车促销目标。汽车促销目标不同,应有不同的汽车促销组合。如果汽车促销目标是为了提高汽车品牌的知名度,那么汽车促销组合重点应放在广告和销售促进上,辅之以公共关系宣传;如果汽车促销目标是为了让消费者了解汽车产品的性能和使用方法,那么汽车促销组合应采用适量的广告、大量的人员促销和某些销售促进。

(2) 产品的种类和市场类型　例如,重型汽车因使用上的相对集中,市场也比较集中,因而人员推销对促进重型汽车的销售效果较好;而轻型汽车、微型汽车由于市场分散,则广告对促进这类汽车销售的效果就更好。总之,市场比较集中时人员推销的效果最好,销售促进和广告效果次之。反之,市场需求分散时广告的效果较好,销售促进和人员推销则次之。

(3) 产品生命周期的阶段　当产品处于导入期时,需要进行广泛的宣传,以提高知名度,因而广告的效果最佳,销售促进也有一定作用。当产品处于成长期时,广告和公共关系仍需加强,销售促进则可相对减少。产品进入成熟期时,应增加销售促进,削弱广告,因为此时大多数用户已经了解了产品,在此阶段应大力进行人员推销,以便与竞争对手争夺客户。产品进入衰退期时,某些销售促进仍可适当保持,广告则可以停止。

总之,企业在充分了解各种促销方式的特点,并考虑影响促销方式各种因素的前提下,才能做出最佳的促销组合决策。

由于人员推销、广告、销售促进、公共关系这 4 项促销方式各有特点,所以促销策略可能是某一两项的单独运用,也可能是四者的综合运用。归纳起来看,汽车产品促销组合的基本策略是“拉引”和“推动”两大策略。

(1) 推动式策略　是利用一定方式,如人员促销把产品或劳务推向目标市场以促进销售的促销策略。具体方法是:产品经由流通组织商业机构的各种推销会、订货会等方式进入市场。即将产品从生产企业推向批发商,再由批发商推向零售商,最后推销给消费者。

(2) 拉引式策略　主要是利用非人员方式来促使潜在顾客产生对经营者的产品或劳务的需求及购买欲望,以促进销售的产品推销策略。一般是由生产者大量地进行广告宣传等活动,激发消费者对企业产品发生兴趣,增加需求量,反过来又刺激中间商主动经销,而打开产品的局面。一般方法有广告促销、信誉促销,即通过一些服务承诺,增加顾客对产品的信任感和吸引力。

所有促销策略都具有推、拉作用,可以说拉中有推,推中有拉,很难分得清。但其中最本质的区别是:拉引式策略以各种促销手段为主;而推动式策略主要是以各种商业组织、流通机构的功能为主。

5.4.2 人员推销

人员推销是指汽车企业的销售人员直接与购买者接触、洽谈、介绍产品以达到促销目的的一系列活动,这是通过销售人员与消费者之间,在一种生动的、直接的、相互影响的关系中进行的。这就要求销售人员观察消费者的需求和特征,快速的做出调整与判断,具有很强的专业性、灵活性和针对性。

人员推销与其他 3 种促销方式存在着不同,它主要表现在:促销人员与潜在顾客直接接触,因而信息沟通过程是双向的;销售员可以快速的获得反馈的信息,并做出相应的调整。它常常被用来解决其他 3 种促销方式力所不及的难题。人员推销的顺利进行也依赖于其他 3 种方式的配合。

1. 人员推销的特点

1）方式灵活

推销人员与潜在消费者进行的是面对面的交谈。通过交谈和观察，推销人员可以及时发现问题，采取必要的协调措施，满足消费者的需求，达成交易。

2）针对性强

与其他市场销售策略相比，人员推销更具有针对性，因为人员推销在推销前总要对顾客进行调研，选择最有可能实现交易的顾客进行推销，针对性强，目标明确，提高了达成率。

3）信息的双向沟通

一方面，推销员向消费者介绍产品的功能、质量、售后等情况，在介绍中使顾客对企业和产品有更深的了解；另一方面，推销员将消费者的意见和态度及时反馈给企业，以利于更好的满足消费者需求。

2. 人员推销的形式

1）上门推销

上门推销是最常见的人员推销形式。它是由推销人员携带产品的样品、说明书和订单等走访顾客，推销产品。这种推销形式，可以针对顾客的需要提供有效的服务，方便顾客，故为顾客所广泛认可和接受。此种形式是一种积极主动的、名副其实的“正宗”推销形式。上门推销在国外十分普遍，在我国还仅仅是开始，从长远来说，人员推销将成为营销的一种重要方法。

2）展厅推销

展厅推销又称门市推销，指汽车企业在适当地点设置固定的展厅、专卖店等，由营销人员接待进入展厅的顾客，推销产品，展厅推销和上门推销的方式正好相反，它是等待顾客上门的一种推销方式，因为汽车产品是大件商品，它的特殊性，决定了汽车销售企业都要选用这种方式。

3）会议推销

指通过寻找特定顾客，通过亲情服务和产品说明会的方法销售产品的销售模式。会议营销的魅力在于它可以迅速的使产品在市场上崛起；可以让品牌在短期内为目标受众群体所熟悉；可以使企业在短期内收回投资；可以极大程度的利用社会资源，没有积压大额货款的担忧；投资相对较少；可以让其从业人员获得丰厚的收入。近年来国内举办的汽车博览会就属于这种推销方式。

3. 人员推销的基本策略

人员推销在汽车销售中起着非常重要的作用，一个优秀的推销人员首先要了解自己的产品，具备丰富的业务技术知识；其次，掌握目标顾客的情况，如目标顾客的年龄、收入水平等。在实际推销中需要掌握的技巧有很多，在进行推销时第一步就是与客户接近。销售员应该知道初次与客户交往该如何向客户问候，使双方关系有一个良好的开端。接近客户的策略包括以下几点。

1）介绍接近策略

自我介绍是最常用的方法，但一般顾客只有在对产品感兴趣时才会注意你的个人情况，所以要注意和别的方法配合使用。

2）商品接近策略

直接利用所推销的商品吸引顾客的注意，引起顾客的兴趣，进而顺利进入洽谈。推销员可以将产品直接展示给顾客，这种方法适合具有特色、功能独特、造型别致的产品。

3）利益接近策略

抓住顾客追求利益的心理，利用所推销的产品能够给顾客带来利益为切入点，从而接近顾客。这种方法要注意，对产品的介绍要符合顾客的利益，同时对产品要进行实事求是的介绍。

4）问题接近策略

这也是在推销中常用的方法，推销员利用提问或与消费者讨论的方式接近消费者。在实际使用中可以通过封闭式提问和开放式提问结合的方式搜集顾客的信息，并和别的方法配合使用，抓住顾客的注意力。

5）赞美接近策略

利用消费者的希望得到他人认可的心理，以赞美的语气博得消费者的好感，从而接近消费者。这种方法在使用中要注意表达上要恰到好处，不要引起消费者的反感。

5.4.3 广告促销

汽车广告是汽车企业用以对目标消费者和公众进行说服性传播的工具之一。汽车广告要体现汽车企业和汽车产品的形象，从而吸引、刺激、诱导消费者购买该汽车产品。在汽车营销活动中，广告具有十分重要的地位和作用。

1. 广告的概念和特点

1）广告的概念

在市场营销活动中，广告是指由特定的广告主有偿使用一定的媒体，传播产品和劳务信息给目标顾客的促销行为。广告有商业性广告和公益性广告之分。所谓商业广告，是指被确认的广告主，按照付费原则，通过大众传播媒介，以其所选择的多数人为目标对象，为了使他们遵循广告主的意图有所行动，对商品、劳务、观念等方面信息所采取的非人员方式的介绍和推广活动。

广告作为促销的一种重要形式，对于迅速、广泛地传播信息、沟通产销联系发挥了重要的作用。

2）广告的主要特点

（1）传递信息、激发需求。传递信息是广告活动的基本功能。在市场经济条件下，产品的制造者与最终消费者很少直接见面，而广告则起了沟通产需双方的桥梁作用。此外，广告激发需求功能的发挥，还可起到创造流行、建立新的消费习惯的作用。

（2）指导消费、扩大销售。认知产品是购买产品的前提，只有消费者充分地认识和了解产品之后，才能做出购买决定。现代市场上，新产品层出不穷，琳琅满目，如果不借助广告的宣传,消费者就很难找到自己需要的产品和其他服务项目。广告指导消费购买,扩大了产品的销售。

(3) 有利于竞争、稳定市场。广告是企业在竞争激烈的现代市场上取胜的一个重要工具。企业通过广告这一有力武器,能加深消费者对企业的良好印象,建立信誉,使消费者相信本企业的产品优于其他竞争品,从而为企业开拓市场、巩固市场创造条件。

2. 汽车广告媒体的特点及其选择

1) 汽车广告媒体的特点

广告要传达某种信息,但信息又必须以某种载体作依托才可以传达出去,传播广告信息的载体即是广告媒体。广告媒体的经典形式有四类,即电视、广播、报纸和杂志。而辅助媒体更多,如广告牌、油印品、公共汽车、邮寄广告和互联网网络媒体。

不同的广告媒体,有不同程度时间和范围的传达性、吸引性和适应性,因而各种广告媒体各有不同特性。

(1) 报纸。报纸的优点是传播范围广、读者广泛;传播及时、信息量大;较大的可选择性、伸缩性和较高的可信性。其缺点是时效短,不易保存;不易从造型、音响方面创新;各报费用差异大。

(2) 杂志。杂志作为广告媒介的优点是针对性强;有较长的时效性,可以反复阅读、过期阅读,比报纸在色彩、造型方面有创新的良好条件;传播时间长,可保存。其缺点是因专业性强,传播范围有限,灵活性差。

(3) 广播。广播作为广告媒介的优点是听众广泛,传播速度快,传播范围广,费用比电视广告便宜。其缺点是较难保存,听众过于分散,相对电视来说创新形式有所限制,只闻其声、不见其形。

(4) 电视。电视是传播广告信息最理想的媒介。其优点是具有传播的广泛性,深入千家万户;综合运用各种艺术形式,表现力强,具有直观性,有听觉、视觉的综合效果;传播速度快、信息量大。其缺点是针对电视的局限性不强;竞争者较多,价格昂贵。

(5) 网络。网络是当前最盛行的一种媒介方式。其优点是费用低廉、成交概率高、多媒体动感性强,同时具有迅捷性、互动性、信息承载量大等特点。其缺点是覆盖率低,且效果评估困难。

2) 汽车广告媒体的选择

根据各种媒体客观上存在的优缺点,在选择时应着重考虑以下因素。

(1) 产品的性质。对汽车来说,电视和印刷精美的杂志在形象化和色彩方面十分有效,因而是最好的媒体。有的汽车杂志广告主要选用了能充分体现汽车外观的设计,给受众以视觉上的冲击。

(2) 目标消费者的媒体习惯。不同媒体可将广告传播到不同的市场,而不同的消费者对杂志、报纸、广播、电视等媒体有不同的阅读、收视习惯和偏好。广告媒体的选择要根据消费者的这些习惯和偏好才能成功,如购买跑车的大多数消费者是中青年的成功人士,所以广播和电视就是跑车的最有效的广告媒体。

(3) 传播信息类型。例如,宣布明日的购销活动,必须在电台或报纸上做广告;而如果广告信息中会有大量的技术资料,则须在专业杂志上做广告。一般情况下,汽车产品的针对性强，因此，比较适合在专业杂志和报纸上做广告，能直接面向待定的消费者，有助于用较低的预算实现预期的目的。

(4) 媒体的成本。广告活动应考虑企业的经济负担能力，力求在一定的预算条件下，达到一定的覆盖、冲击与持续。电视是最昂贵的媒体，而报纸则较便宜。不过，最重要的不是绝对成本数字的差异，而是目标沟通对象的人数构成与成本之间的相对关系。

3. 汽车广告策略

汽车企业做广告，需要决策的内容很多，除上述媒体的选择外，至少还应决策好以下内容。

1) 广告目标的选择

首先，应对企业营销的目标、产品、定价和销售渠道策略加以综合分析，以便明确广告在整体营销组合中应完成的任务，达到的目标。

其次，要对目标市场进行分析，使广告目标具体化。广告目标的具体内容包括：

(1) 促进沟通，需明确沟通到什么程度。

(2) 提高产品知名度，帮助顾客认识、理解产品。

(3) 建立需求偏好和品牌偏好。

(4) 促进购买，增加销售，达到一定的销售量和市场占有率。

2) 广告同产品生命周期的关系

产品所处生命周期不同，广告的形式和目标也应有所差异。对处于导入期和成长期的产品，广告的重点应放在介绍产品知识，灌输某种观念，提高知名度和可信度上，以获得目标用户的认同，激发购买欲望。对处于成熟期的产品，重点则应放在创名牌，提高声誉上，指导目标用户的选择，说服用户，争夺市场。对处于衰退期的产品，广告要以维持用户的需要为主，企业应适当减小广告的作用。

3) 广告定位策略

(1) 广告的实体定位策略。就是在广告中突出宣传产品本身的特点，主要包括功能定位、质量定位和价格定位，确立怎样的市场竞争地位，在目标用户心目中塑造何种形象，从而使广告最富有效果。

(2) 目标市场定位策略。目标市场定位使广告传播更加具有针对性。例如，中央电视台黄金时间是晚 7 点至晚 9 点，如果是农用机械，这种广告最好不选择夏秋两季晚 7 点至晚 8 点播出，因为这段时间我国大部分地区的农民还在劳作。另外，进入外国市场，也要按照当地特点进行重新调整，使之符合当地的文化和传统习惯。

(3) 心理定位策略。心理定位主要包括正向定位、逆向定位和是非定位三种方法。正向定位主要是正面宣传产品的优异之处，逆向定位主要是唤起用户的同情与支持，是非定位则强调自己与竞争对手的不同之处，把强大的竞争对手逐出竞争领域。

4) 广告创意与设计

确立了广告的媒体之后，还必须根据不同媒体的特点，设计创作广告信息的内容与形式，立意应独特、新颖，形式要生动，广告词要易记忆，宣传重点要突出。切忌别人看了广告后，却不知道广告要表达的是什么产品的什么特点。广告应达到讨人喜欢，独具特色和令人信服的效果，或者说要达到引起注意、激发兴趣、强化购买欲望并最终导致购买行为。

5）广告时间决策

广告在不同时间宣传，会产生不同的促销效果。这一决策包括何时做广告和什么时刻做广告。前者是指企业根据其整体市场营销战略，决定自什么时候至什么时候作广告。包括：是集中时间做广告，还是均衡时间做广告；是季节性广告，还是节假日广告等。后者则是决定究竟在哪一时刻做广告，如电视广告是在黄金时间做广告，还是在一般时间内做广告，是否与某一电视栏目相关联等。

5.4.4 销售促进

1. 销售促进的概念和特征

1）销售促进的概念

销售促进又称为营业推广，它是指汽车企业运用各种短期诱因鼓励消费者和中间商购买、经销汽车产品和服务的促销活动。

销售促进的对象主要包括消费者和汽车经销企业两类。对消费者的销售促进，目的主要是鼓励用户试买、试用，争夺其他品牌的用户；对经销商的销售促进，目的主要是鼓励多买和大量购进，并建立持久的合作关系。

2）销售促进的特征

（1）销售促进是广告和人员推销的一种补充手段，是一种辅助性的促销手段。

（2）销售促进是一种非经常性的促销活动。广告和人员推销则是连续性、常规性的销售活动。

（3）销售促进的刺激性很强，但促销作用不能持久。

2. 对消费者的销售促进形式

可最终用户销售促进的主要形式有以下几种。

（1）服务促销

通过周到的服务，使客户得到实惠，在相互信任的基础上开展交易。其主要的服务形式有：售前服务、订购服务、送货服务、售后服务、维修服务、供应零配件服务、培训服务、咨询信息服务等。以下是一些汽车公司的服务促销措施。

大众汽车公司在德国的4000多个经销店和服务站，都可随时接受用户订车。经销商们宽敞明亮的展厅、醒目的指示牌、齐全的产品样本和价目表、布置得体的洽谈室以及考虑周到的停车场，为顾客创造了良好的购车环境。经销商给用户提供全方位的服务，服务项目包括旧车回收、二手车交易、维修服务、提供备件、附件销售、车辆租赁、代办银行贷款、代办保险、车辆废气测试、顾客紧急营救等。

梅塞德斯-奔驰汽车公司采取了一系列扩大服务、促进销售的措施，如成立卡车租车公司，长期出租卡车；在欧洲实行卡车用户协议办法，持卡者可免费在公司设在欧洲的2700个维修点维修车辆和增配零件；开设了以旧换新服务项目，建有旧车销售网和旧车销售情报中心，为顾客免费提供咨询；为出租车、救护车等专用车采购大户提供特别服务；实行奔驰机场修车和保养服务，顾客可利用出差、度假时间，在机场交出车辆进行保养维修。

宝马(BMW)汽车公司在世界各地的销售商都必须就BMW车的买卖、选型、运转功能、成本、保险甚至车用移动电话等特殊装备的细节问题,向用户进行内容广泛而深入的答疑和咨询服务。BMW十分重视对中间商就用户的特殊服务和全面服务进行培训。除了境内众多的培训中心外,BMW在近东、远东以及拉美都建有培训点。由于销售商直接与用户接触,BMW认为销售商是BMW的形象代表,经常对用户展开有奖调查,以发现销售商是否符合BMW的要求。BMW还设有24小时巡回服务,行驶在世界各地的BMW车,一旦出现故障,只要一个电话,就近的巡回车就会赶到现场迅速排除故障。BMW还对用户报废车进行回收,建有拆卸旧车试验场,既为用户带来好处,又符合环保要求。

本田公司为了向用户提供优质服务,该公司十分注重提高经销及技术服务人员的素质,连他们的举止仪表都有具体规定。例如本田设于泰国的一个经销商,规定管理人员每两个月要到五星级宾馆进行一次接待礼仪方面的研修。此外,为了提醒用户,该公司在定期车检之前,通常还采取信函方式通知用户前来接受服务,并对用户的合作表示谢意。修配厂还设有娱乐设施并免费提供饮料,即使用户开来了其他公司的车,他们也一样服务周到,让用户满意而去。

(2) 开展汽车租赁业务

开展租赁业务,对用户而言,可使用户在资金短缺的情况下,用少部分现钱而获得汽车的使用权。汽车投入使用后,用户用其经营所得利润或其他收入在几年内分期偿付租金,最终还可以少量投资得到车辆的产权,可以使用户避免货币贬值的风险;对我国运输经营者而言,租赁业务可使用户享受加速折旧、税前还贷、租金计入成本、绕过购车手续等优惠。对于汽车生产厂来说,可以拓宽销售渠道,增加汽车的生产。对于汽车中间商而言,开办租赁业务也能够取得比进销差率更好的经济效益。20世纪90年代欧洲汽车市场连年萧条,各汽车公司竞相推出“租借”销售法。

(3) 分期付款与低息贷款

针对用户购车资金不足,除租赁租借销售方式外,分期付款和低息贷款也是汽车促销的重要方式。分期付款是用户先支付一部分购车款,余下部分则在一定时间内,分期分批支付给销售部门,并最终买断汽车产权;而低息信贷则是用户购车前先去信贷公司贷足购车款,然后再购车,用户的贷款由用户与信贷公司结算,汽车销售部门则在用户购车时一次收清全部购车款。信贷业务与汽车销售业务相互独立。分期付款与低息贷款销售法在西方国家十分盛行。如克莱斯勒汽车公司每年要向数十万名顾客发放卖方贷款,用户的贷款可在两年内分18次偿还;福特公司不仅给予用户价格折扣,而且给予低息贷款;丰田公司实行“按月付款销售”;我国目前很多汽车公司也在推行分期付款销售。

(4) 订货会与展销促销

订货会是促销的一种有效形式,可以由一家企业举办,也可以由多家企业联办,或者由行业及其他组织者举办。订货会的主要交易方式有:现货交易(含远期交易)、样品订购交易以及进出口交易中的易货交易、以进代出贸易、补偿贸易等。

展销也是销售促进的有效形式,通过展销可起到“以新带旧”、“以畅带滞”的作用。同时,企业在展销期间,一般给予购买者优惠,短期促销效果很明显。展销的主要类型有:以名优产品为龙头的展销、新产品展销、区域性展销等。

(5) 价格折扣与价格保证促销

折扣销售是生产企业为了鼓励中间商或用户多买而在价格上给予的优惠,包括批量折扣、现金折扣、特种价格折扣、顾客类别折扣等。

这种推销法实际上是"薄利多销"策略的一种表现形式,其目的是刺激顾客的购买兴趣。卖方并不吃亏,为了留有打折的余地,厂商总是先把车价订得稍高一些,使打折后仍有利可图,同时也给用户一种"占了便宜"的印象。例如通用公司在20世纪80年代将X型紧凑型轿车零售价调至比批发价高26%,雪佛兰调高20%,然后分别以削价100美元和500～700美元的折扣出售,终于打开了销售局面。

(6) 先试用、后购买

这种促销方法是公司先将汽车产品交付用户使用,使用一段时间后,用户满意则付款购买,如不满意则退回公司。

(7) 以旧换新

"以旧换新"销售方法在汽车工业发达国家十分流行。这种方法是汽车公司销售网点收购用户手中的旧车(不管何种品牌),然后将公司的新车再卖给用户,两笔业务分别结算。公司将收来的旧车经整修后,再售给那些买二手车的顾客。此种销售方法能满足用户追求新异的心理,又能保证车辆的完好技术状态,有较好的经济和社会效益。

(8) 精神与物质奖励

企业为了对推销成绩优异的本企业推销人员进行鼓励,充分发挥他们的能动性,可采取各种物质奖励和精神奖励的形式,激励推销人员为企业的促销作出更大的努力。企业也可以对使用本产品的用户,给予物质和精神奖励,以培养用户对本企业汽车产品的忠诚感。

(9) 竞赛与演示促销

汽车企业根据目标市场的特点,对经销人员和单位组织各种形式的竞赛,以刺激和鼓励经销者和推销人员努力推销本企业的产品,树立良好的企业形象。对用户可以采取知识竞赛、驾驶水平竞赛等。演示促销可提供现场证明,增强客户的信任感,激发购买欲望等。汽车产品还可通过举办汽车拉力赛将竞赛与演示结合起来。企业可以利用这些比赛充分展示企业产品的性能、质量和企业实力,以建立和保持产品形象和企业形象。

对汽车最终用户的促销方式还有多种,尤其值得一提的是,汽车营销者应注重培育潜在市场和挖掘潜在需求,即创造需求,不断地为企业开辟更广阔的市场。例如,神谷正太郎针对20世纪60年代很多日本人不会开车的事实,在丰田销售公司创办了汽车驾驶学校,任何人都可以去那里免费学习汽车驾驶,这一举措吸引了不少的驾驶学习者。凡来参加学习的人员,不仅很快学会了驾驶技术,而且培育了驾驶乐趣和爱好,强化了他们的汽车理论和占有欲望,不断地为丰田汽车培养了忠诚的客户。

3. 对中间商的销售促进形式

上述对消费者的促销方式,有些方式也可用于对中间商促销,如会议、展销、激励、奖励和价格保证等促销方式。总体上讲,生产企业对中间商的促销一般应围绕给予中间商长远的和现实的利益进行,具体方式可以在贸易折扣、建立牢固的合作机制、资金融通、广告贴补、商业信用等方面展开促销。

从贸易折扣方面看,生产企业可以从多个方面给予中间商贸易折扣,如现金折扣、数量折扣、功能折扣等。

(1) 现金折扣

这种促销方式是指如果中间商提前付款，可以按原批发折扣再给予一定折扣。如按规定，中间商应在一个月内付清货款。如果中间商在10天付清款项，再给予2%的折扣；如在20天内付清款项，只再给予1%的折扣；如超过20天，则不再给予另外折扣。显然，这种促销方式有利于企业尽快回收资金。

(2) 数量折扣

数量折扣是对于大量购买的中间商给予的一定折扣优惠，购买量越大，折扣率越高。数量折扣可按每次购买量计算，也可按一定时间内的累计购买量计算。在我国，通常称为"批量差价"。

(3) 功能折扣

这种折扣形式是企业根据中间商的不同类型、不同分销渠道所提供的不同服务给予的不同折扣。例如，美国制造商报价100元，"折扣40%及10%"，表示给零售商折扣40%，即卖给零售商的价格为60元，给批发商再折扣10%，即54元。

有些汽车公司还根据中间商的合作程度给予不同折扣，如我国某汽车公司曾与经销商和用户建立了一种利润共享、风险均担的机制。其具体内容是：

① 凡在市场疲软时，保持或增加对本公司汽车订货额的经销企业，在市场畅销时，有优先保持和增加汽车资源的权利。

② 在市场疲软时不要求增加价格折扣的经销企业，则在市场畅销时相应增加其价格折扣。

③ 在市场疲软时，合同外增购的汽车将享受较大的价格折扣。

④ 对市场疲软时减少订货的经销企业，在畅销时也将减少资源供应量。

从建立稳固的合作机制方面看，企业还可以同中间商就服务、广告补贴、送货、运费、资金融通等方面达成长期协议。

总之，企业无论对哪种对象展开促销活动，都应根据具体情况，综合运用各种促销组合策略，并在实践中不断地创造有效的促销方式，为企业的市场营销增添新的特色和内容。

5.4.5 公共关系

1. 汽车营销公共关系概述

公共关系是促进销售的一个重要组成部分，但与其他促销手段有所不同。究竟什么是公共关系，国内外学者都有许多不尽相同的解释和定义。按菲利浦·科特勒的定义，作为一种促销手段的公共关系是指这样一些活动：争取对企业有利的宣传报道，协助企业与有关的各界公众建立和保持良好关系，建立和保持良好的企业形象，以及消除和处理对企业不利的谣言、传说和实践。作为重要的汽车营销工具——公共关系，是指汽车企业充分运用公共关系的理念与手段，建设性地与用户、供货商及外部环境建立良好的关系，以有利于汽车营销目标的顺利实现。

(1) 公共关系不是单纯的直接促销，因此消费者不易产生对立情绪。

(2) 公共关系面对的公众，一般比广告的公众更加广泛，所以其影响力比较深远。

(3) 公共关系一般不是直接地宣传企业的汽车商品，而是宣传企业的形象，改善公众的态度，它对汽车商品促销作用是间接的。

2. 公共关系的主要对象

公共关系面对着各种层次、各种需求和各种利益的公众，其中4种类型的公众是汽车企业必须重点关注的对象。

1) 消费者公众

消费者是最为重要的营销公众之一，因为他们是汽车营销活动的核心。消费者可以是个人，也可以是企事业单位、政府机关等。汽车营销公共关系要积极处理好以下几方面与消费者公众的关系。

(1) 主动、热情地了解汽车消费者的需要，千方百计地为满足消费者的需求而努力服务。

(2) 坚持不搞“一次性买卖”，努力通过汽车商品这一桥梁与汽车消费者建立长期、稳定的关系。

(3) 有责任帮助汽车消费者了解汽车生产商和销售商的宗旨、产品性能、服务方式，争取赢得消费者的信任和好感。

(4) 随时注意和掌握消费者的消费信息，注意搜集汽车消费者对已购汽车性能、服务方式等的满意程度，以此来改进、完善服务工作。

(5) 自觉履行本行业、本职业、本岗位的职业道德、规范，尽可能照顾好汽车消费者的实际利益。

(6) 根据汽车消费者的消费需求和特点，不断增加服务项目，制订优质服务制度，创造最佳的消费环境。

(7) 对于汽车商品消费者，售前服务是做好实事求是的宣传；售中服务是把优质商品提供给消费者任意挑选，不能以次充好，以假乱真；售后服务是必须兑现服务承诺，从而树立起良好的营销形象。

(8) 汽车营销公关在对本企业负责的同时，必须有对社会负责的认识，做到经济效益与社会效益的统一，对有害汽车消费者健康和安全的产品、对严重不利于社会环保等汽车产品应主动请求停产，决不能见利忘义。

2) 协作者公众

协作者公众主要是指经销汽车产品的社会组织和个人。但从企业经营活动的全方位来考察，协作者公众还包括那些给本企业生产活动提供材料、能源、劳动力等其他商品的社会组织和个人。严格地讲，前者通常称为经销商公众，后者通常称为供应商公众。

(1) 经销商公众

汽车经销商公众是汽车生产商的商业伙伴，是汽车生产厂家在现代社会分工环境中生存与发展的必要依靠力量。经销商公众大体包括：批发商、零售商、经纪人等。

处理与汽车经销商公众的关系，必须注意以下几个方面：

① 自觉吸收来自汽车经销商公众的信息。

② 主动向汽车经销商公众发布汽车营销信息。

③ 积极为汽车经销商公众服务。

(2) 供应商公众

供应商公众是企业重要的外部公众，它对维持企业的生产经营活动有序、正常地运转具有积极重要的作用，尤其是社会化大生产的现代社会更是如此。处理与供应商公众的关系，应遵守以下基本原则：

① 短期向供应商公众提供所需要的物资清单，从而保证企业的生产、劳务需要；

② 严格遵守买卖双方的供货协议、合同制度、付款形式、数量价格、违约赔偿等；

③ 与供应商事前统一质量评定方法和评价的准则，防止因评价发生争执，影响双方关系；

④ 为了便于双方相互了解和长期合作，必须建立起物资供需的信息交流制度，保证供需双方的利益安全；

⑤ 与供应商的商业活动必须考虑到消费者的利益，严格防止假冒伪劣产品流入企业用于生产。

3) 竞争者公众

竞争者公众是指与本企业生产相同或相近产品、提供相同服务，从而具有同一市场的社会组织和个人。由于是同行，因此彼此之间在客观上就存在一种竞争的关系。

如何处理好与竞争公众的关系，便成为汽车营销公共关系中的重大课题之一。事实上，竞争公众的存在，对一个企业的生存和发展而言既是挑战，又是机会。

在市场经济条件下，一方面竞争者公众的客观存在是不以人们的意志为转移的事实；另一方面，汽车营销领域作为市场竞争的“前沿阵地”，汽车营销人员作为市场竞争第一线的“战士”，只有遵循下列基本准则才能从根本上处理好与竞争者公共的关系。

① 树立正确的竞争目的。在社会主义市场经济条件下，同行之间的竞争，从微观而言，是为了各自的经济效益；从宏观而言，推动了社会经济的繁荣和发展。因此，在市场竞争中，树立共同发展、共同繁荣的竞争目的是利国利民的营销公共价值观。

② 遵守竞争道德。同行之间的竞争应遵守职业道德规范，要在法律和政策允许范围内开展合情、合理、合法的竞争。在竞争中唯有通过科学经营管理、改进技术装备、提高产品质量、改善服务态度、注重营销公关的获胜者，才会被社会接受，成为其他企业的表率。

③ 竞争中加强协作交流。同行之间虽然是竞争对手，但由于彼此的根本利益和最终目的一致性，决定了竞争双方又是伙伴关系，因此，在竞争中合作，在合作中竞争便是题中之意。竞争不忘协作交流，在协作交流中共同解决竞争中遇到的问题。

4) 政府公众

在汽车营销公众中，政府是一个特殊的公众。政府不仅作为一个消费者有着自己的市场，而且只有它才有权把国家财政收入的部分资金作为政府对公共事业建设的投资形成巨大的市场。

(1) 政府公众对企业的影响

政府是商业政策的制订者，它通过商业政策所表达的市场导向，对市场营销环境的现状形成巨大的影响力，这些影响表现为

① 政府的产业政策影响着汽车企业营销战略计划的制订。

② 公安、司法部门保护着企业营销活动在法律规范下正常运作。

③ 财税部门对汽车企业照章征税，并通过税率变化来引导市场。

④ 工商管理部门通过对汽车企业的登记、商标注册、合同管理来保证市场营销活动的有序化。

⑤ 物价部门对汽车商品的价格制订规范，防止市场营销中的暴利现象。

⑥ 质量检验部门对汽车商品的质量实行抽样监督，保障消费者的身体健康和生命财产安全。

⑦ 海关和商检部门对进出口商品实行报关、验关和质量、卫生检验，以维护出口商品在国际市场上的商业信誉和进口商品在国内市场上的公平竞争。

(2) 对政府公众的公共关系活动

汽车营销活动中，对政府公众的公共关系包括以下几方面：

① 主动而及时地向政府的统计部门提供准确的经济活动数据，以便让政府对企业的经营状况有一个全面认识。

② 自觉接受政府和社会审计部门的审计，毫不隐瞒地提供各种财务资料，以便让政府对企业遵守财经纪律的状况有一个客观的评价。

③ 按时向政府的财税部门上缴税款，接受财税部门对企业资金运作的指导，让政府对企业的经济效益水平有一个真正的了解。

④ 随时向政府物价部门汇报本企业产品的定价情况，以便在政府公众中形成“物价信得过”的良好形象。

⑤ 积极向政府的工商管理部门提供真实的营销数据，以便赢得政府公众对企业的管理信心和商业信誉。

⑥ 主动接受政府有关部门对企业营销行为的监控，以便在政府公众中对企业营销行为放心。

总之，政府公众不仅影响营销环境的生成，而且影响营销手段的选择和运用。

3. 公共关系的任务

公共关系的任务是为了帮助汽车这一特殊商品实现营销目标。具体地说，汽车营销公共关系工作主要承担以下 4 项任务：

(1) 与新闻界联系。与新闻界联系就是建立和保持与新闻传播媒体的关系，将有价值的汽车营销信息通过新闻媒体的传播，引起人们对汽车商品和售后服务的关注。

(2) 商品公共宣传。商品公共宣传就是配合第一线的营销部门为某个品牌或型号的汽车商品作宣传。

(3) 企业信息沟通。企业信息沟通就是利用公共关系手段帮助实现汽车企业与外部环境之间的信息沟通，促进各类公众对企业的了解。

(4) 建议和咨询。建议和咨询就是就公众事件、企业地位、企业形象等问题向政府提出建议或咨询。

4. 公共关系促销的主要方法

现代企业公共关系活动的开展可谓丰富多彩，常用公共关系活动的方法有：

(1) 创造和利用新闻　企业公共关系部门可编写企业的有关重要事件、产品等方面的新闻,或举办活动创造机会以吸引新闻界和公众的注意,扩大影响,提高知名度。例如,日本丰田汽车公司每年举办“丰田杯”足球赛,对提高丰田公司在全世界的知名度有很大作用。

(2) 参与各种社会活动 例如,通过各种有意义的赞助活动,可以树立企业关心社会公益事业的良好形象,培养与有关公众的友好感情,从而增强企业的吸引力和影响力。比如一些汽车公司给灾区人民、“希望工程”和老少边地区捐赠汽车等活动。

(3) 开展各项有意义的活动 通过丰富多彩的活动,如举办产品和技术方面的展览会或研讨会、演讲会、有奖比赛、纪念会、开幕式或闭幕式等,引起广大公众对企业和产品的注意,提高企业及产品声誉。现在许多世界著名的汽车公司十分注重在中国的公共关系工作。如在中国举办的多次汽车展览会上,许多大型国际汽车公司都展现了他们的优良汽车产品和技术实力,对提高他们的产品和企业在中国的声誉有着巨大作用。

(4) 编写和制作各种宣传材料 这些材料包括介绍企业和产品的业务通讯、期刊、录像带、幻灯片或电影等公众喜闻乐见的宣传品。

此外,企业还可通过职工名片等各种途径搞好企业的公共关系。

5.5 汽车市场营销组合

5.5.1 市场营销组合的内涵

4P理论(也称4P策略)产生于20世纪60年代的美国,它是随着营销组合理论的提出而出现的。1953年,尼尔·博登(Neil Borden)在美国市场营销学会的就职演说中创造了“市场营销组合”(marketing mix)这一术语,意思是市场需求或多或少地在某种程度上受到所谓“营销变量”或者“营销要素”的影响。为了寻求一定的市场反应,企业要对这些要素进行有效的组合,从而满足市场需求,获得最大利润。营销组合实际上有几十个要素(博登提出的市场营销组合原本就包括12个要素),杰罗姆·麦卡锡(McCarthy)于1960年在其《基础营销》(Basic Marketing)一书中将这些要素概括4类:产品(product)、价格(price)、渠道(place)、促销(promotion),即著名的4P理论。1967年,菲利普·科特勒在其畅销书《营销管理:分析、规划与控制》第一版进一步确认了以4P理论为核心的营销组合方法,具体如下所述。

(1) 产品:注重开发的功能,要求产品有独特的卖点,把产品的功能诉求放在第一位。

(2) 价格:根据不同的市场定位,制定不同的价格策略,产品的定价依据是企业的品牌战略,注重品牌的含金量。

(3) 分销:企业并不直接面对消费者,而是注重经销商的培育和销售网络的建立,企业与消费者的联系是通过分销商来进行的。

(4) 促销:企业注重销售行为的改变来刺激消费者,以短期的行为(如让利、买车送装具等)促成消费,吸引其他品牌的消费者或引导提前消费来促进销售的增长。

4P理论的提出奠定了管理营销的基础理论框架。该理论以单个企业作为分析单位,认为影响企业营销活动效果的因素有两种:一种是企业不能够控制的,如政治、法律、经济、人文、地理等环境因素,称之为不可控因素,这也是企业所面临的外部环境;一种是企业可以控制的，如生产、定价、分销、促销等营销因素，称为企业可控因素。企业营销活动的实质是一个利用内部可控因素适应外部环境的过程，即通过对产品、价格、分销、促销的计划和实施，对外部不可控因素做出积极动态的反应，从而促成交易的实现和满足个人与组织的目标，用科特勒的话说就是"如果企业生产出适当的产品，定出适当的价格，利用适当的分销渠道，并辅之以适当的促销活动，那么该公司就会获得成功"。所以市场营销活动的核心就在于制定并实施有效的市场营销策略组合。

5.5.2 市场营销组合的作用

市场营销组合在汽车市场营销活动中居重要地位，具有十分积极的作用。

1）汽车企业市场营销的基本手段

汽车企业要很好地满足顾客需要，除调查了解顾客需要，进行市场细分，确定企业营销对象外，还需针对目标顾客的需求确定适当营销组合，最大限度地满足顾客需要，从而有效地达到企业营销目标。

如果没有市场营销组合，没有在市场营销组合观念指导下企业各部门以顾客为基本导向的协同努力，满足顾客需要将受到阻碍。所以，市场营销组合是实现营销目标的最佳途径。

2）汽车企业制定营销战略的基础

通常汽车企业根据其发展战略制定营销目标，在营销目标指导下确定营销组合。

在制定营销战略时，为实现营销目标，企业既要强调营销组合诸因素的协调配合，又要根据产品和市场的特点，充分发挥企业优势，重点运用某一个或某两个营销组合因素，形成企业的最佳营销组合。所以，营销组合是营销战略的基础，是保证企业营销目标得以实施的条件。

3）汽车企业赢得竞争的有力武器

任何企业的资源都是有限的，竞争对手之间，无论实力大小，都各有其优势和劣势，根据企业资源条件和优势，根据市场环境的变化和市场竞争格局，根据产品和市场的特点，巧妙灵活地运用组合的各个因素，既突出重点，又有整体配合，就能在市场竞争中克敌制胜。

4）协调汽车企业内部力量的纽带

市场营销组合就是整体营销，它不仅要求有组合诸因素的协调配合，还要求企业各部门要以顾客为中心，协调行动，共同为满足顾客的需要而努力。

在市场营销部门的协调下，各部门分工协作，形成一个统一的整体，发挥各部门在满足顾客需要中的作用。

5.5.3 市场营销组合的特点

1）可控性

营销组合的四大因素及其亚因素是企业可以控制的。汽车企业可以根据目标市场的需要，决定生产经营什么产品，给产品选择什么分销渠道，决定产品的销售价格，选择广告宣传手段等。

制定营销组合必须以深入细致的市场调研为基础，充分掌握市场环境变化态势及目标市场的需求特点。只有根据市场环境变化和目标市场需要制定的营销组合才是最优组合。

2）动态性

市场营销组合不是固定不变的静态组合，而是变化无穷的动态组合。因为市场营销组合是多个互相影响的营销因素的组合，这些因素受到内部条件和外部环境变化的影响，经营处于变化状态。

为了适应市场环境和消费需求的变化，汽车企业必须随时调整营销组合因素，使营销组合与市场环境保持一种动态的适应关系。“动”是绝对的，“不动”是相对的，在“动”中才能求生存、求发展。

3）复合性

营销组合的四大因素各自包括了多个次一级至更次一级的因素，即在每种策略中又包含了一系列的具体手段。比如产品策略中包含了产品组合、产品寿命周期、新产品开发、包装、品牌等手段；定价策略中包含了成本核算、价格构成、定价技巧等多种手段；分销渠道策略中包含了销售地点、销售渠道、存货控制、运输设施等手段；促销策略中，包含广告、人员推销、销售促进等手段。所以，企业的营销组合，不仅是四大因素的组合，而且包括各层次亚因素的组合。可以说，营销组合首先是四大因素的整体组合，然后是各个因素内部组合。如此类推，使汽车企业各层次各环节的营销因素都协调配合，共同为实现企业营销目标发挥作用。

4）整体性

营销组合要求汽车企业市场营销的各个因素协调配合，一致行动，发挥整体功能。因此，在制定营销组合时，要追求整体最优，而不能要求各个因素最优，各个亚层次的组合也必须从整体组合的目标和要求，维护营销组合的整体性。

5.5.4 大市场营销的概念

1. 大市场营销概念的提出

大市场营销(megamarketing)是美国市场营销大师菲利普·科特勒于1984年提出的新概念。其定义是：为了成功地进入特定市场，并在那里从事业务经营，在策略上协调使用经济、心理、政治和公共关系等手段，以争取外国或当地各有关方面的合作和支持。根据科特勒的定义，大市场营销实际上是企业进入特定市场所实施的特殊市场营销策略。

所谓特定市场是指进入屏障极高的封闭型或保护型市场。在一般市场上，进入屏障主要来自顾客。在特定市场上，设置屏障的既得利益集团往往可以得到政府立法部门和管理部门、劳工组织、银行及其他组织的支持。它们极力把市场封闭起来，阻止其他竞争者进入。这种情况在国内市场有，在国际市场更为常见，国际贸易保护主义的回潮及政府干预的加强就是明显的例证。

极高的进入屏障大大增加了进入市场的难度，要解决这一问题，仅靠常规的市场营销手段显然难以奏效，必须采用更广泛的营销手段。正如科特勒所指出的那样，必须在策略上综合利用经济、心理、政治和公共关系等方面的手段，以谋求某些关键人物和部门的合作，使市场营销能顺利开展。

日本八佰伴百货集团在20世纪60年代初有意进入新加坡市场，百事可乐公司进入印度市场等案例表明，在某些特定市场上，市场营销不能仅依靠普通的营销手段，必须加上心理、政治等手段，以说服政府和公众，打开市场之门。

2. 大市场营销的特点

与一般的市场营销相比，大市场营销具有以下特点。

1）大市场营销的目的是打开市场之门

大市场营销的目的是打开市场之门，进入特定市场。在一般市场营销活动中，市场已经存在，而是如何开展有针对性的营销活动以满足市场需要，实现企业经营目标。在大市场营销条件下，企业面临的首要问题是如何进入市场，影响和改变社会公众、顾客、中间商等企业营销活动对象的态度和习惯，使企业营销活动能顺利开展。

2）大市场营销的涉及面比较广泛

在一般市场营销活动中，企业营销主要与顾客、经销商、广告代理商、资源供应者、市场研究机构发生联系。在大市场营销条件下，企业营销活动除了与上述方面发生联系外，还涉及更为广泛的社会集团和个人，如立法机构、政府部门、政党、社会团体、工会、宗教机构等，企业必须争取各方面的支持与合作。

3）大市场营销并用积极的和消极的两种诱导方式

大市场营销既采用积极的诱导方式，也采用消极的诱导方式。在市场营销活动中，有时要采取消极的诱导方式，"软硬兼施"，促成交易。但消极的诱导方式有悖于职业道德，又可能引起对方的反感，因此要慎用或不用。

4）大市场营销的投入较多

大市场营销投入的资本、人力、时间较多。在大市场营销条件下，由于要与多个方面打交道，逐步消除或减少各种屏障，企业必须投入较多的人力和时间，花费较大的资本。

3. 大市场营销的意义

大市场营销的提出，开阔了营销人员的视野，丰富了营销手段和方法，对企业市场营销具有较为深远的意义。

（1）加强了企业对处理好各方面关系的认识

在大市场营销中，由于企业的阻力不是首先来自顾客而是来自其他营销活动的参与者，企业必须首先协调与这些参与者的关系，才能顺利开展营销活动。这就大大加深了企业对处理好各方面关系的认识，使企业充分意识到树立良好的企业形象和产品形象，取得顾客和各方面公众对企业的信任和支持，对企业实现营销目标具有十分重要的意义。

（2）打破了企业对外部环境因素完全不可控制的传统观念

在大市场营销条件下，某些环境因素可以通过企业的各种活动加以影响和改变，如政治、法律方面的活动和游说、谈判、公共关系以及广告宣传等。因此，企业不能对环境因素仅作被动的适应，而应采取积极的态度，在适应中影响环境，改变环境。

（3）加深了企业对市场营销的理解

在大市场营销条件下，由于某些社会和文化偏见，最初市场并不欢迎某种产品，但经过有效的大市场营销活动,市场转变了对这种产品的态度,接受了这种产品。这给企业的启示是:市场营销与市场需求之间并不是一种被动的适应关系,市场营销“传递和创造生活标准给社会”,它对市场需求有积极的引导作用。

因此,汽车企业不能仅仅满足于适应市场需求,而且要影响需求,创造新的需求。对市场营销的这一新理解,可以激励汽车企业的创新精神,使汽车企业永不满足于现状,积极主动地适应市场需求的变化。

大市场营销是指为了成功地进入特定市场,并在那里从事业务经营,在策略上协调使用经济、心理、政治和公共关系等手段,以争取外国或当地各有关方面的合作和支持。

本章小结

企业营销活动的实质是一个利用内部可控因素适应外部环境的过程,即通过对产品、价格、分销、促销的计划和实施,对外部不可控因素做出积极动态的反应,从而促成交易的实现和满足个人与组织的目标。

产品是指为注意、获取、使用或消费以满足某种欲望和需要而提供给市场的任何事物。

汽车产品市场生命周期,是指汽车产品从投放市场到被淘汰出市场的全过程,是指汽车产品在市场上的存在时间,其长短受消费者需求变化、汽车产品更新换代的速度等多种因素的影响。

汽车企业定价的目标有以追求利润为定价目标,以增加销量为定价目标,以扩大或保持市场占有率为目标,以应对竞争为定价目标。其定价方法有成本导向定价法、需求导向定价法、竞争导向定价法。

分销渠道又称为销售渠道,即产品从生产者到用户的流通过程中所经过的各个环节连接起来形成的通道。

复习与思考题

1. 在汽车产品生命周期的不同阶段,企业应采取哪些与之相适应的营销策略?
2. 借助所学内容,实际调查某一汽车产品,分析其定价策略。
3. 分析中国汽车分销渠道策略。

案例分析

案例:汽车销售人员乔治的故事

这是美国中部一个普通城市里一个普通地区的一家比较知名的车行。这个车行展厅内有6辆各种类型的越野车。这是一个普通的工作日,阳光明媚,微风吹拂,让展厅看起来格外明亮,店中的7个销售人员都各自在忙着自己的事情。下午，一对夫妻带着两个孩子走进了车行。凭着做了10年汽车销售的直觉，乔治认为这对夫妻是真实的买家。

乔治热情地上前打招呼(汽车销售的第一个步骤)并用目光与包括两个孩子在内的所有的人交流，目光交流的同时，他作了自我介绍，并与夫妻分别握手。之后，他看来是不经意地抱怨天空逐渐积累起来的云层，以及周末可能来的雨雪天气，似乎是自言自语地说，也许周末的郊游计划要泡汤了。这显然是很自然地转向了他需要引导到的话题。他诚恳地问，“两位需要什么帮助?”(消除陌生感，拉近陌生人之间距离的能力)

这对夫妇说他们现在开的是福特金牛，考虑再买一辆新车，他们对越野车非常感兴趣。乔治开始了汽车销售流程中的第二个步骤(搜索客户需求的信息)。他开始耐心、友好地询问：什么时候要用车？谁开这辆新车？主要用它来解决什么困难？在彼此沟通之后，乔治开始了汽车销售的第三个步骤——满足顾客需求，从而确保客户将来再回到自己车行的可能性得到提高。他们开始解释说周末要去外省看望一个亲戚，他们非常希望能有一个宽敞的四轮驱动的汽车，可以安全以及更稳妥地到达目的地。

在交谈中，乔治发现了这对夫妻的业余爱好，他们喜欢钓鱼。这样的信息对于销售人员来说是非常重要的。这种客户信息为销售人员留下了绝佳的下一次致电的由头。销售不是一个容易学习和掌握的流程性的工作，它不像体育运动，体育运动只要按照事先规定的动作执行，执行到位就可以取得比一般人好的成绩，而在销售工作中即有流程性质的内容，也有非常灵活的依靠某种非规则性质的内容。比如，掌握及了解客户业余爱好的能力，就是被大多数销售人员所忽视的，甚至根本就不会去考虑。在优秀的销售人员中，他们一直认为自然界中“变色龙”的技能对销售过程最为有用。客户由此感知到的将是一种来自销售人员的绝对真诚、个性化的投入和关切，在这种感知下，客户会非常放心地与销售人员交往。由此，在上述的案例中，乔治展现出自己也对钓鱼感兴趣，至少可以获得一个与客户有共同兴趣的话题，从而建立起与客户在汽车采购以外的谈资。

乔治非常认真地倾听来自客户的所有信息，以确认自己能够完全理解客户对越野车的准确需求，之后他慎重而缓慢地说“车行现在的确有几款车可以推荐给你们，因为这几款车比较符合你们的期望。”(销售流程中的第三个步骤——产品展示)他随口一问“计划月付多少车款?”因此，客户表达出先别急着讨论付款方式，他们先要知道所推荐的都是些什么车，到底有哪些地方可以满足他们的需要，之后再谈论价格的问题。(客户的水平也越来越高了)

乔治首先推荐了“探险者”，并尝试着谈论配件选取的不同作用。他邀请了两个孩子到车的座位上去感觉一下，因为两个孩子好像没有什么事情干，开始调皮，这样一来，父母对乔治的安排表示赞赏。

这对夫妻看来对汽车非常内行。他推荐的许多新的技术，新的操控，客户都非常熟悉，由此可见，这对夫妻在来之前一定搜集了各种汽车方面的资讯。目前，这种客户在来采购之前尽量多的搜集信息的现象是越来越普遍了。40%的汽车消费者在采购汽车之前都通过互联网搜索了足够的有关信息来了解汽车。这些客户多数都是高收入，高学历，而且多数倾向购买较高档次的汽车，从而也将为车行带来更高的利润。其实，客户对汽车越是了解，对汽车的销售人员就越有帮助，但是，现在有许多销售人员都认为这样的客户不好对付，太内行了，也就没有任何销售利润了。乔治却认为，越是了解汽车的客户，越是没有那些一窍不通的客户所持的小心、谨慎、怀疑的态度。

这对夫妻看来对“探险者”非常感兴趣，但是乔治也展示了“远征者”，一个较大型的越野车，因为后者的利润会多一些。这对夫妻看了一眼展厅内的标有价格的招牌，叹了口气说，超过他们的预算了。这时，乔治开了一个玩笑“这样吧，我先把这个车留下来，等你们预算够了的时候再来。”客户哈哈大笑。

乔治此刻建议这对夫妇到他的办公室来详细谈谈。这也就是汽车销售流程中的第四个步骤——协商。协商通常都是价格协商。在通往办公室的路上他顺手从促销广告上摘了两个气球下来，给看起来无所事事的两个孩子玩，为自己与客户能够专心协商创造了更好的条件。

汽车行销售人员的办公桌一般都是两个倒班的销售人员共同使用的，但是，尽管如此，乔治还是在桌上放了自己以及家人的相片，这其实是另外一个与客户有可能谈到的共同话题。他首先写下夫妻俩的名字，联系方式，通常是购汽车的潜在客户都不会是第一次来就决定购买。留下联系方式，以便将来有机会在客户到其他的车行都调查过以后，再联系客户成功性会高许多。他再一次尝试着先问了客户的预算是多少，但客户真的非常老练，反问道“你的报价是多少?”乔治断定他们一定已经通过多种渠道了解了该车的价格情况，因此，乔治给了一个比市场上通常的报价要低一点的价格，但是，客户似乎更加精明，面对他们的开价，乔治实际只能挣到 65 美元，因为这个价格仅比车行的进价高 1%。乔治表示出无法接受，于是乔治说，如果按照他们的开价，恐怕一些配置就没有了。于是，乔治又给了一个比进价高 6%的报价。经过再次协商，乔治最终达成了比进价高 4%的价格。对于乔治来说，这个价格利润很薄，不过还算可以了，毕竟，客户第一次来就能够到达这个步骤已经不错了，而这个价格则意味着车行可以挣到 1000 美元，乔治的提成是 250 美元。

乔治非常有效率地准备好了相关的文件，因为需要经理签字，只好让客户稍等片刻。通常对于车行的销售经理来说，最后检查销售人员的合同并予以确定是一个非常好的辅导缺乏经验的销售人员的机会。乔治带回经理签了字的合同，但在这时，客户却说他们还需要再考虑一下。此时，乔治完全可以使用另外一个销售中的技巧那就是压力签约，他可以运用压力迫使客户现在就签约但是他没有这样做，他宁愿让他们自由地离开。这其实也是这个车行的自我约束规则，这个规则表示如果期望客户再回来，那么不应使用压力，应该让客户在放松的气氛下自由地选择(受过较高教育的客户绝对不喜欢压力销售的方式)。乔培非常自信这个客户肯定回来，他给了他们名片，欢迎他们随时与他联系。

两天以后，客户终于打来电话，表示他们去看了其他的车行，但是不喜欢它们，准备向乔治购买他们喜欢的车，虽然价格还是高了一点，但是可以接受。他们询问何时可以提车，令人高兴的是，车行里有现车，所以乔治邀请他们下午来。

下午客户来了，接受了乔治推荐的延长保修期的建议，并且安排了下一次维护的时间，并且介绍了售后服务的专门人员（汽车销售流程的最后一个步骤——售后服务的安排）。并由专门的维护人员确定了 90 天的日期回来更换发动机滤清器。这个介绍实际上是要确定该客户这个车以后的维护，保养都会回到车行，而不是去路边廉价的小维修店。

这是一个真实的例子，也是非常典型的，有代表性的。通过这个例子，我们发现这种人员推销的方式弥补了促销等其他方式的不足，可以与顾客进行双向的沟通。同时，我们看到一个汽车销售人员不仅需要有一个流程性的销售技能表现，还需要许多销售人员个人素质方面的技能，如沟通的细节问题，拉近距离的方法，发现客户个人兴趣方面的能力，以及协商能力等。尽管汽车销售流程会给汽车销售人员一个明确的步骤。但是具体的软性的销售素质还需要靠灵活的、机智的、聪颖的个人基本实力。

结合案例分析人员推销的基本策略。

6 汽车市场竞争

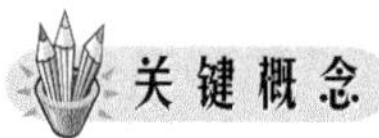
关键概念

市场竞争(market competition)　竞争结构(competitive structure)

竞争类型(competition types)　竞争策略(competitive strategy)

由于汽车产业对其前向和后向的企业都有着重大的带动作用和影响，所以任何一个要实现工业化的国家，都十分重视本国汽车工业的发展。这将必然导致汽车生产的过剩，从而加剧汽车行业的竞争。面对激烈的竞争环境和来自各方的竞争压力，企业将如何应对？如何生存和发展？以什么样的姿态参与市场竞争？

6.1 汽车市场竞争分析

市场营销学是指导企业竞争的科学，它为企业在激烈的市场竞争中求得生存与发展提供策略和方法。市场竞争策略和手段是市场营销学研究的重要内容之一。汽车企业必须掌握和应用市场竞争策略组合，这也是企业生存和发展的重要条件。

6.1.1 市场竞争结构

与汽车企业相关的环境范围很广，但对汽车企业影响最大的是本企业所在行业中各企业之间的竞争，企业在决定竞争原则和竞争战略、策略时必须考虑同行成员的状况。当然，行业外的力量也不容忽视，它将对本行业中所有的企业产生影响。据此，美国战略学家迈克尔·波特在进行行业竞争结构分析时列出了五种影响行业竞争的基本力量，如图 6.1 所示。

对于某一行业来说，五种基本力量的综合实力决定了该行业的盈利能力和竞争强度：行业内竞争激烈，投资收益率将会下降，导致某些企业转向其他行业，潜在加入者和替代者对该行业也缺乏兴趣，最终使竞争趋向缓和；竞争强度减缓可能使该行业的获利能力回升，高利润则会吸引替代者和潜在加入者，或促使行业成员增加投资，最终加深竞争的激烈程度。对于某一企业来说，这五种力量都将对自己起牵制作用，它们的竞争力有强有弱，强者将处于支配地位和起决定作用，弱者则处于次要地位。为此，企业应着重分析这些力量的竞争力的强弱，界定本企业的优势与劣势，然后确定自己在竞争中的有利位置。

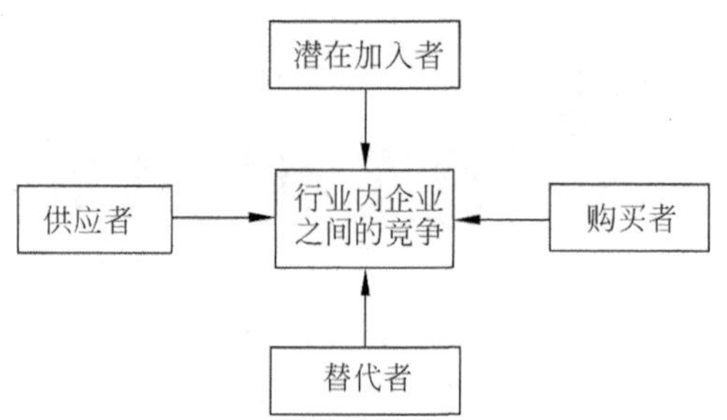

图 6.1　行业竞争的五种基本力量

1. 行业内汽车企业之间的竞争

汽车企业之间抗衡之所以会发生是因为一个或更多的竞争者感到了压力或看到了改善其地位的机会。在绝大多数行业内，某企业采取的竞争行动会强烈地影响其他竞争者，从而引发报复或抵制该项行动的行为。因此，企业间是相互依赖的。上述的行动和反应也许会使发起行动的企业及整个行业的情况有所好转。但如果行动和抵制逐步升级，那么，该行业内所有的企业会蒙受损失，以致处境比过去更糟。

"同行如敌国"，同行业内企业之间短兵相接的对抗是不可避免的，同行业内企业之间的抗衡采取的往往是诸如价格竞争、广告战、产品介绍以及增加客户服务项目等战术。同行业内企业之间竞争的激烈程度受以下行业因素的制约。

(1) 行业的发展阶段　新兴的或处于成长期的行业，其市场的潜力、市场的空间比较大，企业只要跟上行业的发展步伐，就一定有立足之地，竞争也相对缓和；当行业处于成熟期时，市场达到饱和状态，各个企业寻求扩大市场占有率的努力会激化竞争。

(2) 行业的集中程度　在分散行业中，大多数为中小企业，因此容易形成相互独立、彼此平等、没有垄断的局面。从表面上看，这类行业内的企业可以各行其是，无须对抗与摩擦，但实际上为了生存和谋求发展，或者怀着企图跨越别人的野心，会促使它们进行激烈的斗争。相反，在集中程度高的行业中，存在着几个垄断企业，这些垄断企业能对行业中的其他企业施加影响，或者起协调作用。

(3) 行业的产品差异程度　当行业内各企业所提供的产品没有明显的差异时，价格、宣传、服务、公关等非产品因素的竞争比较激烈；如果产品能够表现出差异性，各个企业就可以利用这种差异性吸引不同的顾客，竞争也就相对缓和。

(4) 行业的规模状况　当行业的成员、生产数量比较稳定时，竞争相对缓和；但若涌进许多新成员，或行业内某些成员为增强竞争能力而大批量增加生产数量，就容易引起激烈的市场竞争。

(5) 行业增长速度　当行业处于缓慢增长时，有限的发展空间势必促使企业将力量放在争夺现有市场的占有率上，从而使行业内现有竞争白热化。

(6) 固定成本和库存成本的高低　当一个行业固定成本和库存成本较高时，企业势必希望通过增加产量来降低单位产品中固定成本的分摊。这种发展趋势会使生产能力过剩，最可能导致一种结果——价格大战。

(7) 追求规模经济　在规模经济支配下从而必须大量增加生产能力的场合，生产能力的增加经常会破坏行业的供求平衡。产品供过于求，必然迫使企业不断降价销售，结果加剧现有竞争者的抗衡。

(8) 退出障碍 一个企业在某行业中可能只获得较低甚至是负的利润，但由于存在很高的退出障碍，只得继续经营下去，从而使现有行业的竞争更加激烈。

2. 潜在加入者的威胁

当某一行业前景乐观、有利可图时，会引来新的竞争企业，新加入者由于会带来新的生产能力，并有获取一定市场份额的愿望，并要求重新瓜分市场份额和主要资源，因而是行业的重要竞争力量，会对本行业其他企业构成很大威胁。另外，某些多元化经营的大型企业还经常利用其资源优势从一行业侵入另一行业。这些新加入者将会导致行业的成本上升、价格下降、利润减少。减少或避免潜在加入者的威胁，关键在于进入行业障碍的设置和行业成员的戒备、抵抗。例如，我国"九五"期间，众多地区都把汽车产业作为发展目标，汽车厂如雨后春笋一般出现。轿车行业就冒出了吉利、风神等厂家。毫无疑问，这些厂商的出现直接导致了竞争的加剧。

入侵者的威胁取决于进入壁垒的高低，进入壁垒高则威胁小。最具吸引力的行业应该是进入的壁垒高、退出的壁垒低。这样的行业新的入侵者很难打入，而经营不善的企业可以安然撤退，新入侵者对该行业的威胁是小的。如果该行业进入和退出的壁垒都高，则其利润潜量就大，但往往伴随高风险，因为经营不善的企业很难退出，必须坚持到底。如果进入和退出的壁垒都低，则企业可进退自如，获得的资金回报虽稳定，但是不高。最糟的情况是进入的壁垒低，退出的壁垒高。在经济良好时，大家都蜂拥涌入，而在经济萧条时，却很难退出，生产能力过剩，收入下降。

3. 替代产品的竞争压力

与某一产品具有相同功能、能满足同一需求的不同性质的其他产品，属于替代产品。随着科学技术的发展，替代产品将越来越多。某一行业的所有企业都将面临与生产替代产品的其他行业的企业进行竞争的局面，竞争的激烈程度取决于替代产品与原产品的密切程度、替代产品的成本水平和行业的获利水平。抵御替代产品的威胁，仅靠少数几个企业的努力难以奏效，最好是由行业采取集体行动，协同应对生产替代产品的竞争者，如组织行业协会、共同研制开发产品和改进产品的质量、联合开展持续性和大规模的广告宣传活动等。轿车作为一种成熟的产品，替代品的竞争压力不是来自一种全新的轿车，而是由于科技的发展迅速，轿车的配置、电子技术的应用以及新能源汽车都会发生迅猛的发展。这些变化都会对现有的轿车形成替代竞争压力。

4. 购买者的成交能力

行业成员面对购买者，在行业内部是卖方之间的竞争，与购买者是买卖方之间的竞争，竞争的焦点是价格、产品质量、服务等交易条件。这时，企业的竞争策略是防御，避开实力强大的购买者的威胁。在下列情况下，购买者具有较强的竞争力。

(1) 需求量大的购买者。它具有讨价还价的能力，在企业的众多用户中处于较高的地位。

(2) 需求标准化产品、大路货的购买者。这类用户可随意选择供应企业,并利用供应企业之间的竞争来得到好处。

(3) 当工业用户的费用在购买者的产品成本中占很大比例时,购买者会在比较中选择供应企业。

(4) 当工业用品的质量对购买者的产品影响不大时,购买者也会在众多供应企业中加以选择。

(5) 当购买者充分掌握市场需求、市场价格、市场竞争、产品成本等信息时,便具有很强的议价能力。

(6) 当购买者能够通过后向一体化取得所需的工业用品时,也可增强议价能力。

5. 供应商的成交能力

行业成员面对供应者,在行业内部变成了买方之间的竞争,而与供应者还是买卖之间的竞争,竞争的焦点同样是各种交易条件。供应商往往会通过提高价格、降低产品质量和服务水平、停止供货等手段对企业施加压力。

6.1.2 市场竞争类型

汽车市场竞争包括买方之间和卖方之间为争取各自利益而进行的竞争。市场营销学着重研究的是卖方之间的竞争。这类竞争的核心是争取顾客、争夺市场销路,使本企业产品的销售得以扩大、市场占有率得以提高。在现代市场经济条件下,经济学家根据行业内企业对产品供应数量和产品定价影响力的大小,将卖主之间的竞争结构划分为完全垄断、完全寡头垄断、差别寡头垄断、垄断性竞争和完全竞争五种类型。完全竞争市场和完全垄断市场是市场结构的两个极端,在现实经济生活中极为少见;垄断竞争市场和寡头垄断市场介乎于两个极端之间,是大量存在的市场结构。

1. 完全垄断

完全垄断是指只有一家企业集团在某一市场提供某一产品或服务,这是由国家垄断、专利权、规模经济或其他因素所造成的结果,是没有其他企业参与竞争的行业。从理论上说,完全垄断的企业可以完全自由决定产品的供给数量和定价,完全垄断企业可任意提高或者降低产品的价格,没有任何对手与之竞争。但实际上,完全垄断产品的价格也受到限制,完全垄断者虽然不必考虑竞争对手的行动,但定价过高,会遭到消费者的抵制,造成市场需求收缩,使企业失去继续发展的条件。其次,完全垄断企业任意提高价格,必然会受到政府有关部门的干预。因此,对于完全垄断产品的定价,既要考虑企业的盈利,又要使市场消费者需求得到充分的满足,使企业能不断扩大生产或销售规模,继续发展。如果由国家垄断而提供产品和服务,须遵守国家法令来制定合理价格和保证服务质量;若由于某一企业的绝对优势而形成完全垄断的局面,它就会在交易条件上作文章来获取最大限度的利润;只有在出现竞争性产品时,才会降低交易条件来阻碍新竞争者的进入。

2. 完全寡头垄断

这是由少数几家企业控制同一无差别产品的行业。这类行业难以利用产品自身的因素来进行竞争，竞争手段主要是一些非产品因素，如价格、渠道、促销、服务等。当服务相同时，就要依靠规模经济来降低成本，在价格相同的情况下获取更多的利润，或适当降低价格来提高竞争能力。

3. 差别寡头垄断

这是由少数几家企业控制同一有差别产品的行业。寡头垄断企业可利用产品的质量、特性、款式或型号等方面的差异性，从中选择一种主要产品因素来寻求领导地位。例如在美国市场，大型摩托车供给者只有哈雷、本田、川崎、雅马哈、五十铃和宝马。在寡头垄断行业中，由于供应者很少，每个企业在决策时都要考虑竞争者如何反应。或者说，在寡头垄断行业中，企业决策是以竞争者对自己的决策会有什么反应作为决策前提的，即对策性决策。又由于寡头垄断行业中的企业一般都比较强大，所以，寡头垄断行业中的企业决策都很谨慎，以免引起连锁性的大战。

4. 垄断性竞争

垄断性竞争是由许多提供有差别的产品并使产品具有特色的企业所组成的行业。在多企业参与竞争的情况下，企业可利用产品的差别，集中精力于某一细分市场，显示产品的特色，占有竞争的主动权。与完全竞争行业相比，垄断竞争中的企业部分地决定自己产品的价格，但定价可变动范围很小。如果定价过高，顾客就会转而购买其他企业的产品。在垄断竞争市场上，各个生产者或经营者可以通过自己各具特色的营销活动，或多或少地对市场产品供求发生影响，但每个企业又都不能完全控制市场。由于在全竞争的产品几乎没有，完全垄断的产品又很少，所以市场绝大多数产品都具有垄断竞争的特点。如果企业的产品所面临的是这种市场模式，则可以通过一系列的营销手段，为自己的产品创造一种独特的市场地位，从而保持较高的价格，比如建立产品的特色，加强广告宣传，改进服务手段等。如果产品的特色不多，企业也可以通过降低价格的方式扩大自己的市场份额，以便增加收入和利润。

5. 完全竞争

完全竞争是指在市场活动中，任何人都无法通过自己的买卖行为或其他行为来影响市场产品的供求状态，改变产品的市场价格。这是由许多提供相同产品和服务的企业所组成的行业。这类行业的产品难以表现差异性，在许多企业都提供同价同质产品的条件下，竞争力主要表现在心理间隔和降低成本上。完全竞争的市场有 3 方面特征。

(1) 有许许多多的买者和卖者参加同一种产品的交换，各人所购买或销售的数量都只占市场总交易额的一小部分，以至无法对市场发生任何影响。

(2) 现有的价格和交易量是经过无数次交易而自然形成的，它是一种均衡价格。

(3) 有关市场供求变动的情况，买卖双方都可以及时获得。各方均不存在优势，交易完全建立在平等自愿的基础上。

在市场上处于完全竞争状况下的产品是很少的，很多产品只是接近于完全竞争的模式，比如一些生产简便、供应来源便捷的日用小产品等。对于这种产品，任何企业都不大可能通过加强促销措施来提高价格。如果企业希望增加利润，只有通过努力提高劳动生产率、降低产品成本、节约营销费用等途径来达到其目的。提高价格只会造成销售困难。农贸市场的小贩是这个行业的一个例子。

6.1.3 市场竞争者类型

企业作为市场活动的参与者，其实力和资源会有不同程度的差距，结果使各个企业在市场上各占据不同的竞争位置。一般来说，市场营销者按其所处竞争地位的不同可分为四种类型：市场领导者、市场挑战者、市场追随者和市场利基者。并且，任何一个企业在其目标市场中必占据着四种市场竞争地位之一。

假设某行业市场为四类企业所占据，其中：市场领导者拥有40%的市场占有率，在行业中总是企图维护其霸主地位；市场挑战者拥有30%的市场占有率，它们会为扩大市场占有率而发起进攻；市场追随者拥有20%的市场占有率，它们则可能为维护现状而抗争；市场利基者仅有10%的市场占有率，它们的目标是服务于不需付出竞争代价的小的细分市场。

1. 市场领导者

市场领导者(market leader)是指在相关产品的市场上占有率最高的营销者，它的市场占有率约为40%。

一般来说，大多数行业都有一家企业被认为是市场领导者，它在价格变动、新产品开发、分销渠道的宽度和促销力量等方面处于主宰地位，为同业者所公认。但是，它们的主导者地位是在竞争中自然形成的，并不是固定不变的。

2. 市场挑战者

市场挑战者(market challenger)是指那些在市场上处于次要地位(第二、三地位)的企业，它们的市场占有率约为30%。

市场挑战者可采取的战略是争取市场主导地位，向竞争者挑战；当然也可以安于次要地位，在"共处"的状态下求得尽可能多的收益。

3. 市场追随者

市场追随者(market follower)是指那些在市场上处于更低地位的企业，它们的市场占有率约为20% 。

市场追随者可采取的战略是安于次要地位，在"共处"或"跟随"的状态下求得尽可能多的收益，即跟随策略。当然，也不排除为争取市场地位向竞争者挑战的策略。

4. 市场利基者

每个行业几乎都有些小企业，它们专心关注市场上被大企业忽略的某些细小部分，在这些小市场上通过专业化经营来获取最大限度的收益，也就是在大企业的夹缝中求得生存和发展。这些小企业的市场占有率仅为10%，称之为市场利基者(market nichers)。

上述 4 种类型，既可针对一个企业，也可针对一个企业的某种产品或产品线。同一个企业的产品有可能处于不同的竞争地位，需要不同的营销策略。

6.2 汽车市场竞争策略

汽车企业在对主要的竞争者进行了全面和充分分析之后，便开始制定竞争策略，以便运用自己的竞争优势赢得市场。实践证明，没有哪一种策略会适合所有的企业，不同的竞争优势会有不同的竞争策略，这取决于企业自身的具体情况。所以，企业必须认清自己在本行业中的真实位置，并以此为基础，制定有效的竞争策略。

6.2.1 基本竞争策略

竞争策略是指导企业生产经营和市场竞争全局的计划。从竞争手段的角度来看，可把竞争策略定义为：企业计划在一段较长的时期内采用的主要竞争手段。在现实的市场竞争中，有许多竞争手段可供选择，其中有的竞争手段又互相联系、不可分割，但也有主次之分，因此可把主要竞争手段视为竞争策略，其他则为辅助的竞争手段。

1. 高质量策略

高质量竞争战略是指企业致力于树立高质量的企业形象，以高质量为竞争手段，并希望在竞争中以高质量超越竞争对手。在实施这一竞争战略时，需要解决的主要问题在于怎样认识和塑造高质量。20 世纪 90 年代初，市场学界提出了“全面质量营销”的新概念，其主要内容概括了高质量竞争战略的基本内涵。

(1) 高质量要注意产品的性能质量。对于汽车产品而言，它包括汽车的功能、耐用性、牢固性、可靠性、经济性、舒适性、安全性等。

(2) 高质量要以顾客需求为依据。高质量可以通过产品的高性能质量体现出来，但性能质量的“高”是相对的，并不是越高越好。适度的高性能质量更具竞争能力；过度的性能质量是“过剩质量”，它的代价是增加成本，提高价格，降低竞争能力。必须指出的是，适度质量的真正裁判者是顾客，产品的性能质量设计应以顾客的需求为出发点，并以顾客的满意为终点，即增加产品的技术含量只是提高产品性能质量的手段，满足顾客对产品性能质量的需求才是目的。

(3) 高质量要由质量体系来保证。高质量反映在企业的各项活动和创造价值的全过程中，高质量的形成要求所有部门、所有环节共同对质量负责。同时，高质量不仅仅形成于产品的生产过程，而且包括产品的包装、价格、广告、服务、产品说明、储运，直至选择高质量的供应商、经销商，也包括企业职工的素质、工作态度和企业质量管理手段等。所以，高质量必须建立在一个质量保证体系的基础之上。

(4) 高质量要不断提高和改善。首先，要在比较中不断进取。要与本企业原有水平、相同企业、先进企业进行比较，才能不断进取。同时，高质量又是动态的，原来的高质量在变化的市场中可能转化为低质量，失去竞争力。所以，维护高质量唯一办法是不断提高和改善企业的产品质量。

高质量战略作为一种竞争战略,其优势是明显的。它是一切竞争手段的前提和基础,也是树立良好企业形象的基础,能充分体现以顾客为中心的现代营销观念,能适应人们收入水平和生活质量大大提高、科学技术日新月异的市场形势和由价格竞争纷纷转向质量竞争、服务竞争的市场竞争新形势。以高质量为竞争战略,要求企业具有科学的管理思想、先进的管理经验和较高的科学技术水平。这一战略一般适用于生产机械设备和耐用消费品的企业。

2. 低成本策略

低成本战略是指企业以低成本作为主要的竞争手段,企图使自己在成本方面比同行业的其他企业占有优势地位。企业如何实现低成本是实施这一竞争战略的关键。总体上说,企业应发挥规模经济的作用,使生产规模扩大、产量增加,从而降低单位产品固定成本。另外,企业在扩大生产规模的同时,还要争取做到以较低的价格取得生产所需的原材料和劳动力,使用先进的机械设备,增加产量,提高设备利用率、劳动效率和产品合格率,加强成本与管理费用的控制等。如日本丰田汽车公司在 20 世纪 70 年代一直采取此种战略,不断地提高丰田汽车在国际汽车市场上的竞争地位。

实施低成本竞争战略,可以低于竞争者的价格销售产品,提高市场占有率;也可与竞争者同价销售产品,取得较高的利润。低成本还可以使企业在与各种竞争基本力量的较量中处于有利地位,如大批量采购原材料就具有较强的议价能力,低价可给新竞争者造成进入障碍,给同行企业造成威胁。同时,低成本还可使企业经营实现良性循环,把增加的利润投入到更新设备、开发新产品中去,促使成本进一步下降,继续保持成本优势。

低成本战略对于汽车行业中以生产普通车型为主的汽车商尤为有价值,因为对于同样关心性价比的普通车型的买主来说,价格往往起更大的作用。总成本领先的汽车生产商可以通过游刃有余的降价来提高性价比,以争取更多顾客和更大的市场份额。

当同行企业都采用各种措施使成本最小化达到或接近极限时,低成本战略就失去实用的意义了。然而,这一战略对于固定成本高、原材料需求量大、产品无差异的钢铁、石油化工、铝材等大中型工业企业来说,还是有现实意义的。必须指出的是,低成本战略也会给企业带来风险,如公司要保持低成本这一地位,必须为设备现代化再投资,由于将注意力放在成本上而忽略了顾客需求或市场营销的变化。

3. 差异优势策略

企业以某些方面的独到之处为主要竞争手段,希望在与竞争对手的差异比较中占有优势地位,因此便形成了差异优势竞争战略。这里所指的"差异"是广义的。例如:产品的性能、款式、商标、型号、档次、产地,生产产品所采用的技术、工艺、原材料以及售前售后服务、销售网点等方面的差异。企业只要在其中某一方面或某几方面与竞争者有所不同,并对潜在顾客具有较大的吸引力,就能取得优胜地位。例如,日本本田公司向美国市场推出的灵活、省油、驾驶方便的小型汽车,就充分显示出差异的优势。对于某些产品如饮料、啤酒等难以表现实质性差异时,企业可通过品牌、广告宣传等竞争因素来创造心理性差异,使顾客偏爱、信赖本企业的品牌,从而形成差异优势。

差异优势竞争战略是在各个企业大批量生产同一无差异产品并出现销售困难时提出来

的一种战略。这样,就能使企业减少与竞争对手的正面冲突,在某一领域里取得竞争的优胜地位。在行业内,顾客对具有特色的产品可能并不计较价格,或无法进行价格比较,因此可以高于竞争对手的价格销售产品,取得更多的利润。在行业外,具有特色的产品又可阻碍替代者和潜在加入者的进入和提高与供应商、购买者讨价还价的能力。但是,差异优势战略也同样包含着一些风险。如实行低成本的竞争对手与实行差异优势的公司之间的成本差距过大,以至于差异化不再能吸引顾客。随着产业的成熟,企业在某些方面的经营特色也可能被其他企业打破或模仿使已建立的差别缩小。特别是当较多顾客没有能力或不愿意高价购买具有特色的产品时,市场占有率的提高就比较困难,如此等等。这就要求企业在实施这一战略时必须有不断创新的精神。

4. 集中优势策略

集中优势战略要求企业致力于为某一个或少数几个消费者群体提供服务,力争在局部市场中取得竞争优势。上述差异优势竞争战略是立足于企业的能力使产品、经营差异化,集中优势竞争战略则是着眼于顾客需求的差异把整体市场进行分割。所谓"集中",就是企业并不面向整体市场的所有消费者推出产品和服务,而是专门为一部分消费者群体(局部市场)提供服务。

集中精力于局部市场,仅需要少量的投资,这对中型企业特别是小企业来说,正是一个在激烈竞争中能够求得生存与发展的空间。同时,这一战略既能满足某些消费者群体的特殊需要,具有与差异战略相同的优势,又能在较窄的领域里以较低的成本进行经营,兼有与低成本战略相同的优势。但集中优势竞争战略也有一定的风险,如当所面对的局部市场的供求、价格、竞争等因素发生变化时,就可能使企业遭受重大损失。由于大范围提供服务的竞争对于与集中优势企业间的成本差距变大,从而使针对一个狭窄目标市场的服务丧失成本优势,或是集中优势战略产生的差异优势被抵消,以及战略目标市场与整体市场之间对所期待的产品或服务的差距缩小,竞争对手在战略目标市场中又找到细分市场,因而使集中优势企业的市场竞争力下降。

6.2.2 市场领导者竞争策略

所谓竞争策略,是指汽车企业为实现竞争战略,依据自己在行业中所处的地位,而采用的与竞争形势相适应的各种具体行动方式。市场领导者是指某一行业中拥有最大的市场占有率,在价格变动、新产品开发、分销覆盖面和促销强度等方面都起主导作用的某一大企业,如汽车行业的通用汽车公司、摄影行业的柯达公司、软饮料行业的可口可乐公司、快餐行业的麦当劳公司等。这类企业为继续保持其霸主位置,都会围绕着扩大市场需求、维护现有市场占有率和提高市场占有率等策略目标来采用具体的竞争策略。在市场竞争中,市场领导者往往会成为市场挑战者的攻击对象。因此,维护市场占有率也就成为市场领导者的一个重要的策略目标,即使它们不发动攻击,至少也应自我保护,防御竞争对手的进攻。所以,处于统治地位的企业想要继续保持第一位的优势,应当采取强有力的行动:一是设法扩大市场总需求;二是运用恰当的防御和进攻策略,保持现有的市场份额;三是努力扩大市场占有率。

对于汽车行业来说，通用对汽车行业影响重大，但也并非是绝对的领导者，因为汽车市场是一个成熟的垄断竞争型市场，通用之外的其他几家诸如福特、大众、丰田等汽车业巨头也随时有问鼎汽车行业龙头的可能性。当前世界汽车市场竞争十分激烈，谁不能及时适应市场的发展和需求，谁就会后退和落伍，不管其原来有多么辉煌。世界汽车市场的份额排序随时都可能发生变化。

借鉴军事策略，领导者企业在保持自己的市场份额时，可以采用以下六种防御策略。

1. 阵地防御

企业为维护原有的地位，以现有的不变产品和市场防御竞争者的攻击，就是阵地防御。阵地防御是一种古老的、传统的军事战争防御策略，靠静态的城堡防御工事，以此来抵御对手的进入。由此可见，阵地防御作为一种竞争策略，在军事和商业上都是风险性极高的策略。一方面，它为竞争者提供了显而易见的固定目标，猛烈的攻击便可摧毁僵化的防线，最终失去原有的市场地位；另一方面，它完全放弃了在市场上与竞争者一较高低的进攻或防御主动权，被动挨打的结果必然是优势的丧失。因此，企业即使采用这种防御策略，也要动态地维持现有的产品和市场，如致力于产品线的延伸与产品的改良，甚至向多元化发展等。

2. 侧翼防御

所谓侧翼防御是指企业通过治理薄弱环节来防御竞争者乘虚而入，或建立一些次要业务作为防御的前沿阵地。显然，“侧翼”可理解为企业的薄弱环节或次要业务。挑战者在发动攻时，往往是以攻击对手的薄弱环节或劣势作为突破点，加强对薄弱环节的管理，就是侧翼防御，从而保护了自己的原有市场。所以，市场领导者必须对任何一个潜在威胁认真估价，若有迹象表明某种威胁确实存在，就应尽最大努力进行侧翼防守。

3. 以攻为守

以攻为守即指企业在竞争对手对自己发动进攻之前，先发制人抢先进攻。这是一种积极的防御策略，其策略思想非常明确：进攻是最好的防御，先下手为强；与其坐等别人进攻，不如先向别人发动进攻；进攻为了防御，削弱进攻者的攻击能力。这样做能够在敌手发动攻击之前就削弱它的势力，减少自己受到攻击的威胁和可能性。此种先发制人的防御可以防患于未然，并能够收到事半功倍的效果。如夏利轿车 2002 年 1 月 12 日率先降价，先声夺人，获得了大量市场份额。有时，先发制人的打击是在心理上展开的，并不付诸实施。运用以攻为守的前提是充分掌握竞争者的意图，然后采取具体的对策。

4. 反击防御

反击防御是指市场领导者在受到竞争者的攻击时，以强硬的进攻行动加以迎击。在市场竞争中以攻对攻是直接的、正面的对抗，市场领导者为了防守自己的阵地(产品和市场)，这种对抗是不可避免的。反击的形式可根据具体情况加以选择，主要有正面迎击、侧翼反击、牵制攻击等。

5. 运动防御

运动防御是指企业未雨绸缪，将其市场和产品扩展到可作为未来防御和进攻的新领域。这一策略的指导思想是：预防胜于治疗；事先做好准备，将来就能攻能守。这里的“新领域”可以拓展新的细分市场、区域市场，拓宽业务范围，实行多元化经营等。向新领域扩展的主要方法不是过多地依赖正常的品牌扩展，而是通过市场拓宽和市场多样化两条战线上的创新活动。例如，石油公司转为能源公司，把业务范围从石油扩展到煤炭、核能、太阳能、水利和化工等领域。又如，烟草公司进入啤酒、软材料、食品、旅游等新行业。

6. 收缩防御

当企业有计划、主动地放弃一部分元法防守的市场和实力弱小的产品时，这便是收缩防御。采用这一策略的理由是：在特定形势下，撤退才能更好地防守；与其被一部分次要的市场和产品拖累，不如尽早地甩掉它以增援较强的领域。一些大的公司有时认识到它们已无力防守住所有的领域时，最适当的行动方针是有计划地收缩战线(也称为战略撤退)。当然，这种有计划的收缩不是放弃市场，而是放弃一些较弱的领域以便集中力量用于较强的领域。有计划的收缩战略可以保存并巩固企业在市场上的竞争实力。

6.2.3 市场挑战者竞争策略

在行业中名列第二名或名次稍低的企业可称为市场挑战者。它们虽然位次于领导者企业，但在行业中势力仍可以是非常大的，如福特、大众等公司。对这些市场挑战者而言，也要解决防御的问题，但它们主要是市场竞争的进攻者，其攻击对象主要有：一是市场领导者；二是同等规模的企业，一般都不是以吃掉、打垮对方为目标，而是为了争取更大的市场占有率；而攻击中小企业，则可能是想把它们赶出现有市场，或吞并之。根据上述进攻对象和目标，便可以集中优势为原则来选择适当的进攻策略。对于市场挑战者来说，必须进行正确的攻击策略分析。

1. 确定战略目标和竞争对手

市场挑战者首先要明确其战略目标，“目标原则”要求每次行动必须是指向一个明确规定的、决定性的和可以达到的目标。关键的问题是确定谁是竞争者，要向谁发起挑战。基本上说，一个挑战者可以从以下三种类型的企业中选择一种进行攻击。一是攻击市场领导者，这一战略具有高度风险，但同时也会有潜在的高回报。日本汽车在欧美汽车市场上取胜就是最好的例证。二是攻击与自己的规模相当，但目前经营不善、财力拮据的企业。三是攻击目前经营困难、资金不足的本地小企业。可以靠吞并这些小企业，扩大自己的规模和势力。

2. 选择进攻策略

在确定竞争对手和目标之后，企业发起进攻的战略选择必须是把优势兵力集中于关键的时刻和地点，以取得决定性的胜利。可供选择的进攻战略有以下五种。

(1) 正面进攻　正面进攻是指挑战者集中力量直接攻击竞争对手的长处、市场和产品，而不是向它的弱点攻击。这是硬碰硬的攻坚战，其条件是：进攻者的实力大于竞争对手。进攻者可采用完全正面进攻，如模仿其竞争对手、追求同样的产品和市场、在产品、价格、推广等方面进行直接较量；也可以采用局部正面进攻，在产品、价格、促销、渠道等营销因素中选择一个或少数几个因素进行正面进攻。只要在某一方面优于竞争对手，进攻者便可取得“相对强者”的地位，提高取胜的机会。

（2）侧翼进攻　侧翼进攻是指进攻者以自己的相对优势去攻击竞争对手的薄弱环节。上述正面进攻是攻击竞争对手的长处，而侧翼进攻则是攻击竞争对手的短处，体现了“扬长避短、避实击虚”的竞争原则。采用这一策略的条件是：进攻者的实力较小，所夺取的市场具有较大的潜力，竞争对手不会采取报复行动。侧翼进攻仅攻击对手的薄弱环节，这正好体现了“发现需求并满足它”的现代市场营销观念。而且，侧翼进攻的成功概率远远大于正面进攻，是一种最有效和最经济的策略形式。

（3）包围进攻　包围进攻是指进攻者以更深的产品线或更广的市场来围攻竞争对手的阵地。侧翼进攻是占领竞争对手的次要市场或无法覆盖的市场，包围进攻则是企图通过“闪电”般的攻击，夺取竞争对手的一块市场。正面进攻与包围进攻的策略目标是一致的，但所使用的手段不同。正面进攻是在相同营销因素对抗中夺取竞争对手的一块市场，而包围进攻则是以产品线的深度和市场的广度围攻竞争对手来夺取某一块市场。由此也可看出：实施包围进攻策略的进攻者的实力必须在远超过竞争对手，其中包括具有雄厚的财务、强大的分销体系和研究开发能力，否则，力不从心的包围进攻可能演变为实际上的正面进攻，最终导致失败。包围进攻可采用产品围攻和市场围攻两种策略类型。产品围攻是指进攻者推出大量品质、款式、功能、特性各异的产品，加深产品线来压倒竞争对手。市场围攻是指进攻者努力扩大销售区域来攻击竞争对手。

对于实力远远超过竞争对手的进攻者，可以同时采取产品围攻和市场围攻。例如，日本本田公司一方面采用产品围攻策略，推出轻型高质量的摩托车，增加三级变速、自动变速装置，向哈雷公司的豪华、重型车发起围攻；另一方面，又采用市场围攻的策略，以洛杉矶的销售子公司为基地，逐步从西部向东部扩大销售区域，建立包括钓具店、运动器材商店、汽艇销售店在内的广泛销售网络，努力做好维修、零配件的供应工作，终于使本田摩托车顺利登陆美国市场，继而一跃成为世界驰名的产品。

（4）迂回进攻　迂回进攻是进攻者避免与竞争对手正面冲突，而向较容易进入的市场发起进攻。上述正面进攻、包围进攻与侧翼进攻都是属于在特定市场上与特定的竞争对手进行竞争的策略，因此这些进攻必然对现有市场构成威胁。但迂回进攻则是不针对特定的竞争对手和现有市场的最间接的进攻策略，其策略意图是避免在现阶段与竞争对手发生冲突，企图绕过过分拥挤的现有竞争市场来寻找开拓发展的新天地。当然，采用迂回进攻策略也应具备一定的条件，即进攻者在市场上拥有一定的地位和特殊的能力，它或者发展新产品，以新产品超越竞争对手；或者多元化经营，进入新行业，在更为广阔的市场空间寻求立足点；或者将现有产品打入新地区的市场来进行多种经营；或者跳跃式地进入新技术领域以取代现有产品，建立自己的优势领域。

（5）游击式进攻　游击进攻是指进攻者向竞争对手发动小范围、小规模、间歇性的进攻。上述进攻策略都要求对竞争对手进行多方面、大范围、持续性的攻击，而游击进攻正好相反，其策略目标在于消耗对手的精力和瓦解对手的士气，使之疲于应付，迫使对手做出让步,并最终使自己在市场上站稳脚跟。一般而言,实力较小的公司将会采用此策略攻击实力强大的公司,但每次攻击行动应使竞争对手的消耗大于自己,才能取得较好的效果。

上述挑战者的进攻策略显得十分概括,在实践中,挑战者必须把几个特定的战略组成一个总体战略。适用于进攻竞争者的特定的营销战略有:价格折扣战略、廉价品战略、名牌产品战略、产品扩散战略、产品创新战略、改进服务战略、分销创新战略、制造成本降低战略、密集广告促销。

6.2.4 市场追随者竞争策略

市场追随者是指那些模仿市场领导者的产品、市场营销因素组合的企业。市场挑战者是企图通过竞争行动来夺取领导者的市场,甚至存有争得市场领导地位的野心;市场追随者则不是以击败或威胁领导者为目标,而仅仅是模仿领导者的行动,依附于领导者,从中取得高额利润。在市场竞争中,居于次位的企业紧紧追随市场领导者,有时会比向市场领导者发动挑战获得更多的收益。市场领导者一般要承担开发新产品、进行分销、向市场提供信息和引导市场等巨额开支。若一家企业紧紧跟上,模仿或改进市场领导者推出的新产品,由于不必承担任何创新费用,这个追随者可能会获得高额利润。相反,由于市场领导者实力强大,若这个居次位的企业向市场领导者发起进攻,市场领导者对其失去的市场份额决不会善罢甘休,势必很快找到对策来反击并瓦解这一攻击。为此,市场竞争处于次位的企业更适合于充当追随者的角色。追随者为了选择一条不会导致竞争者报复的发展道路,可采用以下策略。

(1) 紧跟其后　紧跟其后是指追随者尽可能在各个细分市场和市场营销组合领域模仿领导者。如紧跟者模仿领导者的产品、分销和广告等。它们不是全部模仿而是寄生于市场领导者的投资之下,最后,紧跟者成为一名仿造者并组装领导者的产品。

(2) 模仿者　模仿者是指追随者在目标市场、产品更新、价格水平和分销等主要方面模仿领导者,而在其他次要方面则保持一定的距离,因此,也称有距离追随者。这种距离包括收购同行业的小企业、适当多元化经营等。追随者采用这种策略较容易被领导者接受:一方面它没有干扰领导者的营销战略;另一方面让追随者获得一定的市场占有率还有助于领导者免受实行垄断的指责。

(3) 改变者　改变者是指追随者在某些方面步领导者的后尘,而在另一些方面则改进它们,因此,也称有选择追随者。其中,它只模仿领导者行之有效的策略,在能发挥自己特长的领域便致力于创新,这两者的结合可能使其以后发展成为市场挑战者。

6.2.5 市场利基者竞争策略

市场利基者是指那些在被大企业忽略或不屑一顾的小市场,从事专门化经营的小企业。几乎每个行业中都有许多小企业为市场的某些部分提供专门服务。这些小企业因缺少竞争实力而尽量避免与大公司冲突。它们往往占据着市场的小角落,通过专门化为那些被大企业忽略或放弃的市场进行有效的服务。对于小企业来说,关键在于找到理想的市场补缺点,寻找那些既安全又能获利的细小市场。

一般来说，一个理想的补缺点应具有以下几个特征：该补缺点有足够的规模和购买力，企业为之服务可盈利；该补缺点有成长的潜力，有足够的发展空间；该补缺点对强大的竞争者来说，它们没有兴趣；企业要有市场所需要的技能和资源，可有效地为补缺点服务；企业能够靠自己建立的顾客信誉，保卫自身的地位，对抗大公司的攻击。所以，小企业要成为一个成功的市场利基者，就必须是服务于某一小市场的专家，并在该市场实施专业化策略。它们的主要策略有：

（1）为最终用户服务　它是指针对某些最终用户进行专业化经营。例如：各种产品维修、维护服务；用于维修的零配件的生产与供应；各种咨询服务等。

（2）为某些特定顾客服务　为某些特定顾客服务，既可起到拾遗补缺的作用，又有利于专业化经营。例如：专门为另一企业提供差异化产品，这一产品具有标准化生产不易兼顾的功能；专门为千差万别的顾客提供定制产品，成为加工专家；只为某一家大企业提供所需的产品和服务。

（3）提供某种特定产品　其中包括：只为各个行业生产某一层次所需的产品，如集中生产铜材、铜部件或铜制品满足各行业生产之需；只生产一条产品线的一种产品甚至其中的一种零件，以发挥自己的专长，如汽车行业的企业只生产敞篷汽车，或只生产某一优质的汽车零部件。

总之，市场利基者战略有一个关键性的概念，就是专门化。这一概念可以大概描述为：企业以专门的产品并以专门的方式服务于专门的顾客，企业总是以补缺的角色出现。采用补缺战略能使低份额的企业获得较好的投资收益，因为它们目标高度集中，产品线窄，从而产品质量高而生产成本低，价格适中，因此不少大公司也喜欢采用多种补缺战略去为总市场服务。

本章小结

行业竞争的五种基本力量包括：行业内企业之间的竞争、潜在加入者的威胁、替代产品的竞争压力、购买者的成交能力、供应商的成交能力。

市场竞争类型包括：完全垄断、完全寡头垄断、差别寡头垄断、垄断性竞争、完全竞争。

市场竞争类型包括：市场领导者、市场挑战者、市场追随者、市场利基者。

市场基本竞争策略有高质量策略、低成本策略、差异优势策略、集中优势策略。

市场领导者竞争策略有阵地防御、侧翼防御、以攻为守、反击式防御、运动防御、收缩防御。

市场挑战者竞争策略有正面进攻、侧翼进攻、包围进攻、迂回进攻、游击式进攻。

复习与思考题

1. 行业竞争的基本力量有哪些？
2. 企业有哪些基本竞争策略？

案例分析

案例：美国福特汽车公司和通用汽车公司的早期竞争

美国福特汽车公司是1903年由亨利·福特与詹姆斯·卡曾斯、道奇兄弟等创办，由福特任总经理。1912年福特公司聘用詹姆斯·库兹恩任总经理。库兹恩上任后实施了三项决策。

(1) 对产品"T型车"做出降价的决定。1910年售价由950美元降到850美元以下。

(2) 按每辆"T型车"850美元售价的目标，着手改革公司内部的生产线，在占地面积为278英亩(1英亩=6.075亩)的新厂中首先采用现代化的大规模装配作业线，大幅度地降低成本。

(3) 在全世界设置7000多家代销商，广设销售网点。

这三项决策的成功，使"T型车"冲向全世界，市场占有率占美国汽车行业之首。

1919年，亨利·福特独占福特公司，库兹恩被解雇，福特自任总经理。福特一方面采用低价策略，1924年，每辆"T型车"售价已降到240美元，1926年福特车产量已占美国汽车产量的1/2；另一方面又提出"不管顾客需要什么，我的车都是黑的"，实行以产定销的策略，以"黑色车"来作为福特汽车公司的象征。结果，"T型车"在竞争中日益失利，1927年5月终于停产。1928年，福特汽车公司的市场占有率被通用汽车公司超过，退居第二位。

美国通用汽车公司于1908年成立，由杜邦财团控制。1928年以前，它是市场占有率远远低于福特汽车公司的一个弱手。1921年斯隆就职于通用汽车公司，针对当时通用汽车公司松散的权力分散状况写了《组织研究》一文，提出了"集中决策控制下的分散作业"，使集权和分权得到很好平衡。1923年，斯隆任通用汽车公司总经理，改革了经营组织，使公司高层领导人抓经营、抓战略性决策，日常的管理工作由事业部去完成。同时，提出"汽车形式多样化"的经营方针，以满足各阶层消费者的需要。1923年市场占有率仅12%，远远低于福特汽车公司；1928年市场占有率达到30%以上，超过福特汽车公司，1956年市场占有率达53%，成为美国最大的汽车公司。

讨论：

结合案例分析在汽车市场竞争中，通用和福特所处的位置，以及企业如何制定市场竞争策略。

下篇　实　务　篇

7 汽车4S店营销

关键概念

整车销售(sale) 零配件供应(spare part)
维修(service) 信息反馈(survey)
车辆展示(car show) 客户资源管理(customer resource management)
人力资源(human resources) 销售礼仪(sales etiquette)

汽车4S店是目前国内汽车经销与售后服务的主要形式。4S店是指在功能上涵盖整车销售(sale)、零配件供应(spare part)、维修(service)和信息反馈(survey)的汽车销售和售后服务特许经销商。

4S店是汽车市场激烈竞争下的产物。4S店一方面能够满足用户多样化、高质量的需求,同时也是汽车生产厂商完善售后服务的重要手段。4S店的经营模式,使客户从购车、用车到修车的全过程都能得到良好的服务保障。

7.1 汽车4S店功能模块

7.1.1 整车销售

整车销售(sale)是营销活动的中心工作,是汽车4S店的基本职责,是为零配件供应、维修、信息反馈等工作带来潜在客户的关键环节。在销售工作中,要始终坚持"可持续发展"的营销理念,全体部门共同配合,关注顾客"后续需要",在兼顾社会利益的同时,为4S店的整体效益做出重要贡献。

整车销售包括进货、验收、运输、储存、定价、销售等环节。

1. 进货

汽车4S店进货方式主要有两种:纵向进货和横向进货。纵向进货一般是指汽车4S店通过和汽车生产厂家或生产厂家主管的汽车销售企业签订合同直接取得汽车产品,这应该是汽车4S店的主要进货渠道。除此之外还有横向进货,即从其他的汽车销售企业进货,相对于纵向进货来说,这种方式增加了中间流通环节,但便于部分汽车产品的流通调配。

2. 验收

验收，即查验供货方提供的汽车产品。验收环节对工作人员的汽车专业技术知识的要求较高。验收工作一般包括以下几个方面：

(1) 辨别真伪。首先要查对车号、发动机号与文件是否一致，同时可以通过"VIN 车辆识别代号编码"来识别验证。另外，需要辨别进口车与国产车、新车与二手车。

(2) 检查质量。首先查验车辆外观是否完好，操纵系统是否正常。查验车辆发动机、底盘、车身、电气设备是否正常。

(3) 核对附件。检查车辆各装置及附件是否齐全、完好。另外，还应核对合格证、说明书、维修卡等文档材料。

3. 运输

生产厂商根据经销商的订货数量和需求时间，组织汽车产品的运输。汽车4S店购买汽车产品后的运输方式按照道路状况不同可分为铁路运输和公路运输；按照委托主体不同可以分为委托生产厂商发货、委托物流企业配送。不同的运输方式由企业根据当地的运输条件、运输费用、运输时间等实际情况决定。

4. 储存

当汽车4S店将汽车产品运回后，要进行短期储存。在这个过程当中，要做好维护保养工作，避免外观损坏，定期检查。

5. 定价

汽车4S店在汽车生产厂商确定的汽车产品实际出厂价的基础上，加上商品流通费和销售利润，从而实现汽车产品的定价。

汽车销售价 = 实际出厂价 + 商品流通费 + 销售利润

实际出厂价是由汽车生产厂商根据市场需求自行确定其生产的汽车产品价格；商品流通费是指企业在经营活动中发生的与经营活动有关的支出；销售利润通常为销售收入的1%～5%，其大小根据市场行情变化。汽车价格的确定涉及生产者、经销商、用户等多方面的利益，所以在实际确定汽车产品价格的过程中，需要考虑多种因素。

6. 销售

销售是汽车4S店的关键环节，是指汽车4S店在顾客选购汽车产品时，帮助顾客购买所进行的所有工作。具体包括：积极挖掘潜在客户并售前跟进；向客户介绍新产品、新款车型和新政策；认真分析客户需求，听取客户意见；为顾客提供买车咨询、保险、上牌等各种手续帮助。

7.1.2 零配件供应

零配件供应(spare part)是售后服务的重要物质保证。从销售利润方面看，在国外成熟汽车市场中，整车的销售利润约占整个汽车业利润的20%、汽车装饰改装及汽车用品的利润约占20%，而50%～60%的利润是在汽车零配件及服务领域中产生的。

按照配件的使用性质，通常分为以下几类：

(1) 消耗件：在汽车运行中，一些因到期自然老化、失效而必须更换的零部件，如橡胶制品、电气零件等。

(2) 易损件：在汽车运行中，一些因自然磨损而容易失效的零部件，如活塞、轴承、销套等。

(3) 基础件：是指组成汽车的一些主要总成零件，价值较高，如曲轴、机体、变速器、车架等。

首先要保证汽车保修期内的零、部件供应；其次，应保证修理件充足。

7.1.3 售后服务

售后服务(service)是现代汽车经销商服务的重要组成部分。汽车售后服务使企业与顾客建立长久的、良好的客户关系，为企业积累宝贵的用户资源，并可以使生产和销售环节的利润最大化。随着汽车市场的发展，汽车4S店应更加致力于加强修车质量、配件质量、服务规范等售后服务，从而提高顾客满意度，获得更高利润。

7.1.4 信息反馈

汽车4S店的一大重要功能即信息反馈(survey)。汽车4S店直接接触客户，能够及时、迅速、准确地反映当前市场动态，将汽车产品的使用性能、顾客满意度等情况反馈给汽车生产企业。这对于提高产品质量、开发新产品、提高市场占有率都有重要的意义。

7.2 汽车4S店销售业务

汽车4S店销售业务的好坏直接决定着企业的成败。面对激烈的市场竞争，汽车4S店应做到对外获得客户"满意度、忠诚度和回头率"，对内加强科学管理。因此，规范产品的销售流程，提升销售人员的营销技能，成为当今各汽车4S店追求的目标。

7.2.1 销售部职能

从事主要销售业务的汽车4S店销售部的主要职能包括：客户资源开发、新车销售、汽车销售延伸服务、客户关系管理，其具体作用表现如下。

(1) 销售部是连接企业与顾客之间的纽带，不断地进行着创造性的工作，在满足顾客需求的同时，为企业开启利润之门。

(2) 销售部在汽车4S店整体营销工作中承担的核心工作是销售和服务，直接与市场和消费者联系，为市场分析及定位提供依据。

(3) 销售部通过一系列的销售活动可以配合营销策略组合,通过销售成果检验营销规划,配合市场部及时更新和制定营销规划。

7.2.2 销售部组织结构

汽车4S店销售部组织结构一般如图7.1所示。

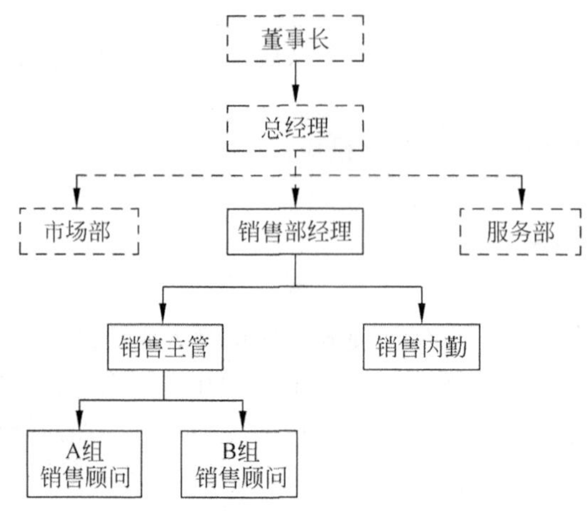

图7.1 汽车4S店销售部组织机构

1. 销售部经理岗位职责

(1) 监督、指导、考评销售顾问的各项工作。

(2) 负责销售中心日常工作,负责制定销售中心有关销售人员的销售培训计划。

(3) 亲自参与重大客户投诉的处理,及时向上级反馈信息。

(4) 认真落实和执行销售中心有关规定,负责传达汽车销售企业有关文件、资料及业务通知,积极组织外出服务及走访用户活动;认真落实各项优质服务活动;积极开拓销售市场。

(5) 负责落实完成销售中心拟定的各项销售经营目标及计划。

2. 销售主管岗位职责

(1) 负责每日展厅的展车4S管理。

(2) 负责每日展厅销售顾问的站位排班。

(3) 督促销售顾问按照接待客户的工作流程接待客户。

(4) 协助销售交车、取款工作。

(5) 确保展厅的销售任务、销售毛利以及附加产值的完成并报于销售经理。

……

3. 销售顾问岗位职责

(1) 负责面向客户的销售工作,热情接待客户,认真听取和记录用户有关信息。

(2) 为用户提供相应的服务项目,做好跟踪服务及建立用户档案。

(3) 定期向销售经理汇报工作。

(4) 积极主动宣传汽车产品及产品特点,向客户主动发放销售宣传资料。

(5) 积极参与对汽车销售市场的调查与开拓,搜集其他企业及同类型轿车的各种信息,进行市场预测和订货预测,并反馈销售经理。

(6) 积极参加销售人员的业务培训、业务考核。

(7) 严格执行汽车销售企业对特约经销商销售业务的各项规章制度。

……

4. 销售内勤岗位职责

销售内勤包括客户服务员、销售计划员、销售信贷员、库管员等。

(1) 负责销售部各类销售档案的整理归档。

(2) 负责各类销售数据的统计、分析、上报。

(3) 负责与厂家确认发车及款项支付情况。

(4) 负责部门内勤事务的处理并与其他部门的协调沟通。

(5) 配合部门经理完成其他工作。

7.2.3 销售流程

汽车消费是一种复杂的购买行为,因此,汽车销售要以顾客的需求为关注焦点,以顾问的身份围绕消费者的购买决策过程,从而实现销售。整个汽车销售活动是围绕着顾客的购买行为展开的,是一个共性与个性相结合的系统化、标准化流程,另外还需要多项配套服务工作支撑,使其正常工作。

一般销售流程如图7.2所示。

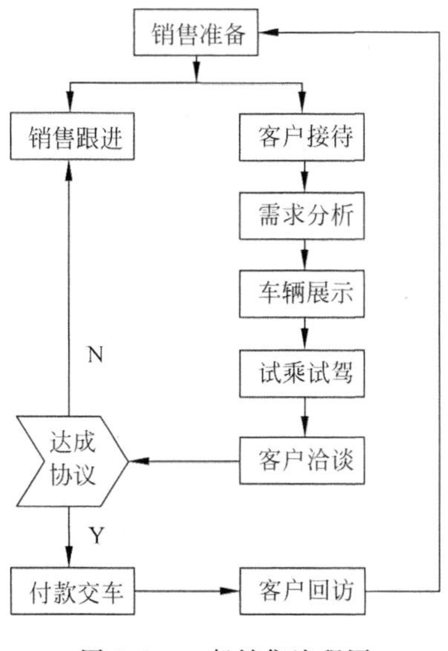

图7.2 一般销售流程图

1. 销售准备

销售顾问需要在与客户非常有限的面对面交流前，做好充分的销售准备。其销售准备主要分为以下两个方面。

1）客户跟进

(1) 根据工作需要制定相应的日、月度工作计划。

(2) 制定跟进计划，分析意向客户资源，寻找意向客户突破点，填写《每日工作纪要》。

(3) 区分客户类别，确定客户跟进方式，如电话、拜访、短信、信函等。

(4) 根据客户工作性质和习惯，确定与客户沟通时间。

(5) 有效的拜访客户。

2）工作准备

(1) 保证完备的知识储备。熟练掌握销售车辆的性能、配置和常用技术参数。

(2) 检查各类资料配备是否齐全，如车辆报价表、购车流程、汽车消费信贷流程、汽车上牌流程、汽车保险知识等。

(3) 保持健康的形象，注意着装、仪态，充分展现个人素质。

2. 客户接待

客户接待是业务关系的开始。无论是电话接待或是展厅接待，销售顾问都需要通过礼貌、细致、热情的服务，提高顾客的满意度，提高品牌知名度。客户接待主要分为以下 3 个方面。

(1) 根据展厅门口、展厅接待台、销售办公室不同梯队的销售顾问职责科学接待。

(2) 按照汽车销售企业标准接待流程专业接待。

(3) 注意接待细节，用真诚感动客户，留下良好第一印象。

3. 需求分析

在整个销售过程中，销售顾问对客户的需求分析环节最为重要，它关系到销售顾问对于顾客需求与愿望的准确把握，以及客户对销售顾问的信任程度。

(1) 通过倾听了解客户的个人及需求信息。客户的畅所欲言可以创造相对轻松的氛围，并有利于销售顾问准确把握客户意愿和需求。

(2) 通过引导性的发问，进一步分析确定客户需求。

(3) 沟通中通过简要重复客户决定购车因素，激发客户购车需求，增加客户对销售顾问的信任感。

4. 车辆展示

车辆展示是指把客户引导至汽车产品前，透过实物的观看、触摸，让客户充分的了解产品的外观、功能以及能给客户带来的利益，借以达成销售的目的。通过销售顾问细心、认真、有侧重点的车辆静态展示，影响客户对汽车产品的认识，建立信任，促进购买行为。车辆展示主要做好以下 3 个方面的工作。

1）车辆准备

（1）展示的车辆必须保持清洁、整齐。

（2）展示车辆内部和车身上不得放置车辆宣传资料。

2）展示介绍

（1）首先递交相关资料，请客户自行看车。

（2）注意观察客户，主动倾听，随时准备介绍服务。

（3）车辆展示介绍时，尽可能按照一定的方位顺序进行介绍，根据客户兴趣有针对性的展开介绍。

3）交流沟通

（1）在介绍的过程中，要注意发掘客户真正的兴趣与需求。

（2）以专业、亲切的态度和讲话方式进行交流和沟通，并引导客户进一步洽谈。

5. 试乘试驾

主动邀请客户试车，在确保安全的前提下，给客户全面体验车辆性能的机会。进一步了解车辆特性，促进交易成功。试乘试驾主要从以下3个方面做好相关工作。

1）试乘试驾准备

（1）确定客户是否具备驾驶条件，做好相应准备工作。

（2）与客户签订《试乘试驾协议》，并做好登记工作。

（3）向客户介绍试乘试驾注意事项、车辆操作等相关说明。

（4）根据车辆的相关性能特点选择相应的试驾路线。

2）试乘试驾过程

（1）销售顾问驾驶过程中，辅助操作，重点介绍汽车产品的优势。

（2）严格按照操作要求进行交换驾驶。客户试驾过程中，销售顾问要密切注意观察客户的驾驶方式和需求。

3）试乘试驾总结

（1）认真倾听客户驾后感受。

（2）与客户积极沟通，充分了解客户需求，并适当探寻客户购车意向。

6. 客户洽谈

通过销售顾问细心分析客户需求，为客户提供完善的构成方案，进而影响客户对车型以及购买模式的选择。在洽谈的过程中需要注意以下几个方面：

（1）通过沟通确定客户的需求。

（2）根据客户的需求，详细解释各项购买细节，为客户提供完善的购车方案。

（3）让客户按照自己的节奏来考虑商谈结论，避免让客户仓促决定。

（4）根据客户决定，及时整理客户信息及洽谈情况，或填写相应跟进表格。

7. 付款交车

付款交车是销售过程中的重要环节。销售顾问需要耐心、细致的完成整个过程，以增强客户对销售顾问及所选车辆购买决定的信心，从而顺利完成交易。

(1) 在确认购买车型、颜色、装备的基础上,达成价格协议。
(2) 详细阐述有关信贷、上牌、保险等一系列延伸服务项目。
(3) 按照车辆交接流程执行车辆交接。
(4) 确保交车时介绍服务人员给客户,以便客户和服务部门之间建立长期关系。

8. 客户回访

良好的客户回访,会让客户感受到无微不至的关怀,加强了销售品牌和企业在客户心中的地位,并建立了长期友好的业务关系。
(1) 按照客户档案整理标准要求进行客户档案整理。
(2) 按照标准回访流程有规律的进行不同程度的客户回访。
(3) 客户投诉处理过程要具有及时性,避免拖延增加抱怨。

9. 销售跟进

大部分的交易不可能在展厅一次接待成功,只有通过销售顾问认真、持续的跟进服务,才能影响客户对汽车品牌、车型的选择,促成最终销售的实现。
(1) 根据客户购买意向等级确定跟进频率和方式。
(2) 充分掌握客户信息,分析客户心理,掌握跟进技巧。
(3) 注重更新《销售跟进表》,并尽可能做好每一个跟进案例分析。

7.3 汽车 4S 店销售管理

7.3.1 销售展厅管理

宽敞明亮、环境优雅的展示大厅是汽车 4S 店面向客户的首要部分。汽车 4S 店展厅的设计与管理是企业联系顾客、提高顾客满意度的重要途径。

1. 展厅结构与要求

通常汽车 4S 店根据其所销售的汽车品牌的不同,在结构设计上有所不同。但总体上仍然可以划分为车辆展示区、顾客休息区、业务洽谈区、顾客接待台、儿童游戏区、卫生间等区域。

客户对汽车 4S 店的第一印象很重要,展厅整体效果应该达到以下基本要求:
(1) 展厅内、外墙面、玻璃墙等保持干净整洁;
(2) 展厅内的照明要求明亮、令人感觉舒适;
(3) 展厅内保持适宜、舒适的温度;
(4) 展厅内播放舒缓、优雅的轻音乐;
(5) 展示车辆摆放整齐、协调,注意车辆的颜色搭配,并有各种一目了然的功能性展示;
(6) 展厅内所有布置物应使用所销售品牌企业提供的标准布置物。

2. 展厅信息管理

由于展厅是与客户接触的第一阶段，是传递产品信息和品牌理念的关键环节，所以展厅的信息更新与管理显得尤为重要。

汽车展厅的信息管理主要有以下几个方面：

(1) 品牌信息：用于介绍汽车品牌文化的品牌信息，可按照销售企业的统一标准，通过挂旗、展示架等悬挂于展厅上空等处。

(2) 促销信息：可用展架、横幅等放置于展厅入口等处。

(3) 产品信息：介绍产品特点的信息可用展架、易拉宝、海报等放置于展示车附近。

(4) 客户反馈信息：可以通过设置在客户休息区附近的客户意见箱、公布栏等收集客户反馈信息，并及时整理汇总。

7.3.2 汽车销售人力资源管理

人力资源是汽车销售企业的关键因素。由于汽车是专业性很强的商品，仅仅靠一般的广告宣传是无法促成消费者的购买行为。只有通过训练有素的销售人员为顾客展示、操作商品、解释说明，才可能达到销售目的。在整个过程中，销售人员需要通过多次的接触和交流去分析、确认消费者需求，并通过努力去满足消费者需求，在取得消费者充分信任的情况下，实现交易。因此对于汽车销售，人力资源管理显得尤为重要。

1. 销售人员的培训

科学、系统的培训，在提高销售人员销售技巧的同时，还能使销售人员具备专业知识，准确掌握管理标准和销售政策，充分把握市场及客户的需求，提高忠诚、敬业的职业观念，建立更佳的客户关系，从而提高4S店的销售业绩。

1) 培训内容

销售人员的培训内容主要分为4个部分，包括：

(1) 企业相关信息介绍，例如企业介绍、企业文化介绍；

(2) 岗位知识培训，例如岗位职责、汽车专业基础知识、销售政策、销售流程等；

(3) 员工素质培训，例如销售礼仪、基本素养；

(4) 管理制度介绍。

2) 培训评估

培训完成后，销售部或行政部需要对培训学员成绩、培训课程质量进行评估以及改善和跟踪。

3) 记录存档

所有内部培训表格都必须存档，包括培训计划表、考核表和评估表等。

2. 销售人员必备素质

汽车销售人员的必备素质是在工作过程中体现出来的思想修养、业务修养、个人修养以及综合能力。优秀的销售人员应该具备坚强自信、真诚豁达、知识丰富的素质。

1）思想修养

（1）销售人员应关注相关的政策法规、掌握其对经济影响的规律性，保证销售活动符合政策法规的要求；在保证合法利润的同时，遵守商业道德，维护销售者的合法权益。

（2）热爱本职工作，树立用户至上、全心全意为顾客服务的思想。

2）业务修养

（1）具有现代营销观念。熟悉市场行情，理解企业文化，具备基础的营销学知识，能够从整体上把握大的营销环境及营销理念。

（2）具有丰富的专业知识。能全面了解所经营的汽车产品的相关知识，包括品牌特色、基本配置、技术参数、主要性能、价格等；熟悉销售流程中的每个环节，熟悉汽车交易的相关手续和程序。

（3）具有熟练的销售技巧。掌握基本消费心理学知识，熟悉运用商业技能，顺利完成销售活动。

3）个人修养

（1）具有良好的心理素质。销售人员良好的心理素质应该包括自信坚韧、宽容、大方热情、开朗外向。这有助于销售人员在销售工作中积极主动克服困难，富有激情的完成各项任务，建立良好的人际关系，通过人格魅力实现预期目标。

（2）具有强烈的公关意识。良好的公关意识可以使销售人员对环境、人员的变化有一种能动、开放、创造性的适应机制。销售人员能够对市场的变化及时察觉和预测，抓住最佳的时机，进行创造性的销售工作。

3. 销售人员礼仪

良好的礼仪是律己与敬人的表现形式，也是个人素养的外在表现，更是企业形象的具体表现。商务活动中的礼仪可以有效塑造专业形象，给对方产生规范、严谨、专业的良好印象，从而获得企业独特的竞争优势。销售人员是否懂得和运用商务活动中的基本礼仪，在反映销售人员自身素质的同时，更折射出该企业的企业文化与经营管理水平。

销售人员的礼仪主要包括仪容、仪态、仪表和谈吐。

1）仪容

所谓仪容是指人体不需要着装的部位，主要指面部，当然还包括头发、手部以及穿着服装而暴露出的腿部。相貌是每个人生来就这样，具有先天性，但也可通过包装来实现其更加完美的目的。在仪容方面应遵循干净整洁和修饰避人的原则。

2）仪态

仪态是指人在行为中的姿势与风度。姿势是指身体呈现的样子，风度是气质方面的表露。仪态是一种不说的“语言”，能在很大程度上反映出一个人的素质、修养及其被别人信任的程度。冷冰生硬、懒散懈怠、矫揉造作的举止行为，无疑有损良好形象。相反，从容潇洒、动作麻利、勤奋向上，会给人清新明快、生气勃勃的感觉；端庄含蓄的行为，会给人以深沉稳健的印象。因此，汽车销售人员必须在工作中，不断培养训练，以达到提高个人仪态与风度的目的。

3）仪表

仪表是人的外表，服饰对人的仪表起着重要的修饰作用。着装体现着一种社会文化，体现着一个人的文化修养和审美情趣，是一个人的身份、气质、内在素质的无言名片。服饰也是一门艺术，它所传送的情感与意蕴难以用语言来表达，俗话说："三分生相，七分服饰。"汽车营销人员得体的着装通常体现着自身的仪表美，同时也能增加交际魅力，给人留下良好印象，使人愿意与你深交，注重服饰礼仪也是事业成功的基本条件之一。

一般着装也有规定。要求穿戴整齐，色彩不宜太鲜亮，但着装要有醒目、简单和愉快感，要给人以端庄稳重、可信的感觉。

汽车营销人员一进入工作场所开展工作，各销售企业都有统一的服饰，必须按规定穿戴，不得随意乱来，以体现企业的形象。在日本各大汽车企业，都有自己的统一服饰，进入工作状态，必须统一着装，一旦要离开工作现场，或要去进行与工作无关的活动，都必须换装，不准穿着统一的服饰出去乘坐公交车，进入休闲场合。

4）谈吐

随着经济的繁荣和发展，社会交往越来越频繁，信息千变万化，使得人们需要更广泛、更及时地与人交流意见、互通情报、协商、谈判、推销等，都需要明确地表达自己的意图，并使别人乐于接受。作为汽车销售人员，谈吐更为重要，如何进行市场开拓，有效地与顾客沟通、互动，是促成事业成功的关键之一。

语言礼仪在人际交往中占据着最基本、最重要的位置，是销售人员必须掌握的基本礼仪之一。销售人员在与客户的交往中要做到用语礼貌，必须注意以下几点。

(1) 语言的用词

销售人员个人的礼貌待客、仪表举止会对汽车销售产生很大影响。所以，销售企业对销售人员的个人礼仪都有严格的要求，都有行为规范，必须遵守。例如，客户进门的问候："您好，我是×××企业的销售员，我能帮您做点什么吗?"

打电话也有规范的语言："您好，这里是×××企业汽车展示厅。"

"×××先生(女士)有事暂时离开，请问，我能为您留个口信吗? 请问贵姓，哪个企业，回电话号码是什么?"

"很抱歉，这个问题我无法马上答复您，请留下您的回电号码，我经查询后，立即给您答复。"

"如果您今后还有什么问题，欢迎您随时致电我们。也欢迎您能亲临我们销售部展示厅参观指导。"

送客时的规范语言："谢谢您的光临，如果您还有什么疑问的话，您可以随时致电我们。欢迎您再次光临我们销售部展示厅。再见!"

(2) 谈话时的礼节

① 保持适当的谈话距离。谈话的要求之一是使听者能够听清楚你的声音。从礼仪上说，谈话时若与对方离得过远，会使对方误认为是不友好的表示；如果谈话距离过近，稍有不慎会把唾沫溅在别人脸上，这又是令人尴尬的事。因此从礼仪角度来讲谈话双方之间保持一两个人的距离最为合适。

② 恰当地称呼他人。称呼的作用是唤起或明确对话者及表示对对话者的尊重。在中国，称呼的另一重要作用是对对话者事业的肯定。你若与有头衔的人关系非同一般，直呼其名会更显亲切，但若是在公众和社交场合，你还是称呼他的头衔会更得体。对于知识界人士，可以直接称呼其职称。另外，除了博士外，其他学位不能作为称谓来用。在不清楚对方

身份的情况下,可用头衔无大小之分的称谓来称呼,如“女生”、“先生”等。

③ 善于选择谈话的内容。不管是名流显贵,还是平民百姓,作为交谈的双方,他们应是平等的。交谈一般应选择大家共同感兴趣的话题,有些不该触及的问题,比如对方的年龄、收入、婚姻状况及个人物品的价值以不谈为好。谈论这些是不礼貌和缺乏教养表现。与女性谈话更应回避不利女性回答的问题。对方不愿意回答的问题不要追根问底。不小心提到对方反感的问题时应表示歉意,或立即转移话题。

④ 尊重对话者。在自己讲话时要给别人发表意见的机会;要善于聆听对方谈话,不要轻易打断别人的发言。一般不提与谈话内容无关的问题。如对方谈到一些不便谈论的问题。不要轻易表态,可转移话题。在互相交谈时,应注视对方,以示专心。对方发言时,不要左顾右盼或注视别处,显出不耐烦的样子,也不要老看手表,或做出伸懒腰、玩东西等漫不经心的动作。

7.3.3 客户资源管理

美洲航空企业在总结他们成功经验的时候提出:“自由市场竞争的精灵就是客户,是他们决定着谁输谁赢。”

管理学大使彼得·德鲁克指出:“衡量一个企业是否兴旺发达,只要回头看看起身后的顾客队伍多长就一清二楚了。”

汽车营销实践不断告诉我们,客户资源十分重要。在供大于求、产能过剩、汽车品牌激烈竞争的条件下谁拥有更多的客户,谁就拥有更大的市场主动权。为此,客户开发与客户维系是企业工作的焦点。但是在现实的汽车市场上,存在一对不可忽视的矛盾,那就是我国的消费理念日趋成熟而营销观念则相对滞后。其中最为滞后的因素,表现在对“战场”的认识上,即对客户概念的理解不全,对客户满意的理解上重技术而轻行动;表现在对“武器”的把握上,是开发、维护技术的单一和落后。

1. 客户资源管理概述

客户关系管理(customer relationship management, CRM),源于“以客户为中心”的市场营销理论,是一种改善企业与客户之间关系的管理机制,使企业在运营过程中不断累积客户信息,并使用获得的客户信息来制定市场战略以满足客户个性化需求的一套先进的管理思想及技术手段。

客户关系管理的核心思想是将企业的客户作为最重要的企业资源,通过完善的客户服务和深入的客户分析来满足客户的需求,实现客户价值最大化。网络时代的客户关系管理应该是利用现代信息技术手段,在企业与客户之间建立一种数字的、实时的、互动的信息交流管理系统。

随着服务经济和客户中心时代的到来,任何企业都必须重视客户,重视与客户的密切关系,重视与客户的密切互动,重视客户价值的创造与交付,重视客户满意度与客户忠诚度的提升,重视客户赢利性的提高和客户资产的战略运用。可以说,客户关系的有效管理,正日益成为企业营造与提升竞争优势的关键途径,成为企业成功应对超强竞争的动态方法。

不难发现,对中国汽车行业而言,“以产品中心”的紧缺经济时代已经过去,而“以客户为中心"的过剩经济时代正悄然来临，越来越多的企业开始将客户视为企业的战略资源。"想客户所想"、"客户就是上帝"、"客户的利益高于一切"等一些新型的管理理念和管理思想开始确立，提出了从满足客户需求出发到让客户满意的核心理念。谁能拥有客户，并能和客户建立且保持一种长期、良好的合作关系，赢得客户信任、给客户提供满意服务，谁就能通过为客户服务的最优化来实现企业利润的最大化。

近年来，随着经济的高速发展，中国汽车保有量猛增。面对市场需求的这种巨大的增长，汽车制造商、经销商原有的以手工操作为主的客户信息管理以及服务手段，远远不能够满足客户现实的要求。采用先进的客户关系管理系统，无疑成为汽车制造商、经销商管理客户信息，提升服务水准的必由之路。为方便与客户的沟通，客户关系管理为客户提供多种交流的渠道。从更广的范围讲，客户关系管理不仅仅是企业与客户之间的交流，它也为企业、客户和合作伙伴之间共享资源、共同协作提供了基础。

2. 客户关系管理的作用

汽车客户关系管理的作用很多，从业务角度来看，它具有以下作用。

1）潜在客户的开发

对于汽车企业来说，有两种人是自己的潜在客户：第一类是从来没有买过车的人或者单位，现在打算买汽车，他们有可能购买本企业的汽车；第二类是没有买过本企业汽车的人或者单位，通过做工作可以争取在他们购买新车时选择自己的产品。潜在客户开发的目标是要增加销售漏斗中潜在客户的数量，只有进入销售漏斗中的潜在客户数量增加了，从潜在客户转变为客户的数量才会增加。而且，增加潜在客户的数量，是一个循环往复的工作，不应该是阶段性的，或者是随意性的。

2）潜在客户的管理

增加销售漏斗中潜在客户的数量，只是万里长征的第一步，将潜在客户成功地转化为客户，管理十分关键。例如，上海通用将客户的购车时间分为：立刻购买、3个月内购买、6个月之内购买、1年之内购买这样几种类型。根据客户选择购买时间的不同，分门别类地采取不同的对应方法。对于一个立即购买的客户，系统就将这个信息送给销售人员，由销售人员及时地进行跟踪服务；对于3个月内购买的客户，系统会给销售人员提示，是不是可以将这个客户转化成立刻购买，提前客户的购买时间；对于6个月购买的客户，系统会提供比较详细的资料；对于1年之内购买的客户，系统只提供普通的资料。

3）客户忠诚度的管理

汽车的生命周期决定了汽车消费的周期性。买了新汽车的客户过几年就会回到汽车市场中来重新买车。统计数据显示，对于企业而言，新客户与老客户的比例为7∶15。因此客户购买新车一个月之内，销售人员必须对客户进行拜访，与客户沟通，倾听客户的意见。拜访与沟通的情况都应详细地记录在CRM系统中。在客户购车以后的4～5年当中，系统将不断地提示销售人员以及服务人员，要求他们不断地与客户进行联系和沟通，为客户提供各种服务和关怀，从而使得客户在下一次购车中继续选择本企业的产品。

3. 客户关系管理的内容

客户关系管理的对象是客户，为赢得客户的高度满意，与客户建立长期良好的关系，在客户管理中应开展多方面的工作。归纳起来主要有以下几项。

1）客户基本资料的采集

客户基本资料主要包括客户的姓名、地址、电话、兴趣、爱好、性格、学历、年龄、能力；企业所有者、法人代表、创业时间、与本企业交易时间、企业组织形式、资产等。通过采集客户的有关信息，将更多的客户名输入到数据库中，同时，要不断验证并更新客户信息，删除过时信息。客户资料是客户管理的起点和基础，他们主要是通过访问客户搜集来的。

2）客户差异分析

要满足客户，首先要了解客户。分析谁是企业的客户，客户的基本类型以及个人购买者、中间商和制造商等客户的不同需求特征和购买行为。客户关系管理的目的不是对所有与企业发生关系的客户都一视同仁，而是从这些客户中识别信息：哪些是一般客户，哪些是企业的"金牌"客户，哪些客户导致了企业成本的发生，相对较大的客户是否今年也定了不少产品，上年度有哪些大宗客户对企业的产品或服务多次提出了抱怨等，然后有针对性地提供合适的服务，提高客户的满意度。

不同客户之间的差异主要表现在两点：一是他们对企业的价值不同；二是他们对产品或服务的需求不同。对客户进行有效的差异分析，可以帮助企业更好地配置资源，使产品和服务的改进更有效，识别并掌握最有价值的客户以期获得最大的收益。

对客户差异化的分析，可采用美国数据库营销研究所休斯教授的 RFM 模型。

(1) 客户最近一次购买的情况(R-recent)。对客户最近一次购买情况的信息进行搜集和跟踪，用以分析客户在沟通之后是否能够持续购买，从而了解客户对企业提供的即时产品和服务是否有所反应。通过对"最近一次购买"的分析，企业可以了解客户最后一次交易的时间距离现在多久。最后一次购买是维系客户的一个重要指标，企业要定期检查这一信息来跟踪客户的忠诚度，并及时调整服务从而与客户保持长期的良性的接触。

(2) 购买频率(F-frequent)。购买频率即客户在测试期间的购买次数，高购买频率意味着更大的市场感召力。如果将该客户购买频率与最近一次购买情况和购买金额相参照，就能准确判断一定区域和时期内的一般客户和主力客户，使企业的营销策略更有针对性。

(3) 花费金额(M-monetary)。花费金融能够为企业提供客户在一定时期的需求量信息。如果将该信息与其他信息相参照，就可以准确预测一定时期、一定区域内的销售量、市场占有率等信息。从花费金额中确定哪些人的需求量大、原因是什么，这些信息为供应链上的企业生产、采购提供依据。

3）良好客户关系的建立

面对日益激烈的市场竞争，为了保证企业的长期稳定发展，越来越多的企业开始重视客户关系，努力建立与客户之间的长期稳定关系。企业在追求客户满意、培养客户忠诚的基础上，与客户建立起比较稳定、双赢的伙伴关系，既使客户获得了满意的服务，自己也获得了利润。更重要的是，最终赢得了客户。

为了建立良好的客户关系，首先需要良好的基础，即取得客户的信任，同时要区别不同类型的客户关系及其特征，并经常进行客户关系情况分析，评价关系的质量，保持企业与客户长期友好的关系。

其次要加强与客户的感情沟通。企业与客户的信息交流是一种双向的信息交流，其重要功能是实现双方的互相联系、互相影响。从本质上说，客户管理过程就是企业与客户信息交流的过程,实现有效地信息交流是建立和保持企业与客户良好关系的基本途径。

再次是关系客户购买产品后是否真正获得了利益,必要时还要加强对客户的业务指导和帮助。

还有就是要正确处理客户的反馈。客户反馈对于衡量企业所承诺目标的实现程度、及时发现在为客户服务过程中的问题等方面具有重要作用。掌握投诉时客户反馈的主要途径,正确处理客户的意见和投诉,对于消除客户不满、维护客户利益、赢得客户信任是十分重要的。

4. 客户的分类管理

1) 客户的分类

企业要正确地实施客户关系管理,就必须根据需要对其拥有的客户进行合理的分类,通过此分类建立起一对一的客户服务体系,实行差异化客户管理。即针对客户类别不同,采取不同的服务模式与营销措施,实施个性化服务与差异性管理,从而更好地提高客户的满意度和忠诚度。企业如何识别客户赢利价值的差异性,进而采取有效的管理,以追求收益的最大化是进行客户分类管理的重要问题。

(1) 客户分类管理的意义

客户分类是市场营销管理的内在要求。意大利经济学家及社会学家维尔弗雷多·帕拉多创立的"80/20原则",阐述的中心思想是80%的结果来自于20%的原因,即企业的销售额(或别的重要指标)可以解释为80%是来自20%的重要客户,而其余80%的大部分客户的销售额只占企业20%的销售额。但是,目前多数企业在服务资源的配置上存在着"大锅饭"或"倒置"现象,即对所有客户一视同仁,重要客户并未得到更多的服务。企业的资源都是有限的,企业的各项投入与支出都应用在"刀刃"上。因此,企业要想获得最大程度的收益,就必须对自己拥有的客户进行有效的差异分析,并根据这种差异来区分不同价值的客户,指导企业更合理地配置有限的市场销售、服务和管理资源,确保企业的投入和付出都用在"刀刃"上以实现客户资源价值和企业投入回报的同步最大化。

(2) 客户分类方法

一般来说,客户关系管理中的客户分类方法并不固定,各企业可根据客户档案中已有类型信息的不同和自身管理的需求要进行具体的分类。对一般汽车企业来说,可将客户分类如下。

① 按客户的性质划分,可分为政府机构(以国家采购为主)、特殊企业(如与本企业有特殊业务等)、普通企业、顾客个人和交易伙伴等。

② 按是否发生交易划分成两类,即成交客户与潜在客户。成交的客户根据自身的价值又分为小、中、大、VIP客户;未成交的客户根据成交的可能性,又分为A、B、C等级。对于成交客户,需要好好经营,要求做到终身服务;对于潜在客户,更要用心经营,紧追不舍。

③ 按客户购买产品金额进行分类:在客户管理中,就是把客户按购买金额的多少,划分为A、B、C三类。A类,大客户,购买金额大,客户数量少;C类,小客户,购买金额少,客户数量多;B类,一般客户,介于A、C类之间。

④ 按地区划分,中国可分为东北区、华北区、华东区、华中区、华南区、西南区、西北区等。

⑤ 按产品划分，可根据不同品种分别把客户分类。

⑥ 按价值对客户进行分类：最有价值的客户、最具增长性的客户、负值客户。对于最有价值的客户，我们要加强保持与其建立良好关系；对于最具增长性的客户，要采取发展的战略；对于负值客户，应该排除在外。

⑦ 按照客户对待产品的态度，可将客户分为忠诚客户、品牌转移客户和无品牌忠诚客户3类。客户管理的重点，就是培养对企业产品忠诚的客户和率先使用者。

客户是企业生存和发展的动力源泉，是企业的重要资源。但是客户有其双重性：企业管理得好，客户忠诚于企业，就会为企业做出贡献；管理不好，会对企业造成损失。将客户进行分类，意味着将不同类型的客户提供不用的服务，合理整合资源配置，培养能够给企业带来价值的好客户。

在国内汽车行业，原来的那种认为所有的客户都是好客户的大众营销做法已经行不通了，取而代之的营销做法应该是对客户进行分类，发现哪些客户是真正为你带来价值、利润贡献度足够高的“好客户”，然后把资源和关怀投入到这部分客户那里。对于那些不能给企业带来足够回报的客户，在其身上的投入相对应减少，可以定期跟踪回访，看有没有转化为高价值客户的迹象。从这个意义上说，客户关系管理正是强调了对客户的“歧视”，强调了差别对待。

2）客户的分类管理

对客户的管理是动态的，这是因为，企业所面对的客户是不断变化的，一个赢利的客户可以在很短的时间内变得没有利用价值，而一个非赢利的客户可以转变为企业利润的主要来源。因此，企业应该不断的对其客户进行选择，实现动态管理。按照不同的方式划分不同类型的客户，因其需求特点、需求方式、需求量等不同，所以对其管理也要采取不同的办法。

例如，在企业中，通常客户分类采用ABC分类法，它是根据事物在技术或经济方面的主要特征，把分析的对象分成A、B、C三类进行排队的，分清重点和一般，从而有区别地确定管理方式的一种分析方法。其中A类占10%～15%，B类占15%～25%，余下为C类，其中A类为最重要的成熟客户。

(1) A类客户

这类客户是企业的优质核心客户群，由于他们信誉度好，对企业的贡献大，能给企业来了长期稳定的效益。在管理上以指导为主，在服务上以感情交流为主，提高该类客户的满意度。对这类客户的管理应做到以下几点：

① 指派专人的经销人员经常联络，定期走访，热心为客户解决问题，提供快捷、周到的服务，企业领导也应定期去拜访他们。

② 关心客户经营状况，尽量保证客户的需求。

③ 优先处理该类客户的投诉。

(2) B类客户

这类客户一般来说是企业的大客户，但不属于优质客户。他们是企业发展的合作伙伴，在管理上以宣传教育为主，应倾注相当的时间和精力关注这类客户的生产经营状况，并有针对性地提供服务。对他们以A类客户要求的标准进行引导，帮助其提高经营管理水平。对这类客户的管理应做到以下几点。

① 客户经理应经常联络，定期走访，为他们提供服务的同时要给予更多的关注。

② 积极引导、密切联系、加强沟通、信息互访。

③ 密切注意客户的经营业绩，资金支付能力等异常情况。

④ 及时处理客户投诉。

(3) C类客户

这类客户最多但价值较低。对这类客户来说，不宜有过多的管理，但也不能缺少关注。因为若进行过多的管理，则花的时间和费用可能超过这些客户本身的价值。C类客户可以按部就班，但还要仔细分辨是否能归类为B类或A类，以避免误判而导致损失。对这类客户的管理应做到以下几点：

① 定期走访客户。

② 积极引导，更好满足需求，努力提高客户的忠诚度。

③ 跟踪客户的各种情况，及时处理问题，并最终与客户达成良好的合作关系。

④ 及时处理客户投诉。

在可能的情况下，要尽量使所有的人都满意。如果很困难的话，让所有A类客户非常满意，让B类客户满意，让部分C类客户逐渐提高满意度。

大客户自豪地享受着企业提供的“特殊待遇”，并努力保持着这种尊贵地位；小客户则努力使自己成为大客户，以享受大客户所特有的优惠与便利，这是客户管理的理想境界。这源自企业针对客户所采取差异化激励体系，这是先进的客户管理体系所发挥的作用。但是，在实施客户分类管理时要注意以下两个方面。

① 不要因为客户“大”，就丧失管理原则。企业为维护大客户而过度地让步、丧失商业利益原则，就会把大客户变成企业的“包袱”，这个包袱甚至比竞争对手通过竞争导致客户分流危害更为严重。

② 不要因为客户“小”，就盲目抛弃。在进行客户取舍前，我们有必要研究小客户的潜力，或者说潜在价值。如果具备潜在价值就有必要培养，力争把其培养成大客户。否则，看似丢了一个“芝麻”，实际上则是丢了一个“西瓜”。

在实际工作中，应该而且需要把我们的客户管理工作做好。按照实际情况的要求，有效地归类整理客户，对客户进行明确定位，从而做到胸中有数，起到事半功倍的效果。

5. 客户关系管理在技术上的保障

1) 销售

客户关系管理(CRM)系统中的销售能力自动化(sales force automation，SFA)模块在国外已经有了十几年的发展，近几年在国内获得长足发展。SFA也向销售人员提供工具，提高其工作效率。它的功能一般包括日历和日程安排、联系和客户管理、佣金管理、商业机会和传递渠道管理、销售预测、建议的产生和管理、定价、区域划分、费用报告等。

举例来讲，有的CRM产品具有销售配置模块，允许系统用户(不论是客户还是销售代表)根据产品部件确定最终产品，而用户不用知道这些部件是怎么联结在一起。由于用户不需技术背景即可配置复杂的产品。因此，这种销售配置工具特别适合在网上应用。如中国重汽的用户可以通过中国重汽全国各地的销售分企业的销售一线通系统(即中国重汽所提出的“模块化设计”)，自己在网上选择汽车的各大部件，企业则直接根据客户的需求装配符合用户要求的汽车产品。

2）营销

营销自动化模块是CRM的最新成果，它为营销提供了独特的功能，如营销活动(包括以网络为基础的营销活动和传统的营销活动)计划的编制和执行、计划结果的分析，清单的产生和管理，预算和预测，营销资料管理，“营销百科全书”(关于产品、定价、竞争信息等的支持库)，对有需求客户的跟踪、分析和管理。营销自动化模块不局限于提高销售人员活动的自动化程度，其最终目标是为营销及其相关活动的设计、执行和评估提供详细的框架。在很多情况下，营销自动化模块和SFA模块是相互补充的。例如，通过营销活动可能获得有需求的客户的资料，企业为了使营销活动真正有效，应该及时地将销售机会提供给能够执行的专业人员。

3）客户服务与支持

在很多情况下，客户的保持和提高客户利润率依赖于企业和经销店提供的优质服务，客户只需轻点鼠标或打一个电话就可以转向企业的竞争者，因此，客户服务与支持对企业是极为重要的。在CRM中，客户服务与支持主要是通过呼叫中心和互联网来实现。在满足客户的个性化需求方面，它们的速度、准确性和效率都非常令人满意。CRM系统中强大的客户数据通过多种渠道(如互联网、呼叫中心)使销售变得更方便。把客户服务与支持功能同销售、营销功能结合起来，就能为企业提供更多机会，向已有的客户销售更多的产品。客户服务与支持的应用范围包括：客户关怀、纠纷、订单跟踪、现场服务、问题及其解决方法的数据库，维修安排和调度，服务协议和合同，服务请求管理等。

4）计算机、电话、网络的集成

企业有许多同客户沟通的方法，如面对面的交流、电话、呼叫中心、电子邮件、互联网、通过合作伙伴进行的间接联系等。CRM应用有必要为上述多渠道的客户沟通提供一致的数据和客户信息。客户掌握沟通渠道的最终选择权，他们经常根据自己的偏好和沟通渠道的方便与否选择沟通方法。例如，有的客户不喜欢那些不请自来的电子邮件，但对企业偶尔打来的服务电话却不介意。对这样的客户，企业应避免向其主动发送电子邮件，而应多利用电话这种沟通工具。

本章小结

汽车4S店是指在功能上涵盖整车销售(sale)、零配件供应(spare part)、维修(service)和信息反馈(survey)的汽车销售和售后服务特许经销商。

汽车4S店销售部的主要职能包括：客户资源开发、新车销售、汽车销售延伸服务、客户关系管理。

客户关系管理的核心思想是将企业的客户作为最重要的企业资源，通过完善的客户服务和深入的客户分析来满足客户的需求，实现客户价值最大化。

客户关系管理的内容包括客户基本资料的采集、客户差异分析、良好客户关系的建立。

复习与思考题

1. 阐述汽车 4S 店的功能模块。
2. 汽车 4S 店的销售管理包括哪些方面？

案例分析

案例 1：10 分钟就可完成的销售何以泡汤

某天，一对夫妇来到了某品牌汽车的 4S 店，在与销售人员寒暄后，双方进入了销售环节。

销售人员将这对夫妇带到车库，用手指着停在车库内的各款轿车向客户介绍：这是 59 800 元的标准型，这是 69 800 元的舒适型和实用型。

客户：59 800 元和 69 800 元这两款车有什么不同？

销售人员：59 800 元这款车没有方向助力、ABS、电动后视镜等。

客户：装一个方向助力要花多少钱？

销售人员：××××元

客户：如果我定下来，款怎么付？

销售人员：可以分期付款也可以银行按揭。

客户：按揭一个月要付多少？

销售人员：如果按揭的话，先付 40%，余下的分三年付清，每个月只要付××××元。如果你们的经济情况可以一次性付款的话，可以买 69 800 元的。如果采用分期付款的贷款方式，就没有必要买 69 800 元，而应该买 59 800 元。

分析与说明

(1) 当客户问“如果我定下来，款怎么付”的时候，销售人员应该问这样的问题：“您是指 59 800 元这款车呢还是 69 800 元这款车？”目的只有一个，让客户明确自己会选哪款车。因为客户离开时的理由就是我要考虑选哪款。同时，问清楚客户准备采取什么样的付款方式。

(2) 何种方式付款不是确定车型的条件，车型确定的条件只有一个：客户真实的投资目标。该销售人员不知道应该先明确客户的购买目标后再作产品展示的道理，他不会主动询问客户将选哪一款车，这是现阶段汽车销售中存在的共性问题，尤其是销售人员销售的汽车有多种款式时更容易出现这样的情况。当客户已经明确要买某个品牌的车时，首要的任务就是将客户的需求明确化，即洽谈之前就要弄清楚客户倾向性最强的车是哪一款，然后围绕客户的需求目标不断强化购买会给他们带来的好处，如果不买会给他们未来的生活和工作带来的不便，这样才有可能将整个销售引向成功。

(3) 当客户问“装一个助力要增加多少钱时”，销售人员应该了解方向助力对客户是否重要，可以这样问“你要买的车是否要带方向助力？”并根据客户的回答进行下一步的销售。如果客户的资金不足以购买装备方向助力的车，就要向客户强调该车车身质量只有890kg，没有方向助力驾驶也相当轻巧。如果客户的投资足以支付增加方向助力的费用，此时应该强调装有方向助力的轿车更容易操控，特别是在狭小的空间调头时的便利性。

在这个案例中，这对夫妻下午4：30左右来到展厅，5：30以后他们的朋友赶到，这是一个典型的当天可以成交的销售案例。但到了7：30他们离开时，这对夫妇只留给销售人员一句话“让我们考虑一下是买59 800元的还是买69 800元的那款”。

这是一个10分钟就可以完成的销售，但该销售人员却花了那么长时间也没有成交。经过分析，发现失败的原因除了没有把握成交时机外，就是这位销售人员始终忽视了顾客来店的原因，而是花了大量时间在展示自己对汽车产品的熟悉和了解上。客观来讲，销售人员介绍的那款车的外形属于中庸的那一类，虽有部分客户不认同，但因为其优异的发动机性能和最低的油耗赢得了客户的赞誉。其实，该客户为什么会在众多的汽车品牌中选择这款车，最主要的原因是投资的问题。这一点这位销售人员始终不明白，在销售中一直还在拼命介绍69 800元这款车，如果改变一下销售的方式让客户确认售价59 800元的标准型，那么当天的销售不用10分钟就可以完成。

案例2：买宝马还是买奥迪

某日，一位老板走进一家专门销售进口品牌汽车的车行。

顾客：宝马730i是不是全铝车身？

销售人员：(客户提出的这个问题有点突然，而且他是第一次听到全铝车身的概念)哦，不太清楚，我要查一下资料。(查完资料后告诉客户)不是全铝车身。

顾客：刚才我到了某车行看了奥迪A8，他们的销售人员告诉我奥迪A8采用的是全铝车身，是最新的技术，能够提升动力而且省油，我以前开的是宝马530，对宝马车比较了解，现在想换一部车，准备在奥迪和宝马之间做出选择。如果宝马也是全铝车身的话，我就买宝马。

销售人员：(经过确认后再次告诉顾客)实在对不起，宝马730i不是全铝车身。

顾客离开了展厅再也没有回来，据了解后来买了奥迪A8。

应该说，这位销售人员虽然有好几年的销售经历，但面对客户提出的“全铝车身”的概念还比较陌生，加上沟通能力还未达到炉火纯青的地步，所以就把这位顾客放走了。

如果这位销售人员清楚奥迪A8全铝车身是一个什么样的概念，那么就可以按下面这样处理。

销售人员：老板，你能告诉我选购一部全铝车身的汽车会给你带来什么好处呢？

顾客：我也不大清楚，只是他们告诉我全铝车身比钢结构的车身好，而且更高档，也是最新技术。

销售人员：既然这样，让我们一起来讨论一下全铝车身，也就是铝合金车身是如何加工的。正像您知道的，铝合金由于其金属特性不如钢铁那样容易冲压，因此要做成车体钣件就有很多技术要克服，以往用钢铁可以一次冲压完成的钣件，改用铝合金之后却可能要分成数个部件，再用其他的技术结合起来。这样在汽车制造的时候，手续繁杂并且成本增加。但是，当车子因为事故意外而有所损毁时，那维修可就不像新车制造那么简单了，这时候不但需要特殊的技术，更需要特殊的配备。有些车体部位更是只能更换而不能用传统方法钣金，这就造成了很多的不便。

顾客：原来是这样的，我真的不知道。

销售人员：既然您对宝马情有独钟，为什么会因为一个全铝车身的问题而让您去选一个您从来没有开过的汽车呢？这是一项新技术，刚才谈到了新技术意味着要多花一些不应该花的钱，也许还会承担更大的使用风险。再者，这项技术很多人都不知道，而且是在汽车内部，他们可能根本不知道您花了那么多，也难以体现您的价值。

如果这位销售人员能够这么去做，同时以奥迪A4，A6，A8外形的差异性不大来强化宝马汽车外形的可识别性，即对顾客身份的印证的话，也许这位顾客还会选择宝马730i这款车。遗憾的是，太多的销售人员当他们感觉到对顾客的销售不可能再进行下去的时候，特别是当顾客要走出展厅的时候，就不知如何扭转乾坤，其实这时候只要问一句“先生(小姐)，能否请教一下是什么原因让您不考虑在我们这里买车?”可能会收到意想不到的结果。要知道，如果这样做了，也许还有继续销售的机会，如果不这么做，将永远失去这样的机会。

讨论：

(1) 模拟销售谈判场景，并对练习中存在的问题进行更正。

(2) 模拟销售员努力说服消极顾客购买汽车。

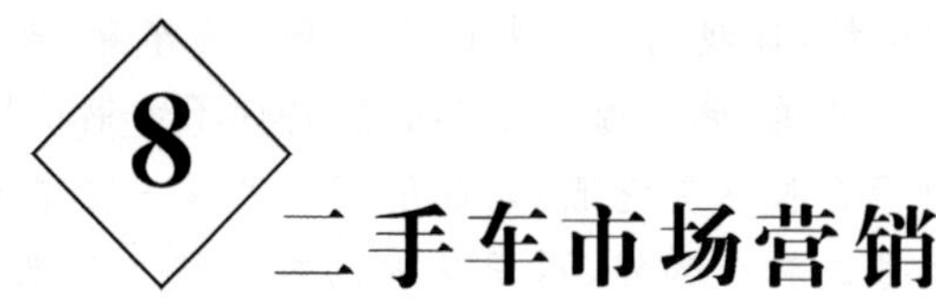

8 二手车市场营销

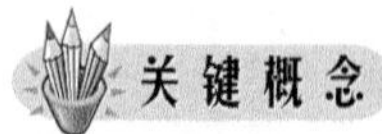

二手车(used cars)　　贸易功能(trade functions)
二手车置换(car replacement)　　租赁(rental)
销售流程(sale process)　　鉴定评估(appraisal and evaluation)
检测(detection)

8.1 二手车市场概述

8.1.1 二手车市场概念

二手车,是指从办理完成注册登记手续到达到国家强制报废标准之前进行交易并转移所有权的汽车(包括三轮汽车、低速载货汽车,即原农用运输车,下同)、挂车和摩托车。法律意义上的二手车包括了各种二手车上市场交易的前提、条件和对象3层含义,这3层含义完整统一,不可分割。另外,二手车是一个广义名词,不一定仅仅一次易主,也可能是多次易主,而且即使车辆一天也未使用,但因易主而交易,也称为"二手车"。

二手车市场就是二手车交换关系的总和,包括二手车的供给、需求和交易机制等基本内容。当然,二手车市场也包括专门为二手车交易而设置的交易场所,即二手车交易的有形市场(如二手车交易中心)。

二手车交易环节主要包括二手车的收购、销售、寄售、代购、代销等业务。所谓寄售,是指卖车方与二手车交易中心签订协议,将所售车辆委托中心保管及寻找购车方,中心从中收取一定的场地费、服务费及保管费的一种交易行为。而代购、代销是指无须客户进行直接销售或购买的前提下,交易中心按照客户的要求,代为销售或购置二手车的一种经营活动。当然,卖方与买方自行达成一致的协议后,共同前往交易中心办理有关交易手续,也应视为合法的交易行为。

8.1.2 二手车市场的作用

1. 二手车市场能够满足买卖双方交易方便的需要

这种需要是二手车市场产生和发展的根源。从卖方角度看,有的用户因为汽车使用频率高，为了减少维修误工，希望能够通过二手车市场较为方便地将手中的二手车卖出，并购进新车，保证汽车处于良好车况；有的用户为了维护形象需要，也经常更新汽车；有的消费者为了能够享受不同风格车辆的乐趣，需要将手中的二手车置换成新车。他们都希望能够通过二手车市场方便、快捷、安全地卖出二手车。从买方角度看，购车者可能因为暂时经济困难而无力购买新车，或者出于其他考虑而不必花大价钱购买新车，他们也都希望能够通过二手车市场方便地买到自己理想的车辆。

2. 二手车市场为新车增加市场容量提供了支持条件

二手车市场的存在和完善，有利于增加新车销售，让汽车用户的数量扩张。其原理是：假设市场上存在一个新车销售商和甲乙两个消费者，新车的销售价格为 10 万元/辆，消费者甲和乙的年可支配收入(假设可以全部用于汽车消费)分别为 10 万元和 4 万元，都存在汽车的消费偏好，如果车辆年使用折旧率按 20%计，那么在有、无二手车交易两种情况下的新车销售量是完全不同的，如表 8.1 所示。显然，存在二手车交易行为时汽车销售量两年共销售新车 2 辆，而不存在二手车交易行为时两年共销售新车 1 辆，这就是二手车市场对新车销售的乘数效应。

表 8.1 二手车市场对于新车销售的乘数效应

<table>
<tr><th colspan="2">消费者</th><th>消费者甲</th><th>消费者乙</th></tr>
<tr><td colspan="2">消费者年可支配收入</td><td>10 万元</td><td>4 万元</td></tr>
<tr><td colspan="2">第一年购车分布</td><td>购置新车 1 辆</td><td>无力购车</td></tr>
<tr><td rowspan="2">第二年购车分布</td><td>不存在二手车交易的新车销售分布</td><td>因手中车辆不能脱手，不再购新车</td><td>仍无力购车</td></tr>
<tr><td>存在二手车交易的新车销售分布</td><td>淘汰现有二手车，同时置换新车一辆</td><td>购二手车一辆(8 万元)</td></tr>
</table>

上述理论说明，培植汽车市场并不是单一培植新车市场，二手车市场同样应得到充分的重视，它是汽车市场的重要组成部分。二手车市场的存在，可以进一步扩张新车市场的规模。通用汽车企业前总裁早在 1960 年曾说过：“如果制造厂每年不改换车型，那么购买汽车的顾客就不是每三年，而是每六年才又回到市场上来。换句话说，他们会长时间使用一辆汽车直到报废淘汰，其结果是我们每年的销售额就要减少一半。”由此可见，二手车市场的存在，为西方发达国家的汽车制造商改进产品技术、稳定汽车产销量、保持市场繁荣、促进汽车工业发展具有重要意义。这种意义对尚处于不发达状态的我国汽车工业，就更加重要。

在我国的现实条件下，如果二手车市场发展得较为规范，就有可能使我国更多的居民在二手车市场上买到与他们收入相适应的车辆。其结果，显然增加了全社会轿车消费者的数量，也有利于高收入者或其他车主更新手中的二手车，促进新车的销售。如果再辅之以多种灵活的促销方式，则有可能加快我国轿车的普及进程。虽然不能说我国的汽车普及只能从二手车开始，但可以预见，规范、高效、可靠的二手车市场可以促进个人购车高潮的早日到来。这正是我国汽车企业所盼望的，可以说二手车市场是整个汽车工业和汽车市场的重要一环。

3. 二手车市场可以促进经济和社会的发展

二手车交易涉及车辆代购、代购代销、销售寄售、鉴定评估、办证过户、租赁拍卖、卖新收旧、以旧换新、美容维修、配件供应、售后服务、信息咨询等一条龙服务，它们的价值链长，可以形成一个新的产业分支。换言之，二手车市场的发展和交易规模的扩大，既可以增加二手车交易企业的经济效益，为国家提供更多的税收，还可以为社会提供更多新的就业机会。

8.1.3 我国二手车市场

欧、美、日等发达国家和地区，二手车交易起步较早，历经的时间较长，交易规模较大，交易过程较为规范，交易网络较为完善，二手车市场表现得较为成熟。例如，从交易数量来看，西方发达国家每年的二手车交易数量，常常是新车销售数量的1～3倍，远远高于我国。但随着我国《二手车流通管理办法》(2005年10月1日)出台后，我国众多二手车企业有了新的经营准则，纷纷拓展经营规模，加大资本投入，有效提高了二手车的整体档次，二手车市场开始走进品牌时代，从而也改变了国人对二手车的认识。

1. 我国二手车市场的现状

二手车市场作为汽车流通的重要组成部分，有别于二手车传统的交易方式和运作模式，具有广阔的市场前景和发展潜力。积极鼓励开展二手车置换、发展二手车市场，对促进二手车交易市场的发展、培育新的消费增长点具有重要的作用，在当前社会主义市场经济体制和汽车流通的新形势下，将促进整个二手车行业的观念创新、体制创新、经营创新、管理创新和服务创新。

随着社会经济的迅速发展和人民生活水平的不断提高，汽车作为重要的交通工具，在社会生活中扮演越来越重要的角色。改革开放以后，尤其是近几年，社会经济持续、稳定、快速增长，人民生活水平不断提高，汽车作为生活消费品进入家庭的时代已经来临。国内汽车市场出现了前所未有的销售热潮，汽车市场出现“井喷”式的火爆行情。与此同时，随着汽车的日益增多，二手车与二手车市场也应运而生，逐步进入汽车流通市场。

现代汽车流通体系包括：新车销售、二手车交易。随着我国经济的发展和人民生活水平的日益提高，汽车保有量将加速提高，这就为二手车交易提供了潜在的发展空间。与此同时，随着汽车消费结构的变化，私人购车辆已占到汽车销售量的50%以上，国有企事业单位的用车制度也逐步走向市场化。二手车满足了城乡居民多档次、多品种、低价位的需求，具有较大的选择空间，市场需求巨大。

2. 我国二手车市场的发展趋势

二手车具有广阔的市场发展前景。首先，二手车流通具有巨大的市场需求。二手车市场的容量取决于汽车的产销量和汽车保有量，其中主要是轿车的市场容量。

21世纪头20年我国将全面建设更高水平的小康社会。在这20年里，会有更多的人购买汽车，有更多的人拥有汽车，有更多的二手车交易。我国目前二手车交易量仅占汽车销售量的30%，西部地区则更低，不到20%，在汽车市场中所占的比例还很小，与发达国家二手车销售占总量70%和国内发达地区占50%的比例相差很大，因此二手车交易市场的潜力还有待充分挖掘。

从二手车发展的外部环境条件分析，二手车的市场发展前景除巨大的市场需求外，其产业发展的外部环境也逐步得到改善。

(1) 国家政策扶持二手车市场发展。近年来，随着国家对汽车工业实施扶持鼓励的政策出台，汽车流通体制改革的不断深化，汽车需求呈现多元化风格，与新车交易相伴，二手车交易日趋活跃，交易量以每年20%～30%的速度递增。

二手车市场的发展离不开国家的政策支持。政策是使二手车市场重新繁荣起来的首要因素。前几年，汽车市场受国内外经济因素的影响，销售市场一度处于低迷状态。近年来，国家为促进流通的交易市场的发展，明确了二手车流通行业发展的总体目标、指导思想，各部门和各地区都制定了相关的启动和促进二手车市场发展的各种优惠政策。此外，多项鼓励二手车交易措施开始出台，鼓励客户购买二手车促进汽车销售。2001年年底，国家纪委、公安部、经贸委、环保总局联合颁布了延长汽车使用年限的规定，放宽了机动车注册登记的有关限制，并逐步下放了多项审批权限，对多项审批权限进行一次全面清理，简化办事程序。与此同时，银行业开始积极参与二手车市场的交易活动，试行按揭服务，使二手车过户手续及办证业务日趋简化。

相关政策的出台与实施，表明国家对发展汽车工业、促进汽车销售的态度与力度。在国家利好政策的带动下，二手车市场将从经营方式、服务质量方面不断完善，从而建立完善的二手车交易新体系，扩大新的交易规模。

(2) 各地对发展二手车市场给予的大力支持。在国家对汽车交易流通的支持鼓励的政策背景下，各地为发展本地区汽车流通市场相继制定了一系列优惠政策和措施。

根据国家发展二手车流通行业的总体目标和指导思想，一些地方制定了二手车流通管理实施细则、报废汽车回收(拆解)管理实施细则等二手车交易流通政策和规定。出台政策刺激私人汽车消费，涉及交通、车辆和收费，取消不合法和不合理收费，降低过高收费标准；实行收费公示制度，降低购车成本和使用成本；简化过户手续，降低收费环节，活跃二手车交易和置换；鼓励有条件的单位推行各种形式的公车改革；加强中心城区道路、交通设施和停车泊位的建设等，为发展私人汽车创造条件，给汽车交易带来巨大的发展空间。

(3) 全社会重视、关注和支持二手车市场的发展。主要表现在：①近年来，从国务院的领导到国务院各部门都十分重视、关注二手车市场的发展；②各地区二手车交易中心(市场)更加重视“练内功”，即加强市场内部管理，一些市场按照ISO 9000质量管理标准对汽车管理体系进行规范和提升，加快了与国际接轨的步伐；③一些汽车生产企业特别是品牌轿车企业，就新、二手车置换促进新车销售等问题专门设立了相关机构进行推动，并对二手车市场进行研究；④外国企业关注我国二手车市场的发展；⑤一些科研院所和高校也重视二手车市场的发展，对二手车市场的发展进行专题调查，开展课题研究，有些院校的专业课程中还增设了二手车评估和二手车流通的内容；⑥新闻媒体更加关注二手车的发展，一些报刊设专栏，定期分析我国二手车市场的发展动态。社会上刊登有关二手车市场内容的报刊越来越多。

(4) 二手车市场的服务功能不断加强。一些旧机动车交易市场已经开始统一使用规范的二手车价格评估鉴定系统，可对交易价格查询、审核开单、交易库进行查询，对二手车交易进行公证的评估鉴定。

综上所述，在可以预见的未来，随着国内经济将高速增长，人们生活水平和汽车消费水平将进一步提高，二手车流通行业将迅猛发展。因此，在21世纪最初的20年间，我国二手车流通行业必将进入一个高速、持续发展的黄金时代，无论是交易数量和交易金额都将快速增长，以满足不断增长的汽车消费需求，适应新时期经济发展的需要。

8.2 二手车贸易功能

二手车市场离不开二手车的营销和销售，但贸易的开展不应该仅仅局限于二手车销售这一个方面，还应该是各项二手车相关功能的综合与统一。

1. 收购功能

收购功能是指为了避免二手车的浪费，对社会上的二手车进行统一的收购和管理。开展二手车的收购，首先要建立起一个二手车的质量认证和价格评估体系。通过该体系对每一辆欲收购的二手车进行统一的质量认证和价格评估，从而以统一的价格标准收购符合质量要求的二手车。

据调查，上海的出租车企业平均两至三年左右对其出租车进行一次大更新。这些开了两年左右的出租车在性能等方面尚良好，但行驶公里数很高，出租车每日的高行驶公里数使这些车的维修和保养费用太高，而私人用户则不存在24h的开车问题，因而就存在淘汰的出租车成为二手私家车的可能性。能否成功发挥二手车收购功能的关键在于是否能建立起一个二手车的收购网络。这个网络可以由散点的二手车社会回收站和固定的大批量二手车收购点两部分组成。前者主要是针对私车用户的待更新的二手车而设，而后者则是针对成批定期的单位二手车收购而定。

2. 整修翻新功能

整修翻新的目的是为了大大地提升二手车的价值和二手车贸易企业在客户中的影响。目前，这项业务在发达国家早已开展，一些欧美国家，像德国的二手车贸易企业几乎全部在销售的同时增加整修翻新业务，以提高收益率，提升企业的整体形象。通常来说，开展二手车的整修翻新工作可以有以下两个途径：

(1) 建立二手车整修翻新工厂，进行规模化的统一整修翻新；

(2) 建立二手车整修翻新站，提供整修翻新服务，加强二手车的美容和装饰。

3. 配送功能

配送功能是根据各地区不同的环境，二手车保有量和消费量的不同，在各地区间开展的二手车配送业务，以平衡各地区的二手车供需关系，推动二手车贸易市场的发展，分为国内和国际两部分来进行。

1) 国内配送

一方面，在我国经济发达地区和一些经济欠发达地区之间开展二手车的配送业务，这是根据二手车地区保有量的不同而展开的；另一方面，可以在我国经济发达地区和的一些消费观念较落后、车主不愿将自己的车折价或低价卖出等而造成的廉价二手车车源不足的地区之间开展二手车的配送业务，这是根据消费观念的不同而定的。此外，还有一些经济发达的地区对环保要求较高，如上海对汽车排气量等指标要求都较严，而外地有些城市的要求则相对低一点，可以把一些不符合上海环保要求的二手车配送到外地，以免造成资源的浪费。

2）国际配送

为平衡国际二手车的资源，根据各国汽车工业发展的不平衡情况，在各国间开展二手车的配送业务，同时也可为二手车消费者积极引进国外的二手车，开拓国际二手车资源。

以上两部分离不开二手车的物流系统，用以实现对国内外的二手车资源进行统一的配送。

4. 销售功能

在开展二手车的销售之前，首先要对二手车销售区域进行统一的规划，在此基础上，以各个销售区域为单位进行二手车的销售。主要有以下几种销售方式。

(1) 二手车超市销售。以某一个二手车贸易企业的总体品牌为出发点，建立二手车超市，对各种不同品牌的二手车进行统一销售。

(2) 特许经营销售。这需要建立二手车贸易特许经营体系，建立二手车销售网点，通过二手车贸易中的特许经销商对各种品牌的二手车进行统一销售。

(3) 与新车同地销售。即借用新车经销商的车辆展示厅的一部分来展示与该新车经销商所经销的新车同一品牌的二手车，借新车的销售来促进二手车的销售。

(4) 网络销售。在网上建立二手车贸易平台，通过互联网进行二手车的销售。

5. 置换功能

置换功能是指为使二手车市场和新车市场互相带动、共同发展，通过“以旧换新”来开展二手车贸易，简化程序。客户既可通过支付新二手车之间的差价来一次性完成车辆的更新，也可选择通过其原有二手车的再销售来抵扣购买新车的分期付款。

要发挥置换功能，关键在于对物流、资金流进行控制和协调以及与汽车维修、车辆流通等相关领域及车辆管理所、客管处、工商、税务等政府机关进行横向沟通和纵向疏导工作。

目前，国内几大汽车品牌相继开展了二手车置换业务，品牌经销商开展二手车业务着眼点不仅在二手车交易本身的利益，更是经销商服务增值的一种形式。东风雪铁龙自开展二手车业务以来，凭借品牌专卖店的优势，在提供方便、快捷服务的同时，引入了第三方二手车价格指数，配合东风雪铁龙二手车100项车辆检测标准，形成了一套公平合理的评估系统，专业透明，公平公正，让用户卖得放心，买得舒心。2005年1月到11月期间，东风雪铁龙二手车置换量的增长率达到了20%。同年12月，一汽大众在京也正式宣布，将在全国进一步推广奥迪全球统一的二手车业务国际化标准管理，全面打造中国顶级的奥迪AAA高档二手车品牌。奥迪AAA二手车是一汽大众采用奥迪全球统一规范和标准创立的二手车业务品牌。一汽大众奥迪承诺：凡是购买通过奥迪AAA认证的二手车的用户，拥有2天退换车权利，享受1年或2万公里的有限质量担保。目前一汽大众奥迪在全国授权了43家奥迪二手车经销商，其中28家奥迪经销商已正式开展二手车业务。其实，奥迪AAA二手车并不是第一个二手车品牌，早在它之前，已有上海通用的诚新二手车和上海大众的特选二手车率先在二手车市场打出了品牌的大旗。2002 年，上海通用就推出了国内第一个二手车品牌——“别克诚新二手车”，随着上海通用品牌的扩大，2005 年又升级为“上海通用诚新二手车”，涵盖旗下的别克、雪佛兰和凯迪拉克三大品牌。经过培训与拓展，上海通用汽车的二手车品牌赢得广大消费者的信赖，培养了客户忠诚度，成为行业翘楚，目前已发展了 60 余家经销商，覆盖全国大部分城市。

6. 租赁功能

开展二手车租赁服务规范化很重要。实行统一的租赁价格，可以避免二手车租赁企业各自为营而使竞争加剧、价格下降、利润减少的情况，是保证租赁利润的重要条件。租赁功能可分为用户个人租车、企业租车和长期租赁三个部分。

另外，目前国外还兴起了一种叫做租售的二手车租赁贸易新方式，即在客户购买二手车之前可以先租赁二手车一段时期并按比例支付租金，租赁期满后用户可根据租赁期中对使用该车的满意程度，依照租赁合同中的相应条款决定是否购买该车。

7. 售后服务功能

在贸易领域，售后服务的地位越来越重要。要成功开展二手车贸易，就要充分发挥其售后服务功能。例如，可与目前已有 400 多个维修站的大众企业合作，向客户推出购买二手车后半年免费维修的售后服务，即客户购买二手车后半年内车辆发生非事故性故障，均可凭注明购买日期的贸易企业售后服务卡前往任何一个大众维修站进行免费维修，其维修费用由贸易企业与大众维修站协商后定期统一结算。通过形成一个统一的二手车售后服务体系，提高用户对该二手车贸易的信任度和满意程度。二手车的售后服务既可以由二手车贸易企业独立开展，也可采取与各地维修商相联合的方式来开展。

综上所述，健全上述七大功能，以二手车贸易网络为基础，开展全过程、全方位的二手车贸易，这也是二手车贸易与二手车交易的一个最大的不同点。

二手车贸易涉及从二手车收购到售后服务的全过程。对于个人客户来说，二手车贸易应渗入到二手车售前、售中和售后服务全过程中；对于汽车厂商来说，二手车贸易应提供从零配件购入到整车出售的一条龙服务。对于二手车贸易企业来说，需要全方位地开展二手车收购、整修翻新、配送、销售、置换、租赁以及售后服务等多项服务，使二手车贸易的各大功能融合为一个统一的有机系统，同时也是在全方位地开展多项二手车贸易业务。

8.3 二手车销售流程

1. 卖前准备

卖前应将车打扮一番，因为车辆外观非常重要。这意味着应该彻底清洗车辆，无论是内部还是外部，并且考虑到任何微小的维修问题，清单如下：

(1) 洗车、打蜡,用吸尘器清洗汽车。

(2) 清洗汽车仪表盘和其他表面。

(3) 轮胎和铝合金轮毂上光。

(4) 清洗车辆内外所有的玻璃,包括反光镜。

(5) 把汽车内部和尾部行李箱内的所有垃圾都清理干净。

(6) 换掉任何烧坏的灯泡或熔丝。

(7) 清洗地毯和内饰上的液体痕迹。

2. 提供本车历史记录

精明的汽车买家想要了解车辆保养得好不好,会要求看保养记录。所以,应为汽车创建一份保养日志,即使某些保养找不到收据,也把它记下来。质量担保收据也很重要。如果近期更换了轮胎或电瓶,也应向买家出示这些配件质量担保收据。

二手车买家最大的担心就是在不知情的情况下买到事故车辆。汽车历史记录表明了这辆车是否出过事故,里程表是否归过零,或是否有其他巨大花费的问题。出示保养记录和一份清白的汽车历史记录会增加买家的信心,很可能轻松地完成交易。

3. 给车辆拍照

可以在网上上传车辆的照片,买家点击的概率将大大增加。发布带有图片的售车信息,可以提高卖车的速度。事实上,80%的买家在初次搜寻时都希望可以寻找到带有照片的信息。

建议对车拍摄 8 组照片:正面、后面、45°角、发动机、车内照片两张(特别要照到座位、仪表盘和其他设备,如 DVD、地毯或其他内部角度)行李箱、轮胎和钢圈。

4. 对车辆进行评估,给车辆定价

通过综合评估车况,以及本车型在当地的口碑及畅销程度来确定车的出售价格。

5. 发布售车信息

在这一步骤中,务必要提供详细的车情描述,售价应定得有根有据。车情的描述要尽量做到认真,详尽和清晰。最重要的是要讲诚信,做到实事求是。对买家不隐瞒汽车的缺点和瑕疵。这样往往会增加买家的信任度,最终以较理想的价格成交。

6. 与买家沟通并对信息进行管理

积极与潜在买家联系,会增加成功交易的可能性。在与买家交流的过程中,还可以把握住机会及时调整、增加或更新车辆的信息,以便吸引更多的买家。

7. 达成交易及过户

买卖双方达成协议,买家办理付款后,卖家即对车辆办理过户手续。如果是个人与个人之间的买卖,则建议买卖双方通过经纪企业办理付款过户,这样操作更安全。

8.4 二手车鉴定评估

美、欧、日等国家的二手车市场，之所以办事规范，主要是依托其实力雄厚被社会认知的鉴定评价机构以及具有较高素质的评估师队伍。这需要专业的二手车评价机构以市场为导向，在依托于二手车市场现状的基础上，让消费者认可第三方行业，扩张市场，才能和市场经济融合，真正做到让二手车鉴定评估机构在二手车交易中起到至关重要的作用，成为二手车市场发展的推动力。

8.4.1 二手车鉴定评估机构

1. 二手车鉴定评估机构概况

二手车毕竟不是新车，如果用户想真实全面地了解车辆质量状况，可以到正规的二手车鉴定评估中心对车辆进行评估。通过对被检车辆静态和动态的检测，评估师根据车辆使用折旧，现阶段市场价格等因素会给出评估价格，为想卖车的消费者提供卖车价格的参考。买到二手车的车主也可以通过专业评估师的经验检查和各种检测仪器得出的数据，判断购买车辆的真实信息和车况。评估机构就是脱离买卖双方的独立的“第三方”机构，为消费者买卖二手车提供必要的技术支持。目前，二手车交易市场、二手车经纪企业、4S 店、甚至修理厂陆续都在开展二手车评估业务，因为没有统一的标准和管理，使得评估存在很多不规范、不透明、不专业的现象，整体情况比较混乱。目前上海市商务局正式注册审核通过的二手车评估机构只有 10 家左右，都主要从事二手车交易、银行抵押车辆、典当、拍卖等鉴定评估和有关业务咨询服务。

2. 我国二手车鉴定评估机构存在的问题

经济行为的需求和专业人才的储备并没有自然地引发独立鉴定评估市场的发展。虽然已经出现了独立的鉴定评估机构，但是所面临的境地是尴尬的，对于二手车价值的确定，存在着行政垄断和主体繁多的局面。交易行为中，物价部门进行的鉴定评估是必需的，由于其目的是为了给进一步的行政收费提供依据，而且发生在交易行为之后，滞后性明显，因此，无法满足交易双方的需要。而独立鉴定评估机构的再次评估则显然增加了交易成本。增加成本的鉴定评估行为是难以被经济活动主体自愿接受的，这不仅制约了独立鉴定评估的发展，而且直接影响到了二手车交易行为中卖方诚信的建立。

毋庸置疑，独立鉴定评估是整个二手车市场诚信建立的基础，如果在消费者最关心的二手车价值问题上打起了太极，有谁能够相信在接下来的交易和售后服务环节可以做到诚信。同时鉴定评估是一种市场行为，而对于市场行为的规范在实践中更多的是有赖于法律、法规的监督。现在面临着法规迟滞的问题，现有的规范二手车交易行为的法律、法规，大多还是停留在交易的合法性层面上，而对于交易过程的规范则仅限于国家工商总局等有关部门的时效性较强的规范性文件，而且缺乏必要的约束。

行政法规规定了二手车的评估自愿原则，在注重市场行为主体自治性的同时，把对市场诚信建设的重任或者希望托付给了市场这只看不见的手。换言之，就是希望市场可以自觉地规范谁应当为鉴定评估买单，这就导致经营者为了追求利益最大化而回避独立鉴定评估，而消费者即便付出成本寻求独立鉴定评估也无济于事，因为如果经营者认为评估结论达不到自己追求利益最大化的目的可以拒绝交易，这就导致消费者为此付出的成本顶多就是"花钱买个明白"，而这显然不公平，也不具备可操作性。所以目前市场上出现的二手车鉴定评估机构大都面临着市场空间狭小、业务冷清，无政策支持、缺乏科学统一标准，甚至挂靠4S店或二手车经纪企业的尴尬境地。

8.4.2 二手车鉴定评估业务范围

二手车鉴定评估是为了正确反映机动车的价值量及其变动，为将要发生的经济行为提供公平的价格标准。因此，需要明确二手车鉴定评估机构在二手车交易市场中的业务范围和任务。

1. 确定二手车交易的成交价格

根据交易的不同目的，鉴定估价机构的鉴定评估人员挑选鉴定评估的方法，利用先进的设备对二手车进行严格检测、评估，并出具有法律效力的评估报告。

2. 转让汽车的所有权

对于触及企业或者个别的产权变动，二手车鉴定评估机构的估价将作为转让汽车一切权力的财产根据。

3. 执法诉讼征询办事

当事人遇到机动车辆诉讼时，二手车鉴定评估机构对车辆的鉴定评估可以为法院判决时提供现时价值根据。

4. 拍卖

可对法院罚没车辆、企业清算车辆、海关获得的抵税和放弃车辆、个人或单位的抵债车辆、公车改革的公务用车在拍卖前进行鉴定估价，提供拍卖底价。

5. 抵押贷款

对用于银行抵押的二手车进行价格评估，为银行安全放贷提供可靠的二手车价格评估值。

6. 汽车置换业务

鉴定评估机构对参与置换业务的二手车进行鉴定评估，从而保证经销商与用户在进行二手车置换业务时的对等利益。

7. 国有资产评价

对触及国有资产的车辆，按照国家相关规定，受托进行鉴定评估，提供国有资产的财产根据。

8.4.3 二手车鉴定评估检测项目

依照《机动车安全检验项目和方法》(GA 468—2004)，严格执行检测标准，凭借 7 大类 110 项的严格检测，严控进入市场的交易车辆，通过保证消费者权益体现二手车鉴定评估机构的真正价值。

1. 车辆信息验证

有效验证交易车辆合法性，分清车辆营运性质，杜绝盗抢车、拼装车流入市场。

2. 发动机性能检测及电子故障码解读

在发动机不解体的情况下，通过对其多种参数检测，进行性能分析和故障诊断，真实反映发动机工作状况，读取汽车电控单元内的故障码，解读车辆的技术状况信息。

3. 电子底盘测量

车辆底盘变形会带来车辆行驶安全隐患，通过专用设备检测明确获知车辆底盘状况，判断车辆是否曾发生过碰撞事故及修复是否合格。

4. 动态安全检测及外观检测

通过侧滑、悬架、轴重、车辆信息验证、制动检测，检测车辆的主动安全性能是否合格，确保车辆行驶安全达标。

5. 漆面厚度检测

通过全车 28 个点的漆面厚度测量，判断车辆是否因事故碰撞造成车辆外观破损，辅助判断车辆事故成因。

8.4.4 二手车鉴定评估作业流程

二手车鉴定评估作业流程需要在实际执行过程中依照市场状况和客户需求不断改进和完善，在二手车鉴定评估机构建设初期，可以依照当前中国二手车鉴定机构常用的鉴定评估作业流程，基本的流程可参照图 8.1。

1. 接受委托、核查委托方提供的资料

对委托方提供的车辆评估所需要的资料，如车辆登记证书、行驶证、附加费证、保险卡、养路费缴讫单、保修卡等随车资料，车辆来历证明，车辆所有人身份证明等资料进行核查，签

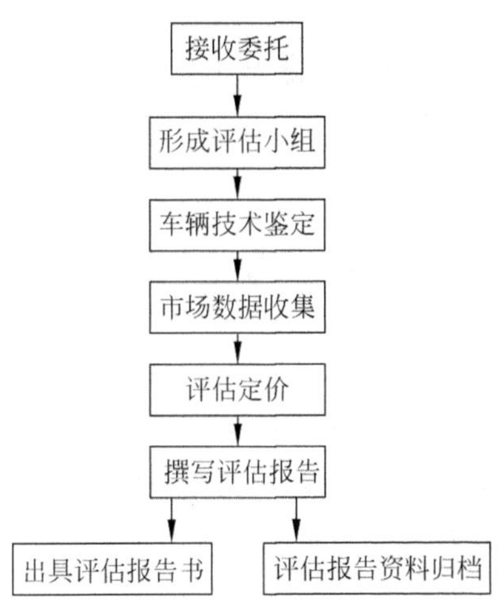

图 8.1　二手车鉴定评估作业流程

订委托协议。

2. 确定评估人员、制定评估方案、确定评估方法

接受委托后，确定评估人员，组成固定评估小组，由评估小组根据委托方交易目的，制定适宜的评估方案，选择合理的评估方法。

3. 对机动车进行现场查勘、核实、确定机动车的成新率

在车况核对的基础上，利用先进的检测设备，依据完备的检测项目，对车辆外观、机械状况、电气设备、空调系统等进行技术鉴定，同时确定机动车的成新率。

4. 进行市场调查或询证，确定机动车的重置成本

通过评估数据的收集，例如同类型车辆市场价格、年度销量、车辆配件价格、车辆技术信息等，确定机动车的重置成本。

5. 确定机动车评估现值

根据被评估车辆的成新率、重置成本以及车辆技术因素和市场因素，依照评估方案，选择合适评估方法，评定估算机动车价格。

6. 撰写并出具机动车评估报告书

依据评估流程出具机动车评估报告书，同时将评估报告归档备案。在出具的评估报告书中应附资料，如二手车鉴定评估委托书、二手车技术勘查表、鉴定估价职业资格证书及鉴定评估机构营业执照复印件。

二手车鉴定评估作业流程需要在实际执行过程中依照市场状况和客户需求不断改进和完善。

8.4.5 二手车鉴定评估发展前景

1. 二手车评估网

中国的新车市场的高速发展和中国汽车拥有量的庞大基数，都预示了中国二手车市场的巨大潜力，二手车交易量的持续增高，必将影响传统的二手车鉴定评估方法的改进。面对庞大的二手车交易市场，使用统计方法与传统定价计算方法相结合的二手车价格服务平台将孕育而生，它拥有各个时期出售的二手车的估价，掌握全国二手车价格的整体行情，建立二手车评估网，定期发布各种车型的机动车价格信息，定时发售二手车价格指导期刊，建成全国最具权威的二手车价格服务平台。如美国的 Kelly Blue Book、德国的 DAT、日本的中古车查定士协会等都是较为权威的机动车数据信息发布机构，其数据信息为本国的二手车交易提供了重要的参考价值，而二手车鉴定评估机构精确鉴定评估业务只针对部分进口、价高、数量少的特殊车辆。对于大部分消费者来说，只需在二手车评估网站上输入车型、车厂、年代等指数就可轻易得到相应二手车的价格，可以包括经销商收购价格、私售价格和市场零售价格等，还可以通过鉴定评估机构发行的包含全国二手车市场行情的二手车价格指导期刊，对所需交易车辆进行初步定价。

2. 二手车历史信息查询系统

1）建立历史档案

利用车辆识别代码(VIN)的唯一性，为每辆车建立档案，撰写“车辆历史报告”。报告的内容包括：所有权及变更、里程数、尾气排放检验结果、使用、维修、抵押、事故等众多重要信息。这些信息来源于生产商、车辆使用者、管理检验部门、消防与警察部门，以及租赁拍卖企业等多个途径，一方面确保了车辆历史报告的全面性，另一方面保证了信息的准确性和公正性。

2）建立二手车历史信息查询系统

在对每辆二手车建立历史档案的基础上，建立二手车历史信息查询系统。消费者在购买二手车的时候，可以通过支付少许费用，登录二手车历史信息查询系统，输入车辆标识号码就可以查到这辆车的交通事故记录和维修记录，获得该车的历史信息报告，从而对二手车的使用历史及质量情况做到心中有数，避免了由于信息不全而造成的购车盲目性。

本章小结

二手车，是指从办理完成注册登记手续到达到国家强制报废标准之前进行交易并转移所有权的汽车、挂车和摩托车。

二手车贸易的功能包括收购功能、整修翻新功能、配送功能、销售功能、置换功能、租赁功能、售后服务功能。

二手车销售流程包括卖前准备、提供本车历史记录、给车辆拍照、对车辆进行评估、发布售车信息、与买家沟通并对信息进行管理、达成交易及过户。

二手车鉴定评估是指通过对被检车辆静态和动态的检测，评估师根据车辆使用折旧，现阶段市场价格等因素给出评估价格，并判断购买车辆的真实信息和车况。

复习与思考题

1. 简单描述中国二手车市场现状及二手车评估市场现状。
2. 阐述二手车鉴定评估业务范围。

案例分析

案例1：二手车评估案例

评估车型：德国奔驰 E240。

登记日期：2004 年 6 月。

新车包牌价格：近似车型 65 万元。

表征行驶里程：4.6 万千米。

用户情况：车辆长期放置成本回收，希望价格 33 万元。

养路费：缴纳至 2008 年 12 月；车船税：缴纳至 2008 年；保险：无任何保险。

登记证、发票：登记证有效、正规发票；其他：两年未验车，其他正常。

动态检查：车辆起动时起动机有轻微的滞后，发动机感觉动力性迟缓，起动后噪声一般，抖动轻微，车辆整体行驶过程中感觉“较劲”，很多部分的润滑不到位，机油供应不足，整车要重新“调校”，转向比较沉，刹车噪声较大，轮胎噪声比较大，其他功能基本正常，电气系统在行驶过程中没有明显的异常，能够正常使用。

第一评估师意见：此次评估的这款车属于典型的“放置”车型，车辆整体状况由于长期停放造成了比较明显的损失，车辆的润滑、燃烧等系统都出现了明显的老化，需要进行适当的重新调整，好在车辆的电气设备系统工作正常，没有出现比较明显的问题，否则车辆的整备成本将大幅度提高。这类车辆市场不常见，根据市场常规的情况分析，认为这款车的成交价格应该在 29 万元左右。

第二评估师意见：二手车的成交价格往往受到新车价格的影响，新款的北京奔驰 E230 系列 2007 款配置相对更高，完税价格在 60 万元左右，因此对比情况分析，这款使用了 4 年的车辆虽然行驶里程数比较少，但是由于长期放置造成的损失比正常使用还要明显，此外市场这类价格主流车辆出现了奥迪 A6L、宝马 5 系列、丰田皇冠等。因此这款车的购买用户可选择余地比较多，根据市场正常行情分析，这款车的成交价格应该在 27 万～28 万元之间比较合理。

总评估师意见：奔驰系列轿车在国内主要是 S 系列的车型认知程度比较高，E 系列的保值率一般，我们评估的 2002 款之后的车型还好一些。根据车辆的情况分析，车辆放置造成的系统损伤间接的损失至少在 5 万元左右，此外车辆的电气系统在后续的使用过程中还可能要进行修复或调整，也将有一定的成本。不过车辆的关键卖点是车辆的配置比国产车要高，行驶里程数比较少，根据市场行情分析，这款车的成交价格应该在28万元左右比较合理。

案例2：二手车交易案例

挑一辆好的二手车只是第一步，需要特别注意的是，二手车出现问题最多的往往是车辆过户交易之后，对养路费和购置附加税等，车主应及时办理变更手续，这样可以避免后续使用中的麻烦。

案例：某沪牌车的原车主小张，养路费的期限为2004年10月18日至2005年10月17日。2005年4月10日，小李从小张处购买该车并办理过户手续，之后便开始使用。直到2005年10月18日去缴纳养路费时，发现该车拖欠半年的养路费。事后所知，由于自己的一时大意，没有注意养路费的事情，只好当花1000多元买个教训。

点评：原车主提供的养路费交至一年，这个证明是绝对真实的。问题就出现在，2005年4月10日小李在办完过户手续后没有及时到缴纳征稽处办理养路费的变更。小张正好利用这点，“及时”去退了半年的养路费。很多人认为，机动车登记证、机动车行驶证一经过户就完成了，其实车辆过户后还要进行养路费和后购置附加税的车主变更，凭本人的行驶证原件就可以办理。这样一来，减少了可能带来的损失，也方便以后继续缴纳费用。

讨论：

二手车评估过程中需要注意哪些问题？

9 汽车金融

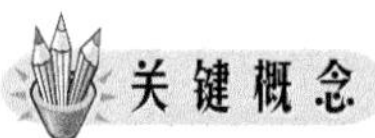

关键概念

汽车金融(auto finance)　　盈利模式(profit model)
融资结构(financing structure)　　信用管理(credit management)
利润(profit)　　资金(funds)

9.1 汽车金融的基本概念

汽车金融是指在汽车生产、流通、消费的各个环节中所涉及的资金融通的方式、路径,或者说是一个资金融通的基本框架,即资金在汽车领域是如何流动的,从资金供给者到资金需求者的资金流通渠道。从广义上讲,汽车金融应该包括汽车金融资金在融通中所涉及的几个关键要素,它们是汽车金融的盈利模式、融资结构、信用管理、产品开发四个基本环节,通过其制约下的汽车金融机构(资金供应者)、汽车金融工具(融通媒介)、汽车金融市场(融通场所)、汽车供应者及汽车需求者。汽车金融是这几大要素所组成的一个完整的框架。

对于从事汽车金融业务的汽车金融企业,各国对其定义有一定的差别。

美国消费者银行家协会认为:汽车金融服务企业以个人、企业、政府和其他消费群体为对象,以其未来获取收益的能力和历史信用为依据,通过提供利率市场化的各类金融融资和金融产品及相应的价值型投资服务,实现对交通工具的购买和使用。

福特汽车信贷企业的观点:汽车金融企业是以专业化和资源化满足客户和经销商的需要,为经销商和客户提供金融产品和服务,包括为新车、二手车和租赁车辆提供融资以及提供批售融资、抵押融资、营运资金融资、汽车保险、库存融资保险等保险服务,同时围绕汽车销售提供金融投资服务。

中国银监会对汽车金融的定义为:汽车金融企业是指依据《中华人民共和国企业法》等相关法律和《汽车金融企业管理办法》规定设立的,为中国境内的汽车购买者提供贷款并从事相关金融业务的非金融机构,包括中资、中外合资和外资独资的汽车金融机构。目前来说该定义最具现阶段实际操作指导性,同时也是我国汽车金融企业成立必须遵循的原则。

综上所述,汽车金融服务是主要在汽车的生产、流通、购买与消费环节中融通资金的金融活动,包括资金筹集、信贷运用、抵押贴现、证券发行和交易,以及相关保险、投资活动,具有资金量大、周转期长、资金运动相对稳定和价值增值性等特点。它是汽车制造、流通业、服务维修与金融业相互结合渗透的必然结果,涉及政府法律、法规、政策行为以及金融保险等市场的相互配合,是一个复杂的交叉子系统。

9.2 汽车金融的功能与意义

9.2.1 汽车金融的功能

在金融服务行业中,汽车金融服务业是一个相对独立的金融行业。汽车金融的产生和发展,是和调节生产与消费矛盾的实际需要分不开的。社会生产力的发展,加速了生产社会化和消费社会化。汽车等家庭耐用消费品生产的发展,带动了电子工业、材料工业等社会产业结构和技术机构体系的变革,并强烈地刺激着人们的现实消费需求和潜在消费需求。然而,社会满足这种汽车消费需求的能力却十分有限,在市场上形成了生产有余、卖者有货、买者无钱的局面。如何调剂社会消费资金,使其在时间上连续、数量上平衡、供给上充分,是汽车金融服务业在国民经济中的基本职能。汽车金融服务的主要宏观功能如下所述。

1. 平衡供需矛盾

市场经济是发达的商品经济。在市场经济条件下,汽车金融在经济运行中起着十分重要的作用,越来越被作为刺激消费和固定资产加速折旧,调节经济运行中供需不平衡矛盾,保持经济平稳运行的手段之一。具体来讲,它是通过调节汽车工业生产与汽车消费矛盾来实现上述作用的。

汽车金融服务本质上属于一种金融创新,即用现代金融原理创造性地解决经济生活中的问题,成功地化解了消费者即期消费和即期收入不对称的矛盾,用消费者未来的预期收入来解决当前消费的难题。由于汽车金融服务的协助,经销商可以更加成功地销售汽车产品、回笼现金;银行业增加了利息收入,获得了未来相对稳定的收入来源;消费者用少量的钱和支付利息的代价满足了即期消费的需求,从而实现了效用最大化。

汽车产业为了自身的发展,要求金融业不仅在生产流通领域中发挥作用,而且要在消费领域中发挥作用。金融信贷的发展刺激了汽车生产的扩张,扩大了汽车的市场流通规模,加速了资金周转。按照商品货币关系内在矛盾发展的必要规律,作为汽车消费领域发挥重要作用的汽车金融,同样会在汽车生产和汽车流通中发挥重要的作用。

从汽车金融自身运转和循环来看,汽车金融的信贷(需求)和储蓄(供给)之间存在内在的互相转化的必然性。汽车金融服务机构的大部分资金来自消费者的储蓄,它可以在汽车的生产性信贷和汽车的消费性信贷之间做适当的分配,以调节和保证社会消费资金与社会生产资金之间的平衡。

2. 促进汽车产业的发展

汽车金融服务是为汽车产品生产、消费和流通提供金融支持的一种服务模式。它可以有效疏通汽车产业的上、下游通道,减少产品的积压和库存,缩短资金周转时间,提高资金使用效率和利润水平。同时,汽车金融还有利于汽车生产制造和汽车销售企业开辟多种融资渠道,如商业信用、金融授信,即通过专门的金融机构(汽车金融服务企业)采用直接融资和间接融资等方式向社会筹集资金用于汽车产业，从而促进汽车产业的发展。

3. 具备乘数效应

汽车金融能够推动汽车产业的发展，对国民经济发展产生巨大的投资乘数效应。“乘数”是经济学中的一个基本概念。乘数理论反映了现代经济的特点，即由于国民经济各部门的互相联系，任何部门最终需求的变动都会自发地引起整个经济中产出、收入、就业等水平的变动，后者的变化量与引起这种变动的最终需求变化量之比即是乘数。英国经济学家卡恩(Kahn)于1931年最早提出乘数概念。现代乘数理论主要是沿着凯恩斯乘数模型和里昂惕夫投入-产出模型两大主线发展而来。乘数种类不一。西方学者弗莱彻(Fletcher)和斯尼(Snee)鉴定了六种乘数：产出乘数、销售乘数和交易乘数、收入乘数、就业乘数、政府收入乘数和进口乘数，各种乘数具有内在的联系。汽车金融服务作为金融部门专门服务于汽车消费、有着特殊指向性的新兴行业，其对国民经济的拉动作用必须依附于所服务产业功能释放与发挥。汽车工业“中间投入比重大、价值转移比重大、投资量大、规模经济要求高、与国民经济的很多部门联系密切”等特点，决定了汽车工业的发展既依赖于很多产业部门，又对国民经济的发展具有很大的带动作用。汽车金融对国民经济的巨大带动作用就是通过汽车工业对相关产业的带动作用体现出来的。汽车金融服务的乘数效应主要体现在以下几个方面。

汽车金融服务业的“高度关联性”，带动第三产业的发展。国民经济中的第三产业作为第二产业的汽车业的“高度关联性”体现在两个方面：一是在汽车产品的最终价值分配中，第三产业占有较高的比例；二是汽车产业的投入对第三产业的投入有较大的带动作用，后者占前者的比重为30%～80%。也就是说，汽车工业的一定投入，可以导致主要相关服务业增加30%～80%的投入。这里的主要相关服务业包括汽车销售贸易、储运、汽车租赁和汽车保险、汽车配件销售、汽车维修等。

汽车金融利用这种“高度关联特性”，一方面以其自身的发展直接推动第三产业的发展，另一方面以汽车产业为媒介，通过“价值转移”、“引导投资”和“投资乘数效应”等方式，又间接为第三产业的发展提供有力的支持。

汽车金融服务业的“高价值转移性”，对其他部门实现其带动功能。汽车产业对其他产业有较高的依赖性，能对其他产业产生“高价值转移”。正是汽车产业具有这种特性，汽车金融才能通过为其流通、消费甚至特殊情况下的生产提供金融支持的办法，疏通汽车产业的下游通道，避免产品的积压和库存，缩短周转时间，提高资金使用效率和利润水平，较大幅度地带动相关产业的发展，使汽车产业的“高价值转移性”得以顺利实现。

汽车金融通过自身以及汽车产业在就业方面的较强安置能力，对扩大劳动力就业发挥积极作用。汽车金融所惠及的相关服务部门一般具有很强的直接就业安置能力，如汽车修理业、运输业、销售、管理部门、研究咨询，以及汽车使用部门，基本都属于劳动密集型行业，具有较强的就业吸纳功能。

此外，虽然汽车制造部门的就业吸纳能力没有汽车服务业强，但它也是第二产业部门在安置就业方面较多的行业。1997年德国汽车产业500万总就业人口中，汽车工业的直接就业为67万人，配套工业行业的间接就业为98万人。汽车是一个产业链很长的行业，同时在中国也是一个有发展前途的产业，在整个产业链上，对就业的拉动应该也不仅仅局限在主机厂身上。汽车生产企业,从整个汽车产业链上来说,只是位居中间,上游有庞大的零部件制造企业,下游有无数的经销商,外围还有服务于汽车产业的更为庞大的衍生行业,应该说,汽车产业就业所能带动的所有板块中,主机厂只是不大的一部分。国家发改委在2006年就有统计,汽车相关产业的就业人数,已经占到了社会就业总人数的1/6。汽车业在以制造业为支撑的我国,对GDP的贡献超过了5%。

9.2.2 汽车金融的作用

对制造商而言,汽车金融服务是实现生产和销售资金分离的主要途径;对经销商而言,汽车金融服务是现代汽车销售体系中一个不可缺少的基本手段;对汽车营运机构而言,汽车金融服务是其扩大经营的有力依托;对消费者而言,汽车金融服务是汽车消费的理想方式。汽车金融服务在微观经济中的具体作用如下:

(1) 汽车金融服务对汽车生产商起到促进销售、加快资金流转的作用

生产商要实现生产和销售资金的相互分离,必须有汽车金融服务的支持。否则,生产资金容易凝结于库存或客户的应收账款中,导致销售数量越多,生产资金越发枯竭。而有效地利用汽车金融服务,就会大大改善生产企业资金运营效率,提高厂家的劳动生产率。

(2) 汽车金融服务可帮助汽车销售商实现批发和零售环节资金的相互分离

批发资金是用于经销商库存周转的短期资金,零售资金是用于客户融资的中长期资金,二者性质不同。通过对经销商库存融资和对客户的消费信贷,可以促进汽车销售过程中批发资金和零售资金的相互分离,有利于汽车销售商开辟多种融资渠道,促销产品、扩大市场占有率。

(3) 汽车金融服务可以帮助汽车消费者实现提前消费

汽车金融服务提供消费信贷、租赁融资、维修融资、保险等业务,解决支付能力不足的问题,降低消费者资金运用的机会成本。同时还可以享受到维修、咨询等汽车金融服务的一些附加服务。

(4) 汽车金融服务扩大了汽车消费规模

高折旧率是汽车消费的一个重要特点,因此,对消费者而言,汽车信贷不仅是解决支付能力不足的问题,更重要的是降低消费者资金运用的机会成本。正因如此,发达国家的消费者通常会利用金融服务方式消费汽车,并且其中融资租赁的比重一般较高。而伴随汽车生产技术的发展,汽车的重置价值不断降低,进一步加速了汽车的折旧过程。这样,汽车消费的高折旧特点无疑使消费者更加大了对汽车金融服务的依赖程度,因而完善的汽车金融服务体系可有效地扩大汽车消费规模。

(5) 汽车金融的发展能够完善金融服务体系,拓展个人消费信贷方式

汽车金融业发展不足,制约了个人汽车消费。我国通过消费信贷方式实现的整车销售不到新车销售的25%,远远低于欧美国家60%~80%的比例。而且汽车金融服务具有丰厚的利润,按目前发达国家统计数据显示,汽车金融所赚取的利润是整个汽车链的30%以上,超过汽车制造本身。汽车金融服务不断扩大无疑为储蓄资金找到了一个高收益出口,因此,汽车金融业的发展将拓展我国个人消费信贷方式,也将进一步完善我国经济金融服务体系。

9.2.3 汽车金融的意义

汽车金融服务是工业化国家在汽车工业现代化和金融服务现代化进程中的必经之路，是市场经济发展完善和成熟的基本标志，是提高国民消费能力与水平的有效途径，同时也是人们追求美好物质生活的辅助手段，是一道“绕不过的弯，迈不过的坎”。根据我国国情，中国大力发展汽车金融服务的现实意义有以下几点。

(1) 汽车金融服务将在21世纪初期中国经济的增长中发挥支撑作用

中国经济的较高速增长主要依赖于两个基本的拉动力量：一是住房的商品化和私有化；二是私人汽车拥有率的迅速上升。但是在高速稳定增长过程中，还将继续受到需求不足的制约。这种需求的扩大主要依赖于消费需求的变动，也取决于民间投资的增长。目前中国民间资本的规模已经很大，在积极向生产性投资方向引导的同时，也需要开辟消费服务市场的投资通道，用汽车金融服务来诱导和启动庞大的个人储蓄，是支持国民经济较高速持续增长的一个动力。一是要进一步调整三大产业的结构关系，尤其是工业与服务业的关系。二是工业结构的升级，主要是加快技术密集产业和高新技术产业的发展。这方面的进展直接影响着中国经济持续增长的基础和后劲。汽车金融服务业是为汽车产业服务的，其发展速度的快慢、发展质量的高低直接关系到汽车产业的质量、结构和发展速度。

(2) 汽车金融服务有助于建立“汽车消费主导型”的市场格局，成为拉动经济增长的主要动力

按照国民经济发展的自身规律和中国经济发展的实际情况，从21世纪开始，中国将进入一个汽车消费的高速增长时期。1986—1999年，中国汽车拥有量年平均增长11.4%，而私人汽车拥有量年平均增长23.3%，比总体增长率高了一倍多。2000—2004年汽车拥有量的年均增长速度高于20%，其中私人汽车拥有量的高速度增长起主要作用。正是由于私人汽车需求的高速增长拉动了整个汽车需求的较高速增长。未来中国的汽车需求量会继续迅速增长，汽车市场实际需求的年平均增长率将至少在10%以上，而潜在需求的年平均增长率将超过20%。到2011—2020年间，汽车需求增长会进一步呈现超常规的高速度和加速度。中国已经进入一个汽车消费高速增长的时期。

汽车金融服务在中国的兴起，将对这个过程的演进起着有力的促进作用。因为要让汽车需求变为现实，建立“汽车消费主导型”的市场格局，将私人汽车需求引导释放出来，成为拉动经济和内需高速增长的主要动力，必须依靠汽车金融服务这个手段和工具。

(3) 汽车金融服务有助于消除“汽车需求增长区域性倾斜”问题

“汽车需求增长区域性倾斜”是指汽车消费增长与汽车消费能力增长不成比例，汽车消费能力增长慢于汽车消费增长。在汽车消费发展的历史上，出现这种不成比例的区域性倾斜，一个重要的原因是“汽车金融抑制”。从全国的情况来看，至2009年底，中国汽车拥有量最高的10个省区中，东部占7个，占全国汽车拥有量的48.9%。但是，在私人汽车拥有量最高的10个省区中，东部只占5个，占全国私人汽车拥有量的37.5%，其余5个省区中部和西部分别有3个和2个。虽然私车拥有量最大的省区仍主要在东部，但西部和中部也有

一些省区的私车拥有量的比重很高(如四川和湖南),而东部却有一些经济发达的省区的私车拥有量的比重都较低。例如上海的私人汽车保有比例只有 2.37%,与其收入水平极不相称。这里有一些地方性的政策问题。如上海的私车牌照拍卖制度,由于一个牌照平均价格在 3 万元左右,所以上海地区的汽车销售以中高价位的车为主。江苏和浙江的私人汽车保有比例 2001 年在全国还是非常低的,甚至低于西藏。究其原因一方面是当地限制私人购买轿车的政策在起作用,另一个方面这些地区家庭的资金有多种投资的需要,而汽车消费信贷手续复杂,利息很高也是一个重要的因素,需要一个更优惠的消费信贷环境来拉动汽车消费,这也从反面说明一味采取金融抑制的办法,最终会抑制经济和社会的进步和增长。

(4) 汽车金融服务有助于引导庞大的国内私人储蓄的分流,提升对国民经济支柱产业的投资控制能力

发展汽车产业需要大量的投资,尤其在国际汽车工业竞争很激烈的情况下。同时,发展汽车产业还需要一系列的配套条件,包括交通基础设施的建设,也需要大规模的固定资产投资。虽然在经济全球化的条件下,发展中国家可以通过利用外资来解决经济建设中的资金缺口,但如果一个发展中国家要想保持自身在重点产业或支柱产业中的较大自主权和控制权,就要求本身对该产业有较强的投资能力。按世界银行图表法计算,2009 年中国的总储蓄额和总投资分别为超过 10 万亿人民币,只低于美国、日本和德国。按购买力平均方法计算,中国的总储蓄额和总投资额高达 7604 亿美元和 15 998 亿美元,超过了其他所有国家。中国的总储蓄量和总投资率远远高于欧美发达国家和巴西,也明显高于作为亚洲强国的日本和韩国。因此,至少从整个国家的角度看,我们可以给出这样的结论:中国发展汽车产业具有足够的投资能力。或者说,中国汽车产业的投资潜力具有强大的国际竞争力。但是,潜在的投资能力向现实的生产能力转化,要受到许多制度和条件的制约,其中一个重要方面是如何发挥和利用好国内储蓄,使其转化为对汽车产业和整个国民经济投资的一套制度和办法。其他国家的发展经验证明,汽车金融服务正是这样一套行之有效的办法。通过发展汽车金融服务业,可以充分发挥其分流储蓄、引导消费,最终形成对国民经济的巨大投资能力和对国民经济支柱产业的投资控制能力。

(5) 汽车金融服务有助于用好中国汽车存量资产,使其发挥更大的经济效益

汽车工业是经济规模要求较高的资本密集型产业,一个国家发展汽车工业需要汽车制造产业和与之配套的工业基础。与世界主要汽车生产国的历史阶段相比,不论是与美国和德国等欧洲国家,还是与巴西等拉美国家、与亚洲的日本和韩国相比,中国现阶段的工业基础都超过了各国汽车工业由起步进入迅速发展时期的工业水平,这是中国汽车工业大发展的一个有力的产业条件。虽然中国的汽车工业已经形成了一个较好的发展基础,是目前国民经济中有效存量资产较多的一个产业,但同时也存在着生产能力分散、设备技术较落后、难以形成规模经济等问题。除来自制度层面的问题外,没有一个良好的专业化的金融服务体系也是一个重要原因。在我国发展汽车金融服务,一方面可以合理地聚集全社会的资金与财力,为启动存量汽车资产提供必要的配套资金;另一方面通过启动汽车消费市场,疏通汽车消费出口,回笼社会资金,使业已形成的生产能力发挥出来。

9.3 汽车金融的盈利模式

9.3.1 汽车金融的基本盈利模式

1. 汽车销售利润模式

汽车销售利润模式实际上是一种简单的有形产品销售的盈利模式，主要通过汽车销售过程中，汽车产品的供应批发价格与销售价格的差异和达到汽车生产厂商规定的销售规模后的利润返还来实现的。这种盈利模式下。利润链的主要因素是仅限于汽车销售环节中的顾客服务质量与顾客满意度，没有形成一个完整的利润链；服务理念和服务形态基本处于“坐商式”，市场开发和市场营销的观念还没有形成；盈利模式的控制手段是汽车经销代理权和政府部门颁发的汽车销售许可权；盈利模式的利润率比较低，受汽车厂商的控制、政府的保护和汽车产品的垄断的程度比较大；盈利模式运行的市场环境垄断性强。

汽车销售利润模式是一种相对初级和原始的盈利模式，在一些汽车消费市场发展程度不高的国家中比较普遍地存在。在这种市场环境中，汽车金融服务还没有发展起来，专业性的汽车金融服务企业还没有形成，市场主体大量表现为汽车厂商控制的分散的、小规模的汽车经销商。中国20世纪90年代的汽车销售市场基本属于这种情况。

2. 维护修理利润模式

随着汽车销售市场的发展和汽车销售商对利润的追求，特别是国际上欧美发达国家汽车销售特许专营服务模式的影响，作为汽车售后服务重要组成部分的汽车维护修理业务被纳入汽车金融服务的整个流程。汽车金融服务企业和大部分的汽车经销商把维护修理作为一个重要的业务流程和利润来源。维护修理利润模式也以其较高的利润回报，开始在汽车金融服务的盈利模式中出现并日渐占据重要地位。维护修理利润模式是对单一的汽车销售利润模式的突破与发展。这种盈利模式的基本要点是：形成了一个完整的汽车服务链，在金融服务的传递、服务质量的感知、顾客忠诚度的提高上基本形成了一个完整的体系；在利润模式的控制手段上，除品牌、专营许可、维修技术外，为金融服务进入该业务的支付、现金流量管理、消费能力的启动与增级等方面提供了空间；在利润率上有大的跃升，其服务的重复性、增值性成为汽车金融服务诸项业务中利润较丰厚的一块。

3. 保险代理利润模式

在汽车金融服务业务中，通过代理保险企业的车险业务，可以赢得较大的利润。由于汽车金融服务企业具有为顾客提供保险融资，与顾客有售车及售后服务的频繁接触机会，容易与顾客建立起密切的联系等特点，保险企业能够与其合作，由其代理部分或者全部汽车保险产品的销售工作。保险企业对汽车金融服务企业的回报是允许其在所销售的保险收入中提成。

9.3.2 汽车金融的增值盈利模式

汽车金融服务是一个规模大而且发展成熟的产业，有着多样化的服务类型。国外汽车金融服务已经从单一的信贷模式扩大定位到以汽车产业的投资服务、资本运作和投资银行业务等增值型业务，以下介绍几个国外常见的增值型盈利模式。

1. 融资汽车租赁式盈利模式

融资汽车租赁是一种买卖与租赁相结合的汽车融资方式(见图 9.1)，主要是在汽车厂家和消费者之间架起桥梁，让消费者先取得汽车的使用权，然后每月付租金，在租赁期满后一般要购买设备的所有权。目前国际上流行的汽车融资租赁方式，已经成为一种厂商卖车、用户买车的新型销售模式，实质上转移了与租赁汽车所有权有关的全部风险和报酬的租赁，所有权最终可能转移，也可能不转移。一般而言，融资汽车租赁涉及较多的金融内容。融资汽车租赁需具备一定的条件，否则不属于融资汽车租赁的范畴，而只是一般的经营性汽车租赁。

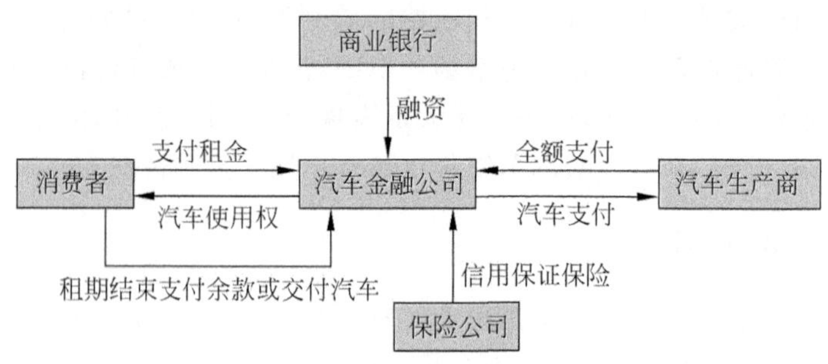

图 9.1 融资汽车租赁式盈利模式

这些条件包括：

(1) 消费者需向销售商支付相应的租金(汽车使用补偿费)。

(2) 如果消费者支付的费用(包括租金及相应赋税)已经相当于或者超过汽车本身的价值，依照汽车租赁合同，消费者有权获得该汽车的所有权。

(3) 如果消费者(承租人)在租期届满时所付租金总额尚未超过汽车价值，消费者(承租人)此时享有选择权，对租期届满后的汽车可以下列任何一种方式处理：在补足租赁合同中事先约定的相应余额后成为汽车的所有权人；如果汽车现值高于约定的余额，消费者可以出卖所租汽车，向零售商偿还该余额，保留差价从中获利；将该汽车返还给出租人。

(4) 在租赁期间届满时，消费者欲购买所租汽车，其不必以一次性付款的方式付清尾款。

严格地说，融资租赁方式和分期付款的汽车零售方式还是有一定的差别。汽车分期付款的零售方式，实质上是附条件买卖。销售商保留汽车的所有权，其实是债权人为保护债权而设定的一种担保，但是，合同的目的仍在于转移汽车的所有权。融资租赁则不同，它是买卖与租赁的结合，消费者(承租人)最终是否成为所租汽车的所有权人，选择权在消费者(承租人)。

2. 购车理财式盈利模式

购车理财模式是以汽车消费为目的而进行的专业性投资理财服务模式(见图 9.2)。在国外,许多汽车金融服务企业以各种方式直接或者间接参与发起设立一些专业性的基金或者私募基金,如以一些品牌汽车俱乐部的名义,通过吸收本俱乐部成员参加,为他们进行委托理财,用理财的收益去偿还汽车金融服务企业的购车本息。

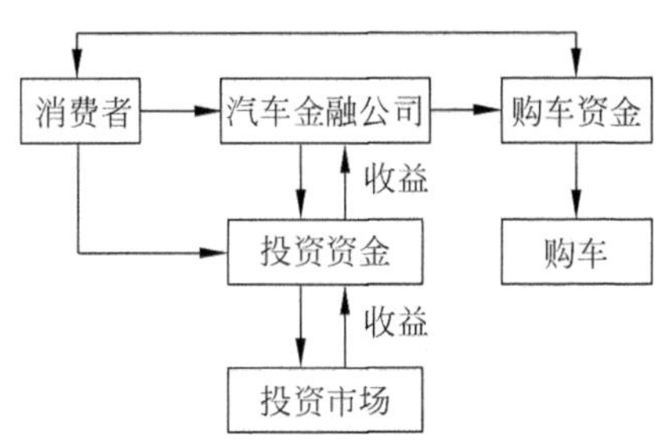

图 9.2 购车理财式盈利模式

目前,各个国家在汽车金融服务机构能否吸收短期储蓄上有不同的规定,但在为顾客投资理财上一般都是可以实行的。即使在金融管制比较严格的市场环境中,通过金融工程的方式,可以设计出一些对政策和制度具有规避性的方法,或者以私募基金方式来吸收一部分资金,其主要收益部分用于支付汽车消费的相关款项,另一小部分作为汽车金融服务企业的投资顾问收益。这种方式在让客户直接参与汽车金融服务企业投资管理活动,享受专家理财带来的高收益好处的同时,也将面临一定的投资风险。

购车理财式模式的运作采取的是购车与理财相结合的方法。它把资金分为两个单位,一个叫做购车资金单位,用于支付购车的前期费用,包括首付款等费用;另一个叫理财资金单位,由汽车金融服务企业的投资专家或委托信誉卓著的投资企业进行运用,现代化的投资组合方式使其运用更趋向于专业化和科学化。理财资金单位的收益流回汽车金融服务企业,用于偿还汽车消费者的融资贷款的本息,省去了客户的定期偿还行为。当然,客户享有全部投资收益,同时承担相应投资风险。

3. 汽车文化营销盈利模式

汽车文化营销盈利模式是指汽车服务企业以汽车文化为主题发起和成立各种俱乐部,然后以俱乐部为基础设立基金投资或为汽车金融服务企业提供融资。

由于各类产品的功能、形式越来越相似,必须用产品差别取得竞争优势,而通过产品中蕴藏的文化概念加以差别化是实现这一目的的有效途径。从文化学的角度出发,产品的有形实体和无形特征都是人类文化的体现,有形实体体现的是一种物质文化,主要满足人的基本需要;无形特征则更多地表达一种价值和意义,如产品的式样、包装的设计、售后服务的保证和完善,已超越了基本需要的满足,是社会文化积累在产品概念上的拓展。放眼市场,任何一种有价值的产品,都凝聚着一定的文化,产品的文化含量越大,文化附加值越高,它的辐射能力就越强,这是现代产品开拓市场的必然的合理趋势。

汽车文化是一面镜子,它可以忠实地反映一个国家的特性和整个社会的变迁。德国车的严谨、法国车的浪漫、英国车的高贵、日本车的精明，这些不同车系所具有的特殊文化气质在消费者心中早已形成了鲜明的差异化形象和产品定位。汽车文化的内涵对消费者的影响力度，在一定程度上要比厂商研发新车型的力度大得多，影响人们的生活方式，从而导致很多生活形态的多元化最终影响消费行为。汽车文化营销通过文化理念的设计创造来提升品质及服务的附加值，契合了消费者消费的个体性、情感性、感觉个性等精神层面，成为汽车金融服务的一项重要内容。汽车文化营销的核心是树立品牌文化，即在品牌设计、品牌实施策略和产品服务中形成有助于品牌识别的个性化。目前国际上的几大汽车品牌都具有丰富的文化内涵，大大提高了品牌含金量。品牌的文化内涵正逐步成为各国消费者购买汽车的决定性因素。因此，汽车金融服务努力为此创造出一种能令那些具有相似背景的顾客产生一种共鸣的汽车文化氛围。

9.4 融资结构

汽车金融服务的融资结构是指其资金来源的组合状况，即企业资产负债表右边各组成部分的构成。汽车金融企业资金的来源可分为两大类：一类是负债，一类是股本，而负债又可分为短期负债、中长期负债；股本又有内部人（一般为经理人员和职工）股本和外部人（外部投资者）股本之分。

由于资金密集性和资金使用时间的长期性，汽车金融企业对融资的依赖性很强。在这种需求下，汽车金融企业采取的融资方式决定了特定的融资结构。总的来说，目前汽车金融企业的主要融资方式有以下四种：一是普通股份融资，其中包括保留利润和发行新股票两种形式；二是债务融资，包括直接从资本市场上发行各种债券融资和从商业银行贷款融资；三是优先股筹资，这种筹资结合了普通股的某些特征；四是发行可转换债券融资。汽车金融企业究竟采取何种融资方式，取决于它所处的特殊情况，但作为一个理性的汽车金融企业，当它在选择融资方式的时候应该考虑最大限度地缩小预期的税后融资成本，最大限度地缩小企业现金流量的风险。

信贷资产证券化融资形式是目前发达国家汽车金融企业的主要融资形式。汽车金融服务信贷资产证券化是资产证券化的特殊分支，也是证券化最大的三个金融资产之一。它是指把具有未来现金收入流但缺乏流动性的汽车信贷资产收集起来，通过资产、证券环节等一系列结构性重组手段，设计出具有不同收入流和风险收益特征的证券，供具有不同投资偏好的投资者选择购买。在美国等发达国家，汽车金融信贷资产证券化已成为主流融资技术之一。在证券化以前，美国汽车贷款的资金几乎完全由信贷机构提供，而现在仅有四分之一的汽车贷款由信贷机构提供，其余四分之三则靠发行资产支持债券（asset-backed securities，ABS）来提供。

9.5 信用管理

汽车金融服务中的信用有自己特定的内涵与范畴：汽车金融服务的信用首先是指确立在资金借贷关系之上的信贷。汽车金融服务的信用不是最早的消费信用形式，它被用于融通汽车消费、经营资金，增加消费者购买力和汽车经销商资金融通能力。从这个意义上来讲，汽车金融服务的信用也可以叫做汽车金融服务的信贷。衡量汽车金融服务市场中的所有参与者，包括汽车制造商、汽车经营销售商、汽车金融服务企业、银行保险、维修服务商，特别是消费者等遵守法律规定、履行相关经济契约和是否诚实守信的标准就是信用。信用是检验一个国家和地区汽车金融服务是否发达的重要标志。在汽车金融服务市场上，风险和信用是对立统一关系。汽车金融服务企业为了获得收益及达到收益最大化，就必须承担风险。汽车金融服务信用风险防范的重点在于信息非对称性导致的道德风险行为。从本质上说，道德风险属于经济环境中的外在不确定性，或者说它是经济外在性的形式之一。它的存在破坏了市场均衡或导致市场均衡的低效率。在汽车金融服务的信用制度中，消费者的信用是通过每一次借贷行为积累的，所以就相当于在汽车消费信贷中引入了“声誉机制”，这样对道德风险是有力的防范。汽车金融服务信用风险防范的另一个重点就是逆向选择。在汽车金融服务中，提供汽车金融的机构对借款人信息的了解是不充分的。如果对不同类型的借款人收取不同利率，高风险的借款者为了享受低利率就会伪装成低风险的借款者。这样，提供汽车金融服务的机构就有可能错误的选择贷款对象，造成逆向选择。当汽车金融服务机构不能观察借款的投资风险时，提高利率把低风险的借款人逼出市场，从而使放款的平均风险上升。针对这种逆向选择，汽车金融服务企业通过建立个人信用体系，来消除信息的不对称性，并按照个人的信用等级决定融资数量与期限，将信用风险降低到最低水平。

9.6 汽车金融产品

汽车金融产品指以汽车交易及消费使用为目的融通资金所进行的金融结构、金融策略设计及相应的法律契约安排。汽车金融产品是立足市场的供需状况，以商品标的物汽车的价值为基础，以服务为手段，以金融运作为主体，以不同群体的消费需求为对象所设计、开发出的系列化的可交易金融工具、金融服务以及各种金融策略的设计方案。具体来说，它包括 3 个方面：

(1) 围绕价格最优化方面的汽车金融产品

指以减少汽车消费者购车成本，成功进行汽车销售为目的，以汽车销售价格为重点的汽车金融产品，实际上是通过适当合理的金融设计、金融策划，使汽车营销的价格在销售各方都能承受的范围内最小化，如“价格浮动式汽车金融产品”、“规模团购式汽车金融产品”等。

(2) 围绕规避销售政策、制度而开发的汽车金融产品

这类汽车金融产品的目的是为了消除政策、制度等社会因素对消费者消费能力、消费方式的限制而设计、开发的产品，特别是以释放消费者未来购买力、以培养消费者新的消费方式为重点，如“投资理财式汽车金融产品”等。

(3) 围绕汽车消费过程的服务环节的便利性、经济性和保障性开发的汽车金融产品

汽车金融产品开发：如融资租赁、汽车保险、购车储蓄、汽车消费信用卡等。汽车金融作为一个完整的整体，其资金融通应该是一个全方位的资金融通过程，作为资金供应者，既应该有银行等金融机构，又应有资本市场上的广大投资者，还应该有汽车投资基金等新的资金来源；作为汽车金融领域的资金需求者既应该有汽车需求者，又应该有汽车供应者。

本章小结

汽车金融服务是工业化国家在汽车工业现代化和金融服务现代化进程中的必经之路，是市场经济发展完善和成熟的基本标志。

汽车金融就是在汽车生产、流通、消费的各个环节中所涉及的资金融通的方式、路径，或者说是一个资金融通的基本框架，即资金在汽车领域是如何流动的，从资金供给者到资金需求者的资金流通渠道。

汽车金融的基本盈利模式包括汽车销售利润模式、维护修理利润模式、保险代理利润模式。

汽车金融产品指以汽车交易及消费使用为目的融通资金所进行的金融结构、金融策略设计及相应的法律契约安排。

复习与思考题

1. 什么是汽车金融产品？
2. 简述汽车金融的功能。

案例分析

案例：2010 最佳汽车金融案例

北京现代“一元信贷”方案

“首付一半，一年后付清另一半，而在这期间，每天支付的利息只有 1 元，全年利息共计 365 元，剩余利息由北京现代支付，同时消费者办理信贷业务均免担保。”这就是北京现代与深圳发展银行合作推出的“一元信贷”政策。可以说北京现代的“一元信贷”确实是一项惠民政策，不仅从消费层面上解决了消费者的实际购买力问题，还提供了多样化的车型选择，这些种种要素，都很大程度地帮助了消费者圆购车梦。

上汽通用雪佛兰“年轻人计划”

雪佛兰“年轻人计划”是上海通用汽车联手上汽通用汽车金融推出的行业内首个针对年轻人的专属汽车金融贷款服务方案。该方案以车型实际市场售价为基准，提供低首付＋首年低月供的购车贷款，2 年后更可随时换购新车，为处在创业期和事业上升阶段的消费者提供了门槛更低、更符合其理财习惯和消费习惯的创新购车方式。同时年轻人计划相比其他普遍贷款的产品来说其月供额也更低，最高可节省一倍以上，完全不影响其生活质量，这也更加适合目前年轻购车者的生活需求。

一汽丰田卡罗拉“零负担”信贷方案

一汽丰田在2010年7月推出的卡罗拉“零负担”信贷方案，让贷款购买卡罗拉的用户可享受2年零利率或贷款期限可长达5年且首年免息的贷款优惠方案，全部方案共有6套，消费者可以根据自己的需求进行选择。它堪称2010年最灵活的汽车信贷方案。

长安福特半付半贷金融专案

2010年长安福特与福特金融联手推出半付半贷金融专案，车主只需首付一半车款，在1年后付结清余款便可，在这一年当中将享受零利率，零月供的优惠，参与这套方案的车型包括了嘉年华、福克斯、蒙迪欧和麦柯斯。它堪称2010年涵盖车系最全的一套零利率零月供方案。

捷豹“零利率尊贷领享计划”

2010年年初，捷豹中国针对旗下捷豹XF车型在全国推行“零利率尊贷领享计划”。车主只需首付车款的50%，此后将无须承担利息，无须按月还款，在长达一年的免全息期后支付剩余50%的尾款即可。2010年上半年捷豹各车型销售总量达到1521台，较2009年同期同比增长超过100%，创下捷豹品牌进入中国市场七年来的最佳半年度销售纪录。“零利率尊贷领享计划”也因此成为2010年最能促进销售的信贷方案之一。

东风标致“百龙信贷计划”

东风标致金融百龙信贷(Balloon Loan)是在贷款期中每期只对部分贷款额进行还款，剩余的部分尾款在信贷合同结束时再予支付的一种贷款形式。同时，东风标致金融百龙信贷拥有多项灵活的尾款处置方式，包括结清尾款、申请12个月展期，以及置换新车，可以使购车人拥有更大的弹性空间安排投资计划。

东风悦达起亚信用卡零利率、零手续费分期购车特惠方案

2010年4月1日至6月30日，东风悦达起亚汽车和中国建设银行信用卡中心、招商银行信用卡中心联合推出的零利率、零手续费信用卡分期购车特惠方案。该方案首付款最低仅为支付净车价的30%，分期金额最高可达20万，无担保，无抵押，车主每月仅支出少量费用，即可轻松拥有理想座驾。活动涵盖Soul秀尔、Forte福瑞迪、狮跑等多款明星车型，也是首付最低的零利率方案。

奔驰B级、GLK级及SLK级车型客户激励计划

2010年9月30日之前，凡在梅赛德斯-奔驰授权经销商购买B级、GLK级及SLK级指定车型，即可尊享最短18个月零利率无息贷款或长至5年的超低利率贷款服务。该方案特别之处在于其提供零利率的期限比一般厂家的12个月足足多了半年。

雷克萨斯ES240的零利率零月供促销方案

2010年上半年，雷克萨斯针对ES240推出零利率零月供促销方案。活动期间，购买雷克萨斯ES240的顾客，只需支付50%的首付款，即可驾驶心仪座驾开始全新旅程，12个月内零利率、零月供。12个月期满后，可选择一次性付清50%的尾款，或选择额外12个月的尾款展期服务。这种多元化的金融服务方案为车主提供方便。

BMW 年末“零月供”至诚金融方案

宝马的汽车金融的优点并不在方案设计有多么巧妙，而在于其常年不断推出金融优惠活动。而 2010 年从 6 月 30 日至 12 月 31 日的 BMW 年末“零月供”至诚金融方案，针对 BMW 1 系及 BMW X3 指定车型，客户可在首付 45%的基础上，一年内尽享“零月供”及“零利率”等多重优惠。这样，客户可以利用这一年时间，通过理财获得最大的投资收益。

讨论：

结合案例讨论如何进行汽车金融产品的设计与开发。

10 汽车文化营销

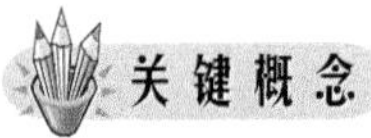

汽车文化(auto culture)　　汽车俱乐部(auto club)
车展(auto show)　　运动营销(sports marketing)
评估反馈(evaluation feedback)　　策划(planning)

10.1 汽车文化概述

10.1.1 汽车文化的定义

文化指人类在社会实践过程中所获得的物质、精神的生产能力和创造的物质、精神财富的总和。汽车是人类文明的结晶，是物化的文化。它作为物质财富和精神财富的集合，推动着人类文明的进程，丰富着文化的内涵。

汽车文化以汽车及其产业为载体，是在社会历史发展过程中，人类所创造的与汽车相关的物质财富和精神财富的总和，包含形成影响人类社会一系列的行为、习俗、法规、观念的文化形态(图 10.1)。当代的汽车文化蕴涵着以人为本，安全实用，舒适便捷，经济环保，诚信服务，时代创新，生态和谐等核心价值理念。

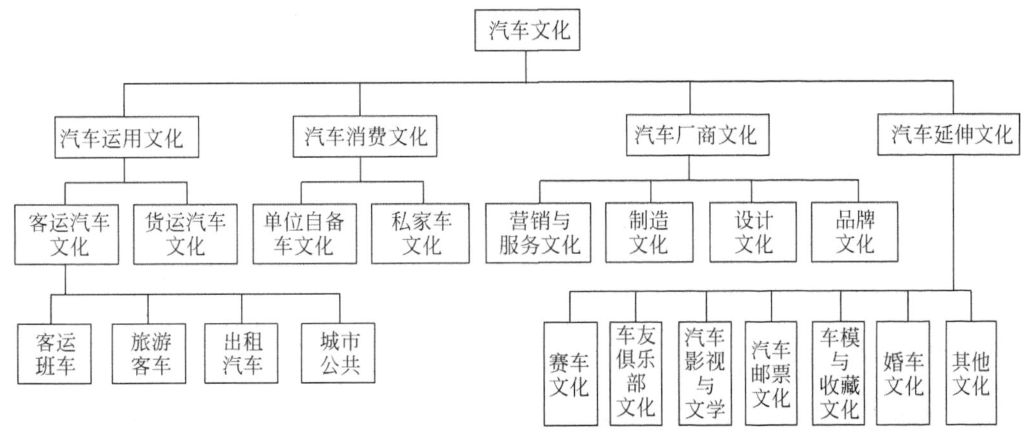

图 10.1　汽车文化的组成

10.1.2 汽车文化的特点

汽车文化涉及作为文化载体的车和使用车的人，具有自然（物质技术）和社会两方面属性。作为一种文化现象，它有如下主要特征。

1. 继承性

文化是人类世代相传的经验，继承性是文化的基础。在文化的历史发展进程中，每一个新的阶段在否定前一个阶段的同时，必须继承它的所有进步内容，以及人类在这之前发展的所有阶段所取得的成果。汽车文化是一个不断积累和丰富的过程，也是一个不断自我否定并呈螺旋式上升的过程。随着社会和汽车工业的发展，先进的汽车文化必然代替陈旧、落后的汽车文化。在这取代过程中，经过历史的检验，具有旺盛生命力的优秀汽车文化得以保留与继承。倘若不然，汽车文化始终在最低层次不断重复，就不可能进化。

2. 时代性

在人类发展过程中，每一个时代都有自己的文化类型作为完整的历史阶段。汽车文化作为社会文化中围绕"车"这一载体的亚文化，在不断发展变化过程中，也自然会打上那个时代的烙印。这个烙印在于，不同时代的汽车文化，在审美判断、价值判断和表现形式上都有其不同的特点。如我国国产汽车的命名："解放"、"跃进"、"东风"、"富康"、"福田"等便可窥见一斑。

3. 民族性

由于具有共同的语言、共同的地域、共同的经济生活和共同的文化特点而形成的共同的心理素质，是各民族在长期的历史发展过程中自己创造和发展起来的，形成了本民族的特色文化。汽车文化的民族性尤其鲜明，如美国车的豪迈与大气、德国车的精密与效能、法国车的浪漫与典雅、日本车的精致与务实、意大利车的精悍与唯美、中国车的中庸与和谐等，无不打上其民族文化的烙印，无不体现各民族的气质与符号。

4. 创新性

随着人类社会的前进，文化是不断发展变化的，其外延在拓展和延伸。传统与创新是永恒的课题，创新是社会发展的重要特征。自汽车诞生以来，以汽车为载体的汽车文化就在不断发展创新。由于人类不断广泛应用最新科技成果，使汽车在性能品质、造型等方面不断革新，同时在生产组织管理运行规则、商业服务、价值取向及生活理念方面也在不断发生变化。汽车的发展史本身就是一部汽车文化的创新史。

5. 统一性与多样性

汽车文化是人类所创造的与汽车相关的物质财富和精神财富的总和。各个地域或民族的汽车文化既具有共同的、统一的特征，又具有特色的成分，相互之间不可替代。汽车工业的集团化和国际化趋势越来越快，必然影响到汽车文化的属性。跨国企业这种跨国界、跨产品、跨文化的多品牌经营发展战略，使得汽车文化融入了鲜明的国家和民族特色。在统一性的基础上，汽车文化的表现形式上也将日益多样化、多元化。

6. 互动性

各个地域或民族在汽车工业发展中都有自身长期积累的优秀文化，并使之成为本民族汽车文化的典型特征。随着日趋频繁的文化交流，各民族的汽车文化相互影响、相互促进。汽车文化的发展就是一个相互借鉴与融合的过程，外来优秀文化的导入，丰富了本土文化的内容，同时本土优秀文化也在交流交往中对外输出，影响他人的价值。互动性是汽车文化生命力的重要体现。

10.1.3 汽车文化的组成

1. 汽车节庆活动

全球各地的汽车节庆活动是“二战”后开始在英国和美国兴起的，逐渐遍布世界各地。节庆的主题也纷繁多样，如“老式老爷车”、“老式运动汽车节”、“欧式汽车节”、“英国汽车节”、“豪华汽车节”、“艺术汽车节”等。历史最为悠久的是美国底特律格林菲尔德镇的老式汽车节，展示1932年前生产的全世界顶级汽车，至今已举办了56届。还有一些比较著名的汽车节庆活动，如美国南卡罗来纳州的“欧式汽车节”，英国纽瓦克的“微型汽车节”，美国佛罗里达州的“镜湖经典汽车节”等。

现在，汽车节庆活动最多的是美国和英国。目前能检索到的比较有影响力的汽车节庆活动中，美国有27个，英国则有12个，其他国家总计有17个。

汽车节庆活动一般包括：新车展、老爷车展等在内的各种车展；参观汽车工厂和汽车博物馆；各种关于汽车的娱乐游戏和车技比赛；参加节庆的汽车评选颁奖；舞会、音乐会、戏剧、歌舞、街道狂欢等；讲座和书籍签售会；发行邮票和节庆海报；慈善捐款；汽车交易。

2. 汽车俱乐部

汽车俱乐部是为了满足驾车人对各种与汽车相关的服务的需求和汽车爱好者对汽车的不同兴趣爱好而成立的。广义的汽车俱乐部包括从事汽车比赛的俱乐部、从事汽车旅游和文化活动的俱乐部、从事为驾车人提供服务的俱乐部等。

(1) 狭义上的汽车俱乐部是为普通驾车人提供各种汽车服务的俱乐部。发达国家，这种汽车俱乐部都有几百万至几千万会员和很强的专业能力，主要采用“会员制”的组织形式。

(2) 全国性赛车运动协会及赛车俱乐部。世界各国都有一个聚合本国众多赛车俱乐部并有国际汽联授权管理本国赛车运动的全国性组织。

(3) 旅游俱乐部。国外俱乐部提供的旅游服务主要是为车辆提供道路救援等技术保障，为驾车人提供道路和景点咨询，在沿途和目的地提供食宿上的方便和优惠。

(4) 品牌俱乐部。品牌俱乐部有两类。一类是厂商设立的，主要为购买该品牌汽车的客户提供各种汽车服务的；另一类则是由使用同一品牌车的车主组织起来，举行聚会、节庆、旅游和竞赛等活动的俱乐部。

发达国家汽车俱乐部经过长期的发展，都不同程度地向综合性发展。服务性俱乐部的服务范围涉及各种汽车服务、金融服务等众多领域。主要活动为旅游、赛车的俱乐部，也会与各行业企业合作，为会员提供众多服务。

3. 汽车赛事

汽车赛事是驾驶汽车参与的、具有竞争性质的活动。汽车赛实质上是一种强化的道路试验，被誉为动态车展。汽车赛事是生动真实的广告。比赛中获胜的赛车和车队是汽车制造商和比赛赞助商的最佳广告宣传，可以促进产品销售，为企业带来巨大的经济效益。同时，汽车赛车能促进汽车大众化。

4. 汽车展览会

作为一种专业的展览，汽车展览会不仅是单一的交通工具展，更是汽车制造商宣传品牌、展示最新汽车科技、发布新车的最佳场所，是真正的汽车峰会。

目前，被公认的国际车展共有 5 个，其中欧洲 3 个，分别是：法国巴黎车展、德国法兰克福车展和瑞士日内瓦车展，北美车展和日本东京车展。世界五大车展都各具特色，个性鲜明。法兰克福车展重在汽车文化的传播；瑞士没有自己的汽车工业，但能为各大汽车厂提供相对公平的机会；北美车展把娱乐性贯穿始终。瑞士日内瓦车展的国际化色彩最为浓郁，其余四大车展则都是以本地企业唱主角为共同特性。

10.2 汽车文化现状与发展

10.2.1 国外汽车文化发展现状

在西方国家，轿车是一种可以给人带来方便的工具。有了它，老百姓的出行半径就会以几十倍的程度扩展，人们不再留恋拥挤不堪的市中心。卫星城、郊外空气清新而不宜耕作的山冈坡地，都成为居家的理想去处。轿车使得工作与休闲娱乐的效率大大增加，有效地提高了生存质量。难怪西方把轿车工业称为“Bell-sheep”，喻为挂铃铛的领头羊，形象地概括出它对整个国民经济产业群的波及效益和导向。

从文化层面看，汽车是权力、地位的象征，是消费理念和文化修养的集中体现。在五光十色的西方社会，无处不见汽车文化的踪影，形式多种多样。铺天盖地的汽车摄影、汽车图片、汽车挂历、汽车明信片、汽车邮票、汽车扑克、汽车恤衫、汽车图书、汽车俱乐部，还有颇具观感的汽车展览会和各种汽车大奖赛，无时无刻不在潜移默化中影响着人们的价值观念和生活方式，汽车文化已成为西方消费文化的重要组成部分。

西方汽车文化最有代表性的当属美国。伴随汽车业百年的发展史，形成了浓厚的汽车文化。对于受实用主义价值观支配的美国人来说，汽车是社会地位的象征，是财富和成功的炫耀。汽车的型号、牌子和新旧程度，往往是个人社会地位和富裕程度的标志。为了不失身份，随经济地位变化，人们不断更新自己的轿车。美国人对汽车可谓情有独钟。据《美国新闻和世界报道》杂志的一项调查，有 40％的美国已婚男女坚定地表示，若要二选其一，他们宁要轿车而不要老公或老婆。美国孩子在汽车的陪伴下成长，短途上学乘车，长途旅游坐车。16 岁的美国青年首次领到驾驶执照，而后开车上下班，去商场购物，到运动场观看球赛，赴朋友家参加聚会，可谓没有一日不在车中。可以毫不夸张地说，美国人的一生都离不开轿车。

10.2.2 国内汽车文化发展现状

近年来，随着汽车产业的迅速发展和汽车销量的不断升温，全国各地各种各样的汽车文化及相关活动正在如火如荼地展开。

1. 汽车文化活动

2007 年，全国各类中等规模以上的汽车文化活动超过 94 场次，平均每月举办汽车文化活动 7.5 场次，每周至少有 2 个城市在举办汽车文化活动。各地区间汽车文化活动规模和举办频率呈现十分明显的差异。其分布密度和规模效应呈现从东南到西北递减状态(见图 10.2)，表明汽车消费市场和汽车社会关注与经济发达程度呈正比例关系。

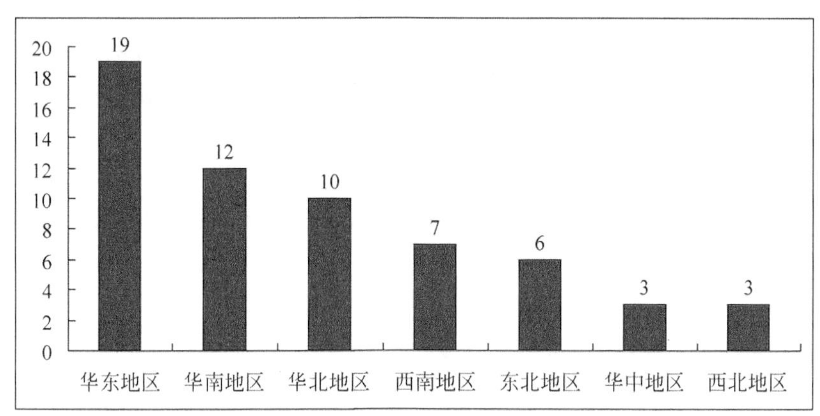

图 10.2 2007 年全国汽车文化活动统计(截至 2007 年 8 月)

在特征形式上，主要有汽车节、汽车文化节、汽车嘉年华、汽车展览会、汽车交易博览会、国际车展等多种形态。国内汽车文化活动总的来说，倾向于销售展览、产品展示，甚至商业促销。密切结合本地区的实际，组织开展有特色汽车文化及相关活动的很少。与此同时，具有可持续性、可以形成节庆内涵沉淀、真正产生汽车文化生活影响的活动比较罕见。一般是将汽车与文化生硬地拼凑在一起，没有节庆本身应有的社会基础。

多数汽车文化活动的内容设置比较芜杂，甚至泥沙俱下，商业促销行为比较普遍，缺少对汽车文化的系统研究，很少有关于汽车文化的理论支撑。近期上海汽车文化节通过开展“文明方向盘”系列活动，在全国率先倡导汽车文明，围绕汽车社会主流价值观设置活动内容，虽然只是开端，立意很好。

汽车文化活动举办主体多为各级政府、商业机构和临时组织，缺乏专业精神，没有长期持久地经营运作的组织框架。在管理上，没有专门的机构、机制、规程和科学的手段，对汽车文化及相关活动进行全程跟踪监管。尤其是有政府背景，全部或部分使用财政资金的节庆活动,缺乏对融入其中的国有资金和国有资产的有效监控。因此,造成绝大部分汽车文化活动,尤其是属于政府直接举办或参与举办的活动运行经费情况不公开,不透明。

国内汽车文化活动几乎无一例外地有汽车模特大赛、汽车摄影大赛、汽车特技表演、老爷车展览等,跟风模仿十分明显。

2. 汽车俱乐部

我国汽车俱乐部的历史始于1995年。目前,我国的汽车俱乐部有救援型(北京大陆汽车俱乐部)、租赁业务型(新概念汽车俱乐部)、赛车型(上海大众333赛车俱乐部)及众多品牌俱乐部和车友会。大陆汽车俱乐部、北方之友汽车俱乐部、新概念汽车俱乐部等都已发展到相当大的规模。

10.2.3 汽车文化的发展趋势

汽车工业产业链不断拉长,使得汽车制造业本身创造的价值占整个汽车产业创造价值的比例越来越小,而随之发展起来的包括汽车金融、保险、租赁、二手车交易等服务行业却在不断繁荣,其发展趋势超过制造业。汽车文化也将更多地渗透在汽车服务业的各个领域里,并呈现快速发展的趋势。汽车工业的集团化和国际化趋势越来越快,也必然影响到汽车文化属性。跨国企业这种跨国界、跨产品、跨文化的多品牌经营发展战略,使得汽车文化融入了鲜明的国家和民族特色。此外,汽车文化在表现形式上也将日益多样化,多样化。从汽车展览会上的“香车美女”到生活中的报纸、杂志和网络;从赛场上的F1到街道中的“车友会”和“自驾游”,汽车这个四个轮子上的工业产物,正势不可挡地以各种形式进入城市社会文化的各个领域。

10.3 汽车俱乐部营销

10.3.1 汽车俱乐部的产生

随着世界汽车工业的不断发展和人们对汽车的需求和兴趣,各种形形色色的汽车俱乐部也相继诞生。汽车俱乐部不生产具体的产品,它所提供的产品是一种服务,这种服务又分为生产型服务和生活型服务。生产型服务是指俱乐部为会员提供各种对车辆和车主本人的有关车辆的服务,目的是为广大会员解决在使用车辆的过程中所产生的实际困难;生活型服务则是指以会员为主体的各种休闲、娱乐和交友服务。汽车俱乐部是汽车文化营销的重要形式,它促使汽车文化愈加繁荣丰富。

汽车俱乐部已有百年以上的发展历史。1895年10月中旬,美国《芝加哥时报》在“车坛风云”专栏上发表了赛车运动员查尔斯·布雷迪·金格建议成立汽车俱乐部的一封信,成为车迷和驾驶员议论的热门话题。1895年11月1日,由《先驱者时报》主办的汽车大赛在芝加哥开幕,其中有60名驾驶员在一家酒店聚会,他们赞成金格的倡议而发起成立了美国汽车联盟,这是世界上最早的汽车俱乐部。随后,欧美各国都相继成立了为车主和驾驶员服务的汽车俱乐部，使汽车融入了人们的交通生活。

10.3.2 汽车俱乐部的发展

1. 世界汽车俱乐部的发展

随着私人购车的比例幅度增加，越来越多的私家车主不断地涌现。由于汽车使用过程比较复杂，车主会遇到许多问题，例如：与车主相关的驾照年审、安全学习、转籍过户等，与车主相关的日常维护、修理、检验、事故处理以及缴纳养路费、车船税、办理车辆保险等，另外，汽车行驶中也可能发生故障，上述种种问题，无不困扰着车主。为了让广大车主摆脱这些烦恼，从而使有车的生活真正变得轻松，服务于驾车人士的汽车俱乐部不断涌现。

汽车俱乐部是以会员制的形式，将社会上高度分散的汽车组织到一起，通过发挥规模效应和服务网络的优势，给会员车辆提供一些服务，从而给会员带来诸多方便和实惠，而俱乐部本身，也会从俱乐部中取得一定收益。随着会员人数的不断增多，俱乐部服务的范围也在不断扩大，金融、保险、房地产、汽车生产厂都开始与俱乐部联系。

如今汽车俱乐部在发达国家早已盛行，并且形成了一个非常大的行业。据统计，世界各国俱乐部的会员至少 2 亿。其中，规模最大的当属美国，在全国 9000 万驾车人中，已有 4200 万人为会员。俱乐部这个组织形式不仅创造了大量就业岗位，而且每年营业额也很可观，如澳大利亚悉尼俱乐部有会员 200 万，每年营业额达 40 亿美元。

2. 我国汽车俱乐部的发展

我国汽车俱乐部的历史已有 20 年，但其发展的道路却是值得回味的。1995 年，高洋先生作为中国汽车俱乐部第一人，勇敢地吃了汽车俱乐部这个洋螃蟹，建立了北京大陆汽车救援中心，即现在的北京恩保大陆汽车俱乐部(CAA)。

目前，我国汽车俱乐部存在几种形态：独立法人企业、企业附属事业单位、群众团体、以网络为媒介的群众虚拟组织等。如果仅从生存的角度讨论，除独立法人企业外其他各种形态的汽车俱乐部已经是处于“适者生存”的状态。

10.4 赛车运动营销

汽车运动赛事的长盛不衰，皆归功于该项运动的魅力。它有助于改善汽车的性能，尤其是汽车的动力性。汽车诞生百余年来，汽车技术得以不断发展的原因，在很大程度上根据各种各样车赛所做的大量试验。汽车赛事实质上是一种强化的道路试验，被誉为动态车展。

汽车赛事是生动真实的广告。比赛中获胜的赛车和车队是汽车制造商和比赛赞助商的最佳广告宣传，可以促进产品销售，为企业带来巨大的经济效益。

汽车赛车能促进汽车大众化。世界各地的地方性汽车俱乐部，联系着千万名汽车爱好者，其广泛性与群众性是汽车大赛所无法比拟的，他们通过比赛掀起了一阵阵汽车热，传播汽车技术，扩大汽车爱好者队伍，培育潜在的汽车制造、使用、维护方面的人才和汽车市场。

10.4.1 赛车运动的起源

赛车运动已经有上百年的历史。如今各式各样的汽车比赛统称为现代汽车运动。它是世界范围内一项影响较大的体育运动。多姿多彩的汽车赛事激烈、惊险、浪漫、刺激，不仅让成千上万的车迷如痴如狂，还使汽车技术得到了相应的发展。

1904 年 6 月 10 日，在赛车运动兴盛的法国成立了国际汽车联合会，负责管理全世界汽车俱乐部和各种汽车协会的活动。1922 年在国际汽车联合会下设立一个国际汽车运动联合会(缩写为 FISA)，主要任务是指定有关参赛车辆、车手、路线和比赛方法等相应规则，对比赛记录进行认可，并在各地举行汽车赛事做必要的调整和协调。

国际汽车运动联合会由世界国际汽车运动委员会(World Motor Sport Council)的 22 个小组掌管，委员会负责指定、监督和管理全球一切有关赛事。在国际汽车联合会之下还有若干个具体赛事委员会，协助世界汽车运动委员会处理事务。

我国汽车运动联合会(FASC)于 1975 年在北京成立，1983 年加入国际汽车联合会。

10.4.2 赛车运动的种类

1. 方程式汽车赛

方程式汽车赛是一种汽车场地赛。方程式汽车赛起源于 1905 年在法国举行的赛事，初期对赛事没有做任何限制，比赛仅以汽车动力方式和赛址来区分。参赛的汽车都是双座或多座，直到第一次世界大战后才首次使用单座赛车。为了比赛公平，1905 年国际汽车运动联合会颁布了赛车规则：赛车的质量限制、油箱容积、车体结构及发动机气缸容量等必须依照联合会规定的程式制造，即所谓的“方程式”之意。这一原则一直沿用至今。

1950 年国际汽车联合会创办了方程式赛车世界锦标赛，“世界一级方程式汽车锦标赛”(建成 F1)被正式命名。首场 F1 于 1950 年 5 月 13 日在英国银石赛车场举行。

方程式汽车赛有三个级别：

一级方程式(简称 F1)发动机排量为 3.5L，发动机功率为 440～515kW。

二级方程式(简称 F2)发动机排量为 3L，发动机功率为 350kW。

三级方程式(简称 F3)发动机排量为 2L，发动机功率为 125kW。

我国也于 2004 年 10 月 14 日第一次在上海举行 F1 国际方程式锦标赛，并且连续举办 7 年。由此，上海国际汽车城吸引了全世界汽车爱好者的目光。

2. 汽车拉力赛

汽车拉力赛属于长距离比赛。汽车拉力赛的“拉力”来自英语 rally，意思是集合，即将参赛的汽车集合在一起进行比赛，然后再集合再比赛，反复进行，最后根据每辆赛车的总成绩排出名次。世界汽车拉力赛通常在世界各地确定若干站，最后一站比赛结束后，根据车手和车队各站比赛的总积分，排定年度冠军车手和冠军车。

正式的汽车拉力赛是在 1911 年举行的。世界著名汽车拉力赛有巴黎—达喀尔汽车拉力赛、北京—巴黎汽车拉力赛等。

汽车拉力赛在我国也开始蓬勃发展。1985 年，在中国汽联、中国对外体育服务企业以及香港汽车会的组织下，首届 555 香港—北京汽车拉力赛正式举行，路线总长 3400 多 km，纵跨 7 个省市。比赛的成功举办为中国汽联日后组织大型国际性汽车赛事奠定了良好的基础，也使拉力赛成为中国汽车运动的一个先驱性项目。

港京拉力赛共举办 7 届，分别在 1985—1987 年、1993—1996 年。自 1994 年起，港京拉力赛以其出色的组织工作开始被国际汽联列为亚太拉力锦标赛的一站。港京拉力赛以其线路长、规模大、地形变幻莫测、沿途风光秀丽而获得广泛赞誉，成为世界上最具魅力的汽车拉力赛之一。

3. 汽车山地赛

汽车山地赛的路线是非封闭的，赛程最长可达 20km。道路选择在多山地区，弯道多，经常有接近 180°的急转弯。比赛起点在山脚下，道路不断向高处延伸，终点比起点海拔高出 100～1600m。

基于道路条件的限制，汽车山地赛的平均车速不超过 100～130km/h。为了安全起见，一般都是单人比赛，即在前一名跑完全程后，后面的选手才出发。

4. 卡丁车赛

卡丁车起源于 20 世纪 50 年代，是汽车运动的基础，风靡世界已有半个多世纪，也是各国培养世界著名车手和赛车组织人员的必要途径。卡丁车赛使用的赛车是轻钢管结构的车身，无车厢，采用 100mL、115mL、250mL 汽油机的四轮单座微型车。卡丁车结构简单，操作接近 F1 赛车，是一种场地比赛，赛车在曲折的环形路上比赛车速，具有强烈的挑战性。因此在世界范围内，卡丁车运动迅猛发展，成为一个普及的汽车运动项目，在推动世界汽车运动的蓬勃发展上功不可没。

迄今，卡丁车运动已经培养出大量世界著名的方程式大赛车手，他们中有曾经久占魁首的法国名将普罗斯特，还有各领风骚的德国车手舒马赫、芬兰车手哈基宁、法国雷诺车队的阿莱西等。他们无一不是前卡丁车欧洲锦标赛、世界锦标赛的冠亚军。

十分有趣的是，尽管这些著名的车手今天已是方程式赛车的顶尖高手，但仍舍不得离开他们的摇篮和学步车，每年 12 月都要抽空会聚巴黎，参加一次特殊的卡丁车锦标赛，在超级 A 级方程式卡丁车赛上一争高低。

卡丁车运动已在我国兴起，由于国家经济的发展和人民文化生活的丰富，卡丁车运动正在成为中国人现代生活的文体娱乐项目。

5. 其他车赛

世界汽车赛多种多样，为人们所推崇的还有“老爷车比赛”、“汽车足球赛”、“滑稽汽车赛”、“毁车比赛”等。

10.5 车展营销

汽车会展是展示汽车企业品牌文化、最新研发成果的平台，被世界各大汽车厂商誉为“最有效的营销中间体”。如今，车展已俨然成为了一种经济现象，最直接地体现着汽车科技发展的方向和动态。汽车会展每到一处都会掀起一股强大的汽车热浪，使人们为它驻足、凝神、痴迷，甚至是疯狂。

汽车展览不仅是汽车企业家、汽车专家及有关人士的表演舞台，而且还散发出浓浓的汽车文化气息。在汽车展览会上经常召开多种形式的研讨会，研讨汽车技术、汽车创新、汽车安全、汽车与环境保护等问题，为汽车行业的发展，为大众的汽车消费开拓着美好的未来。汽车展览会带来的概念车型、新车型、汽车展会风格和文化氛围，让人们感受到世界汽车工业跳动的脉搏。

法拉克福车展、巴黎车展、日内瓦车展、北美车展和东京车展是世界著名的五大汽车展，最短的也有 50 年以上的历史。我国每年举办各种车展近百场，其中以北京、上海、广州、长春四地的车展最具有影响力。这些车展都对世界的发展起到了推动和促进作用，在世界汽车工业发展的历史长河中有着不可磨灭的功绩。

10.5.1 著名车展简介

汽车展览是汽车制造商们展示新产品的舞台，在流光溢彩的样车背后，是汽车制造商们为在汽车市场上争夺市场份额而进行的殊死较量。

凡是对汽车有所了解的人都知道，德国法兰克福车展、美国底特律车展、瑞士日内瓦车展、法国巴黎车展和日本车展被誉为当今五大国际车展。它们之所以成为国际一流车展，一是参展商的规模和级别一流；二是展品档次和首次亮相的新车、概念车一流；三是场馆面积和配套设施一流；四是主办方服务质量一流；五是国内外记者范围、观众数量和专业水平一流。五大国际车展之所以世界知名，正是因为它们代表了世界汽车工业发展的潮流。

这五大车展中，历史最短的东京车展也有 60 年左右。除了带给汽车爱好者和观众们的激情和快乐，车展对世界汽车工业与汽车市场的发展起到了极大的推动作用，在世界汽车历史长河中有着不可磨灭的功绩。彰显自己鲜明的个性是这些著名车展的共同特点。

1. 德国法兰克福国际车展

法兰克福车展前身为柏林车展，创办于 1897 年，1951 年移到法兰克福举办。每年 9 月在德国法兰克福举行，轿车和商用车轮换展出。法拉克福车展是世界规模最大的车展，有“汽车奥运会”之称，也是五大车展中技术性最强的，被誉为“最安静的午睡”。法兰克福车展每两年举办一次，每次为期两周左右，到 2011 年已举办了 64 届。作为世界五大车展之一，法兰克福车展的参展商家也包揽天下，但主要来自欧洲、美国和日本，尤其以欧洲汽车商居多。当然，德国的几大汽车巨头如奔驰、宝马等占尽天时地利。1999 年第 58 届车展，展览面积达 22.5 万平方米，吸引了 44 个国家的 1200 家汽车制造商、81 个国家的 1.35 万名记者和 89.6 万名参观者，展出了 100 项汽车新技术，参展商中还有大量相关行业的厂商和维修、出版等机构，各种研讨会和信息发布会，使车展可谓包罗万象，应有尽有。

法兰克福车展的服务细致而周到，符合德国人一贯滴水不漏的办事作风，人们不仅可以看到百年“老爷车”和光彩夺目的新车，还可以观看新车表演和国际赛事实况转播，并可获得汽车发展史、技术性能、安全行车、环保节能等多方面知识。

2. 美国底特律车展

美国底特律车展每年 1 月在美国底特律举行，创始于 1907 年，是世界上历史最长、规模最大的汽车展之一，由于在年初举行，被誉为“全球汽车风向标”。美国底特律可以说是世界与汽车联系最紧密的城市。从造车起步，靠汽车工业蜚声天下，现在底特律依然是美国这个“车轮上的国度”的发动机，底特律车展也成为当今世界最负盛名的车展之一。

1957 年，欧洲车厂终于远渡重洋而来，首次出现了沃尔沃、奔驰、保时捷的身影，获得了美国民众的高度重视，底特律车展的“王旗”正式竖起。底特律汽车展览会 1989 年才正式更名北美国际汽车展览会。其历史开始于 1900 年 11 月纽约汽车俱乐部召开的第一届世界汽车博览会，后来辗转迁移至汽车城底特律。在 2002 年举办的北美国际汽车展上，共有来自北美、欧洲以及亚洲的 400 多家厂商带来的 700 多辆轿车、货车参展。作为美国汽车市场的传统烙印，北美车展基本上是日本车、美国车的天下。

3. 瑞士日内瓦车展

一年一度的日内瓦车展起始于 1905 年，1926 年起由非正式协会主办，1947 年协会改组为国际车展基金会，1982 年起由政府出面创立的 Orgexpo 基金会主办，每年 3 月举行，在第二次世界大战期间暂停了 7 年，是世界五大车展中最热闹的，被誉为“国际汽车潮流风向标”。

瑞士没有自己的汽车工业，而日内瓦却承办着世界最知名的车展之一。日内瓦始终是一个让人刮目相看的城市，每年一度的日内瓦车展，以其迷人的景致，处处公平的氛围和细致入微的参展规则，受到世界汽车巨头们的好评，更为众多观光者所青睐。车展主办方最引以为自豪的是日内瓦公平的展览氛围：底特律车展上通用、福特趾高气扬；法兰克福车展简直就是德国车商的表演舞台；巴黎汽车展的主要大厅则被法国的车商所占据；而日内瓦车展一视同仁，地方保护主义的色彩最淡。日内瓦车展历来推崇技术革新和偏重概念车，以其“中立”身份赢得最“公平”的形象。豪华车和概念车仍是日内瓦车展上最耀眼的明星。

伴随着瑞士让人倾倒的美景，日内瓦的车展是许多车迷看车和旅游一举两得的好去处。车展期间，日内瓦大小饭店均告客满，每晚灯火辉煌，各类招待会和酒会一个赛一个，花样繁多的食品犹如食品博览会，给日内瓦带来了巨额的旅游收入。虽然没有底特律、法兰克福的规模，在世界五大车展中属于“小家碧玉”型，但其特有的中立地位，使得众多的参展商非常看好日内瓦车展。许多汽车制造商也乐于在日内瓦推出新车，2005 年 3 月 3 日举行的第 75 届日内瓦国际汽车展，同时也迎来了日内瓦车展的百年华诞，吸引了来自 30 个国家和地区的 261 家厂商的 900 多个品牌的汽车参展，其中包括 53 种世界首发和 18 种欧洲首发车型。

4. 法国巴黎车展

1898年6月，首次举办巴黎车展。自1923年开始，车展改在每年10月的第一个星期三举办，这一惯例一直延续到今天。1976年起车展定为两年举办一次，至2010年已举办了79届。作为浪漫之都的巴黎，它的车展总能给人新车云集、争奇斗艳的感觉。充满时尚是历史悠久的巴黎车展的突出特点。

1998年，欧洲车迷期待已久的巴黎“百年纪念车展”举办，该车展以“世纪名车大游行”的方式，让众多观众在巴黎大街上一睹香车美女的姿容，2000年巴黎汽车展在凡尔赛展览中心举办，共有来自全世界30多个国家的汽车厂商，展示667个品牌的产品，并且首次将展期由过去的12天延长至17天，还增加了低票价的18时至22时的晚场参观时段，总参观人数在130万左右。

世界各大巨头总喜欢把最先进的技术产品放在巴黎露面，而两年一届的巴黎车展，也是概念车的海洋，各款新奇古怪的概念车使观众眼前一亮。

5. 日本东京车展

东京车展创办于1966年，每年10月底举行，单数年为轿车展，双数年为商用车展。东京车展历来是日本本土生产的各种千姿百态的小型汽车唱主角的舞台，这也是它与其他国际著名车展相比最鲜明的特征。同时，各种各样的汽车电子设备和技术也是展会上的一大亮点。历史最短的东京国际汽车展的发展非常快，日本人对技术的崇拜使这一展会成为最新汽车科技的集中展示地，日本人建造了世界上最先进、设施最完备的展馆——位于千叶县的暮张新馆。

环保和节能始终是东京车展的亮点，与其他西方大型车展相比，日本车展更具有东方神韵。日本厂商生产的多款造型小巧精美、内饰高档的车总能成为车展的主角。

2004年第38届东京车展是东京历史上的第三届商用车展，展览主题是“汽车——人类的伙伴”。东京车展在1999年秋季被分为“乘用车和摩托车展”和“商用车展”两个展会，每年交替举办。首届商用车展，即第34届东京车展于2000年举办，为了更好地反映展览的主题“工作与福利车”，本届展览名称被改为“商用车及无障碍车辆展览”，主办者特地在展会现场布置了一系列的观众参观项目，能满足各种观众的需求。

6. 北京国际汽车展览会

北京国际汽车展览会(Auto China)创办于1990年，每逢双数年在北京举办，已连续举办了11届。众多国际顶级汽车跨国集团已将其与世界五大知名汽车展览会同时列为国际A级汽车展览会，已成为中国乃至亚洲最有影响力的国际性汽车专业展览会。

展品范围：各种类型的汽车(包括轿车、商用车及专用车和各种类型的概念车)；各种汽车零部件、总成及系统；各种汽车制造设备、工艺装备；各种检测、测试、实验仪器和设备、计算机开发设计系统及应用技术；汽车工业生产的新工艺、新材料；汽车工业新能源技术与产品；汽车工业环保技术与产品；各种汽车用品、装饰件；各种汽车维修设备。

两年一届、定期举办的Auto China，规模和影响不断扩大，场地已从创办初期的2万平方米跃升到12万平方米。Auto China已成为我国在国际会展行业为数不多的知名品牌之一，是在我国乃至在亚洲最有影响力的国际性汽车专业品牌展览会，并有望成为世界三大车展之一。Auto China 已超越了一个展览会的意义，成为具有国际影响力的象征符号。

10.5.2 车展营销策划基础

近几年来，中国的汽车产业和汽车市场发展极为迅速。汽车年产销量不断攀高，新车型竞相亮相，性价比及服务体系日臻优化，国内汽车消费占全球汽车消费比例猛增，中国的汽车市场在全球的分量日益重要，为汽车展览的发展提供了经济基础和强有力的产业背景支持。汽车展览作为人们与汽车近距离接触的最全面、便捷的交流方式，在推动汽车市场发展方面具有显而易见的重要作用。而办好车展互动，策略的确定是决定性因素。

1. 车展主题的确定

车展主题通常依据汽车与大众生活追求、时代潮流、社会发展方向及百姓愿景的关系等因素确定，比如，作为近年来汽车技术研究中的重要课题，低能耗、太阳能、无污染、零排放的环保汽车，将成为车展热点和最新技术的发布平台，因此，2007 年上海国际汽车展的主题定为“人、车、自然的完美和谐”，诠释了此次车展在展示车辆发展过程的基础上，更注重节能减排，要与人和自然和谐发展的特点。

近年来，很多车展主题的确定都突出了这种指导思想。如 2004 年增城车展，以“汽车——演绎精彩生活”为主题；2006 年上海车展，以“汽车——让生活更精彩”为主题；2007 年广州车展以“与世界同步，为生活加速”为主题；2008(第十届)北京国际汽车展览于 2008 年 4 月 20—28 日在北京中国国际展览中心新馆举行，以“梦想 · 和谐 · 新境界”为主题，将中国人目前对致富、奥运、和谐发展的美好愿景与汽车发展有机结合。

2. 车展定位

目前各大汽车展的定位主要围绕以下几个方面：

(1) 拓展市场，刺激销售量。

(2) 通过车展活动树立品牌，扩大影响。

(3) 展示汽车文化与汽车未来发展趋势。

(4) 展示行业动态和先进的技术。

现在专业汽车展已经逐渐发展为演绎生活方式的展览。

3. 举办时间、地点

时间一般为一周，要有准确的范围。

4. 展会内容

一般分为几大板块：

(1) 汽车展览板块，主要包括国内外新款车展，汽车零部件展，汽车生产设备及维修保养技术展，汽车装饰品展，汽车性能演示以及高档摩托车展。

(2) 汽车行业高峰论坛板块。汽车高峰论坛是汽车行业交流阵地，汽车展会开辟高峰论坛，旨在通过产销研的科学配置带动汽车行业的整体水平。邀请行业及专业的知名专家及学者，就汽车行业面临的各种瓶颈问题，以及相应的解决措施和方案，车市的发展前景，以及市场畅销车型展开一系列研讨。

(3) 经贸洽谈板块，主要包括汽车项目的招商引资以及贸易合作洽谈会，汽车拍卖与销售。

(4) 文化交流板块，主要包括汽车模特大赛、汽车展览会开幕式、闭幕式及文艺晚会、汽车摄影图片展、广场文艺演出等内容。

5. 展场规划

在进行展场规划时，一般要设计平面图。展场应设有概念车展示区、乘用车展示区、商用车展示区、汽车配件展示区、汽车饰品展示区、表演区等。

6. 开闭幕式安排

仪式程序安排：

(1) 通常在开幕式前半小时开始迎宾入场，播放迎宾曲或军乐队演奏迎宾曲；礼仪小姐迎宾，帮助来宾签到，为来宾佩戴胸花、胸牌，并派发礼品。

(2) 来宾入会场后，典礼前5～10分钟，音乐转换，或播放欢快的乐曲，或表演舞蹈，以调动现场气氛，吸引来宾的目光。音乐或舞蹈结束后，配以一定的舞台效果，主持人上台宣布仪式正式开始。

(3) 主持人介绍贵宾、主办、协办、承办及参展单位。

(4) 邀请领导、贵宾致辞。

(5) 主持人宣布展会开幕。

(6) 礼炮鸣放。

(7) 合影留念。

(8) 汽车模特秀、歌舞表演。

7. 媒体宣传

主办单位前期通过电视、广播、报纸、杂志及专业网站对展会进行广泛深入的新闻宣传。为使各参展商更好地宣传企业形象，扩大展会的影响、增加展会的文化内涵，主办单位最好能推出一系列宣传广告项目为厂商服务，包括：展览会吉祥物、入场券广告、会刊广告、现场广告、展会VCD、图片资料等。主办单位还应在展会期间与报纸、电视、电台和网站等媒体合作，对展会进行现场报道，更好地为各参展企业服务。

10.5.3 车展营销策划实施

1. 参展邀请函的制作与发放

在拟定的参展邀请函中，要注明车展活动时间、展会地点、主办单位、展会的规模及举办本次展会的目的，并表示诚挚邀请光临本届展览会。参展邀请函可通过直接邮寄和参展单位派发等方式送达国内专业团体和观众。发放参展邀请函时，除了邀请参展单位以外，还应邀请政府、媒体、专业观众等。通常在开展前 3～5 天内发放到位。

2. 招商活动

1）赞助方式

通常以配套活动中的汽车模特大赛、汽车摄影展等活动为名接受赞助。赞助方式一般有以下几种：

（1）现金赞助：赞助单位以支付组委会现金的方式支持本次活动，并获得相应的回报。

（2）实物赞助：赞助单位以提供活动所需要的物品、场地等方式支持本次活动，并获得相应的回报。

（3）服务赞助：赞助单位提供活动过程中需要的交通、住宿等服务的方式支持本次活动，并获得相应的回报。

活动总冠名商和特许赞助商的赞助费用，根据展会规模和配套活动的策划效果提供不等的赞助现金或指定产品。

2）赞助回报

活动总冠名商赞助回报可分为五部分：

（1）荣誉回报：××××届汽车×××活动主办单位之一。

（2）无形资产运用：总冠名商可以在其广告宣传和产品包装上使用“××××届汽车×××活动主办单位”名称、VI 系统、大赛照片资料。

（3）整体视觉：活动所有涉及文字方面，均突出赞助商的全称或者简称，活动命名用赞助商名称或产品；大赛所有涉及图画方面，均突出赞助商商标或者产品。

（4）宣传品：活动所有宣传品重点突出赞助商资料，并划分专门区域做赞助商商业广告。凡有机会向外界派发的宣传品，全部附加赞助商资料。

（5）附带赞助商商业广告。

10.5.4 车展营销策划评估反馈

在车展结束后，主办单位和汽车销售企业都应该就本次参展的各项工作执行情况，进行一次全面总结。与其他展商进行比较，找出差距与不足，吸取经验，争取以后的车展操作得更加完美，使企业的参展水平不断提高。

合理利用信息，跟踪客户。对展览会上搜集到的有价信息，应进行分类研究，对重点客户、潜在客户，应及时进行展后跟踪联络。

1. 车展的后期调查

展后跟踪调查通常采取问卷调查法。

1）问卷设计

（1）参展商调查内容

① 参展的目的；

② 获取信息的渠道；

③ 展台搭建情况；

④ 对展台组织管理水平的总体看法；

⑤ 总体评价；

⑥ 参展目标的实现程度。

(2) 参观者调查内容

① 展台吸引注意力的主要原因；

② 对展台工作人员的看法；

③ 对展会服务水平的看法；

④ 对展会整体布局的看法。

2) 调查设置

分几个组随机抽样。

(1) 参展商调查结论统计内容包括：

① 获得展会信息的渠道，报刊新闻、广告、同行、电视新闻、网络等；

② 参展商来参展的主要目的和动机，了解参展商参展动机对于有针对性地提供展会服务大有好处；

③ 参展商的展位布置情况；

④ 参展商对展会组织管理水平和服务水平的总体评价；

⑤ 参展商对客户群质量的评估。

(2) 参观者调查结论统计分析如下：

① 参观者获得展会信息的渠道；

② 展台吸引参观者的主要原因；

③ 专业参观者对展会工作人员的看法；

④ 参观者对主体的评价；

⑤ 参观者对展会组织管理水平和服务水平的总体评价。

(3) 对策与评价如下：

① 挖掘本地会展资源；

② 完善展后服务调查。

以上是一般展后调查的主要内容。

2. 展会效果评估

展后效果评估是对展览环境、工作效果等方面进行系统深入地考核和评价，是一个有程序和步骤的动态过程，其主要步骤如下所述：

(1) 确立车展效果评估的目标：主要是展会投入和展会效益的比较，看是否达到预期的目的。

(2) 选择规范的评估标准：包括展会整体成效、接待成果和成交结果。要量化评估标准，排出主次。

(3) 制定评估方案：确定具体的评估内容和安排，评估的对象和抽样分布，问卷的设计，经费预算等。

(4) 实施评估方案：通过搜集各类资料、记录，召集会议座谈，问卷调查等收集数据；整理分析数据。

(5) 总结评价：对整个展会各项活动在分析数据的基础上进行总结，形成总体评价报告。

会展效果评估具体内容有以下几个：

(1) 展台效果优异评估：如果展台接待了70%以上的潜在客户，其展台效果就是优异的。

(2) 成本效益比评估：投入和效益的比较。

(3) 成交评估：成交额与预期的比较及新客户的实际成交量。

3. 客户跟踪服务

1) 建立客户信息数据库

将参展客户各方面的信息数据进行收集，建立客户信息数据库，以便更好地与他们建立双向对话关系，使后期跟踪工作有效顺利地完成。

2) 收集客户意见和建议

(1) 展出内容和质量方面；

(2) 交通方面；

(3) 购物方面；

(4) 服务方面。

完成上述车展的后期跟踪调查，可以及时找出不足与差距，重新调整企业发展战略，提高管理水平，为今后工作的改进提供科学的依据。

本章小结

汽车文化以汽车及其产业为载体，是在社会历史发展过程中，人类所创造的与汽车相关的物质财富和精神财富的总和。

汽车文化的特点为继承性、时代性、民族性、创新性、互动性、统一性与多样性。

汽车俱乐部是为了满足驾车人对各种与汽车相关的服务的需求和汽车爱好者对汽车的不同兴趣爱好而成立的。

汽车会展是展示汽车企业品牌文化、最新研发成果的平台，被世界各大汽车厂商誉为“最有效的营销中间体”。

在进行车展营销策划时要注意确定车展的主题、车展定位、展会内容、参展范围、配套活动、展场规划、媒体宣传等。

复习与思考题

观察身边汽车文化现象，并举例说明。

案例分析

案例：亮相美国底特律车展　比亚迪宣布2011年杀入美国

在2009年1月12日进行的底特律车展上，来自中国的自主品牌比亚迪成为最受瞩目的汽车厂商。参展当天，比亚迪首次宣布了其进入美国市场的时间表：将于2011年在美国销售其系列纯电动车和插入式混合动力车型，而且会择机在美国建厂。

比亚迪在本次底特律国际车展上推出了e6纯电动车，这是世界上第一款单次充电可行驶400km，并可轻松容纳5位乘客的纯电动轿车。它的亮相引起业界人士和媒体的高度关注。

除了e6纯电动车，比亚迪的其他两款车为双模电动车F3DM和F6DM。这三款车都使用了比亚迪自主开发的"铁电池"(磷酸铁锂电池)。据比亚迪企业董事会主席兼总裁王传福介绍，"铁电池具有环保、高安全性、高能量密度、使用寿命长、可回收及高性价比等多种特点，是比亚迪电动汽车最核心的技术。"

在展会现场，王传福与上年入股的股神巴菲特旗下投资企业中美能源董事长索科尔会面。索科尔表示，正在联合比亚迪一起进行充电技术的研究，以促使电动车和混合动力汽车的商业环境变得更加成熟。

讨论：

比亚迪进行车展营销的意义和作用？

11 汽车营销模式

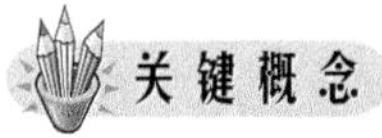

关键概念

营销模式(marketing model)	品牌专营(brand franchise)
汽车超市(carest)	汽车园区(car park)
汽车大道(auto boulevard)	汽车城(motor city)

进入21世纪,私车需求呈现节节升高的态势,汽车服务贸易日益兴盛,各种汽车服务贸易企业和市场如雨后春笋般地遍地出现。目前,汽车市场主要有品牌专营、汽车大卖场、专业综合市场等几种服务模式。

11.1 汽车市场营销模式概述

11.1.1 汽车市场营销模式的概念

汽车营销模式是由营销组织、营销技术和营销理念3个部分组成的。

(1) 营销组织,是指企业内部涉及市场营销活动的各个职位及其结构。目前,汽车市场营销组织得到了进一步规范和完善,组织形式多元化,现在市场上存在的品牌专卖店、汽车交易市场等都是营销组织的外在表现形式,如上海国际汽车城就是一个包括汽车交易、零配件经营、汽车生产、科研、检测、教育,以及赛车等为一体的多功能的汽车营销组织机构。

(2) 营销技术,主要指的是企业开展营销活动所采用的手段和方法。随着营销组织的多元化,营销技术也越来越丰富,像正在蓬勃发展的汽车信贷、汽车租赁、二手车交易、新二手车置换等。

(3) 营销理念,是企业营销活动的指导思想,如一汽轿车的"管家式服务"营销理念,认为汽车消费者是主人,汽车生产和销售企业是管家,主人想不到的,管家要替主人想到,主人想到而做不到的,管家要替主人做到,不断地向经销商灌输"第一辆车是销售出去的,第二、第三辆车是通过良好的服务实现销售的"的理念。

对于某一种具体的营销模式而言,营销组织和营销技术往往取决于营销理念。因此,判定营销模式的优劣,关键在于为用户提供什么样的营销服务理念。因为每个企业在其发展过程中,它的营销理念也会因为主观、客观环境的变化做出相应的调整。由于营销理念的不确定性,使它不适合作为研究营销模式的分类依据,而营销组织就成了最直观的分类依据。

11.1.2 我国汽车营销模式的发展

随着国内汽车产能的相对过剩、竞争的加剧,国内汽车工业要想在激烈的竞争中立于不败之地并保持健康地发展壮大,必须增强营销意识、提高营销水平,积极参与国际竞争。发展我国汽车营销模式应从以下几个方面出发。

1. 建立符合我国特殊国情的汽车营销模式

在发展汽车营销模式时,必须重视中国特殊的国情,毕竟我国的国情与汽车发达国家相比存在显著的差别。首先,我国是一个13亿人口的大国,城乡差别大、各地发展不平衡,人均资源贫乏,人均消费与发达国家相比,还有相当大的差距;其次,城市交通状况虽大有改观,但还难尽如人意,加之政策的制约,汽车市场虽然发展很快、增长潜力巨大,但仍然不能满足国民经济发展的需要;最后,国内汽车生产企业规模小、技术水平相对较低、自主品牌缺失,且市场竞争又极为激烈,相对于我国汽车生产企业的投入和产出比来说,企业目前很难支付大额的营销费用。因此,中国汽车营销模式的建立必须要符合国情,要体现中国特色,而不能一味追求西方的模式。

2. 建立以"顾客为中心"的汽车营销模式

汽车产品的增多、市场竞争的加剧、消费者渴望市场的各方面能早日"国际化"等多种因素决定了商家应转变营销理念,树立"以顾客为中心"的宗旨。

从营销法则上来说,任何营销模式的建立,都应以适合特定消费者的特征,以满足特定消费者的需求为最终目的。即以消费者的需求为导向的营销模式才是最科学、最合理、最有效的。因此,我国汽车营销模式的建立必须以符合消费者需求为导向。目前我国消费者在购买汽车时不仅在价格上与国际接轨,而且在服务上要求商家向汽车强国看齐。这就决定了国内汽车生产企业无论采取何种销售模式,都要以消费者的利益为中心,处处给消费者带来更多价值。只有这样,才能赢得消费者、赢得市场、赢得发展。在维护消费者利益的前提下,汽车营销模式的建立还需从全局出发,协调厂商、经销商、消费者各方利益,达到"双赢"效果,维系汽车营销模式的良性发展。

3. 建立具有多样性的汽车营销模式

由于我国特殊的国情限制和汽车工业的发展现状,以及各种不同形式的汽车营销模式具有不同的优缺点,都具有特定的适用范围和消费者群体,决定了在我国不能建立单一的汽车营销模式,而是要依据市场规律的变化,结合生产企业的特征和特定的消费者群体,建立具有特色的多种形式的汽车营销模式,以便适应各种不同层次的消费者的需求。

当然,除了建立代理制、专卖店营销、特许连锁经营、汽车超市、4S专卖店等形式的营销模式外,还可以建立网上购车、汽车电子商务、买断销售、品牌形象代言人等形式的汽车营销模式,并积极探索新的汽车营销模式,实现各种模式取长补短、协调发展,通过市场的竞争来实现优胜劣汰,从而提高我国汽车营销的整体实力。

11.2 汽车品牌专卖

11.2.1 汽车品牌专卖的概念

汽车品牌专卖是指汽车制造商或销售商授权，只经营销售专一汽车品牌，为消费者提供全方位购车服务的汽车交易方式。它是随着与全球经济一体化趋势的深化而引入的“舶来品”，也是目前国际较流行的经销模式。

随着汽车市场由卖方市场转为买方市场，厂家的市场销售转为被动，大量产品积压，不得不给经销商让利，降低库存，最后经销商的效益保证了，可是汽车生产企业的利润没有了。于是，汽车厂家开始建立一种新的营销体系——以汽车厂家的销售部门为中心，以区域市场的管理中心为依托，以特许或特约经销商为基点，受控于汽车厂家的全新营销模式——品牌专卖。

品牌专卖制的销售模式可表述为：汽车厂商→授权的专卖店→最终用户。品牌专卖制是 1998 年在我国开始发展起来的销售渠道模式，主要以整车销售、零配件供应、售后服务“三位一体”(3S 专卖店)和整车销售、零配件供应、售后服务、信息反馈“四位一体”(4S 专卖店)为表现形式。

11.2.2 品牌专卖模式的优缺点

目前，品牌专卖大多采用 4S 模式，以充分发挥其优势。

品牌专卖制的优点主要表现在以下几个方面：

(1) 能提供良好的客户服务，真正体现以客户为本的经营理念。这种多功能一体化的模式通过提供舒适的购车环境、专业完善的售后服务、纯正的零部件，使客户从购车到用车的全过程得到良好的服务。这种售前、售中和售后全程式服务，真正实现了以消费者为本的经营理念。

(2) 有利于培养良好的企业精神和塑造优秀的企业形象。在专卖店里，透明的管理模式拉近了管理层与员工之间的距离，培养了团队的合作精神，也正是凭着这种与众不同的凝聚力，体现汽车品牌的形象魅力，从而赢得客户的信赖。

(3) 品牌专卖有利于汽车生产企业集中人力、物力研究市场、开拓市场；有利于规划、发展和管理营销网络；有利于增加经销商的服务功能；有利于企业产品开发和生产与市场的衔接和配合；有利于企业对市场进行前瞻性的规划；有利于企业根据区域市场的特点制定灵活的营销策略。

(4) 品牌专卖有利于稳定市场、开发市场，可以通过划分市场区域、控制市场价格，使经销商成为企业进行市场竞争的有力帮手。

但是品牌专营也存在着诸多弊端：

(1) 品牌专卖设置了经销商加入的门槛，限制了市场的充分竞争。经销商一旦与生产厂家签订了品牌汽车销售的协议之后，就形成了人为的市场区域分割。由于汽车生产企业规定经销商不得跨区域销售，造成了同一品牌的汽车在不同的区域市场价格差别很大。虽然汽车生产厂家制定“全国统一售价”，但各地的经销商往往会根据当地的市场情况、自身利益或利用厂家商务政策的空子，考虑如何使自己的利润最大化，在实际操作中不按厂家限价执行，从而导致同一品牌的汽车各地市场价格混乱，市场秩序难以规范。

(2) 经销商欲获得某一品牌的专营权，除去各道门槛的公关不算，还要不惜一切满足厂家的种种要求，投资数百万甚至数千万建设专卖店，并且场地大小、店面设计、形象标识等均必须按厂家规定进行装潢，甚至有的建筑材料、洁具、家具款式、色彩等都必须按指定品牌采购和使用。经销商的投入大，回收期长，产品品牌单一，难以满足市场多层次的需求。

(3) 品牌专卖的经销商都是按 3S 或 4S 标准要求建立的，它必须承担该品牌汽车的售后维修、保养的服务责任。这在理论上增加了专卖店的利润空间，延伸了汽车经营的价值链，但前提条件是当地市场必须有较大的该品牌汽车市场保有量作为支撑；否则，经销商的巨额投入必将大大增加经营成本和风险。同时，由于在配件供应、维修技术、甚至维修设备等方面对汽车厂家的高度依赖，使经销商处于汽车厂家的控制之中，造成汽车厂家的经销商之间的关系不平等。

(4) 品牌专营容易形成垄断。目前，我国汽车销售还实行“审批制”，即那些想进入汽车销售渠道的企业或个人，必须先通过政府主管部门的审查，以获得经营资格。对于 4S 店，“审批制”后面还有一个特许经营权，如果销售渠道以 3S 或 4S 店为主，经营资格的稀缺、经营范围的全面和经营模式的单一很容易形成渠道垄断。特许经营带来的垄断使终端服务很难尽如人意，导致品牌短期利益和长期利益难以平衡，这也是目前品牌专卖亟待解决的问题。

11.3 汽车超市

从 20 世纪 90 年代开始，上海就有了联合汽车市场。它基本上是把各种品牌的汽车集中到一个交易市场内销售。如果把这种销售模式称为大卖场模式，可以看到经过几十年的实践，这种卖场模式并不成功。如今上海又出现另一种大卖场模式，而且占据了一定的市场份额。这种大卖场模式是由大型经销集团开设的汇集了其经销的所有品牌的新车销售、配件供应等的卖场模式。这种称作汽车超市的大卖场销售模式正在蓬勃发展。

11.3.1 基本概念

汽车超市(carest)是汽车(car)和休息(rest)的英文单词合成而来的一个新名词，是把汽车销售和休闲合并到一起的汽车销售模式，它可以代理多种品牌汽车销售和服务，目前在世界各国都比较流行。如北京东方汽车超市就同时销售上汽大众、上汽通用、东风本田、广州本田等多个汽车品牌，并且把进口车和国产车摆在一起销售。

11.3.2 模式特点

1. 汽车超市模式的优点

(1) 汽车超市最突出的优势就是“汽车产品全,客户选择范围大”。客户在一个汽车超市就能看到绝大多数的车型实物,可以现场对各种有意向的车型价格、性能、外观造型等方面进行比较,而不必为了选购一辆汽车而跑遍所有的专卖店,充分做到为客户着想。

(2) 汽车超市营销模式把汽车营销和人们的日常生活融合在一起,通过“超市”给顾客创造一个良好的购“物”环境,让顾客在轻松、休闲的娱乐方式中,尽情体会汽车文化,从而提升市场人气,开发潜在的消费者。

(3) 效率更高,服务更加人性化。汽车超市一般具备车辆展示、销售、美容保养以及汽车消费信贷、汽车保险、上牌照、办理各种税费(如车船使用税)等一站式的服务功能。顾客在超市就可以完成购车上路的事宜,避免购车顾客在各个部门之间来回地折腾。

(4) 通过汽车超市,众多品牌的汽车呈现在消费者面前,不仅拉近了消费者与汽车的空间距离,而且拉近了心理距离,对汽车销售有明显的促进作用。

(5) 经销商的经营风险大大降低。投资一个4S店,在土地、厂房、资金、人力资源等方面的投入很大,并且经销商只能经营单一品牌的汽车,如果该品牌的汽车市场销量不好,经营风险全部都由经销商来承担,风险较大。而汽车超市属于多品牌经营,“东方不亮西方亮”,对经销商来说,经营风险被分散开来,风险更小;并且容易获得规模效应,利润更客观。

(6) 可以提高经销商的话语权。现在我国的汽车市场,汽车经销商对于直接消费者来说,是买方市场,而相对于汽车厂家来说仍是卖方市场。经销商相对汽车企业来说还是弱者,话语权较低。从长远看,随着我国汽车工业的迅速发展,汽车厂家的卖方市场地位也在逐渐减弱,汽车特许经营模式必然会受到冲击,拥有完善流通渠道的经销商必将获得市场优势,经销商的市场话语权将逐渐提高。

2. 汽车超市模式的缺点

(1) 由于汽车超市价位相对较低,利润空间较小,汽车厂家不愿将汽车交给汽车超市经营,经销商只有从一级经销商那里获得汽车资源,不仅增加了汽车超市的进货成本,而且,在市场旺季或商品车供不应求时很难获得汽车资源,更为重要的是,汽车超市在售后服务方面还无法做到4S店那样的规范和有保障。

(2) 特许经营的限制。我国目前执行的《汽车品牌销售管理实施办法》(2005年4月1日执行)规定:汽车品牌经销商须经汽车供应商授权、按汽车品牌销售方式从事汽车销售和服务活动;汽车品牌经销商应当在汽车供应商授权范围内从事汽车品牌销售、售后服务、配件供应等活动;汽车品牌经销商应当严格遵守与汽车供应商的授权经营合同,使用汽车供应商提供的汽车生产企业自有的服务商标,维护汽车供应商的企业形象和品牌形象;汽车品牌经销商必须在经营场所的突出位置设置汽车供应商授权使用的店铺名称、标识、商标等,并不得以任何形式从事非授权品牌汽车的经营。

能够建立汽车综合超市的经销企业必须具有极强的综合实力,使用自己的经销商品牌而非汽车制造商的品牌，况且，在汽车超市里，将众多品牌的车型摆放在一起，要使用所有的汽车生产企业的服务商标，并且要在突出位置设置汽车供应商授权使用的店铺名称、标识、商标等，势必给超市的管理和经销商的企业形象带来麻烦。

(3) 投入要求高。超市的特点就是商品“多而全”。汽车超市里的车型要做到“多而全”，既要与专卖店竞争，还要同汽车交易市场竞争，对超市经销商的资金实力、市场运作能力、人力资源的配备等方面都有极高的要求。

11.4 现代多功能汽车综合市场

现代多功能汽车综合市场是一种全新的汽车销售模式，集4S店和汽车超市于一体，配套汽车金融服务、汽车商贸、汽车销售、汽车文化休闲、整车及二手车贸易、零配件供应、进出口销售、汽车消费信贷、保险租赁、置换、汽车文化沙龙和汽车相关的餐饮、购物等多项功能。可以吸引各种需要的顾客来此消费购物、休闲度假、参展观赛，体现了更人性化的汽车贸易环境。多功能汽车综合市场具有品种齐全的规模优势，兼有举办车展和信息方面的有利条件，配有畅通、高效的物流体系，其主要代表形式有汽车园区、汽车大道、汽车城。

11.4.1 汽车园区

汽车园区是融9大功能服务区于一体的一种汽车营销服务模式。这9大服务功能是：汽车贸易区、汽车试车区、二手车贸易区、汽车特约维修区、汽车检测中心、汽车物流配送中心、汽车保税区、休闲娱乐区、汽车解体厂。汽车园区体现车辆一切相关服务均在园区内解决的服务理念，为品牌、商家、厂家、客户及其他广大消费者提供最大便利。

汽车园区模式可以看出做有形汽车交易市场在规模和功能上的“升级版”。在有形汽车交易市场所具有的新车销售、二手车交易、维修保养、备品配件销售等基本功能的基础上，汽车园区还引入了汽车文化、汽车科技交流、汽车科普教育、汽车展示、汽车旅游和娱乐等众多的服务功能。例如，北京东方基业国际汽车城园区内，不仅开展汽车交易，提供工商、税务、车检、交通、银行、保险等职能部门的服务，而且还从事进口车展销、汽车咨询、车迷论坛、汽车俱乐部、车友会、汽车博物馆等服务，并备有二手车交易、评估、过户、转籍、置换、拍卖、保险等服务功能，还为二手车消费者提供汽车维修、内装饰、过户车辆检测、过户车辆咨询等配套服务。

汽车园区的优势在于功能齐全，对消费者来说非常方便，同时汽车园区因其集商贸和娱乐活动于一身的特点，对消费者和车迷具有更强的吸引力，多种经营理念也有助于降低投资风险。

汽车园区也有投资大、投资回收期长、功能繁杂、管理困难等问题。

中国汽车园区以新亚市——北京北辰亚运村汽车交易市场(简称亚市)为代表。

1. 亚市概况

北京北辰亚运村汽车交易市场是根据中国汽车进入家庭的市场需求，于1995年经北京市政府批准成立，隶属于北辰集团，始建于亚运村，是国内外各汽车品牌进行展示、销售、宣传和服务的平台，架起了汽车厂家、商家与广大消费者之间的桥梁，为广大消费者提供一个方便的汽车消费场所。

2006年8月，按照2008北京奥运会场馆建设要求，亚市整体搬迁至奥运公园北侧交通便捷的东三旗，更名为北京北辰亚运村汽车交易市场中心，占地20公顷，建筑面积15万平方米，注册资金11 000万元，员工135人(其中本科以上学历近20%)。

新亚市集新车销售、二手车交易、汽车用品销售和汽车维修、装饰、美容于一体。市场内设立“一站式”办公服务大厅，政府相关部门现场办公，办理购车上牌、二手车过户等全套车务手续；现场提供消费信贷、保险等金融服务；写字楼、检测场、加油站、试乘试驾和汽车文化活动以及餐饮等多功能配套服务一应俱全，是一个现代化的汽车消费服务平台。

亚市市场繁荣，交易活跃，日均客流3000余人，年销售新车80 000余辆，年交易额120多亿元，新车销售占北京新车销量的1/5，进口汽车销售占全国进口销量1/5。

亚市现有130余家新车经销商，200余家二手车和汽车用品、汽车配套服务商户，设有汽车消费学校、媒体俱乐部、名人俱乐部、经销商俱乐部、车友俱乐部以及全国有形汽车市场联谊会、汽车厂家驻京商务代表联谊会。亚市联合中国汽车权威机构、权威专家和全国各地大型汽车交易市场每月定期向各汽车相关媒体发布汽车市场信息，供权威数据，解读车市动态。亚市已经成为汽车交易、汽车消费和汽车品牌展示宣传、汽车商务交流、汽车文化推广、汽车信息传播的综合汽车商贸文化服务园区。亚市被誉为“中国汽车市场的晴雨表”和“永不落幕的汽车博览会”。

2. 功能布局

亚市在功能设计上突出整车销售的布局，合理设置售后服务功能，如汽车检测、二手车市场、汽车装饰、维修、配件、金融保险服务、汽车储运等；同时，结合北京亚运村汽车交易市场的特点，设定了交易市场的如下基本功能和配套服务功能(见图11.1)：

(1) 新车销售：4S品牌专卖店集群、大型专业展销厅；

(2) 配件超市、二手车超市、特种车超市、维修装饰中心，汽车检测场；

(3) 综合厅：新车投放仪式、大型促销活动、新闻发布；

(4) 管理服务中心：政府部门现场办公，金融保险中心、计算机信息中心、市场网络管理、售后服务中心；

(5) 商业配套设施：汽车文化、餐饮、住宿、商业、会议等；

(6) 汽车主题广场：新车投放、促销、汽车展等大型活动及休闲场所；

(7) 试乘试驾：零距离体验新车，聚敛人气，活跃市场，促进交易；

(8) 购车一站式办公服务。

3. 市场特色

1) 特色鲜明的大4S模式

北京北辰亚运村汽车交易市场在原有的特色基础上，建设了一个不同于一般传统有形市场的大型汽车超市，从规划、设计之初就充分考虑了如何最大限度地满足消费者的需求，各个品牌4S专卖店与亚市服务体系构成整体的大4S理念。

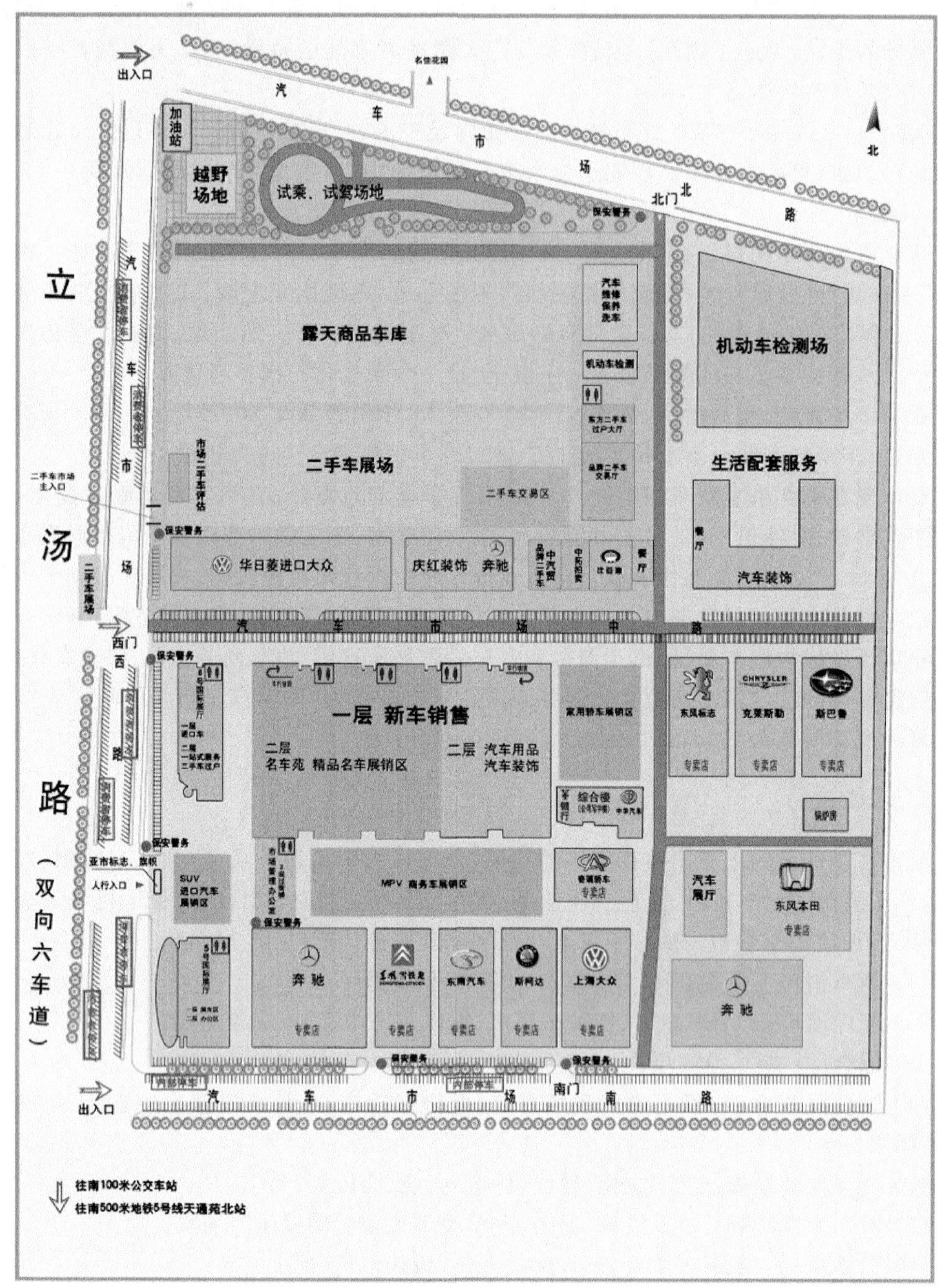

图 11.1 北京北辰亚运村汽车交易市场功能布局图

新市场功能设计突出整车销售的布局，合理设置售后服务功能，如汽车检测、二手车市场、汽车装饰、维修、配件、金融保险服务、汽车储运等。

2）权威的信息发布

北京北辰亚运村汽车交易市场组建大型的现代化信息网络中心，所有入市经销商全部网络化管理，实现园区信息共享，并与全国大型汽车交易市场形成信息联网。

亚市联合中国汽车权威机构、权威专家和全国各地400多家大型汽车交易市场，每月定期向各汽车相关媒体发布汽车市场信息，解读车市动态，提供权威数据，形成国内权威的汽车信息发布。同时，亚市牵头联合全国各主要城市具有一定影响力的有形汽车市场组成“全国有形市场发展联谊会”，旨在促进交流、沟通信息、团结互助、探索发展。

3) 历史悠久的汽车文化

北京北辰亚运村汽车交易市场注重汽车文化发展，具有悠久的汽车文化历史。市场现有一个近百余家新闻媒体组成的记者俱乐部，一个由一百多位文艺、体育界知名人士及社会各界知名人士组成的名人汽车俱乐部(见图11.2)和一个亚市消费者学校。通过建立相关的俱乐部，有效地凝聚了人群，较好地宣传了亚市的形象。

图11.2　北京北辰亚运村汽车交易市场名人俱乐部

同时，亚市积极组织各种形式的汽车文化活动，如图11.3所示。每年举办汽车文化节，定期开展如汽车文化展、汽车娱乐节、汽车改装大赛等活动，通过不间断的、多种形式的活动在最短时间内聚集京城车市人气，扩大汽车市场的影响力。

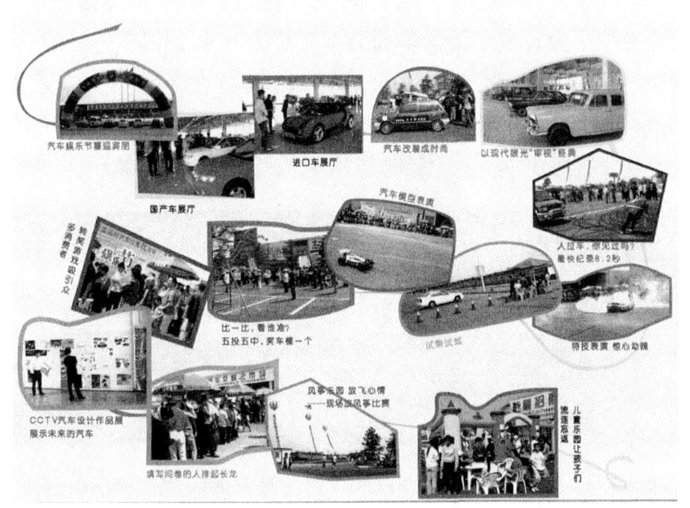

图11.3　北京北辰亚运村汽车交易市场汽车娱乐节

4）一站式服务

亚市共有7个政府部门、2个协作单位入驻，进行现场管理办公，即工商、车购税、国税、地税、环保局、车管所、养路费、保险、银行，实现了购新车和二手车真正意义上的一站式办公服务。

11.4.2 汽车大道

汽车大道是指在方便顾客进入的快速路两侧，建立若干品牌的3S、4S专卖店，在独立经营、自主经营的基础上形成专卖店集群的营销模式。汽车大道集汽车交易、服务、信息和文化等多种功能于一体。

汽车大道作为一种先进的营销模式，优势在于它的规模经济和范围经济，但要实现规模效益需要庞大的投资，投资的风险比较大；此外，汽车大道的规模较大，建设规模难度较大，建设周期相对较长。

其代表为上海闸北区的联合汽车大道。

1. 概况

上海闸北区的联合汽车大道（图11.4）是以国内第一家汽车有形市场——联合汽车交易市场为基础，汇集国内外众多知名汽车销售商入驻大道沿线而形成的。最早建立上海有形汽车交易市场的联合汽车城，在20年的经营管理过程中已在上海地区打下坚实的市场基础，并在自营多品牌代理和专卖的实践中积累了丰富的经验，编织了完善的售后服务体系，树立了良好的企业形象。

以初具规模的联合汽车城及其相邻的沪太路、灵石路、汶水路等快速道路为轴线，在原来联合汽车城有160余家驻场销售企业的基础上，吸引国内外知名汽车生产企业和大型汽车销售企业，建立品牌专卖店，建设汽车配件和汽车修理网点群，辅之以专业的相关的汽车服务项目，营造以汽车消费氛围为主体的区域经济，形成以汽车销售、汽车配件、汽车修理为主，汽车休闲文化为辅，功能互补、综合配套的汽车流通、服务贸易新模式，将各类商家分片聚集在一起，互相合作，互为补充，既竞争排斥，又共生互助、共同发展的汽车业集聚区。“联合汽车大道”的营销模式取代了各个商家自成体系，散布在不同区域，无法形成规模经营的现有流通模式，形成一种群体的市场效应。它不仅有利于拉动区域经济实力的整体上升，还有利于在体制、交易方式、服务方式上实现与国际汽车市场的接轨。

图11.4 闸北区上海联合汽车大道的汽车展厅（左）和超市（右）

汽车大道的内涵表现为既能提升汽车商贸业的规模、功能，优化资源配置和增强经济实力，还能更新服务理念，完善服务手段，营造汽车文化氛围。而其外延则表现为不仅将有力地吸引国内外人士踊跃前来投资、创业、商贸、交流和旅游，还将向国内外辐射与汽车相关的产品、金融、贸易、物流和信息等。

2. 规划布局

沪太路沿线的白遗桥地块、汶水路沿线的冶金矿山机械厂地块以及五汽冠中和七〇四研究所三块地块为倒L形的现代汽车大道三个重要节点，辅之沿线各汽车贸易机构以及汶水路以南和延长中路以北形成开放式聚拢效应，集结汽车商贸、金融服务和文化休闲之三大功能于一体，塑造出动态格局。

3. 功能定位

现代汽车大道功能设置为汽车商贸、金融服务、售后服务、电子商务、汽车物流、文化休闲6大板块。重点分布于白遗桥、冶金矿山机械厂、五汽冠中三大节点中，同时配合沿线可用空间的利用，形成一整体化的现代汽车大道。汽车商贸功能：主要涉及整车贸易(知名品牌单独展销、普通品牌联合展销)、二手车贸易(汽车置换、二手车交易、二手车整修翻新)、汽车零配件贸易、汽车进出口贸易。汽车金融服务功能：主要涉及汽车消费信贷、汽车保险、汽车租赁等。汽车售后服务功能：主要涉及汽车维修保养。汽车电子商务功能：可涉及B2B(发展企业间的电子商务)、B2C(发展企业与消费者之间的电子商务)。汽车物流功能：可涉及产品储运、配送信息查询、供应链优化等。汽车文化休闲功能：可涉及汽车俱乐部、汽车吧、汽车餐厅组织开展汽车旅游、运动竞技等与汽车相关的活动。

11.4.3 汽车城

汽车城是一种大型的、多样化的汽车交易市场，在统一场地容纳众多的汽车经销商和汽车品牌，集咨询、选车、贷款、保险、上牌、售后服务于一体的营销模式，具有服务快捷、管理规范的优势。

国际上比较著名的汽车城大多是依赖当地发达的汽车制造产业，集汽车贸易、物流、服务多功能于一体，并发挥文化交流和产业集聚的效应，进行功能外延，成为集汽车贸易、博览中心、物流中心、研发中心、信息中心、服务中心为一体的汽车城，其代表为广州花都汽车城。

1. 花都汽车城发展规划

广州花都汽车城(图11.5)总体规划占地50平方公里，东起天马河，西至炭步岭头村，南至广州西北二环，北靠东风日产乘用车企业。首期用地范围为15平方公里，首期规划共分为9个功能区：整车生产区、汽车研发区、汽车零部件区、汽车科教区、汽车贸易区、文体旅游区、出口加工区、物流中心区、综合工业园，发挥了汽车及零部件生产功能、汽车研发、汽车贸易和服务几大功能，充分体现了现代化工业园区在功能上的多样性和兼容性。花都区“十一五”规划明确提出了汽车产业中长期规划及远景目标：花都未来仍将重点关注汽车产业链的延伸，尤其是进一步壮大产业集群升级和创新，做大做强汽车产业，形成一个集汽车制造、汽车研发、人才培养、汽车运动、汽车文化等产业及相关的生活、商业产业基础环境，适宜人居住生活的现代化多功能汽车园区。

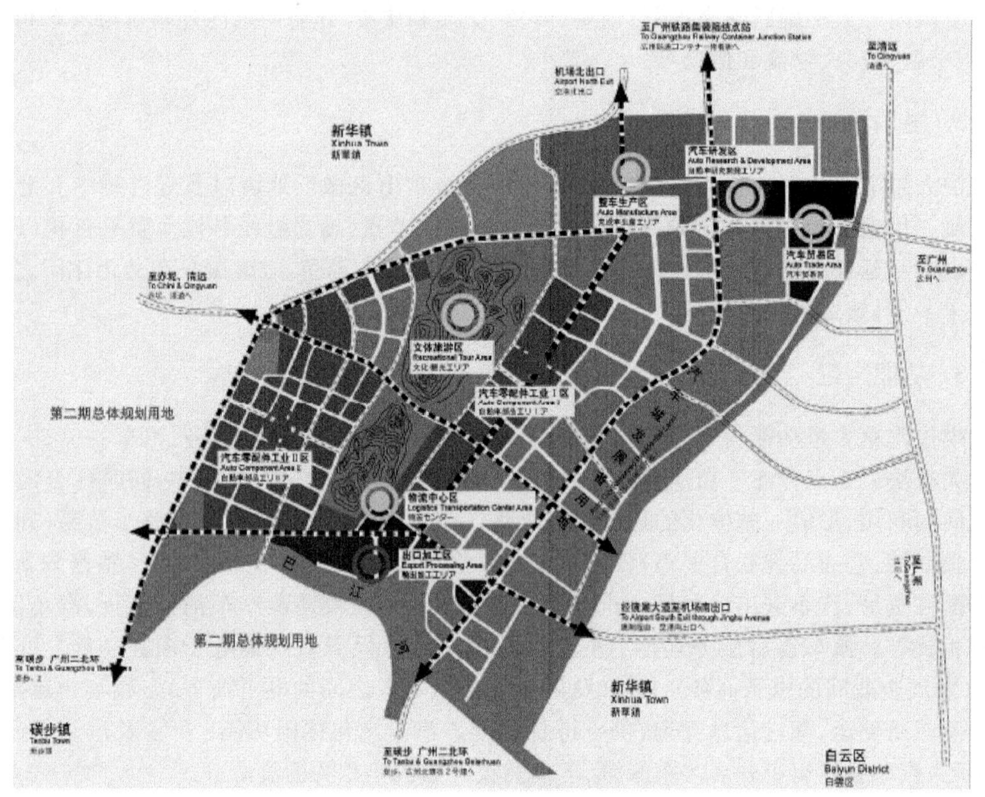

图 11.5 广州花都汽车城

2. 发展特色

1）以汽车制造业为引领，推动汽车城的不断发展

在广州市政府的大力支持下，花都区委、区政府举全区之力，努力拼搏，使花都汽车产业发展十分迅猛，成长为广州地区汽车产业发展三大板块之一。东风日产乘用车企业把汽车最重要的两大部分全放在了花都，即已经投入使用的乘用车技术研发中心和首期产能 36 万台的发动机项目。由于东风日产把花都作为最重要的生产基地，整车项目的迅速发展为花都的汽车零部件企业发展提供了足够的动力和舞台。加上花都不仅重视发展整车，更重视发展汽车零部件及其相关产业，众多相关配套企业纷纷进驻花都汽车城，发动机工厂、日产研发中心、优尼冲压、康奈可、泰李座椅、宝井汽车钢材等著名企业相继落户。

2）搭建公共服务平台

（1）建全信息平台。花都汽车产业基地的公共服务平台，具有信息发布、教育培训、会议、展览四大服务功能。面对园区内 120 多家服务对象，之前作为单纯信息发布平台的信息中心，现在计划“变身”成为电子商务系统和企业信息化系统，积极利用信息技术改造提升传统产业，大力发展电子商务。同时加强信息化资源整合与共享，加快信息化基础建设，全面促进社会事业信息化，扎实推进电子政务，提高行政效率，降低行政成本，全面健全和完善信息平台。

(2) 提高服务水平。为优化服务业结构，提升产业素质，基地正大力发展现代服务业。通过建设风神公社、飞鹅岭公园、汽车主题公园等，发展壮大旅游业、信息服务业、房地产业等，进一步提高服务水平和能力。国家四大银行携同招商银行进驻产业基地，为投资者提供便捷、专业、完善的金融服务。在产品物流配送方面，以扶持风神物流等现代流通企业做大做强为突破口，大力发展产品设计、仓储、物流和会展等生产服务业，推进服务业和制造业的良性互动发展。通过加快园区内花港大道、风神大道的等级建设，加快花都港建设，完善集装箱港口运输体系、能源运输体系和广州新机场航空运输系统，以构建水陆空立体的交通网络。

本章小结

汽车营销模式是由营销组织、营销技术和营销理念 3 个部分组成的。

汽车品牌专卖店是指汽车制造商或销售商授权，只经营销售专一汽车品牌，为消费者提供全方位购车服务的汽车交易场所。

由大型经销集团开设的汇集了其经销的所有品牌的新车销售、配件供应等称作汽车超市的大卖场销售模式正在蓬勃发展。

汽车园区是集汽车贸易区、汽车试车区、二手车贸易区、汽车特约维修区、汽车检测中心、汽车物流配送中心、汽车保税区、休闲娱乐区、汽车解体厂九大功能服务区于一体的一种汽车营销服务模式。体现于车辆一切相关服务均在园区内解决的服务理念，为品牌、商家、厂家、客户及其他广大消费者提供最大便利。

复习与思考题

结合身边实际情况阐述品牌专卖制的优缺点。

案例分析

汽车 4S 店——中国与世界逆行还是中国特色

听说梅赛德斯还没有进入中国，就有人开出 1 亿元的天价要建奔驰品牌专卖店；国产宝马当初在全国挑选 24 家经销商，更是让 3000 多个商家挤破了头。广州本田、上海通用等最先把汽车专营店模式引入中国的厂家，也在不断扩充自己的营销网络。

与国内的 4S 店红红火火的现象正好相反的是，美国、欧洲的专营网络正因为各种原因不断“缩水”——美国的专营方式受到消费者的质疑；庞大的经销网络消耗了巨额运营成本，这部分资金最终还要汽车消费者埋单；欧洲的专营网络则是害了“自己人”；销售网点过于密集，利润空间逐年减少，经销商无利可图，只能合并或者破产。

一边是热火朝天的扩张，一边是迫不得已的紧缩——在汽车专营店的发展路途上，中国似乎驶上了一条“逆行道”。

当然国外也有例外，韩国的起亚最近就忙着在美国建专营店，甚至不惜“贴钱赚吆喝”，起亚有自己的道理：树品牌、打市场的时候，当然要与其他品牌区别开来。从这一点来说，中国市场的“4S”无可厚非，因为在中国，无论进口品牌还是国产品牌，还都处在一个创立品牌的时候。汽车制造商更希望选择“4S”方式——便于树立品牌形象，又可以控制区域价格，减少竞争。

但是普通消费者买东西图的是方便和实惠。想要货比三家，却要为相距甚远的专卖店铺跑断腿，怎么谈得上方便？当美国人知道有30%的买车钱用在了销售网络建设上，尚且愤愤不平，中国的消费者能感到实惠吗？

当中国的4S店刚刚兴起之时就有德国媒体评论“我们正羡慕你们亚运村这种‘大排档’的卖车方式呢，你们怎么又转过头来学我们了？”。

虽然国外的汽车市场发展得比中国成熟，但毕竟每个国家都有独特的市场状况和消费群体，别人走过的道路不一定都值得我们学习。在汽车销售方面，也许中国可以探索出一条具有“中国特色”的道路。

讨论：

查找资料，分析比较我国与国外汽车企业的营销模式异同点。

12 新型汽车营销方式探索研究

关键概念

汽车电子商务(automobile electronic commerce)　信息流(information flow)
资金流(fund flow)　物流(material flow)
网络营销(network marketing)　绿色营销(green marketing)

12.1 汽车电子商务

电子商务(electronic commerce,EC)是通过数字通信进行商务和买卖以及资金的转账,包括企业间和企业内利用 E-mail、EDI、文件传输、传真、电视会议、远程计算机联网所能实现的全部功能(如市场营销、金融结算、销售以及商务谈判等)。

汽车电子商务的迅猛发展给社会带来全新的生产和商务模式,个性化服务和零库存改变了传统的生产经营管理模式。个性化服务活跃了汽车销售市场,汽车市场的活跃必将推动与汽车相关的配件、维修、加油和保养等一系列的相关产业市场的繁荣。汽车电子商务也会在降低汽车库存方面发挥积极作用,使大量资金用到生产中去。快速的资金流动带来的是整个汽车行业的发展和生产成本的降低。

12.1.1 汽车电子商务的发展

在经历了几十年的标准化、规模化的大生产后,目前世界范围内汽车生产相对过剩、利润率严重下降。汽车业作为昔日传统行业的巨人,在信息业蓬勃发展的今天,还能重振雄风吗? 对于这个问题,世界各大厂商见解不一,但有一点它们的看法却是一致的,即汽车市场电子化是帮助汽车企业渡过难关的关键。

Internet 以其特有的优势正逐渐得到传统产业的重视,各行各业相继推出符合自身特点的电子商务解决方案,汽车业也不例外。业内人士都希望能有一个好的电子商务解决方案用来采购、生产和销售的各个环节中,以提高效率,最大限度地降低成本。业内人士因为找不到在这场信息革命中的切入点而心神不安,担心竞争对手利用电子商务捷足先登,将自己抛在后面。

国外的一些汽车厂商首先意识到了这种紧迫性。2001 年上半年,通用、福特与戴姆勒-克莱斯勒宣布合作建立世界最大的电子商务交易平台就是例证。相形之下,我国的汽车企业对电子商务行动较迟缓。虽然,大多数重点汽车企业都接通了 Internet,但仍主要停留在企业简介、产品样本的初级阶段。有的汽车企业的主页有网上销售内容,但却没有一套可以实施的操作方案。

1. 汽车电子商务的实质

供应链管理的导入,是现代经营理念对传统经营理念的一个重大挑战。早在 18 世纪,亚当·斯密在他的《国富论》中提出了一个著名的公式:“成本+利润=价格”,即在成本既定的前提下,产品的价格取决于经营者的预期利润。在近两个世纪中,几乎所有企业都是按照这个公式设定企业的业务流程,运作他们的企业。但是进入 20 世纪 80 年代后,剧烈竞争的市场使企业家们意识到,此公式已经不再灵验。20 世纪 80 年代初,哈默在他的《业务流程重组》一书中,将该公式改为“价格-成本=利润”,即利润多少,取决于在符合顾客的价格、质量期望前提下,经营者降低成本的能力。因此,无论是生产企业,还是商业企业,都把降低成本的目标集中到提高供应链的效率上了。

在过去的商业模式中,制造商把它们的产品推销给批发商,批发商又推销给零售商,零售商又推销给顾客。把这种商品的供应方式称为“推动式”供应方式。在这种方式中,制造商、批发商和零售商只是注重它们之间的讨价还价。如果它们推出的商品顾客不接受,那么,它们之间的任何交易都不会给它们带来效益。有鉴于此,现在制造商、批发商和零售商逐渐把原来的“推动式”供应方式转变为“拉动式”供应方式,以顾客为中心,为了满足顾客不断变化的需求,建造一个灵活、有效的供应链体系。这种体系,就是当今电子商务解决方案的重要内容。

对于汽车行业来说,好的电子商务解决方案,应该具备以下特点:搜集并分析顾客需求信息,自动完成采购预测,零售商和供应商之间的实时信息交流,物流跟踪与库存控制,自动补货监测。

2. 汽车电子商务的现状和展望

1) 我国汽车电子商务的现状

亚太地区是汽车业最具有增长潜力的地区。要将我国潜力巨大的汽车市场与世界接轨,汽车电子商务是一个重要途径。汽车电子商务的应用,使得中小型企业和大型企业拥有了同等参与竞争的机会。从这一意义上讲,大力发展汽车电子商务,开展网上经销,对于我国羽翼尚未丰满的汽车行业来说,确实是事半功倍、增强自身实力、缩小与跨国汽车集团差距的绝好机会。所以,业内人士认为,我国汽车工业除了要进一步扩展和改造现有的经销网络,逐步向品牌专营、四位一体的方向发展之外,还应全力发展电子商务,特别是大力发展网上营销,从而延伸自己的销售触角,快速实现市场扩张,争取在国外企业大规模进入国内市场之前最大限度地抢占国内的汽车市场。

汽车行业电子商务应用一般可分为 5 个层次:企业商网宣传,企业网上市场调研,企业与分销渠道网络联系模式,企业网上直接销售模式和供应链的网上营销集成模式。

我国汽车行业的电子商务应用已逐步展开,但现状不容乐观。目前,进行汽车信息发布的网站建设水平参差不齐,较好的厂商网站在利用互联网进行信息发布的基础上开始尝试营销调研,而较差的网站只设了一个内容简单的网页,用户甚至难以从中获取信息,大多数网站缺乏明确的设计思想和统一的界面风格，只是图形加文字的简单堆砌。

不可否认，我国汽车工业的信息化总体应用水平还相当低，尤其是企业间的数据交换，企业集团内部位于不同地理位置上的分企业之间的信息交流，企业之间的数据确认等。资源共享率低、运作成本高和产品开发周期长的问题没能得到很好的解决。

与国外汽车企业相比，我国整车生产企业在产品介绍上，只是信息的简单堆砌，而没有从用户的角度考虑如何突出产品的特点，缺乏购买说服力，而且竞争意识不强，几乎没有一家将自己的产品与其他竞争产品做过性能、价格比较。大多数的网上订单只是简单的信息录入加上电子邮件，真正的需求还依赖于供求双方在网下进行会谈。销售网点的介绍只限于地址、电话，较少有具体的服务范围。对销售网点的查询范围也太过宽泛，有待进一步细化。在售后服务栏目的制作上，多数整车企业显得漫不经心，服务承诺草草带过，客户反馈仅是简单的电子信箱。厂商提供了维修网点，却很少对顾客常见的疑难问题进行解答并给予相应的技术支持。

总的来说，我国汽车电子商务应用仍处于萌芽的状态。

2）国外汽车行业的电子商务

大型汽车企业要有效地实施电子商务，其管理模式必须作适应性的变革。汽车企业实施电子商务成效最显著的是在汽车产品供应链端——上游零部件的供应和下游汽车产品的销售服务。

汽车部件的供应十分复杂，分为好几层。如福特企业，它将大型集成系统、座椅、车轮和制动器等列为第一层，第二层是向第一层提供部件的企业，此外还有第三层供应商。目前福特已经通过它的电子数据交换系统，同第一层供应商建立了密切的联系，同第二层供应商的联系也正在加速进行，最终它将同所有三层供应商联网，互通信息。举例来说，当福特企业通知第一层供应商，它需要多少红色、蓝色和紫色座椅的时候，属于第二层的皮革供应商也能在网上随时看到福特对各种颜色座椅的需求变化并开始准备存货，而不必等待座椅制造商告诉它需要什么皮革。汽车部件供需关系的改善，将大量节省费用，降低成本减少库存。据福特企业讲，通过网络采购，每笔交易的费用只有 15 美元，而目前一项典型采购所付的采购费是 150 美元。由于包括雷诺-日产在内的 4 大汽车企业的采购额极大，每年约 7000 亿美元因此网上采购节省的交易费用相当可观。另外，汽车企业将放弃许多部件生产厂的股份，使它们成为供应商，从而减少低利润的企业，精简企业的投资。在这方面，福特已经走在其他汽车企业的前面。通用汽车企业也有所动作，它已经将庞大的德尔福汽车部件生产系统企业分拆出去。

国外汽车电子已经从第一、第二层逐步发展到第四、第五层次。如通用汽车企业与美国著名的电子商务软件商 Commerce One 合作，建立了一个名为 Tradex-change 的 B2B 电子商务中心，其目的是为了加速零部件采购过程和降低采购成本，并以 1999 年 11 月开始运营。2000 年 5 月，福特、通用、戴姆勒-克莱斯勒 3 大汽车企业宣布联合建立一个电子商务市场，实现通过网络来进行零部件的采购。如今 3 大汽车企业将通过 Covisint 网站同它们的 5 万家供应商联网，雷诺、日产企业也称将加入这个网站。有资料表明，通过全面实施电子商务活动，每辆车可以节省大约 14％的生产总成本，福特企业每年因此能节省将近 80 亿美元的费用，并从开支、办公纸张费用以及其他高效的交易中节省将近 10 亿美元的费用。现在经销商们不得不开始接受互联网。据统计，美国 22 600 家汽车经销商的 65％已经设立了一名专职的互联网销售人员，61%设立了自己的网站，40%参与到了在线购买服务。据业内人士分析，美国的网上汽车销售额从2000年的4亿美元增加到2004年的166亿美元。所有这一切表明，网络化将是汽车工业的又一次革命。本就落后的中国汽车工业要及时清楚地认识到网络革命的到来，积极投身到网络革命的浪潮中去。

3）电子商务是中国汽车产业发展的必由之路

（1）汽车生产企业内部的信息化。汽车生产企业的信息化是一项长期、综合的系统工程，是实施电子商务的核心。企业信息化任务包括硬件建设和软件建设两个方面。

硬件方面包括：网络的综合布线、Internet的连通、Internet的构建；办公、科研、生产、营销等各种应用软件系统的集成和发展；企业内部信息外部信息资源的挖掘与综合利用；信息中心的组建以及信息技术、信息经济与信息管理人才的培养。

软件方面包括：相关的标准规范问题以及安全保密问题的研究与解决；信息系统的使用与操作以及数据的录入与更新的制度化；全体员工信息化意识的教育与信息化技能的培训；与信息化相适应的管理机制、经营模式和业务流程的调整。

（2）建立汽车行业电子物流体系。为了实现广域的网络采购，汽车企业要分离许多零部件生产协作配套厂，使它们成为供应商，从而减少企业的投资。最终汽车企业将变成一个几乎不生产汽车部件的企业，它们只是将供应商送来的汽车部件进行最后组装，然后打上自己的品牌。汽车企业主要致力于汽车的设计和研究，汽车企业与汽车部件供应商将组成一个有效的供应链。

随着Internet的发展，汽车的销售模式发生了变化。Internet削弱了传统销售渠道的中间环节，汽车生产企业从传统多级销售体系的身后走出来，直接面对消费者，通过完善的客户关系管理与消费者联系，掌握信息，提供符合消费者需要的汽车和相关服务，形成“批量生产”，形成所谓的“拉动”模式。汽车企业将直接接受消费者网上订货，然后组装汽车，就像目前消费者在网上直接向戴尔计算机企业订购组装计算机一样。因此，现有的营销渠道要加强服务功能，完善物流配送服务系统。营销所涉及的地区越大，要求的物流配送系统就越大，要让消费者真正享受到足不出户就可以得到想要的一切。

（3）电子商务与传统模式的结合。由于我国的电子商务发展与发达国家还存在较大的差距，不可能迅速实现网上交易，因此，目前比较理想的操作模式，是电子商务与传统模式的有机结合，在使用电子商务手段的同时，满足用户的具体需求，把服务落在实处。各企业要建立产品数据库、技术信息库以支持销售，方便各级用户的查询；建立自由的、具有一定数量的实体库存，借用社会专业力量，以企业联盟及其他方式建立覆盖当地市场的仓储、配送力量；以品牌为龙头，网络为手段，产品为纽带，仓储和配送力量为支持，发展包括配件经销商、汽车修理厂、汽车养护中心为内容的连锁体系。在开放式信息平台的支持下，更大范围的联合行业内的企业，借助各自资源共享市场，共同获益。

12.1.2 汽车电子商务功能

汽车企业利用电子商务所获得的效益突出表现在两个方向：一是提高对顾客的服务水平；二是降低企业的经营成本。实施供应链管理的第一步，就是实现供应商与零售商、企业内各部门之间的信息沟通与共享，这样就可以将顾客的需求信息迅速地传递到制造商手中，使供应链上的各个环节都能对顾客的需求变化迅速做出反应，从而最大限度地满足顾客的需求。由于信息沟通方式的变化，导致了交易方式及交易流程的变化，从而大大缩短了交易周期，降低了供应链上每个环节的库存，避免了浪费，降低了企业经营成本。虽然汽车电子商务的关键环节对所有的汽车企业来说都是相同的，但每个企业应以不同的方法来实现各自的供应链管理；这种变化的多样性是由于买卖双方根据市场及顾客需求所决定的各自的供求关系决定的。

根据我国国情和汽车业的特点，应用在我国汽车行业的电子商务解决方案，除了具备企业形象及产品信息的宣传功能外，还必须实现以下基本功能。

(1) 灵活的商品目录管理功能。作为零售商，在商品目录管理系统上，能够创建包括任何厂商、任何商品类别、任意数量的自建商品目录，这些目录里的商品信息的任何更改，都可以实时反映在系统中。而对供应商来说，不仅可以通过建立包含了任意商品类别的公开商品目录向零售商发布产品信息，也可以创建只供指定零售商查看的商品目录，在这些目录中，甚至可以提供特殊的优惠而不用担心被其他供应商或者未被指定的零售商看到。

(2) 网上洽谈功能。当零售商发现一个感兴趣的商品，或者供应商寻找到零售商发布的采购目录后，网上洽谈功能可以帮助零售商、供应商进行实时交流，而且所有的洽谈记录都将存放到数据库中，以备查询。

(3) 订单管理功能。根据用户的实时需要，自动将发生在供应商。零售商之间的订单草稿以及洽谈形成的采购意向集合到一起，并且组合成一个订单发送给供应商。另外，对于经常交易的双方来说，由于互相之间比较信任，也可以不经过任何洽谈就直接发送订单。这样就极大地提高了采购、供应的效率。

(4) 基于角色的权限和个性化页面功能。规定各种角色之间的权限和安全的继承性，如：一个系统管理员的账号可以创建和管理销售、采购经理的账户；而销售、采购经理的账号可以创建许多属于他领导的业务员，这些业务员的权限也各不相同。同时，基于这些用户制定并提供的个性化功能，对于不同角色，其操作是不一样的，同一个角色不同账号之间的内容也可以完全不一样。

12.1.3 汽车电子商务的优势

电子商务并不是要建立一个全新的商务，而是要疏通现有商务的各个环节，提高现有商务的动作效率，改善现有商务程序，开辟一个全新的交易场所。汽车电子商务对汽车厂家、销售商和顾客都具有优势。

1. 对汽车厂家和销售商来说，汽车电子商务具有的优势

(1) 减少汽车销售的中间环节，缩短汽车销售渠道。汽车生产厂家和销售商可以利用汽车商务网站快捷地、实时地、不受时空条件限制地直接面向世界任何一个角落、任何一个消费者，推销自己的产品和服务，中间商的作用已经微不足道，甚至已不复存在了。

(2) 降低交易成本减少库存，提高产品竞争力，电子商务是在市场经济条件下提高经济效益、降低企业成本的有效途径。电子商务实际上是通过“网上运动”来代替“网下运动”，以此降低交易成本。在网上销售汽车，可以减少各种中间环节，为经销商节省大笔营销费用。

有资料表明，电子商务可以使交易成本降低20%～40%，节省的费用和时间分别为11.61%和19.34%。据分析，汽车厂家迟早将甩开中间销售商做网上直销，直接在网上提供价格信息，由厂家和用户共同商定价格。

库存量的多少，可以反映企业的经营状况。库存管理水平也直接影响企业的营销。库存增多，会使运营成本增加，从而减少企业的盈利。高库存量并不能保证可向客户提供更佳服务。产品生产的周期越长，企业需要的库存量就越多，以便保证能够对付可能出现的交货延迟、交货失误，对市场需求变化的反应也就越慢。当然，库存过低，有时候也会因缺货使顾客另寻他处。所以，适当的库存，不仅可以让客户得到满意的服务，而且可以为企业尽量地减少运营成本。这样，就要求提高库存管理水平，提高劳动生产率，提高库存周转率，降低库存总量。电子商务能够使企业在短时间内获取订单信息，从而便于企业及时地组织生产，及时地调整库存量。

(3) 网络广告能展示各种多媒体信息，价格又相对低廉，可以降低促销成本。网络广告能处理文字、声音、图片、动画、视频和色彩等多媒体信息，展示的内容丰富多彩，比传统媒介广告方便、快捷得多。与其他销售渠道相比，尽管建立和维护企业的网址需要一定的投资，但网上促销已经大大降低了成本。有研究表明，在国际互联网上做广告，进行网上促销，其结果是增加10倍的销售量，而花费的广告费只有传统广告预算的1/10。而且，一般来说，网上促销的成本只相当于直接邮寄广告费用的1/10。

(4) 促进汽车厂家改进技术，改善服务。由于网上具有实效性强、联系便捷的优势，汽车生产商和经营商可以根据网络市场反馈的信息不断调整产品结构，改进汽车生产工艺和制造技术水平，加强与消费者的沟通，更好地为消费者服务。

(5) 可向客户提供信息服务，与客户的交流反馈更加直接、快捷、有效，保持与客户的密切联系。客户是汽车企业重要的商业资源，与客户的广泛联系和接触对汽车营销十分重要。交易过程中，很大一部分工作就是与客户打交道，联系、听取客户意见和建议。电子商务可以增加汽车企业与客户的接触，保持密切的信息联系，可以在全世界范围内向客户提供远距离、低成本的访问。企业向客户提供商业信息是客户服务的重要内容，电子商务可以使这项服务更加便捷、快速，使客户及时地获取新的商业信息。同时，客户也可以方便地通过网络向企业反馈信息。汽车企业可以把产品更新、经营政策、企业电子期刊等信息快速传送到客户的电子信箱中，进行客户跟踪；可以利用主页征集客户反馈信息，了解客户需求。为客户提供的信息服务越及时，企业与客户的沟通联系就越密切，企业得到的商业机会就越多。在电子商务环境下，企业与客户之间只需要轻点鼠标就可以及时地沟通、传递信息。

(6) 用户对企业的忠实度大为提高。电子商务的应用使大企业对消费者的“锁定”越来越牢固，进一步拉大了与弱小企业的距离，从而使市场呈现“直流化”。网上直销汽车可能导致世界汽车巨头们进入一个新的竞争，对用户的争夺战将会白热化，而用户更加便利、快捷和密切，用户对企业的了解更加直接和丰富，从而促使用户更加忠实于其选择的企业。

2. 对购车客户而言，汽车电子商务具有的优势

(1) 网上购车可以排除汽车推销员的干扰，自主决定购车品种和意向。

(2) 消费者可以坐在家中通过网络仔细比较各种车型的性能和价格，然后从中作出最佳的选择。

(3) 消费者可以根据自己的喜好就汽车颜色、发动机、空调等方面提出设想，定制一辆真正属于自己的汽车，实现个性化购车。

(4) 网上购车大大节省了时间，人们足不出户即可以了解汽车企业最新型的情况。

通过互联网，以三维汽车图像呈现在用户面前，用户可根据各款的性能报告进行“个性化”购车选择，当用户需求信息通过网络反馈给厂家后，可以在最短的时间内得到厂家的信息反馈。目前，汽车消费者的个性化需求及对厂家生产的影响越来越明显，个性化、小批量、柔性化的“量体裁衣”式生产正成为现实。厂家必须和用户进行交互式的信息沟通，得到大量个性化需求信息，而这种个性化需求信息交互的实现，只有网络可以提供。可以设想，不久的将来，在国内汽车行业、汽车网络自身成熟完善，信用体系、金融防范机制等因素逐步健全下，在中国成功地实现 B2C(企业对消费者)式的汽车电子商务，不再是幻想。

12.1.4 汽车电子商务的核心

为了使得电子商务顺利进行下去，汽车企业必须考虑以下四个核心问题。

1. 信息流

电子商务摒弃了传统商务花费大量人力、物力的信息沟通，降低了交易成本。特别是像汽车这样一种复杂而昂贵的商品，消费者需要大量而翔实的信息帮助他们做出判断，因为它不是普通的商品，而是涉及人身安全以及环境保护等社会问题的高价值商品。生产商同时需要随时了解市场需求，把握消费者动态，不断改进，不断推陈出新，生产出符合市场需要的车型。对于这样的商品，互联网成为了一个很好的、超大容量的，而且是互动式的信息交流平台。最重要的是，直接对话使得信息更为真实和有作用。强大的信息流是电子商务最大的优势。

2. 资金流

作为电子商务，必须很好地解决电子货币或网上银行的问题，否则一切只能是“雾里看花，水中望月”。对于汽车这样的商品，仅有安全、方便的支付方式是不够的，还必须解决网上贷款的问题。因此，资金流是电子商务发展的最大挑战。

3. 物流

对于有形的产品，电子商务固然可以超过传统的中间流通渠道，直接面对最终用户。但是这种行为的成本以及压力将大大超乎想象，周转环节固然少了，但是所有成本和压力却要企业独自承担。很难想象一家汽车生产商摒弃所有的中间商，直接承担包括销售、维修、售后服务所有的市场行为。如何控制物流，建设低成本的物流系统，是电子商务真正的问题。如果未能形成高效率、低成本的物流系统，电子商务的其他优点将随即被抵消，反而不如传统商务的迂回经济。

4. 安全性

电子商务必须解决“不见面的交易如何获得保障安全”这样的问题，特别是汽车这样的

"大买卖"。其中需要解决的集体问题有：社会身份的确认以及信用系统；电子货币实用性，买卖会不会中途变卦，消费者会担心账号是否会被盗用，商品是否能如期交货等。这些问题都需要一整套保证体系来确认。

12.1.5 汽车电子商务发展策略

汽车电子商务的发展是一项复杂的社会系统工程，要充分考虑与国际接轨特别是零部件全球化采购局势，要求融入国际零部件交易网络，以开放性的网络精神进入网络和电子商务时代，进而促进我国汽车产业的良性发展。

1. 汽车企业应加速企业信息化建设

汽车企业要发展电子商务，必须有良好的信息化体系的支撑。企业的信息化是电子商务的基础平台，因此，发展电子商务首先要加速企业的信息化建设。目前，多数汽车企业普遍存在信息化基础落后的情况，与网络和电子商务技术的现代化形成了巨大反差，企业很难快速灵活地响应顾客的个性化需求。

作为汽车销售商，在商品信息管理系统上，要能够创建包括任何厂商、任何商品类别、任意数量的自建商品目录。在这些目录里，商品信息的任何更改，可以实时反映出来。对于汽车生产商，不仅可以通过建立包括了任意商品类别的公开商品目录向销售商发布产品信息，也可以创建只供指定销售商查看的商品目录。在这些目录中，甚至于可以提供特殊的优惠，而不用担心被其他供应商或未被指定的销售商浏览到。因此，汽车企业要把信息作为战略资源加以开发和利用，进而把诸多现代化科学管理方法和手段进行有机结合，实现系统的信息优化管理。

2. 汽车企业应设计一个开放的交互的汽车电子商务方案

构建一个能够满足顾客需求的信息资讯平台，是发展汽车电子商务至关重要的一步。实现商务或促成商务是汽车专业网站的最终目的，但传统汽车产业、网络业二者自身发展的完善程度需要一个培育过程。网络的技术优势和时空优势是实现商务目的的基础。要想真正实现商务目的，网络应该根据不同需求对信息进行深加工，向消费者、商家、厂家提供全方位、系统化、个性化的资讯服务。提供的信息资讯应是有效而且实用的。在信息资讯的实用性、有效性及技术实现方式上，应满足信息需求双方的对接性、交互性，因为网络资讯平台的最终目的还是要促成汽车商务的达成。

业内人士都希望有一个好的电子商务解决方案来应对汽车采购、生产和销售的各个环节中存在的问题，以提高效率。但目前能适用于汽车业的电子商务相关产品少而且不完善。许多汽车电子商务网站信息内容短缺，更新速度慢，不能为顾客提供众多有效的汽车商务信息，这是值得引起注意的。对于汽车产业，完善的电子商务解决方案应包括以下几点。

（1）全面搜集并分析顾客需求信息；

（2）自动完成采购预测；

（3）协同汽车生产与组装；

（4）实现销售商与供应商之间的信息交流；

(5) 实现物流的跟踪与库存控制；
(6) 进行自动补货监测；
(7) 网络营销与高质量的服务。

3. 汽车企业应提高网络宣传水平

整个汽车交易过程中，网站对汽车品牌宣传、产品导购以及服务功能的桥梁作用越来越重要。网站不仅能够提供详细的展示和导购功能，还应该做到人机对话、在线沟通交流等，做到与现场购车无差别的环境和条件。在形象宣传上，汽车企业要运用网络的虚拟环境，突出汽车的品牌文化、技术文化和服务文化，用有品位的文化特色宣传自己的汽车企业形象。

汽车企业和经销商在拓展网上交易市场时，不应过分强调网上销售额的多少，而应更多地考虑如何提升产品品牌的影响力。目前，大多数汽车消费者都会最终选择用离线方式购买汽车。因此，汽车制造商可能很难看到网上销售额在短时间之内有显著增加。在这种情况下，Internet 应该成为汽车制造商宣传其商品品牌的场所，可以在网上加大对重点产品性能及品牌的宣传，提高顾客对自己产品的认知程度，提高产品在国际贸易市场上的知名度。

4. 汽车企业应努力提高服务质量

汽车电子商务及汽车商业网站的前景，就是网络技术和传统汽车经济的结合。一方面，在企业面向最终用户进行产品推广时，企业网站应该用来帮助企业拓展新的商业模式，通过在企业网站上进行直接市场推广、营销和服务活动，加强企业对市场需求的响应能力。企业网站以最终客户为向导，并为他们提供更多的电子化服务。这些服务内容包括：提供详尽的产品目录和服务介绍；提供产品和服务的预订服务；提供技术咨询、培训及其他动态的服务查询，使顾客更好地利用已经购买的产品和服务；建立完整的网上营销业务等。另一方面，在企业业务流程的运作方面，企业网站应是沟通供应商、销售商以及合作伙伴的有力工具，能更加有效地组织起企业的各种资源，减少采购、生产、库存、销售和服务之间的环节，降低企业的生产成本和流通成本，提高企业的运营效率。通过建立企业网站，供应商、销售商以及合作伙伴都能被有效地纳入企业的工作流程。

12.2 汽车网络营销

当今时代，网络已渗透到政治、经济和社会文化的各个领域，进入人们的日常生活中，并带来社会经济和人类生活方式的重大变革。近几年，网络用户数量的激增为网络营销的发展奠定了基础。

今天，再也没有人可以忽视网络营销的力量和影响。网络营销正以超乎人们想象的速度狂奔，并且在市场实战中显现出以小博大的功效。随着网络的发展和网络用户数量的增加，网络提供的营销平台正朝着多元化方向发展。

汽车产业作为国民经济的支柱产业，已跨入了网络化时代，越来越多的汽车企业意识到网络对汽车营销的重要作用，纷纷投资发展这一科技制高点，并视为未来营销竞争优势的主要途径。据美国最大的汽车零售商统计，2000 年从互联网上直接获得的汽车销售订单总额已超过10亿美元。可见,汽车网络营销必将成为汽车营销的主要形式之一。

12.2.1 汽车网络营销的基本概念

网络营销是企业营销实践与现代信息通信技术、计算机网络技术相结合的产物,是指企业以电子信息技术为基础、以计算机网络为媒介和手段而进行的各种营销活动(包括网络调研、网络新产品开发、网络促销、网络分销、网络服务等)的总称。简单地说,网络营销就是以客户需求为中心的营销模式,是市场营销的网络化。网络营销可以使企业的营销活动始终和3个流动要素(信息流、资金流和物流)结合并流畅运行,形成企业生产经营的良性循环。

12.2.2 汽车网络营销的特点

1. 面向顾客的需求

在汽车市场竞争日趋激烈的今天,企业比以往任何时候都更重视了解自己的客户是谁、客户需要什么样的产品等需求信息。网络技术为汽车企业进行市场研究提供了一个全新的通道,汽车企业可以借助它方便迅速地了解到全国乃至全球的消费者对本企业产品的看法和要求,随着上网人数的急剧增长,网上调研的优势将越加明显。企业还可以借助互联网络图文声像并茂的优势,与客户充分讨论客户的个性化需求,从而完成网上的定制,以全面满足汽车消费者的个性需要。与此同时,网络技术为汽车企业建立其客户档案,为做好客户关系管理也带来了很大的方便。汽车企业有了这样的基础平台,就可以致力于做好客户信息挖掘,定期或不定期地了解客户的各种需求信息,从而赢得市场竞争的主动权。

2. 实现与顾客的沟通

汽车消费属于大件消费,虽然在短期内尚无法完全做到网上看货、订货、成交、支付等,但是网络营销至少能够充分发挥企业与客户相互交流的优势。企业可以利用网络为顾客提供个性化的服务,使客户真正得到其希望的使用价值及额外的消费价值。网络营销以企业和顾客之间的深度沟通,使企业获得顾客的深度认同为目标,满足客户显性和隐性的需求,是一种新型的、互动的、更加人性化的营销模式,能迅速拉近企业和消费者的情感距离。它通过大量的人性化的沟通工作,树立良好企业形象,使产品品牌对客户的吸引力逐渐增强,从而实现由沟通到顾客购买的转变。

3. 获取低廉的成本

相对传统营销方式而言,网络营销可以使得企业以较低的成本去组织市场调研,了解顾客需求,合作开发产品,发布产品信息,进行广告宣传,完成客户咨询,实施双向沟通等,从而有利于汽车企业降低生产经营成本,增强产品价格优势。同时,网络营销信息传递及时,增强了企业的信息获得、加工和利用的能力,使企业提高市场反应速度,避免机会损失和盲目营销的损失,从而改善营销绩效的特点。总之,网络营销可以为企业节约时间和费用,提升营销效率,既使企业获得低廉的成本,又使客户获得实惠。

4. 便利用户购买

由于生产集中度和厂家知名度相对较高，产品的知名度也比较高，企业比较注重市场声誉，服务体系较为完备，同时对企业营销的相关监督措施较为得力，像汽车、家电等高档耐用消费品，在市场发育较为成熟后就特别适合网络营销。顾客可以放心购买，不必过于顾虑产品质量等问题。而网络营销，顾客可以浏览网上车市，无须到购车现场就可以在网上完成信息查询、比较决策、产品定制、谈判成交乃至货款支付等购车手续，接下来客户只需等待厂家的物流配送机构将商品车(甚至已办妥使用手续)交到自己的手中，真正实现足不出户买汽车。此外，网上交易还不受时间和地域限制，这也从另一方面给广大汽车用户带来了便利。

12.2.3 汽车网络营销的基本方式

汽车企业的商业网站是汽车企业与顾客的连接点及信息流通的主动脉，也是汽车企业开展网络营销必不可少的前提条件，应尽可能地运用多媒体工具，把汽车企业的情况、产品、功能以三维立体图形或动画的方式表现出来，最大限度地满足用户的要求。企业网上营销的基本方式是：网络表现、网络交互和网络商务。

1. 网络表现

网络表现是指汽车企业在门户网站或专门网站上进行自我展示，主要表现形式有以下几种。

(1) 广告。即硬性地投放在网站上，以图片或文字的方式出现在显要位置，表现的主题是企业商标、汽车品种、车型参数和配置、价格等。

(2) 目录。加入某个搜索引擎以待用户查询。

(3) 商情。在某个发布平台将自己的商业动态和经营信息传播开来。

(4) 页面。拥有独立的网页或建设自己的网站，全方位地体现汽车企业形象。

2. 网络交互

拥有独立空间或信息平台的汽车企业通过自己的产品表现进行在线交易或服务，其主要表现形式有以下几种。

(1) 调查。通过汽车用户的反馈信息了解市场需求和产品销售状况，并对销售趋势及产品市场占有率进行在线统计。

(2) 订货。用户如果需要某种车型的汽车可需求配货或预定，汽车企业可以通过信息传递责成其各地的分支企业完成对用户的服务。

(3) 投诉。为汽车用户的直接投诉提供通道，以提高服务质量。

(4) 建议。对汽车产品及企业有信心的用户往往会提出好的建议，为汽车企业的市场定位、决策提供有益的参考。

3. 网络商务

网络商务是高技术实现与管理实现的结合，它以汽车企业经营现代化为基础。如果汽车企业已经实现了办公自动化，可与在保证内部系统安全的条件下与外部系统连接起来。其主要表现形式有以下几种。

(1) 订单管理。用户在线购买产品并通过在线支付购物款。订单上的客户资料进入客户管理系统，汽车产品资料进入库存和物资流通管理系统，付款进入资金管理系统。这些系统的信息将反馈给订单系统以确认是否有效。

(2) 客户管理。客户在交易行为产生后，系统就会进行定期或随机的跟踪服务，并对客户的反馈信息收集整理，予以回复。反馈信息经统计后形成意见提交给管理人员。

(3) 库存管理。仓储及流水线的控制数据需要输入此系统以调剂市场供求，并影响采购系统的运作。

(4) 物流管理。订购信息会直接决定汽车产品的送货时间、频率、负荷和路线，从而清楚地计算成本，调整运输策略。

(5) 采购管理。依赖于网页上发布的采购供求信息，也依赖于企业内部提交的市场预测。仓储及流动资金的信息通过内部系统可以直接连接采购平台，实时发布采购信息，保证供货时间与质量符合生产的需求。

(6) 资金管理。汽车企业财务的管理基于企业内部的财务系统，银行资金的调用须与内部调配相结合。在线资金流动不仅可以显示经营业绩，还可以进行电子报税以及其他的在线金融项目操作，使会计电算化的应用达到一个新的水平。

(7) 数据管理。数据是现代化汽车管理的客观依据，网络的数据处理功能是在线数据管理的基础。网络数据库可以根据企业的需要实时统计目标主题的数据内容，进行数据分类处理，形成一份无人为误差的分析报告。

(8) 信息管理。汽车企业的各种信息都可以被企业内部网络中的所有终端共享。无论是文档还是命令，都可以通过网络传递，汽车企业的行政管理和商业流程都会变得更加有序，执行起来会更为轻松。

12.2.4 国内汽车网络营销的主要问题

1. 网络营销的发展策略缺乏系统研究

目前，国内汽车企业对网络营销模式还处于实践摸索和向国外同行企业学习的阶段，还没有形成一整套适合我国国情的汽车网络营销策略。一些汽车企业只习惯于沿用过去传统实体市场的营销策略，不熟悉与网络营销相适应的营销策略，不注意在经营过程中提高企业经营水平、培育企业顾客资源、革新企业技术、扩大企业竞争优势等，同国外汽车企业相比较还有较大的差距，因而网络营销的诸多优势在国内汽车中尚未体现出来。

2. 网络营销赖以生存的品牌基础有待继续夯实

品牌经营是市场营销的高级阶段，是市场营销的基础与灵魂。网络营销只有建立在知名度高、商业信誉好、服务体系完备的汽车品牌的基础上，才能产生巨大的号召力与吸引力，广大用户才能接受网上购车等新的交易方式，摒弃传统的实物现场购车等习惯。而我国的部分汽车品牌缺乏科学化、现代化、规范化的品牌营销系统，品牌实力还有待提升。

3. 网络营销的具体业务还处在初级阶段

目前,国内大部分汽车企业只是建立了一个网站,借助网络技术做网络广告、促销宣传、车型介绍、信息发布、接个查询以及收发电子邮件等简单业务,有的企业甚至只是将企业的厂名、简介、车型、研发成果、通信地址、电话等简单信息挂在网上而已。事实上,以上所述的集中网络业务根本不能等同于网络营销。企业只有通过大力探索各种具体的营销业务,如电子商务、网上调研、网上新产品开发、网上分销、网上服务等,才能充分利用网络资源,并不断向网络营销靠拢。

4. 网络营销人才缺乏

网络高科技是网络营销发展的推动力。与其他营销模式相比较,网络营销对 IT 技术的要求较高,如营销信息的采集、处理与分析,市场调研与管理决策等活动,都需要强有力的技术支持。而目前国内汽车网络营销的整体发展还处在初级阶段,缺乏大量的既懂网络技术又懂汽车营销的复合型人才,需要有一个培养过程。

5. 物流网络不完善

由于网络营销具有信息流与物流相分离的特点,所以物流配送便成为保证网络营销的又一关键环节。目前物流配送的主要问题是缺乏社会化的物流配送支持,物流业的整体发展水平较低,物流企业规模小,技术及设备落后,管理经验不足等。因此,许多企业要么不得不自建配送中心,形成配送中心无法实现物流的规模化经营,物流作业能力和利用率较低之局面;要么由于受到投资能力的限制,而不能建立地区配送中心,形成不能及时将商品交付给客户的局面。

6. 网络消费群体尚未形成

网络营销的发展依赖于一个具有一定规模的网上消费群体,即必要的客户基础,而这个群体的壮大主要受到网络速度与上网费用两个因素的影响。有关调查表明,有 86.1%的中国用户抱怨互联网速度太慢,服务质量较差,许多网站无法登录。另外,上网费用比较高,据权威部门计算,我国人均收入不过美国的 1/10,但获取相同的信息量,国人要比美国人多付出 12.88 倍上网费用。低水平的网络服务与高额的收费已经成为制约网络营销发展的一道瓶颈。

7. 政府的指导作用需要加强

网络营销具有全局性、综合性、整体性与复杂性等特点。而在我国,网络营销又表现为跨地区、跨部门、跨所有制经营,各方的利益及运作需要协调和规范,需要在政府的宏观管理和指导下,建立规范和科学的协调机制。

12.2.5 国内汽车网络营销的发展策略

1. 帮助消费者转变交易观念

网络营销的发展首先需要消费者认识网络营销的特点，熟悉网上购物的过程，转变传统的商品交易观念，改变以往的购物习惯。为此，网络营销企业需同全社会一起，强化网络营销的宣传，提高公众对网络营销的认知，消除客户对网络营销的陌生感和神秘感，使消费者接受这一新型购物方式。

2. 努力培养网络营销人才

汽车网络营销能够取得成功，在很大程度上取决于汽车企业所拥有的既懂汽车技术又懂网络营销管理的高素质人才。汽车企业应着力培养出一批网络营销精英，并借助于这批素质高、能力强、业务精的专业人才，才能稳步推进汽车网络营销的发展。

3. 认真研究发展网络营销的具体策略

汽车企业应抓住当前IT产业蓬勃发展、网络技术日趋成熟的有利时机，认真做好本企业网络营销的发展规划，拟定具体的发展目标和措施，在企业内外广泛开展网络营销研究，不断开发适合自己的网络营销新手段，抢占营销手段的制高点。

4. 完善网络基础设施

国家要加快网络技术开发，改善网络基础设施，建设信息高速公路，提高完善服务水平，为网络营销的发展提供一个良好的物质基础。值得一提的是，2002年中国网通宽带高速互联网正式开通，一期工程全长18 490km，网络总传输带宽高达12万Mb，贯穿我国东南部27个重点城市，这将为国内网络营销奠定强大的通信设施基础。

5. 提高网上交易安全性

网上交易安全问题一方面源自技术层面，另一方面源自商务层面。前者需要技术部门研究和完善电子签名、用户认证、银行加密、资金转账等技术措施，加快电子货币的研究，尽快实现网上安全支付。对于后者需要企业强化商业信誉，提高服务意识与服务质量，同时社会也需要通过建立和完善法律制度来保障网上交易的安全。

6. 健全物流配送系统

国家应鼓励建立一批跨地区、跨部门、跨企业的现代化大型物流企业集团，完善集物流、商流、信息流于一体的社会物流体系，实现物流配送系统的专业化、系统化、网络化、信息化、现代化、规模化及社会化，为网络营销的发展提供强有力的社会支撑。

7. 发挥政府扶持和宏观调控的作用

政府既要鼓励和扶持网络营销的发展，制定相关发展政策和发展框架，为网络营销的发展创造宽松的环境，又要做好网络营销发展的宏观规划，协调部门、地区之间的利益，保持网络营销有关政策、法规、标准的一致性和连续性，促进网络营销向规范化、科学化的方向健康发展。

8. 建立、健全网络营销的法律、法规体系

网络营销在我国还是一种新的营销手段，尚处于导入阶段，需要有一个良好的法制环境。健全网络营销的法律法规体系，一方面要求对原有的法律体系进行必要的调整，另一方面又需要制定新的法律法规，以适应网络营销的发展。

12.3 绿色汽车营销

12.3.1 绿色汽车营销概述

1. 绿色汽车起源

汽车作为特殊的商品其发展速度之快令人咋舌，而其对人类生存环境的污染也日益加剧。汽车排放的废气和噪声被一致认为是城市中的公害，它影响了人类的身体健康，污染了人类的生存环境，已成为较严重的社会问题。美国最新研究表明：汽车排气管和工厂的烟囱一样，释放的有害气体已成为无形杀手，其危害程度大于车祸。

2001 年 6 月，一项对美国圣保罗、墨西哥城、圣迭戈和纽约四城市的污染情况的研究报告，汽车废气污染导致死亡的人数已经超过交通事故。该研究报告反映的情况与世界卫生组织调研报告基本吻合。美国环保组织估计到 2020 年，全世界将有 800 万人死于空气污染，其中由汽油和煤的燃烧而导致人们因为哮喘、心脏病、肝脏功能失调而死亡的占绝大部分。

汽车排放的废气中的污染物主要包括一氧化碳、碳氢化合物、氮氧化合物、铅化合物等有害物质。据有关专家检测，一辆汽车在行驶过程中，平均每天约排放出的一氧化碳为 3 千克，碳氢化合物为 0.2～0.4 千克，氮氧化合物 NO_x 为 0.05～0.15 千克。当然由于发动机类型、排量、燃料、技术状态、运行时间、气候、道路条件等，上述数据可能会有所不同。“环保汽车”、“绿色汽车”的提出是社会进步的产物。汽车“零污染”的倡议引发了一场新能源技术的竞争，也促进了汽车“无污染”法律的制定和贯彻。

2. 绿色汽车环保新趋势

汽车与环保有着密切的关系，但是减少汽车有害气体的排放也是一个复杂的技术问题和社会问题。在推进这类问题的解决方面，一要靠政府的法规和政策，二要靠厂家积极采用先进技术，三要靠使用环节中的保养和监督。目前世界汽车环保方面出现一些新的动向，值得我们关注。

1) 政府对汽车环保标准的要求越来越高

2002 年 12 月，美国环保局颁布了新的汽车环保法规。要求从 2004 年开始对轻型商用车、多用途汽车采用与轿车同样的排放控制标准；到 2007 年，要求柴油机的颗粒排放 hp/h 达到 0.1 克以下，NO_x 达到 0.2 克以下，CN 达到 0.14 克以下；到 2010 年，所有的车辆都要达到排放控制标准。

欧洲已经于 2000 年实施三号排放控制标准，2005 年开始实施欧洲四号排放标准，2009 年实施欧洲五号排放标准。以柴油机排放为例，欧洲二号标准要求柴油的含硫量为 500×10^{-6}，欧洲四号标准压缩 50×10^{-6}，欧洲五号标准进一步提高到 10×10^{-6}，要求越来越严格。

2）汽车的环保问题对社会环境的要求越来越高

汽车环保不仅是汽车工业自身的事，也需要其他行业的配合。2002 年 6 月的北京国际车展上，外商已经开始展示一些排放标准达到欧洲三号、四号标准的汽车，但是外商同时也指出这些产品对燃油油品非常高的要求，国内供应的燃油尚不能在这些汽车上使用。一家外商在技术研讨中指出；未来的汽车技术需要更高品质的燃油，因为燃油质量对汽车的排放有关键性的影响。

尽管中国的燃油标准今年来得到了提高，但目前的燃油品质仍然不能满足世界燃油宪章中规定的标准。

正确地使用和合理的保养也是减少汽车排放的重要措施，虽然汽车在出厂时能够达到国家要求的排放标准，但是这一水平的保持，一定程度上取决于车主的良好驾驶习惯和正常的保养维护。

汽车在高速行驶时燃烧状态最好，污染物的排放比较少，而在怠速状态污染物排放水平最高。因此加强道路建设和交通管理，加快车辆的行驶速度，减少堵车时间，也是减少排放污染的重要措施。

因此，对于汽车的环保问题，应该引起社会各界的重视，也需要社会各界的共同努力。

3）新能源汽车即将普及

在较长的时间内，为减少污染，汽车工业对改善燃料结构进行了大量探索，包括使用天然气、液化石油气等气体燃料，使用甲醇、乙醇等新的液体燃料，也包括对电池汽车的不懈研究。但是，这些燃料都存在这样或那样的问题，不能从根本上解决汽车排放污染的问题。尽管从环保方面来说，电动汽车是极其理想的交通工具，但是由于电池的问题使得电动汽车的发展步履蹒跚。如 20 世纪 90 年代初，美国三大汽车企业为了满足加州“零排放”汽车的要求，推出了第一批商业化的电动汽车，包括通用企业的“大冲击”。这些产品的销售非常不理想：价格昂贵，使用不便，电动汽车尚不具备与汽油车一决雌雄的实力。

要想电动汽车成为现实，关键在于电池必须满足以下四个条件：比能量(单位重量或体积提供的能量)高，使用寿命长，比功率(单位重量或体积提供的功率)大，成本低廉。人类探索过许多种蓄电池，包括最古老的铅酸电池、镉镍电池、氢镍电池、钠硫电池、锂电池等，这些电池没有一种能够同时满足以上 4 个条件，有的还存在可靠性差、重金属污染、危险性较大等问题，到最近，一些企业开发的电动汽车，仍然不得不采用性能不那么先进，但是技术成熟的铅酸电池。

目前，各大汽车企业仍然坚定不移地推进燃料电池汽车计划。丰田公司宣布，2003 年要在美国销售 20 辆燃料电池汽车，这是燃料电池汽车市场化的“东风第一枝”。奔驰公司开始在欧洲 10 个国家试运营“零巴士”(就是燃料电池大客车)。宝马公司则向市场推出燃氢汽车，并计划建设“加氢站”，当然这是与传统内燃机的结合。一些大企业也准备推出商品化的燃料电池汽车，因此国外在汽车环保技术方面的进步非常快。

4）从传统控制有限污染物向更加广泛的控制发展

国外已经开始研究减少二氧化碳排放的问题。二氧化碳是温室气体，在世界上二氧化碳排放量最大的国家是美国。国外对于非公路车辆（如农机、建筑机械等）的排放问题也开始进行研究。

5）加强对汽车报废污染的控制

制造汽车要采用数百种材料，包括一些重金属、有机化合物、塑料等，报废的汽车也会造成环境污染，加强对汽车报废污染的控制成为汽车环保新课题。欧盟已经要求从 2006 年起，汽车制造商要承担在用汽车的报废费用，将 2000 年以后生产的汽车免费收回（是收回而不是召回），将可用材料重新利用。目前，德国汽车材料回收率已经达到汽车重量的 75%以上，欧盟要求 2015 年把这一比例提高到 95%。1998 年丰田企业成立了金属企业，专门负责二手车解体后各种材料的分类回收。

3. 绿色汽车营销的含义

绿色营销是指企业在整个营销过程中充分体现环保意识和社会意识，向消费者提供科学的、无污染的、有利于节约资源的符合良好的社会道德准则的商品和服务，并采用无污染或者少污染的生产和销售方式，引导并满足消费者的有利环境保护及身心健康的需求。

绿色营销的主要目标是通过营销实现生态环境和社会环境的保护及改善。其宗旨是节约原材料耗费，保护地球资源，实行养护式经营，确保消费者使用产品的安全、卫生、方便，以提高人们的生活质量，并引导绿色消费，培养环保意识，优化人类的生存空间。

12.3.2 我国绿色汽车的现状

1. 天然气汽车

1）天然气走向汽车市场

现代社会里汽车数量的急剧增长，导致汽车燃料供需矛盾以及汽车排放污染物对生态环境危害的加剧。利用天然气作为汽车燃料是解决这些矛盾一举两得的积极措施。我国政府对治理汽车尾气排放造成的城市环境污染非常重视，积极支持“清洁燃料汽车”的发展。

据统计，2002 年，我国北京、天津、上海、重庆等 12 个清洁汽车应用试点示范城市（地区）燃气汽车保有量为 15.3 万辆，加气站 486 座。而到 2003 年 10 月，我国 16 个重点推广应用燃气汽车的城市中燃气汽车的保有量已达到 19 万辆，建成加气站 560 多座。作为环保汽车的代表车型之一，以天然气为原料的燃气汽车正快速地驶入中国人的生活。业内专家指出，天然气与其他待用燃料（如甲醇、乙醇、氢等）相比，具有较稳定的供应条件，并具有排放污染小、热值较高、成本低的优点，受到许多国家的青睐，并被视为最有发展前途的清洁燃料。虽然我国目前天然气的产量还不高，但近几年陆续探明大批可采用气田，分布在全国 15 个省区的 18 个大型气田，其总蕴藏量在亿万立方米以上，远景产气量可跃居世界前几位，为我国发展天然气汽车提供了有利条件。

2）我国主要城市天然气汽车状况

液化天然气(LNG)汽车和压缩天然气(CNG)汽车有时统称为天然气汽车。按天然气(或液化天然气)与汽车的匹配特点，天然气汽车可分为：天然气专用汽车、两用燃料汽车、双燃料汽车3类。

我国天然气汽车起步较晚，各地发展很不平衡，北京、上海多见于液化天然气，哈尔滨、重庆以压缩天然气汽车居多。

上海：交通环保部门计划出租汽车将全部使用液化气，私人助动车将电动化，每5公里建一座换气站。另外，还将建街边快速充电器，投币后充电10分钟，可行使10公里。目前，上海4.2万辆出租车全部改装完毕，加气站也发展到了109座，并形成了多家竞争的局面。

北京：北京公交总企业自1999年以来，从在用车改装、新型环保车开发生产、加气站建设、车辆技术管理等方面全面启动车辆环保工程。目前北京天然气公交车总量已超过2000辆，为了解决天然气公交车发展过程中存在的加气站"瓶颈"问题，北京市公交总企业加大了加气站的建设力度，已建和在建的天然气加气站数量达到30个，每天将能满足3600～4500辆天然气公交车的加气需求。

重庆：打造天然气汽车之都。现在重庆的天然气汽车有24 000多辆，全部是汽油/CNG两用燃料汽车。据国家燃气汽车工程技术中心负责人介绍："和两用汽车相比，单一燃料CNG汽车最为显著的优越性是能节约15%～20%的燃料。此外，汽车驾驶最看重的是动力性，单一天然气汽车其动力损耗只有8%左右，而两用燃料汽车的动力损耗却近20%。"也有专家特别指出，汽车使用天然气比使用汽油、柴油更安全。天然气的自燃温度为650～680℃，远远高于汽油的228～471℃，这一特性决定了天然气达到自燃点起火的可能性比汽油和柴油小得多。

2. 电动汽车

电动汽车是全部或部分电动驱动电机作为动力系统的汽车，包括纯电动汽车、混合动力电动汽车和燃料电池汽车3种类型。

面临能源和环境的压力，国外著名汽车企业都十分重视研究开发电动汽车，世界发达国家不惜投入巨资进行研究开发，并制定了一些相关的政策、法规来推动电动汽车的发展。电动汽车的研究是从单纯依靠电池供电的纯电动汽车开始的，但是由于动力电池的价格还没有取得重大突破，因此，纯电动汽车的发展没有达到预期的目的。

混合动力电动汽车正是在纯电动汽车开发过程中为有利于市场化而产生的一种新的车型，它将现有的内燃机与一定容量的储能器件(主要是高性能电池或超级电容器)通过先进控制系统相结合，可以大幅度降低油耗，减少污染物排放。因为其具有投资少、选择余地大、易于满足未来排放标准和节能目标、市场接受度高的特性，从而引起各大汽车企业的关注。

燃料电池汽车，即以燃料电池作为动力系统的汽车。现在国外企业界纷纷组成强大的跨国联盟，以期达到优势互补目的。世界各大汽车企业已相继推出以甲醛或汽油为燃料的燃料电池汽车，但在很多技术方面还没有取得全面突破。

在电动汽车这一新的领域我们与国外处于相近的起跑线，技术水平与产业化的差距相对较小，如果说在传统内燃机汽车方面我国落后于国外先进水平20年左右的话，那么在电动汽车领域只有四五年的差距。因此，把大力发展新一代汽车，实现产业化作为促进我国汽车工业实现跨越式发展的战略性举措，就有可能在世界汽车工业新一轮竞争中占领制高点，取得有利地位，提高我国汽车工业的国际竞争力。与传统内燃机汽车相比，电动汽车在国内外仍然处于产业化初期准备阶段，与之相关的高新技术与产品还依赖于配套供应商的支持，尚未形成新的工业体系。同时，在发达国家，传统汽车工业已形成的庞大生产规模和社会基础设施的投入，以及发展的强大惯性，在某种意义上构成了阻碍其发展新一代汽车的社会成本，使它们难以下决心实现根本性的战略转变，从而有可能为我国赢得宝贵的时间。

中国目前研发的燃料电池汽车采用电-电混合驱动方案，在整车操控性能、行驶性能、安全性能、燃料利用率等方面均得到较大提高。2005 年 5 月，在北京召开的世界氢能大会上，中国自主研发的燃料电池轿车和客车样车与世界领先的奔驰企业的样车同堂展示，引起了广泛关注。

中国的一汽、东风、长安、奇瑞等汽车集团企业在混合动力汽车方面投入较大人力物力，各车型已完成了功能样车开发，正在进行性能样车开发和产业化准备，在多个方面完成了众多技术创新。

纯电动汽车的研发也取得相当进展。目前，纯电动轿车和纯电动客车均已进行了国家质检中心的型式认证试验，各项指标均满足有关国家标准和企业标准的规定。天津清源电动车辆有限企业等单位研发的纯电动轿车在整车的动力性。经济性、续驶里程、噪声等指标已超过法国雪铁龙企业赠送的纯电动轿车和厢式货车，初步形成了关键技术的研发能力。北京理工大学等单位初步完成了电动车辆产业化生产基地的建设。

中国在燃料电池发动机方面也成功突破了大功率氢-空燃料电池组制备的关键技术。轿车用净输出 30kW、客车用净输出 60kW 和 100kW 的燃料电池发动机，已在同济大学和清华大学燃料电池发动机测试基地分别通过了严格的测试并装车运行，燃料电池轿车已经累计运行 4000 多公里，燃料电池客车累计运行超过 8000 公里。

目前，中国在北京、武汉、天津、威海 4 个城市开展了电动汽车试验示范运行。这些示范运行为电动汽车产业化做好了前期准备。

21 世纪是以科技创新为发展动力的时代，是以人为本、绿色环保的时代，而电动汽车的发展必将肩负科技创新和环境保护的使命，真正成为“21 世纪的绿色工程”，也将成为“21 世纪的朝阳产业”。

3. 有轨电车

近年来，一度被冷落的有轨电车在国外正“卷土重来”。以欧美为中心，有 38 个国家，330 个城市在使用包括轻轨在内的有轨电车，而且大有发展之势。国外新兴的现代有轨电车已不再是人们记忆中的古老运输工具，由于广泛采用了新技术、新工艺，它具有许多独特优势。

1）电力驱动，没有污染。目前，环境保护和寻找新能源的浪潮一浪高过一浪。由于有轨电车使用洁净的电能，而且运行时的废气少，噪声小，因此被许多国家重视。

2）运能大，车速快，且有较好的调节能力。有轨电车单向每小时最大在载客能力不低于 1.2 万人次，介于公共汽车和地铁之间，同时还可以灵活连接车厢，增加乘客，时速可达 25～35km/h，比汽车快 10～15km/h。

3）投资少，乘坐舒适安全。有轨电车的总造价仅是地铁的1/10，结合道路改造和利用，现有的电车供电设施投资会大大减少，由于轨道交通系统中采用现代信号技术、控制技术和计算机管理技术，给车辆安全运行创造了条件。

建设部有关人士指出，世界各国都在大力发展电动车辆或用压缩天然气代替汽油，而国内城市却竞相拆除电车线网，增加汽车数量，这无疑增加了污染源。有关专家认为，根据现阶段我国国情，应侧重发展大运量的公共交通，大城市可稳步发展快速轨道交通，避免高消耗、高污染、低效率的情况。

据悉，国内一些城市已认识到有轨电车应当重回公交家庭。广州在“九五”期间，延伸、新辟19公里的线网，增购200辆电车；大连市在原有路基的基础上改造轨道，投入使用一批现代有轨电车，成为一道“复古”的街景；昆明市正与姐妹城——瑞士的苏黎世携手，发展现代有轨电车；北京市正在对西直门—颐和园的有轨电车线路进行可行性研究。

本章小结

对于汽车行业来说，好的电子商务解决方案，应该具备以下特点：收集并分析顾客需求信息；自动完成采购预测；零售商和供应商之间的实时信息交流；物流跟踪与库存控制；自动补货监测。

汽车电子商务的核心包括信息流、资金流、物流、安全性。

汽车网络营销是企业营销实践与现代信息通信技术、计算机网络技术相结合的产物，是指企业以电子信息技术为基础、以计算机网络为媒介和手段而进行的各种营销活动的总称。

汽车营销模式的建立应注意符合国情、以消费者为向导、从全局出发，构建一个合理均衡的“三角平台”，即厂商利益、经销商利益、消费者利益。只有这三方的利益均衡发展，才能维系当前汽车营销模式的良性运作。

汽车绿色营销是近30年来营销领域中提出的一个新概念，它的提出及逐步实行，是整个人类社会绿色革命的一个组成部分。

汽车与环保有着密切的关系，但是减少汽车有害气体的排放是一个复杂的技术问题和社会问题。在推进这类问题的解决方面，一要靠政府的法规和政策，二要靠厂家积极采用先进技术，三要靠使用环节中的保养和监督。

复习与思考题

1. 简述汽车电子商务的基本功能。
2. 中国市场上汽车网络营销的劣势是什么？
3. 简单列举你所知道的新的汽车绿色营销策略？

案例分析

案例：电子商务在通用汽车企业的发展

1. 建立网络采购系统

1996年，通用企业将电子数据企业分离出去，将原有系统转至因特网上，并在电子商务应用方面投入16亿美元，短短几年就发展成为一个传统工业与现代信息技术相结合的企业。

1999年，通用企业与Commerce One合作，建立了名为TradeXchange的网络采购系统。为了加速零部件采购过程和降低采购成本，企业将零部件采购放在TradeXchange上进行，当年TradeXchange的交易额就达到100万美元。

2000年年初，为了使不同的用户能够使用统一的系统，实现标准化采购，在美国汽车采购委员会(The Automotive Supply Community)的要求下，通用、福特与克莱斯勒三大汽车企业利用各自的电子商务资源，联合组建了一个全球最大的汽车零部件采购网络Covisint，并将TradeXchange和Autoexchange(福特汽车企业)的业务转至Covisint系统，同年年底，TradeXchange和Autoexchange停止使用。

作为全球最大的汽车零部件采购系统，Covisint面向全球汽车制造商和供应商，它不仅是一个零部件交易的平台，还提供供应链管理、产品的合作开发等增值服务。企业无论规模大小，都可以注册成为Covisint会员，并通过Covisint网络进行以下工作：

(1) 零部件交易；

(2) 企业间资金的流动以及信息交流；

(3) 企业内部的供应链管理，包括库存管理、运输管理、发布及获得相关信息等；

(4) 企业之间的合作开发，降低采购、经销、管理成本，缩短产品开发与生产的周期，提高企业效益，满足消费者对汽车产品的要求。

使用Covisint，用户在采购过程可节约3%～9%的费用，企业库存减少30%～70%，运输费用降低50%～90%，管理费用降低40%～80%。

2. “购买力量(GMBuypower)”网取得了巨大的成功

通用汽车企业于1997年在美国引入了GMBuypower系统，建立了自己的销售网站(http://www.Gmbuypower.com)，该系统与零售商的库存记录相连接。消费者可以在网上浏览通用生产的各种型号的汽车，通过颜色、零部件等特征进行搜索，找到能够提供自己中意的汽车的当地销售商。

1999年8月，通用企业成立了一个名为“e-GM”的业务中心，其宗旨是利用飞速发展的互联网技术，使企业在全球的产品和服务更加贴近目标客户，真正实现企业与客户之间的实时交流和互动。业务中心对传统业务中分散的电子商务应用进行整合，建立全新的电子商务系统，以实时、互动、用户定制等方式，把完整丰富的通用汽车产品系列和集成服务更加快捷地提供给目标客户。

2000年，通用企业在“e-GM”成立一周年之际，对因特网业务的使用成果进行了统计。统计结果显示，该企业网上售车网络(http://www.Gmbuypower.com)平均每个月的访问量超过100万人，居汽车制造商之首。1999年3月到2000年3月，网上售出2万辆汽车。特别是在2000年4月网站更新以后，使用检索功能的客户增加了130%，向销售商的咨询增加了85%。Gmbuypower更被Gomez Advisors评为2000年“最佳综合汽车制造站点”。

作为一个衡量是否成功的指标，通用企业的领导层指出，自1999年8月购买力量网站投入运营以来，点击率非常高。而在2000年，该网站直接促成了40万辆汽车的交易，其中66 000辆汽车的销售被电子商务部的霍根称作是“战利品”式销售——如果没有网站的话，这些交易不可能发生。

但是，通用汽车企业领导层对购买力网站感兴趣最重要的理由却在于它能够实现企业与客户之间的实时交流和互动，及时得到客户的反馈信息，以定制生产能最大限度地满足客户需要的产品。

通用企业的电子商务部曾在网络发展最好的地区之一——明尼阿波利斯做了一次试验，以观察电子商务的实际效果。由于老爷车在明尼阿波利斯依然很流行，于是他们便让当地的八家老爷车销售商达成共享阿勒若跑车的“实质库存”的协议。企业对试验的结果进行了调查。实际上，这个项目最困难的部分既不是技术，也不是让消费者熟悉购买力量网或者习惯在线购车，而是促使经销商同意形成统一的价格以及共享存货。

目前，Gmbuypower已经在全球范围内推广。在中国台湾，系统于1999年7月开始运营，到2000年12月，已经在网上卖出300多辆汽车。在巴西，通用从2000年9月开始通过Internet销售通用的Celta小型轿车，创下了一天销售288辆的记录。截止到2000年12月，在巴西共售出汽车23 000辆，即60%的Celta轿车是在网上销售的。2001年，Gmbuypower在上海开通，网站名称为“百车通”。

Gmbuypower业务拓展完成后，其业务范围将覆盖亚太市场的90%。通用汽车的互联网部门e-GM的负责人Mark Hogan在底特律的电子汽车世界会议上称：“当项目完成时，Gmbuypower的全球网站将能让全球60亿人口中的35亿接入我们网站。”

通用汽车企业同时还通过SmartAuction网站销售汽车租赁业淘汰的二手车，并通过使每辆二手车在库房中存放时间减少30～40天的方式来达到成本控制的目的。通用企业同时发现，通过应用SmartAuction网站，汽车销售的价格也有进一步的提升。

在欧洲，1999年11月，通用汽车在英国的子企业沃豪Vauxhall成为第一家在线销售成功的汽车制造商。从2000年11月开始，Vauxhall又成为世界上第一家在网上销售所有车型、所有颜色的所有配置的汽车企业，同时，他们还在网上销售汽车的零配件。

讨论：

结合案例讨论汽车电子商务发展策略。

13 国际汽车市场营销实务

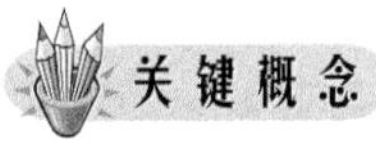

国际汽车市场(international automotive market)　　垄断(monopoly)
竞争结构(competitive structure)　　关税(tariff)
价格竞争(price competition)　　出口(export)
营销环境(marketing environment)

国际汽车市场是指不同国家和地区之间交换汽车产品的场所。国际汽车市场与国内汽车市场的营销原理基本相似,但由于国家与国家之间有着不同的历史、文化背景,国际环境又错综复杂,因此国际汽车市场比国内汽车市场复杂得多。

目前,世界汽车工业的全球竞争正在加剧,世界汽车工业联合、兼并的局势将进一步发展,跨国集团正加紧推行全球化战略,包括各集团资金互相渗透、提供配套零部件、共同开发新产品、提供技术咨询和技术援助、互惠使用销售和服务网点等。就发达国家来讲,以本国为发展重点的时代已告终,它们不论国籍,以最合理的价格、成本及产品性能在日、美、欧地区展开跨国、跨地区的国际性竞争;而在发展中国家及新兴市场国家,外国企业的介入及当地企业的快速成长,也使竞争进入白热化阶段。当今,有效地控制和占领当今的汽车市场已成为维系汽车企业生存的关键。

因此,中国汽车企业要想占领当今的汽车市场,参与国际性的竞争,就必须了解国际汽车销售市场的特点、营销方式、营销策略等。

13.1 国际汽车市场分析

1. 国际汽车市场呈现出寡头垄断的竞争结构

发达国家汽车市场呈寡头垄断的竞争结构,寡头垄断是指少数几个生产者分享市场。世界汽车工业经过百余年的发展,逐步演变成了这种结构模式。例如,从占世界汽车产量近3/4的美国、日本、西欧3大汽车市场状况来看,美国的汽车市场依然是通用、福特和克莱斯勒3巨头雄霸天下,占据72%以上的市场份额;日本的汽车市场,仅丰田和日产两家的市场份额就占据了50%左右;在西欧市场上,仅大众、菲亚特、雷诺和标志4家就占据了57%的市场份额。

从汽车制造企业来看，世界范围内的大汽车集团进一步兼并与合作，使得集团化、跨国生产的局势进一步加强。汽车从设计、制造到销售几乎被几个大的汽车跨国集团企业所垄断。寡头垄断的形成，是汽车工业成熟的标志，是汽车企业间激烈竞争、一系列兼并的结果，也是其追求规模经济效益所致。

2. 国际汽车市场呈现出明显的买方市场特征

从正面认识，产能过剩，有利于汽车市场的培育、产业结构调整和产业集中度的提高。从汽车市场发展来看，保持合理的供大于求能使汽车产品的可供选择车型更多，价格合理下调，促进潜在消费向现实消费转变，汽车市场不断扩大。从产业发展来看，保持合理的产能过剩，一是有利于控制汽车产业发展全局，减少盲目投资，保证产业总体走势趋稳；二是随着竞争的加剧，有利于行业的调整和重组，有实力的集团将获得更多的资源和发展空间，缺乏竞争力的企业将逐步被淘汰出局，促进规模经济的形成。从国际市场供给和需求看，全球汽车工业生产能力过剩是一个长期的普遍的现象。2002 年全球生产能力总和为 7500 万辆左右，产能过剩 1704 万辆，产能利用率 77%。我国作为国际汽车市场的重要组成部分和正在发展中的汽车市场，一定比例的供大于求也是正常的。

目前，世界各主要汽车企业都在纷纷把目光投向亚洲、中南美、东欧等世界新兴汽车市场上，都计划增强在这些市场上的经营能力，扩大销售。可以预料，在这些世界新兴汽车市场上，汽车产能过剩的问题将会同样严重。

3. 汽车产品结构正在发生明显改变

21 世纪汽车产品将围绕环保、安全、节能、舒适、方便等几个方面，在新型动力开发、原材料选用、零部件模块生产、整车装配以及汽车使用等环节中充分体现汽车与环境的和谐。

从世界范围来看，汽车产品将向以下几个方向发展：

(1) 在能源的利用上将向新能源环保型汽车发展。目前世界上呼声最高的是电动汽车和燃料电池汽车。

(2) 为适应新的消费需求，满足大规模定制的需要，在汽车的类别、品种、规格、形式等方面呈现出了多样化、个性化和小型化的趋势。

(3) 当今汽车在轻量化、电子化、智能化方面的特征表现得越来越明显。

(4) 轿车销售仍占国际汽车市场的主导，轻型商用车的市场份额稳步提高。

在世界许多国家的汽车市场上，轿车生产和销售仍占主要地位，尤其在德国、法国、意大利等西欧国家的汽车市场上轿车份额更高。近年来，轻型商用车的生产、销售有了大幅度提高，使世界轿车产量在总产量中所占比例有所降低。如在 20 世纪 80 年代，美国轻型商用车在整个汽车市场中的比例只有 3.5%，而 1996 年的市场占有率提高到 43.7%，成为 20 世纪 90 年代美国汽车市场稳定发展的支柱产品。

4. 国家积极参与国际汽车市场的争夺

在许多国家为了保护和支持本国的汽车工业，纷纷采取一系列措施。这些措施主要表现在以下两个方面。

（1）通过关税或非关税壁垒来限制外国汽车产品的进口

我国的汽车产业自 20 世纪 50 年代创建以来，一直受到政府高度的保护，特别是采取了高关税政策，轿车产品的进口关税曾经高达 180%～200%。经历多次调整，目前，汽车产品关税虽已大幅度降低，但是与相关国家相比，关税仍处于较高的水平。此外，我国还采用许多非关税壁垒措施限制外国产品进入，如配额、进口许可证、外汇管制、进口数量限制等。这些政策的实施，使得国内汽车厂商在价格上与国外汽车厂商相比，具有明显的竞争优势。不可否认，过度保护在我国汽车产业发展过程中发挥了一定的积极意义，但它对我国汽车产业组织优化的负面影响也不可低估。一方面，过度保护所产生的超额利润降低了产业进入门槛，并刺激了各地、各部门不顾条件盲目逐利上马汽车项目，是改革开放以来我国汽车产业组织恶化的重要原因；另一方面，过度保护所产生的超额利润使企业缺乏改革和创新的动力，阻碍了在产业组织整合和优化过程中企业自组织能力的成长和作用的发挥。

（2）采取各种奖励出口措施

采取提供出口信贷、巨额低息贷款，减免国内税收等措施，以提高本国汽车企业的竞争力，扩大其产品在国际汽车市场上的市场份额。如墨西哥政府为了扶持本国的汽车工业，在信贷、税收和汽车零部件进出口关税等方面为汽车出口创造条件，给墨西哥汽车工业开拓海外带来机遇。此外，一些国家还通过“对外援助”等形式进行资本输出、技术输出和汽车产品输出。

5. 从价格竞争转向非价格竞争

价格竞争是指通过比对手更有效的方法设计、生产和销售同样的产品而进行的竞争，其核心是成本优势。如果市场销售产品价格大致相当，那么低成本的竞争者能获得更高的利润。如果产品价格有波动，那么低成本的竞争者就更有能力降低其产品价格，从而赢得更多的消费者。当年福特公司用流水线生产出来的 T 型车风靡北美和世界，独占鳌头，靠的就是价格竞争策略。

非价格竞争又叫差别化竞争，是指利用在产品质量、性能、特殊的功能或者售后服务方面具有的独特价值进行竞争。随着经济的发展，各国人民生活水平的提高，对汽车产品的质量、功能、售后服务等提出了更高的要求。从当今汽车工业的竞争局势可以看出，谁能生产出更符合社会需求的汽车新产品，谁就能占有更多的市场。售后服务也越来越受到人们的重视。对于消费者而言，售后服务和产品质量一样重要。这使得在国际汽车市场的竞争中，价格竞争已无绝对优势可言，非价格竞争正在激烈展开。为此，各国汽车出口厂商都非常重视销售战略和策略，加强市场调查和研究工作，提倡以服务制胜。

13.2 国际汽车市场营销的理论与实践

国际汽车市场营销是指企业跨国从事市场营销活动，是国内汽车市场营销活动在国际市场上的延伸。

13.2.1 国际汽车市场营销环境

1. 国家政治法律环境

企业从事国际市场营销，首先必须了解国际政治环境，尽可能掌握目标市场的政治气候。因为政治(含外交)与经济是密切相关的，国际上重大政治事件，会对国际市场产生重大影响。例如执政党的更迭，资深政治要员的离职，局部地区的武装冲突等，都可能会影响到一个国家或一个地区的政治经济形势，从而影响到汽车贸易。在前几年，国际社会对南非的经济制裁就影响了某些汽车大国向南非转移汽车产业的态度，东欧、俄罗斯的政治动荡也影响了国际汽车工业向这些地区转移汽车生产的进程。

其次，国际市场影响应重视研究目标市场国家或地区的贸易政策，最常见的贸易政策有关税壁垒。关税壁垒就是通过提高进口商品关税的办法，削减进口商品竞争力，从而阻止或限制其进口，保护国内产业。非关税壁垒是指在法律、行政、行业惯例上限制进口的各种措施，如进口许可证、进口配额、复杂的海关手续、过于严格的安全和技术质量标准等。

最后，从事国际市场营销，企业还必须了解国际法律环境。它一般包括本国涉外法律、外国法律、国际条约和国际惯例四个方面的内容。涉外法律是指本国针对涉外经济关系所制定的法律、法规，如我国的《涉外经济合同法》、《中外合资企业经销法》、《对外贸易法》等。外国法律是指世界各国根据本国国情和利益制定的有关法令、规定、标准、条例等。各国都有管理国内市场的有关法律，尽管是国内法律，但因与具体商品有关，因而国际营销人员都应有所了解。国际条约是指各国政府间协商制定的一些有关国际经济活动的法律、条约、协议等。国际惯例是指在国际交往中逐步形成的一系列约定俗成的原则、准则和规则，它虽是不成文的习惯做法，但同样有法律效力。这些惯例与国际贸易秩序，与经济发达国家在资金、市场等方面的优势和经验特别相关。总之，国际营销人员应该详细了解有关的法规、条约和管理，严格遵守，并利用它们来保护自己。

目前，国际上局部地区的经济联合形式越来越多，如欧盟、北美自由贸易区、加勒比共同市场、东南亚国家联盟等。这些区域性组织对国际贸易影响很大。在进行国际市场营销时，有关人员必须要了解这些区域经济联合体的有关法律条文。

2. 国际经济环境

涉及国际经济环境的因素有：经济发展阶段，经济基础结构，收入水平与消费支出模式，人口状况。

从各国经济发展阶段来看，按人均收入的不同，世界银行曾将世界各国家和地区划分为5种不同的经济发展阶段：①前工业化国家，指人均收入低于330美元的国家；②不发达国家，指人均收入在330～800美元的国家和地区；③发展中国家，即半发达国家，指人均收入在800～3300美元的国家；④工业化国家，指人均收入在3300～7600美元的国家和地区，居民的文化程度很高，工资水平提高很快，消费者对耐用商品以及交通、旅游、娱乐和住宅等方面的要求上升很快；⑤后工业化国家，指人均收入超过7600美元的国家和地区，其特点是产品的饱和程度超过工业化国家，服务部门的重要性加强，信息生产和交换的作用加强，非常重视知识产权。

一般来讲，汽车在前工业化国家还不是一种被普遍用于交通运输的工具。在不发达国家和部分发展中国家，汽车的使用多以商用汽车为主，轿车市场非常小。在部分处于上游水平的发展中国家和工业化国家，汽车的普及程度迅速提高，轿车销售增长率较大，轿车被普遍作为个人交通工具。而后工业化国家的汽车市场趋于饱和，市场规模大，但竞争异常激烈。

货币收入是构成市场需要的另一个主要因素。在分析一国的收入水平时，通常用人均国民收入和国民生产总值(GNP)两个指标。究竟使用哪个指标则取决于产品的市场特性和研究问题的特点。例如，在衡量家用轿车市场规模时，人均国民收入指标就比 GNP 指标更有用。

3. 国际社会文化环境

不同的社会文化环境对国际市场营销会产生重大影响，这种影响在产品的市场接受程度、信息传递方式、分销渠道的组件和促销手段的应用等各个营销环节上都存在。影响国际市场营销的社会文化环境有以下几个方面。

1) 风俗习惯

世界各地风俗习惯是世代相传、长期形成的。由于文化传统和文化结构的不同，形成了人们对时间、空间、颜色、图案、数字、动物、植物和社会交往等方面的偏好和禁忌。不同的偏好，需要采用不同的产品设计、包装和广告设计。例如，关于图案，东南亚国家喜欢大象，而欧美国家视大象为废物，日本人忌用荷花，意大利人忌用菊花等；关于颜色，中国人认为红色是吉祥的象征，而泰国人认为黄色代表吉祥，埃及人和埃塞俄比亚人却认为黄色与死亡联系在一起，西方人结婚时要穿白色礼服，摩洛哥人认为白色是贫穷的象征。

2) 语言文字

成功的营销者往往能针对目标市场灵活地运用当地语言并使之服务于自己的营销目标。例如，日本丰田企业的“车到山前必有路，有路必有丰田车”这句广告词，就是运用我国语言传递产品信息的成功范例。

3) 宗教信仰

世界各地聚居着不同的宗教信仰者，有的民族甚至以宗教立国(如部分伊斯兰国家)。宗教信仰直接影响各国消费者的行为、生活习惯和价值观念。

4) 价值观念

价值观念是人们判断和评估事物好坏、善恶、美丑和主次的标准。价值观念会支配和改变人们的生活方式，如时间价值观念一旦增强，人们的生活方式会倾向于快节奏，于是汽车、电话、方便食品等商品就会有市场。

例如，美国福特汽车企业开拓泰国市场时便经历了较多教训。20 世纪 70 年代，福特企业拟把它在菲律宾非常畅销的“费拉”牌汽车打进泰国市场，这是一种低成本实用型汽车，该车的设计理念是想使它成为亚洲的 T 型车，但在泰国的推广却失败了。究其原因，就在于福特企业对泰国市场的营销环境研究得不够透彻。归纳起来，存在以下问题：不符合泰国消费者的标准和偏好，他们正为日本小汽车的形象和性能所吸引；过高地估计了“费拉”的低价所能引起的冲击；“费拉”车虽在泰国制造，但政府并没有像福特企业预期的那样要禁止外国汽车的进入；不了解泰国用户的使用特点。在泰国，汽车的载货量通常要超过其设计能力的数倍，因此，“费拉”车经常出现故障。

13.2.2 国际汽车市场的开发与经营

进行国际汽车市场经营，首先，要善于分析研究国际汽车市场的特点，找准目标市场；其次，要研究目标市场的经营方式。

新型汽车生产国只有通过仔细细分国际汽车市场，才能找到进入国际汽车市场的契机，并以此作为国际汽车市场经营的突破口。这种做法已被日本和韩国证明是行之有效的。

目前，国际汽车市场的竞争已开始从传统的产品输出转为资本和技术的输出，由孤军奋战转为多方合作，合作也是为了更好地竞争。这种“友好的敌人”竞争模式正是人类文明发展的结果。

国际汽车市场的经营方式一般有 3 种：产品出口、国外生产、对销贸易。

1. 产品出口

产品出口就是以本国为生产基地，将产品打进国际市场的做法。其具体方式又可分为间接出口和直接出口两种：

1）间接出口

企业将产品卖给国内的出口商或委托外贸代理机构，由它们负责出口业务，而企业自身不负责国际市场营销，本身不从事任何实际的出口业务。

2）直接出口

企业把产品直接卖给国外顾客（中间商或最终用户），而不通过国内的中间机构。汽车企业直接出口的形式通常有 4 种：利用国外代理商，利用国外经销商，设国外商务办事处和设营销子企业。

在上述两种出口方式中，直接出口意味着企业自己要独立进行市场分析、选择分销渠道、制定定价与促销策略、办理有关出口手续与外商签约等工作。企业采取直接出口方式，标志着企业真正开始了国际市场营销活动。我国的大型汽车企业集团已有直接出口的外贸权，企业也具有一定的实力，它们可以选择直接出口方式；而一般汽车及零配部件企业如果实力不济，可以考虑采取间接出口方式。

2. 国外生产

在某些情况下（如运输成本太高、关税和配额贸易限制太多等），国内制造再出口的方式，不如直接在国外设厂生产有利。如日本、欧洲部分汽车厂家在北美设立移植厂即属国外生产。再者，有些国家处于发展本国经济的考虑，鼓励外商投资，利用其劳动力和原材料成本低的优势，吸引国外企业和国际资本到本国投资建厂，如国际汽车工业向低成本地区转移生产。因此，国外生产已成为当代企业进入国际市场的一种非常重要的战略。这种战略的目的有二：一是在国外当地生产和销售，一般是为了绕开进入当地市场的壁垒；二是在当地生产、异地销售，一般是为了利用生产国的成本优势，或者第三国对本国产品严谨进口，但对生产国的产品却限制不严时，亦可采取此种战略。例如，中国台湾对来自日本本土的汽车产品就严禁进口,对来自日本汽车厂家在北美移植厂的产品却限制较松。

国外生产方式的具体形式很多,这里只简单地介绍比较重要的几种。

(1) 组装业务,如CKD、SKD等形式,这种方式的主要优点是运费低、关税低、劳动力成本低,并且能够为当地增加就业机会,容易为当地政府接受。但对一些旨在发展民族工业的国家来说,组装业务一般是该国形成某个工业的开始,这些国家不会停留在组装业务阶段。

(2) 合同制造,即与国外的生产企业签订合同,由对方生产某种产品,然后由本企业负责营销,如来料加工等。这种形式的优点是投资少,风险小,产品的销售和市场的控制权仍在自己手中,国外不少企业在汽车总装配地就近采购零部件的做法即为合同制造的形式。

(3) 许可证贸易,即与国外企业(被许可方)签订许可证协议,授权对方使用本企业的工业产权生产和销售商品,企业则向被许可方收取许可费。其优点是:可避开关税、配额等不利因素,不需大量投资,风险较小,容易得到当地政府的批准。其主要缺点是:许可证协议终止后,对方可能成为竞争对手,因而转让方一般不转让自己的核心技术;从受让方来讲,必须在吸收消化外国技术的基础上,尽快具备技术实力。

(4) 建立海外合资企业,即与国外企业共同投资,联合建立新企业,双方共同管理、共负盈亏和共担风险。这种形式的优点是:本企业获取的利润可能更高一些,对生产和营销的控制程度也更高一些,取得当地市场信息和营销经验更快一些。发展中国家通过这种方式,也可以尽快学会国外的先进技术、生产方式及管理方法。

(5) 海外独资生产,这是企业在国外投资的最高形式。其优点是可掌握全部产权的利润,不存在与合作者的冲突问题。但其缺点是:投入资源最多,风险最大,可能会受到当地政府的种种限制;同时,由于缺乏当地合作者的协助,企业的市场应变能力较差。

国外生产,实质上使用资本输出和技术输出带动商品输出。总的来讲,其优点是可以避开关税和非关税壁垒,或者利用当地廉价劳动力、廉价土地和廉价原材料,保持产品竞争能力。

3. 对销贸易

对销贸易系指卖方向买方出口货物或技术的同时,必须承担向进口国购买一批货物(一般不超过出口货物价值)的义务。两笔交易相关联,但各自独立地进行结算。结算方式可以用现金,也可以用实物,或一部分用现金一部分用实物抵付等方式。具体方式由买卖双方共同商定。

对销贸易具体类型有:易货贸易,补偿贸易(履行返销义务)等。对销贸易是目前国际较为流行的一种贸易方式,也是企业进入国际市场一种较好的方式,对发展中国家的企业开展国际营销尤其适合。

13.2.3 国际汽车市场的营销组合策略

国际市场竞争激烈,竞争者短兵相接,企业不仅要靠实力取胜,而且还要靠巧妙运用市场营销策略取胜,即根据国际市场的特点来灵活地制定产品、定价、分销和促销的各种策略。

产品方面,国际汽车市场产品升级换代速度加快,产品生命周期缩短,甚至造型、颜色等方面出现了“时装化”趋势。这就要求企业深入地了解目标市场的爱好,加速技术开发的步伐，在产品的开发和定位上要符合目标市场的需求。同时，还应注意提高产品的质量、功能、档次和附加值。此外，品牌的设计必须符合目标市场的习惯，力求为目标市场带去好感。

定价方面，通常应针对竞争对手和目标市场制定出一个有竞争力的价格，并以此反推出成本的额度，在汽车生产中做好成本控制，使成本不超过成本额度。

对跨国企业来讲，定价策略有许多学问。国际转移定价（跨国企业内部交易定价）时必须注意：第一，如果进口关税很高，并且是从价税，产品向进口国子企业转移时，宜定低价，以减少关税；第二，如果进口国征收较高所得税，当产品向该国子企业转入时，宜定高价；产品由该国转入母企业时，宜定低价，以减少子企业向所在国加纳所得税；第三，如果某国家实行外汇管制，对子企业的利润汇出实行限制或征税，则在向子企业转移产品时，可以定高价；反之，产品从子企业向母企业转入时，产品宜定低价，以减少子企业的利润，从而将子企业利润以向母企业订货的方式转出子企业所在国；第四，如果某国通胀率高，可采取与第三种类似的定价方式，以减少子企业的资金沉淀贬值；第五，定价应服从整个企业在竞争方面的需要，如子企业在某国面临强大的竞争对手，为了加强子企业的竞争能力，可采用低价供货和高价收购的方式。

从分销渠道上讲，既可以建立自己独立的分销渠道，也可以与进口国国内分销渠道采取联合、控股等方式组建企业国际市场销售渠道，以节省建立分销渠道的成本。

从促销策略上看，应注意培养进口国的当地公民进行推销，他们对当地的营销环境更熟悉，易于同客户交往，在语言、价值观念、情感上障碍较小，当然，企业对这些推销员的管理应纳入出口企业的营销管理之内。在广告方面，可以请当地的广告代理机构出谋划策，以创作出针对性强的广告宣传。营业推广的主要形式是召开国际汽车产品展览会，可借机同当地的代理商、经纪人、经销商广泛接触，物色理想的合作者。公共关系方面可以充分利用本国同进口国之间的国家关系、民族（民间）关系的特点去进行，要强化进口国民众对本国及本企业友好的一面，限制不友好的一面，并抓住机会举行有力的公关活动，以在目标市场上树立良好形象。促销的另一个重要措施是做好售后服务工作，对那些销量大的目标市场，企业可在进口国当地建立自己的服务网点，否则宜与当地服务企业联合，委托它们做好本企业的服务工作，并给以好处。在异国建立完善的售后服务网络是一项困难而重要的工作。

如福特公司在吸取“费拉”牌汽车打进泰国市场的失败教训后，“菲斯特”牌汽车投放市场便取得成功。在“菲斯特”牌汽车投放市场前，为了确定产品形象，福特公司曾花了 4 年时间，进行了大量的市场调查。调查表明，消费者在汽车风格、性能、耐用性、前轮驱动等方面具有一定的要求，“菲斯特”正好都符合消费者的爱好要求。另外，为了确定品牌名称，公司曾在 5 个主要市场中进行了调查研究。相似的做法还在确定广告的主题时运用。这一产品取得成功，福特企业的市场占有率也得到了极大提高。

本章小结

国际汽车市场是指不同国家和地区之间交换汽车产品的场所。

国际汽车市场呈现出寡头垄断的竞争结构，具有明显的买方市场特征，国家积极参与国际汽车市场的争夺。

国际汽车市场营销的特点是汽车市场竞争激烈；汽车市场营销的宏观环境更为复杂，更具有不可控制性。

国际汽车市场营销环境是指环绕汽车周围，并对汽车企业的营销活动及其目标实现有影响的所有因素和动向。包括国家政治法律环境、国际经济环境、国际社会文化环境。

汽车企业进行国际汽车市场经营，首先，要善于分析研究国际汽车市场的特点，找准目标市场；其次，要研究目标市场的经营方式。

国际市场竞争激烈，竞争者短兵相接，企业不仅要靠实力取胜，而且还要靠巧妙运用市场营销策略取胜，即根据国际市场的特点来灵活地制定产品、定价、分销和促销的各种策略。

复习与思考题

阐述中国汽车企业开拓国际市场的应对策略。

案例分析

案例：征战中国大市场　成功营销全攻略（代表品牌：奥迪）

奥迪轿车在中国市场上采取了“进口＋本土”的产品策略，即奥迪A4、A6通过德国奥迪企业、德国大众企业与一汽集团的合资企业——长春一汽—大众汽车有限企业生产，而奥迪A8则采取进口，由奥迪中国企业负责。对于中国市场上奥迪系列产品，奥迪A6于1999年年底下线、2000年正式上市，新款奥迪A6于2002年11月正式上市，奥迪A4于2003年4月上市，旗舰产品奥迪A8通过“进口”方式2003年7月登陆中国市场，奥迪企业完成了征战中国市场的产品布局。在世界高档豪华车市场上，宝马、奔驰都是奥迪最强劲的竞争对手，中国市场上亦是如此，也在积极运作中国市场。同时，凯迪拉克、沃尔沃（VOLVO）、丰田等品牌也在悄悄跟进，通过进口或在华寻找合作伙伴（如宝马与华晨合作）来争夺高档车市场的“一杯羹”。就产品（线）竞争而言，奥迪A4产品级别与宝马3系列相当，奥迪A6与宝马5系列、奔驰S系列相当，A8与奔驰C系、宝马7系相当。那么，奥迪轿车如何成功博弈中国市场？

品牌行销：营销的灵魂

“同一星球，同一奥迪，同一品质”，同德国大众企业一样，奥迪在全球有着统一的品牌准则。奥迪企业中国区总监狄安德对品牌有一个清晰的概念：“品牌是一个承诺，品牌是一种体验。品牌是在顾客心中形成的概念，包括产品开发、设计、生产、销售、市场和服务。”其实，这是奥迪轿车行销中国的“指南针”，更是品牌行销规则。

广告行销：传播主阵地

奥迪中国总部负责奥迪品牌形象传播事业，包括围绕品牌而开展的品牌塑造、品牌传播、公关企划等作业，这样保证一汽—大众的A4、A6与“进口”A8在品牌方面保持良好统一性，而产品广告一汽—大众负责，但共同拥有一个完善的整合营销传播计划，保持良好合作关系。

奥迪广告一直在“运动”着，通过“运动”适应不同市场形势，不同的市场阶段，与“品牌运动”相呼应。总体来看，奥迪广告有如下特征：广告传播主线化、广告传播周期化、广告诉求规律化、广告媒体整合化、版面大气化、发布时间集中化、版面选择科学化、广告投放广泛化、核心媒体策略、广告运动化。

如何才能让抽象、感性的品牌价值观在中国的目标消费者心里植根并领略奥迪完美品质？这是整合营销传播所要解决的问题，而广告作为传播的核心载体，自然要比公关活动、事件行销等承担得更多。因此，必须做到广告传播方案的周密性、良好的计划性：全年的宣传概念和分阶段的主题，在每一阶段，媒体公关、事件营销、广告等都围绕这些主题进行，按部就班、有条不紊地把奥迪的品牌形象注入到目标消费者的心里。

服务行销：打造忠诚度

“一切以用户满意为中心”是一汽—大众的核心服务理念，亦得到奥迪品牌的认可。通过开展情感营销，打造顾客忠诚度，服务于老客户重复消费，更影响新客户开发。2002年，根据美国著名权威市场调查机构J. D. poeder对中国市场调查显示，奥迪A6售后服务满意度在被调查的国内20多家的知名整车产品中脱颖而出，获得中国整车售后服务第一名。

渠道分销：打造最佳通路

汽车渠道分销有独家分销、选择性分销、全面分销售，而选择性分销是奥迪中国市场分销策略。由于奥迪系列产品有“进口”和与本土生产之分，因国家明文规定“国产车”与“进口车”不能混合销售，使奥迪A6、A4与A8进入市场的通路有所不同，经销商服务配套体系方面亦有所区分。但是，这并不影响奥迪规范化的经销商管理体系在渠道分销中发挥重要作用。

艺术行销：嫁接艺术与品牌

如果说奥迪品牌行销是一种完全理性化，那么就忽略了其行销感性化的一面：奥迪更像一位集特长于一身的艺术家，艺术行销更为奥迪拼杀于中国高档豪华车市场平添了几分感性色彩。奥迪倡导“享受生活”的生活模式，于是艺术行销、娱乐行销走进奥迪营销视野。奥迪开展艺术行销的核心原理是：驾驭奥迪轿车是“享受人生”，享受艺术同样是“享受人生”，二者有着极其密切的关联点。

公关行销：传播“软武器”

公关行销包括新闻行销、事件行销、社会公益行销等多种策略形式。奥迪非常重视公关行销，诸如在上海设立奥迪新闻中心、在网站（包括中国企业网站、一汽—大众网站）上设立网上新闻中心，能够拥有良好的新闻条件与环境，良好的公关环境是奥迪在中国市场快速发展的基础。要知道，目前奥迪与宝马、奔驰等豪华车已经开始了新闻上的舆论战，诸如奥迪作为第一家实现生产本土化的豪华轿车，面对的却是宝马大中华区总裁昆特·席曼“我们有幸成为第一个在中国生产轿车的豪华品牌”的答记者问。在对豪华车概念相对模糊的中国市场，或者说消费还处于“启蒙教育”阶段，如果哪个品牌忽略了新闻媒体的作用，那是致命的，对此奥迪身体力行。

讨论：

结合案例讨论汽车企业如何进行国际汽车市场的开发与经营。

参考文献

[1] 苑玉凤.汽车营销[M].北京：机械工业出版社，2008.

[2] 李幸福，王怀玲.汽车营销技术[M].北京：北京交通大学出版社，2009.

[3] 胡大志，姚喜贵，薛伟.现代汽车营销[M].广州：中山大学出版社，2004.

[4] 李江天.汽车销售实务[M].北京：人民交通出版社，2008.

[5] 刘雅杰.汽车营销[M].北京：中国人民大学出版社，2009.

[6] 裘文才，崔玲.汽车营销实务[M].上海：同济大学出版社，2009.

[7] 姜正根.汽车营销[M].北京：中国劳动社会保障出版社，2009.

[8] 赵培全，山云霄，张颂，等.汽车营销理论与实务[M].北京：中国水利水电出版社，2010.

[9] 戚叔林.汽车市场营销[M].北京：机械工业出版社，2010.

[10] 吴文彩.汽车营销[M].北京：北京邮电大学出版社，2007.

[11] 夏志华，张子波.汽车营销实务[M].北京：北京大学出版社，2010.

[12] 叶志斌.汽车营销原理与实务[M].北京：机械工业出版社，2009.

[13] 段钟礼，张搢桄.汽车营销[M].北京：机械工业出版社，2009.

[14] 黄红惠.汽车营销[M].北京：机械工业出版社，2009.

[15] 栾志强，张红.汽车营销实务[M].北京：清华大学出版社，2009.

[16] 尉庆国，苏铁熊.汽车营销[M].北京：国防工业出版社，2010.

[17] 张国方.汽车营销[M].北京：人民交通出版社，2008.

[18] 陈宝，富丽娟，征小梅，等.汽车营销[M].重庆：重庆大学出版社，2006.

[19] 散晓燕，程越.汽车营销[M].北京：人民邮电出版社，2009.

[20] 赵培全.汽车营销实务[M].成都：西南交通大学出版社，2009.

[21] 陈聪.汽车市场营销学[M].北京：电子工业出版社，2009.

[22] 李刚，伍静.汽车营销基础与实务[M].北京：北京理工大学出版社，2008.

[23] 裘瑜，吴霖生.汽车营销实务[M].上海：上海交通大学出版社，2009.

[24] 叶志斌，李云飞.汽车营销[M].北京：人民交通出版社，2009.

[25] 李桂花.汽车营销与服务[M].北京：中国劳动社会保障出版社，2010.

[26] 徐向阳.汽车市场调查与预测[M].北京：机械工业出版社，2008.

[27] 陈文华，叶志斌.汽车营销案例教程[M].北京：人民交通出版社，2008.